Ullstein

DAS BUCH

Eine Fülle von kaum bekanntem Quellenmaterial, auch über den Alltag und die Nöte der Besatzung, stellt die Autorin über die Einzelheiten des Schicksals des Kleinen Kreuzers *Dresden* zusammen – auf der Route von Feuerland bis zur Osterinsel und von Coronel bis zur Robinson-Insel Mas a Tierra. Es wird offensichtlich, daß den deutschen Auslandskreuzern kein einziges Friedensjahr vergönnt war. Der Preis war hoch, den die Besatzung zu zahlen hatte, als sie 1914 am Rand der Karibik vom Kriegsausbruch überrascht wurde. Internierung und die längste Einsatzfahrt, die je ein »aktives« Kriegsschiff hinter sich zu bringen hatte, werden akribisch dokumentiert. Die Menschenführung des Kommandanten, die hohe Einsatzbereitschaft der Mannschaft, der logistische Spürsinn und die immer wieder neu bewiesenen Improvisationskünste werden hier marinehistorisch aktenkundig.

DIE AUTORIN

Die promovierte chilenische Autorin Maria Teresa Parker de Bassi ist Absolventin der Universität Santiago. Ein Auftrag des chilenischen Fernsehens, Einzelheiten über das Schicksal des Kleinen Kreuzers *Dresden* in chilenischen Hoheitsgewässern zu ermitteln, bildete die Vorstufe für die Arbeit an diesem Buch.

Maria Teresa Parker de Bassi

Kreuzer Dresden

Odyssee ohne Wiederkehr

Mit 72 s/w Fotos und 13 Karten

Ullstein

Ullstein Buchverlage GmbH & Co. KG,
Berlin
Taschenbuchnummer: 24732
Titel der spanischen Originalausgabe:
Tras la Estella del DRESDEN
Aus dem Spanischen von
Corinna Ponitz

Ungekürzte Ausgabe
Dezember 1999

Umschlaggestaltung:
Hansbernd Lindemann
Illustration: Silvia Christof

Printed in Germany 1999
Gesamtherstellung: Ebner Ulm
ISBN 3 548 24732 6

Gedruckt auf alterungsbeständigem
Papier mit chlorfrei gebleichtem
Zellstoff.

Deutsche Bibliothek –
CIP-Einheitsaufnahme

Parker de Bassi, Maria Teresa:
Kreuzer Dresden : Odyssee ohne Wiederkehr /
Maria Teresa Parker de Bassi. [Aus dem Span.
von Corinna Ponitz]. – Ungekürzte Ausg. –
Berlin : Ullstein, 1999
(Ullstein-Buch ; Nr. 24732)
Einheitssacht.: Tras la estela del Dresden <dt.>
ISBN 3-548-24732-6

Inhaltsverzeichnis

Dieses Buch widme ich allen Seefahrern der Marine, Handelsschiffahrt und Fischerei, nicht zuletzt aber der Bevölkerung von Dresden. Sie hat eine rauchgeschwärzte Trümmerlandschaft in eine Kulturstadt von Weltrang zurückverwandelt. Zwischen ihrem ungebrochenen Mut und jenem der Besatzung ihres einstigen Patenschiffes besteht eine Art Seelenverwandtschaft.

Maria Teresa Parker de Bassi

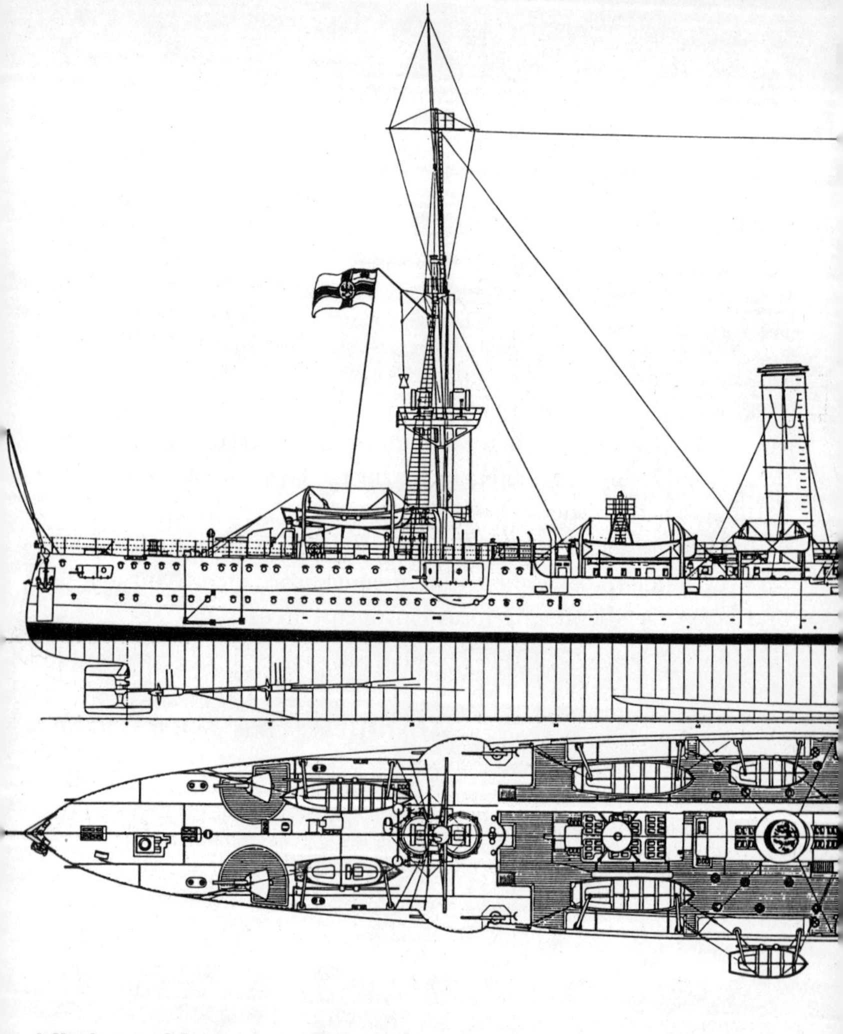

Kleiner Kreuzer *Dresden*

Das am 5. Oktober 1907 vom Stapel gelaufene und am 22. Oktober 1908 an die Kaiserliche Marine abgelieferte Schiff hatte die Baunummer 195 der Werft Blohm & Voss, Hamburg. Das Vierschraubenschiff mit Turbinenantrieb, Maximalleistung 18 880 Wellen-PS, Höchstgeschwindigkeit 25,2 Knoten hatte folgende Abmessungen: 3464 t Wasserverdrängung, Länge 117,9 m, Breite 13,5 m, Tiefgang 5,54 m. Die vorderen Beiboote waren die Dampfpinasse (Steuerbord) und die Ruderbarkasse (Backbord), dahinter hingen die beiden Jollen und wiederum die beiden Kutter in ihren Davits. Steuerbord achtern sieht man die Motorjolle, Backbord achtern die als Kommandantenboot verwendete Gig.

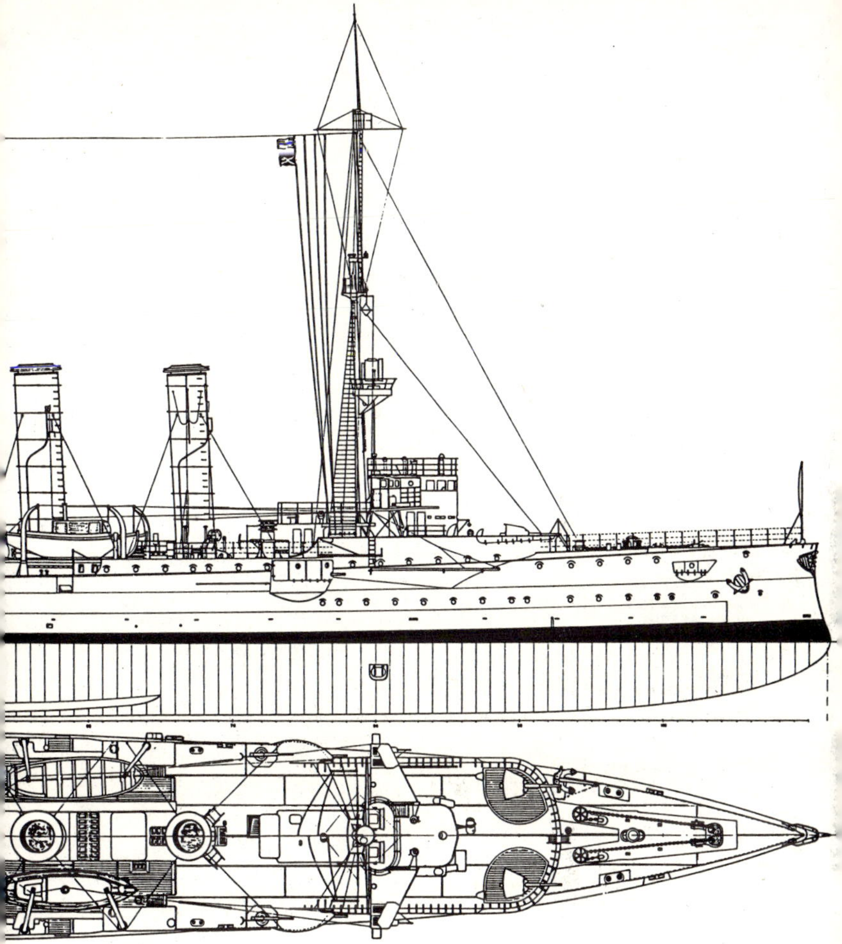

Der Kleine Kreuzer war mit zehn Seezielkanonen 10,5 cm, acht halbautomatischen Revolverkanonen 5,2 cm und zwei Unterwasser-Torpedorohren 45 cm bestückt. Sechs von den Hauptgeschützen wurden an Deck aufgestellt, die anderen als Kasemattgeschütze in den sog. Schwalbennestern unter Deck. In deren Bereich standen vier von den Revolverkanonen an Deck, die anderen vier ganz vorn (Klappe hinter dem Anker) und ganz achtern (Klappe vor dem Heckanker) unter Deck.

(Zeichnungen: Dirk Nottelmann)

PAZIFIK
Osterinsel
Wendekreis des Steinbocks
Galapagos I.
ECUADOR
PERU
BOLIVIA
BRASIL
ARGENTINA
Leipzig
Vom 30.IX.-2.X. vor Callao gekreuzt.
Desventurados I.
Engl. Segler „Conway Castle" versenkt 27.II.15.
Dresden vom 27.-30.IX. an der Küste gekreuzt
Vereinigung des Geschwaders
Schlacht bei Coronel 1.XI.14.
Falkland
110°
100°
90°
80°
70°
60°

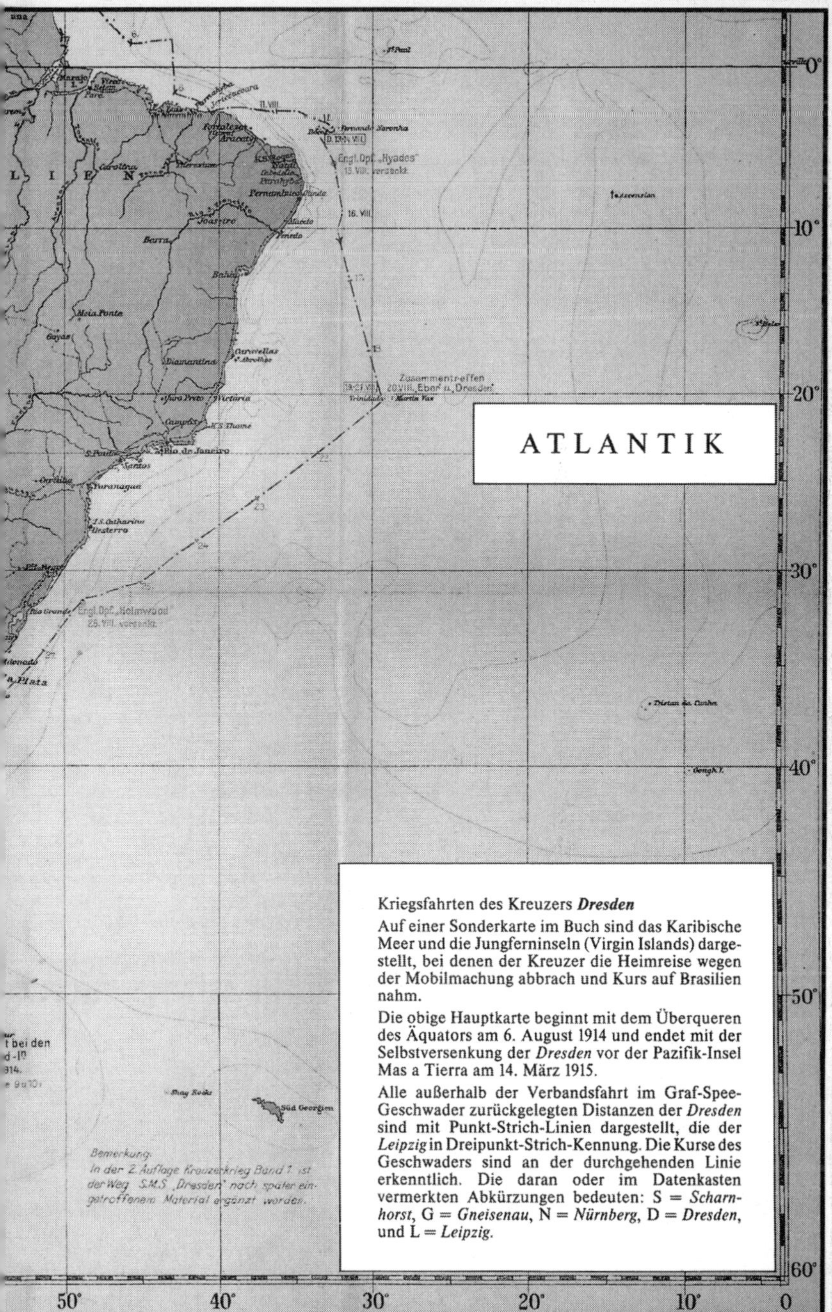

Kriegsfahrten des Kreuzers ***Dresden***

Auf einer Sonderkarte im Buch sind das Karibische Meer und die Jungferninseln (Virgin Islands) dargestellt, bei denen der Kreuzer die Heimreise wegen der Mobilmachung abbrach und Kurs auf Brasilien nahm.

Die obige Hauptkarte beginnt mit dem Überqueren des Äquators am 6. August 1914 und endet mit der Selbstversenkung der *Dresden* vor der Pazifik-Insel Mas a Tierra am 14. März 1915.

Alle außerhalb der Verbandsfahrt im Graf-Spee-Geschwader zurückgelegten Distanzen der *Dresden* sind mit Punkt-Strich-Linien dargestellt, die der *Leipzig* in Dreipunkt-Strich-Kennung. Die Kurse des Geschwaders sind an der durchgehenden Linie erkenntlich. Die daran oder im Datenkasten vermerkten Abkürzungen bedeuten: S = *Scharnhorst*, G = *Gneisenau*, N = *Nürnberg*, D = *Dresden*, und L = *Leipzig*.

Auslaufen für »ein halbes Jahr«

Die Möwen schossen förmlich über die Wasserfläche. Von normalem Flug konnte nicht mehr die Rede sein. Das Orgeln und Jaulen in der Takelage der Schiffe nahm zu. Ein Sturm war aufgekommen, während die hereinbrechende Dunkelheit am Abend des 26. Dezember 1913 den Rumpf des kleinen Kreuzers *Dresden* bald vollends verschluckte. Nur die Hafenwache war noch an Bord geblieben. Die gesamte wachfreie Besatzung war hingegen »an Land geschossen«, wie der Seemann zu sagen pflegt. Die »Ortsverheirateten« weilten noch einmal bei ihrer Familie, die anderen machten noch einen »Zug durch die Gemeinde«. Sie feierten auf ihre Weise Abschied in den Bars und Tanzlokalen oder auch in verschwiegenen Etablissements. Der eine oder andere goß sich mehr als sonst »hinter die Binde«. Und wer eine feste »Herzdame« hatte, wandte sich ihr besonders intensiv zu.

Abschiedsschmerz lag in der Luft, den jeder auf seine Weise bekämpfte oder herunterspielte.

Es war wieder mal soweit, die *Dresden* sollte abermals ins Ausland gehen. Diesmal besonders weit weg – nach Veracruz in Mexiko. Und man hatte den Männern gesagt, daß sie sich auf ein halbes Jahr Abwesenheit vom Heimathafen gefaßt machen müssen. Und darum wurde es in doppeltem Sinne eine stürmische Nacht – die letzte, die S. M. S. *Dresden* in heimatlichen Gewässern erleben sollte.

Man hatte nicht einmal »Urlaub bis zum Wecken« gewähren können. Die Ausreise nach Mexiko drängte so, daß »04.00 Uhr Rückkehr an Bord« befohlen werden mußte. Und so trabten die Landurlauber, mehr oder weniger verkatert, übermüdet in jedem Falle, aber tatsächlich vollzählig bei der Abfahrtstelle der Urlauberboote an. Kreuzer *Dresden*, längst vollständig mit Proviant, Brennstoff, Munition für den langen Auslandsaufenthalt versehen, lag auslaufbereit an seiner Ankerboje auf Reede.

Auf der hölzernen Brücke, von der die pendelnden Beiboote des Kreuzers abfuhren, hatten sich an diesem dunklen, stürmischen Wintermorgen zahlreiche Frauen und Bräute versammelt. Einige hatten sogar ihre Kinder vor Tau und Tag aus dem Schlaf gerissen, die noch viel zu verschlafen waren, um diese seltsame Zeremonie des Einbootens auch nur annähernd zu erfassen. Die Damen drückten ihre Männer noch einmal fest an sich und versuchten möglichst tapfer, ihre Tränen zu verbergen – was nicht allen gelang. Die Männer hoben noch einmal ihre Kinder empor, um sie verlegen zu herzen. Auch sie bemühten sich ziemlich verkrampft, keine feuchten Augen zu bekommen.

Seemannsabschied. Immer wieder dieselbe leidige Sache. Und gleich für ein halbes Jahr. Aber was würden diese Männer und Frauen erst empfunden haben, wenn sie die volle Wahrheit hätten ahnen können: Es sollten bis zum Wiedersehen rund sechs Jahre vergehen – und für manche Männer der *Dresden* gab es nie wieder eins.

Natürlich wurde gemurrt. »Hein Seemann« sparte nicht mit unsanften Kommentaren, weil die Besatzung aus dem Weihnachtsurlaub herausgerissen worden war. Sie bezog also wieder mal die Prügel dafür, daß irgendwo in der Welt eine politische Krise ausgebrochen war. Zur Ruhe kam dieser Globus offensichtlich nie. Diesmal »stank« es also in Mexiko, nachdem der Kleine Kreuzer *Dresden* gerade erst aus den Wirren des Balkankrieges* nach Hause gekommen war und in Kiel die Werftliegezeit absolviert hatte.

In der »Whooling«, d. h. im Gewimmel der abschiednehmenden Paare und der aus der Stadt zurückflutenden Landurlauber ertönte die Bootsmannspfeife des Bootsmaaten der Wache: »Alle Mann klarmachen zur Einschiffung!«

Es war soweit. Es gab kein Zurück mehr. Immer mehr Männer rissen sich von ihren Frauen und Bräuten los. Die hinterherwinkenden Tücher drangen nicht weit durch den noch immer nachtdunklen Wintermorgen, denn allzu schnell kamen die Dampfpinasse mit ihrer im Schlepp angehängten Ruderbarkasse und die Motorjolle mit ihrem angehängten Kutter außer Sicht.

Der Kommandant des Kreuzers *Dresden*, Fregattenkapitän Erich Köhler, sein Adjutant, Oberleutnant zur See Wilhelm Canaris, sowie einige andere Offiziere hatten bereits die Kommandobrücke besetzt, auch Rudergänger und »Posten Maschinentelegraf« standen schon »in Position«.

Unten an Deck bereitete der I. Offizier Kapitänleutnant Kurt Nieden zusammen mit Bootsmann Joseph Kieser das Einsetzen der Beiboote und das Aufhieven der Fallreeps vor. Die »Manöverstation Back« stand klar zum Loswerfen des Schiffes vor der Ankerboje. Die beiden Ankerspills hatten bereits Dampf, um die auf Slip gelegten Festmachleinen nach dem Loswerfen einhieven zu können.

Immer noch ein Kommen und Gehen, Stimmengewirr, Trappeln von Schritten auf den Fallreeps, tanzende Positionslichter von Beibooten, die auf das Freiwerden der Fallreepspodeste warteten, um ihrerseits eine »Ladung« Urlau-

* In dem 1912/13 vom Balkanbund (Bulgarien, Griechenland, Serbien, Montenegro) gegen die Türkei geführten Krieg hatte die *Dresden* zusammen mit anderen Einheiten der Kaiserlichen Marine zum Schutz der deutschen Minderheiten und zur Sicherung der Handelsschiffahrt eingesetzt werden müssen.

ber wieder an den Kreuzer abgeben zu können. Überall Hektik und doch gut eingespielte Routine zugleich. Und noch immer fegten Böen über die Förde.

Einer der Scheinwerfer auf dem Fockmastpodest der *Dresden* strich übers nachtdunkle Wasser. Eine Megafonstimme meldete zur Brücke hinunter: »Letztes Boot von Land hat abgelegt!«

Kaleu Nieden hatte bereits den Befehl zum Einsetzen der nicht mehr benötigten Motorjolle erteilt. Die Bootsheißmaschine schnaufte und klapperte, während achtern das Stakkato der Bootsmannspfeife ertönte, nach deren Takt die Seeleute der 1. Division im rhythmischen Trappelschritt den Steuerbordkutter mit Menschenkraft »aufliefen«, hochholten.

Der Wachoffizier ließ auf der Brücke die Maschinentelegrafen auf »Maschine Achtung!« legen. Träge, ohne schon Schub zu erzeugen, drehten sich alle vier Propeller. Dieses »Törnen« war notwendig zum gleichmäßigen, allseitigen Anwärmen der Turbinenläufer.

Schließlich waren auch die letzten Boote eingesetzt und beide Fallreeps aufgehievt und beigeklappt.

Fregattenkapitän Köhler lief noch einmal zu beiden Brückennocken hinaus und hob dann die Hand. Der Wachoffizier rief »Los von der Boje!« durchs Megafon. Beide Vorleinen wurden ausgeslippt und klatschten ins Wasser, die beiden Ankerspills begannen klappernd die schweren »Festmacher« einzuhieven. Die Dampfpfeife des Kreuzers gab das Schallsignal »dreimal kurz«, nachdem die Maschinentelegrafen geklingelt hatten und zwei der vier Propeller das Schiff rückwärts von der Boje wegzogen.

Wäre es jetzt schon Tag gewesen, dann hätte gewiß die Bordkapelle an Oberdeck Aufstellung genommen und »Muß i denn« intoniert. Aber die noch immer herrschende Finsternis verwehrte das. Es reichte gerade noch dazu, daß die Männer an Deck zum Abschied ein dreifaches Hipphipphurra auf ihren Heimathafen ausbrachten. Diese Rufe wehten schließlich zu den noch immer am Ufer ausharrenden Familienangehörigen der *Dresden*-Seeleute hinüber, die bald darauf die Positionslaternen des Kreuzers seewärts entschwinden sahen – für immer, was nur noch niemand wußte.

Um 06.00 Uhr hatte die *Dresden* die Bojenstander losgeworfen. Es herrschte also noch immer Dunkelheit, als der Kreuzer bald darauf in die Schleuse von Kiel-Holtenau einlief. Aber die elektrischen Bogenlampen der Schleusenanlage machte den Männern an den Festmachleinen die Arbeit leicht. Nach dem Ausschleusen setzte die fahle Dämmerung des Wintermorgens ein. Allmählich schälten sich die Umrisse von Kiel-Wik und Kiel-Holtenau aus dem Zwielicht, so daß man wenigstens noch einen Blick auf die »Rückseite« des Heimathafens werfen konnte.

Mit der streng vorgeschriebenen Fahrt von nur acht Knoten, mit einem berufsmäßigen Kanalsteuerer am Ruder und nach den Anweisungen des Kanallotsen, durchlief Kreuzer *Dresden* den Kaiser-Wilhelm-Kanal in Richtung Unterelbe und Nordsee.

In der FT-Station des Schiffes trafen Telegramme aus der sächsischen Landeshauptstadt Dresden ein, die ihrem Patenschiff auch diesmal gute Wünsche mit auf die Reise gab. Es war bekannt, daß die *Dresden* Order hatte, die sogenannte Ostamerikanische Station zu besetzen und den Kleinen Kreuzer *Bremen* abzulösen, der bis zu diesem Zeitpunkt dort als »Stationär« diente.

Es war damals üblich, daß die Großmächte zum Schutz ihrer im Ausland lebenden Staatsangehörigen und zum Zweck einer gewissen Stabilisierung politischer Verhältnisse Kriegsschiffe in labilen Überseeregionen sowie auch in den damals selbstverständlich gewordenen Kolonien unterhielten.

Eigentlich sollte der nagelneue Kleine Kreuzer *Karlsruhe*

die *Bremen* in Mittelamerika ablösen, aber das Schiff war noch nicht gründlich genug eingefahren. Die Ausreise des *Bremen*-Ablösers war nun aber derart dringend geworden, daß die gerade erst frisch aus der Werftüberholung entlassene *Dresden* sie übernehmen mußte. Fregattenkapitän Köhler, der den Neubau *Karlsruhe* übernehmen sollte, wurde vorerst Kommandant der *Dresden*, während sich der eigentliche *Dresden*-Kommandant, Fregattenkapitän Fritz Lüdecke, mit dem Neubau abquälen mußte, der mit seinen technischen Neuerungen noch allzu viele »Kinderkrankheiten« aufwies. Das Schiff war erst Mitte Dezember (1913) endgültig fertiggeworden und konnte damit erst kurz vor dem Jahreswechsel die Werftprobefahrten beginnen. Dabei ergab sich, daß der Kohleverbrauch erheblich über dem von den Konstrukteuren errechneten lag. Außerdem hatte das neue Schiff auch noch weitere Mucken, denn man hatte den 24 kohlegefeuerten Marinekesseln erstmals (für Höchstfahrtstufen) zusätzlich zwei ölgefeuerte Marine-Doppelendkessel hinzugefügt.

Bis zur Indienststellung der *Karlsruhe* (die erst am 15. Januar 1914 möglich wurde) mußten noch Brennstoff-Meßfahrten bis Mitte Juni und mehrfache kesseltechnische Änderungen in der Werft durchgeführt werden. Die Entsendung der *Dresden* anstelle des noch nicht einsatzreifen Neubaues war also unumgänglich, zumal Mexiko erneut zum Krisengebiet geworden war und der Kleine Kreuzer *Bremen* personell und technisch restlos »abgefahren« und mehr als werftreif war. Das mittlerweile fast zehn Jahre alte Schiff hatte bereits neuneinhalb Jahre Auslandsdienst hinter sich und dabei unglaublich große Distanzen zurücklegen müssen. Es konnte seine Werftüberholungen nur in Newport News absolvieren, manches wurde dabei improvisiert. Nun mußten dringend neue Kesselgebläse eingebaut werden.

Ende Juni 1913 erhielt der überstrapazierte Kleine Kreuzer endlich den Befehl zur Heimreise, fand aber am 24. September in Funchal/Madeira den Widerruf vor, weil der zur Ablösung der *Bremen* an der amerikanischen Ostküste vorgesehene Kleine Kreuzer *Dresden* infolge des Balkankrieges noch anderweitig gebunden war. Mit zerknirschter Besatzung machte die *Bremen* kehrt und begab sich nach Mittelamerika zurück. Die in Mexiko ausgebrochenen Unruhen erforderten unverzügliche Hilfeleistungen für dort ansässige Deutsche, Österreicher, Ungarn, Niederländer, Franzosen und Spanier. Zur Aufnahme von rund 1200 Flüchtlingen mußten auch die HAPAG-Dampfer *Bolivia* und *Kronprinzessin Cecilie* herangezogen werden.

Das war also die »gute alte Zeit« in Kaiser Wilhelms Tagen, in der es eine stabile Goldmarkwährung, eine aufstrebende Wirtschaft und beinahe weltweite Kolonialaktivitäten gab – wie bei den anderen europäischen Großmächten auch. Aber der rund 44 Jahre währende Frieden von 1871–1914 hatte auch eine Kehrseite: Außerhalb der deutschen Landesgrenzen gab es diesen Frieden nicht, und wer sich in Übersee engagierte, zahlte dafür »seinen Preis«: Vom Boxeraufstand in China bis zu den mexikanischen Unruhen gab es kein einziges »Friedensjahr« für die Auslandskreuzer.

Aber es war doch eine seltsame Fügung: Die *Bremen* mußte in recht verbrauchtem Zustand nach Amerika zurückkehren, weil die *Dresden* in die Balkankriegsereignisse der »goldenen Friedensjahre« verwickelt war. Und *Dresden* mußte endlich die *Bremen* beschleunigt ablösen, weil der neue Ostamerika-Stationskreuzer *Karlsruhe* dafür noch nicht ausreisen konnte. (Das Roulette drehte sich nachher weiter. Wir werden sehen, was geschah, als die *Karlsruhe* endlich die *Dresden* in Mittelamerika ablösen sollte: Der Kriegsausbruch von 1914 machte das unmöglich, es gab für beide Kreuzer keine Heimkehrmöglichkeit.)

Kurs Madeira

Am 27. Dezember 1913 lief Kreuzer *Dresden* gegen 17.00 Uhr in die Brunsbütteler Schleuse ein. Aber die Wünsche der Patenstadt für eine gute Reise schienen sich zunächst nicht zu erfüllen. Ein neues Sturmtief war herangezogen, binnen kurzem hatte sich die Elbreede vor Brunsbüttel in einen Hexenkessel weiß geifernder Sturmseen verwandelt. Das Ausschleusen wurde wegen eines noch nicht betonnten Kollisionswracks auf der Elbe vorerst untersagt, der Kreuzer mußte zunächst in der Schleuse liegenbleiben.

Die stürmische Nordsee war nachher recht ungemütlich. Am 29. Dezember verließ die *Dresden* bei Borkum endgültig die deutschen Hoheitsgewässer. Im Ärmelkanal war Wetterbesserung eingetreten, die Kreidefelsen von Dover leuchteten weiß in der Morgensonne. Die Sicht war so gut, daß sogar die französische Küste auszumachen war – was Ende Dezember keineswegs selbstverständlich ist.

Am 30. Dezember 1913 passierte das ausreisende Schiff bei nun sogar ungewöhnlich schönem Wetter den Leuchtturm Ushant vor der bretonischen Halbinsel. Er war als letzter Punkt des europäischen Festlandes in Sicht gekommen.

Die *Dresden* durchlief die auffallend friedfertig gewordene Biskaya. Der NO* setzte später den Kurs auf Madeira

* Navigationsoffizier (NO) war Kapitänleutnant Ernst Wieblitz.

ab, das als Zwischenetappe zur Ergänzung von Trinkwasser und Frischproviant angelaufen werden sollte.

An Bord waren Abschiedsschmerz und Enttäuschung über den entgangenen Weihnachtsurlaub mittlerweile verflogen. Man fuhr wieder zur See, sogar bei fast sommerlich lauem Wetter. Das Land blieb auch im Bewußtsein der Seeleute sozusagen schemenhaft zurück. Im Bereich des Irrealen. Nur noch die beharrlichen Geräusche der Maschinen und der Propeller und des Wassers, das sich am Steven brach, waren zu hören. Irgend etwas fiel von den Männern ab. Ihr ganzer Lebensrhythmus veränderte sich unmerklich.

Für jeden, der je zur See gefahren ist, sind solche Erscheinungen eine »alte Weste«. Mit zunehmender Distanz von der Heimat bekommen die Dinge mehr Gleichmaß und sogar Zeitlosigkeit. Joseph Conrad wußte, warum er den Satz geprägt hat: »Nirgendwo auf der Welt bleiben die Tage unseres Lebens so leichtflüssig hinter uns zurück wie im Kielwasser eines fahrenden Schiffes.«

Die Hecksee der *Dresden* zog sich schnurgerade durch die Biskaya und schließlich an Portugals Küste entlang, nachher durch die Spanische See. Man kam wieder zur Besinnung und fand Zeit, auch Dinge aufzuarbeiten, die bislang liegengeblieben waren.

Der Kommandant, Fregattenkapitän Erich Köhler, war eben erst Hals über Kopf auf diesen Kreuzer kommandiert worden. Er hatte kaum Zeit gehabt, sich richtig einzugewöhnen. Für ihn war die *Dresden* noch ein fremdes Schiff. Köhler hatte das verständliche Bestreben, zunächst die ihm anvertrauten Offiziere und schließlich die Deckoffiziere näher kennenzulernen, dann bei gelegentlichen Kommandantenmusterungen auch mit der gesamten Besatzung »warm« zu werden.

Auf Kreuzern dieses Typs hielt man noch immer an dem aus der Zeit der Segelfregatten und -korvetten stammenden

Brauch fest, die Kommandantenkajüte ganz achtern unterzubringen. Das war eben üblich, konnte aber auf einem Vier-Schrauben-Schiff bei höheren Fahrtstufen auch zur Zumutung werden. Wenn es eine Stelle gab, wo Vibrationen unangenehm oder Propellergeräusche durchaus auch mal störend werden konnten, dann war das in der Kommandantenkajüte der *Dresden.* Natürlich würde sich Köhler auch daran gewöhnen. Aber die kleine Kommandantenmesse, die seinem Wohnbereich unmittelbar zugeordnet war, die auch als Konferenzraum für Besprechungen der eigentlichen Schiffsleitung dienen konnte, amüsierte bei näherer Betrachtung doch: An beiden Seiten dieser Kommandantenmesse standen die Pivots je einer 5,2-cm-Revolverkanone im Weg, die man zur Torpedobootabwehr ganz bewußt weitmöglich achtern installiert hatte, damit sich der Kreuzer etwaige Verfolger noch aus der Nähe mit Schnellfeuer vom Leibe halten konnte. Aber diese Geschütze ließen sich beim besten Willen nirgendwo anders unterbringen als sozusagen in der »Guten Stube« des Kommandanten. Beim Gefechtdienst hatten also ein paar Mann von der *Dresden*-Besatzung ihre Gefechtsstation direkt in diesem »Allerheiligsten«. Die beiden Geschütze ließen sich nur klarmachen, wenn zwei als reine Dekoration und Wandbekleidung dienende Glasfenster mitsamt ihren Holzrahmen herausgenommen wurden. Dann fiel plötzlich der Blick auf die nackten, stählernen Stückpforten, die nach dem Ausklinken einer Verriegelung nach unten wegklappten und den Geschützbedienungen die Sicht nach draußen freigaben. Da schieße mal einer Schnellfeuer aus einer solchen Kajüte, ohne daß es irgendwo eine Schramme an den Vertäfelungen oder auf dem Linoleumfußboden gab! Immerhin purzelten die Messingkartuschhülsen in schneller Reihenfolge zu Boden. Fregattenkapitän Köhler gewöhnte sich bald ebenso an diese seltsame Geschützaufstellung wie seine Vorgänger.

Er hatte eines Abends die ranghöchsten Offiziere des Schiffes in diesem Raum um sich versammelt, die paßten gerade an diesen Sechsertisch. Köhler griff nach der überm Tisch hängenden Klingel und rief den zuständigen Pentrygasten damit herbei, um eine »Pulle Rotspon« und Zigarren kommen zu lassen. Endlich war Zeit, mit den schon länger an Bord befindlichen Herren in gelöster Form über dieses Schiff zu plaudern, das ein Kommandant gar nicht gründlich genug kennenlernen konnte.

Und nun entstand an diesem »Klönabend beim Alten«, wie es die Offiziere nachher nannten, der bisherige Werdegang der *Dresden* Zug um Zug.

Da Humor grundsätzlich zu den Tugenden eines Seemanns gehört, begann alles damit, daß der Kommandant den Artillerieoffizier Kapitänleutnant Friedrich Burchardi ein bißchen auf den Arm nahm und ihm Schlimmes androhte, falls er ihm mit seinen beiden »Kartoffelschmeißgeräten« – sprich Revolverkanonen – die Bude verstänkern sollte. Und wehe, wenn seine Geschützbedienungen beim Achterausschießen den Heckanker träfen, der geradezu idyllisch achtern vor der Bordwand hing. Er störte die Geschützführer beim Schießen tatsächlich!

Aber bald glitten die Gespräche in ein ruhigeres Fahrwasser. Hauptthema war nur noch das Schiff, das als Baunummer 195 bei der berühmten Werft Blohm & Voss in Hamburg entstanden war. Natürlich war Erich Köhler geläufig, daß die 117,9 m lange und 13,5 m breite *Dresden* ein Deplacement (d. h. eine Wasserverdrängung) von 3464 t und einen Tiefgang von 5,54 m hatte. Nun aber erfuhr der neue Kommandant noch einiges mehr, was schon zu den Interna gehörte, die wohl nur die Eingeweihten wußten: Die *Dresden* war eine Art Sonderling, obwohl sie doch ein leibhaftiges Schwesternschiff besaß – den bei der Kaiserlichen Werft Danzig gebauten (später weltberühmt gewordenen) Kleinen Kreuzer *Emden*.

Die beiden Kreuzer der sogenannten *Dresden*-Klasse, von der es nur zwei äußerlich und in den Daten fast deckungsgleiche Schiffe gab, waren Ersatzbauten für die beiden seinerzeit hoffnungslos veralteten Avisos *Comet* (Baujahr 1892) und *Pfeil* (Baujahr 1884), die noch dazu keine erfreulichen See-Eigenschaften hatten. Sie waren sozusagen nicht »das Gelbe vom Ei«, sie wurden mehr oder weniger mit Verlegenheitsaufgaben betraut und sozusagen aufgebraucht.

»Mit Verlaub zu sagen, Herr Kapitän: Es waren beides Fehlkonstruktionen«, warf Marine-Stabsingenieur Wilhelm Stein, der Leitende Ingenieur der *Dresden*, ein. Er trug nach damaliger Gepflogenheit der Kaiserlichen Marine als einziger in diesem Kreis seine Kapitänleutnantsärmelstreifen und Uniformknöpfe in Silber, dazu einen Samtkragen auf dem Uniformjackett, weil er ja Technischer Offizier und kein »richtiger« Seeoffizier war – eine sonderbare Fehleinschätzung von Gegebenheiten, die unmodernes Denken, ja ein gebrochenes Verhältnis zur immer ausschlaggebender gewordenen Schiffsbetriebstechnik verriet. Aber das waren noch alte Zöpfe aus der Segelschiffszeit, die man später konsequent abschnitt. Aber der Kameradschaft der Offiziere untereinander tat diese absonderliche Deklassierung der Ingenieur-Offiziere keinerlei Abbruch. Man war im Gegenteil auf den »Chief« regelrecht stolz, denn die *Dresden* war das zweite Turbinenschiff der deutschen Marinegeschichte überhaupt und damit ein »schneller Hirsch«, der seinem Schwesterschiff davonlaufen konnte.

»Tja, Fehlkonstruktionen waren das: Von der *Comet* ließ sich nur sagen, daß die an Bord kommandierten jungen Offiziere mit der sprichwörtlich frisch-fröhlichen ›Leutnantschnauze‹ den höheren Orts sauertöpfisch verübelten Vorschlag gemacht hatten, den ganzen ›Dampfer‹ an einen Wanderzirkus zu verhökern. Als Lachnummer wäre er dort allemal gut genug.«

Wilhelm Stein sog nachdenklich an seiner Brasil und fügte hinzu, daß die *Comet* eingestandenermaßen ein miserables Seeschiff und dementsprechend nur unter günstigsten Wetterbedingungen verwendbar war.

Das Konstruktions-Department des Reichsmarineamtes entwarf deshalb 1905 entsprechend dem Flottengesetz zwei neue Kleine Kreuzer, eben diese *Dresden*-Klasse. Um jedoch konsequent Vergleichswerte zu sammeln, entschloß man sich, die nach außen als eineiige Zwillinge wirkenden Schiffe mit völlig unterschiedlicher Antriebstechnik auszurüsten. Die *Emden* mußte sich mit Doppelschrauben und zwei von den altbewährten Dreizylinder-Dreifach-Expansionsmaschinen, also mit Kolbendampfmaschinen, begnügen, während die *Dresden* das Neueste vom Neuen installiert bekam. Sie erhielt vier statt zwei Propeller (von je 1,95 statt 4,3 m Durchmesser wie bei der *Emden*) und zwei Satz Parsons-Turbinen.

Die Vorteile des Turbinenantriebs gegenüber einer Kolbendampfmaschine lagen auf der Hand: Er macht höhere Geschwindigkeiten möglich. Es gibt nur eine gleichmäßige Drehbewegung und keine hin- und herlaufenden Teile, damit auch keine exzentrischen Kurbelwellenbewegungen. Eine Turbine ist weitgehend erschütterungsfrei, relativ einfach in Aufbau und Wartung und hat bei wesentlich geringerem Raumbedarf und Gewicht noch dazu einen bis zu 20 % höheren Wirkungsgrad.

Der Engländer Charles Algernon Parsons hatte in den neunziger Jahren ungeheures Aufsehen erregt, als er bei einer Flottenparade mit dem kleinen 40-Tonnen-Dampfboot *Turbinia* aus einer langen Reihe von Schiffen herauspreschte und damit vor aller Augen die Leistungsfähigkeit der von ihm entwickelten Parsons-Turbinen demonstrierte. In Deutschland hatten sich mehrere Firmen wie Krupp Germania, Schichau und die AEG an Turbinen eigener Konstruktion versucht. Sie rüsteten damit versuchsweise den Kleinen Kreuzer *Lübeck* aus, der damit Deutschlands erstes Turbinenschiff wurde. Blohm & Voss nahm zunächst eine abwartende Haltung ein, setzte dann aber entschieden auf die ausgereiften Parsons-Turbinen. Die Hamburger Großwerft erwarb einen Unterlizenzvertrag, um solche Turbinen in den Kleinen Kreuzer *Dresden* einbauen zu können. Dieses erste Turbinenschiff der renommierten Hamburger Werft fuhr mit überhitztem Dampf.

Der Stapellauf dieses Kreuzers am 5. Oktober 1907 war also durchaus ein Markstein in der Geschichte des deutschen Schiff- und Schiffsmaschinenbaues. Der Dresdner Oberbürgermeister Dr. Beuteler fungierte als Taufpate. Er wünschte diesem jüngsten Neubau der Kaiserlichen Marine im Namen von dessen künftiger Patenstadt allzeit glückhafte Fahrt.

Der für alle Fälle noch mit einem damals üblichen Rammsteven versehene Bug des Kleinen Kreuzers *Dresden* war mit einem zweigeteilten Bugwappen verziert, das an Steuerbord die Heraldik der sächsischen Landeshauptstadt, an Backbord den Adler des Kaiserreiches zeigte – das Gesamtwappen wurde von einer Kaiserkrone überragt.

Nach dem Zerschellen der Sektflasche setzte sich der Neubau auf seinen Ablaufschlitten in Bewegung und rauschte unter klingendem Spiel des Musikkorps und präsentiertem Gewehr der Ehrenkompanie der »Sechsundsiebziger«, der Wandsbeker Husaren, glatt in sein Element.

Der genau wie Kreuzer *Emden* mit zehn Seezielkanonen vom Kaliber 10,5 cm, acht halbautomatischen 5,2-cm-Revolverkanonen und zwei Unterwasser-Torpedorohren vom Kaliber 45 cm bestückte Kreuzer wurde am 22. Oktober 1908 an die Marine abgeliefert und mit üblichem Zeremoniell in Dienst gestellt. Anstelle der schwarz-weiß-roten Handelsflagge stieg die Flagge der Kaiserlichen Marine am

Heckflaggstock empor, die Werftflagge wurde niedergeholt und der Kommandantenwimpel gesetzt. Korvettenkapitän Graf von Posadowsky-Wehner übernahm das Kommando.

Schon reichlich einen Monat später passierte ein schlimmes Mißgeschick.

Am 28. November 1907 hatten intensive, nochmalige Turbinen- und Kesselerprobungen einschließlich vierundzwanzigstündiger Kohlenmeßfahrt mit und ohne Rauchentwicklung in der Eckernförder Bucht, verbunden mit der Meilenmeßfahrt zur Erprobung der Höchstgeschwindigkeit (die 25,2 Knoten betrug), stattgefunden. Dann aber wurde der Rammsteven des Kreuzers auf eine eigentlich nicht für diesen Zweck gedachte Weise »eingeweiht«: Die mit Backsteinen beladene, eben erst auf ihre Jungfernreise gegangene schwedische Galeasse *Cäcilie* wurde gegen Ende der Versuchsfahrten von der *Dresden* gerammt und mitten durchgeschnitten. Das Vorschiff des Küstenseglers sackte auf der Backbord-, der hintere Teil auf der Steuerbordseite des Kreuzers in die Tiefe. Die gesamte Takelage des Seglers hing auf der Back der *Dresden*, die natürlich sofort nach dem Zusammenstoß stoppte und zum Glück im Unglück die Besatzung der *Cäcilie* vollzählig retten konnte. Aber bevor die Turbinen mit Gegendampf abgebremst werden konnten, hatten zwei von den vier Propellern die sinkenden Schiffsteile erfaßt. Die äußere Steuerbordschraube wurde dabei samt Wellenbock um 30 Millimeter nach hinten verschoben. Eine schöne Bescherung.

Kreuzer *Dresden* mußte sofort ins Dock, damit die Propeller untersucht bzw. ausgewechselt werden konnten. Der verbogene Wellenbock mußte jedoch neu gerichtet und ausgebohrt werden. Außerdem zog man eine neue Schwanzwelle ein. Die Reparatur nahm drei Wochen in Anspruch. Der Unfall zeugte davon, daß man sich bei der Marine an die zwangsläufig geringere Leistung der speziell dafür vorhandenen Rückwärtsturbine erst gewöhnen mußte. Es galt immerhin, maximal 18 880 Wellen-PS zu zähmen!

Überhaupt hatte man mit der *Dresden* so viel technisches Neuland betreten, daß das Zahlen von Lehrgeld gar nicht ausbleiben konnte. Niemand mochte in der Haut der Ingenieur-Offiziere stecken. In vier weiteren Phasen wurden im Auftrag des Reichsmarineamtes weitere Erprobungen mit dem völlig neuen Antriebssystem durchgeführt, bei dem es leider zu einer Turbinenhavarie kam. Die Kaiserliche Werft Wilhelmshaven hatte bis Anfang September 1909 an der komplizierten Reparatur zu knabbern. Die danach eigentlich noch fälligen weiteren Erprobungen konnten nicht mehr abgeschlossen werden, denn die *Dresden* erhielt den Befehl, sich sofort zu einer Reise nach den USA auszurüsten.

Am 11. September 1909 verließ das Schiff Wilhelmshaven, um vom 24. September bis zum 9. Oktober Deutschland bei den in New York stattfindenden 300-Jahr-Feierlichkeiten anläßlich der Entdeckung des Hudson Rivers zu vertreten, zusammen mit den Großen Kreuzern *Victoria Luise* und *Hertha* sowie dem Kleinen Kreuzer *Bremen*.

Nach Rückkehr in die Heimat wurde die *Dresden*, wie vorgesehen, dem Verband der Aufklärungsstreitkräfte zugeteilt und führte ein normales Kreuzerleben mit immer neuen Verbandsübungen, Manövern und Reisen. Leider »bewährte« sich der Rammsteven von S. M. S. *Dresden* aufs neue. Am 16. Februar 1910 rasselte der Kreuzer beim Evolutionieren mit einem seiner »Kollegen«, dem Kreuzer *Königsberg*, zusammen und mußte für eine Woche in die Werft gehen. Dem Kommandanten, Fregattenkapitän Varrentrapp, konnte kein schuldhaftes Verhalten angelastet werden. Aber die Besatzung hoffte inständig, daß sich die *Dresden* solche Allüren allmählich abgewöhnen möge.

Um so positiver schlug zu Buche, daß der Kreuzer für seine hervorragenden artilleristischen Leistungen im

Schießjahr 1911/12 den begehrten Kaiserpreis für Kleine Kreuzer der Hochseeflotte erringen konnte.

Ansonsten waren die Jahre 1910 und 1911 völlig normal verlaufen. Geschont wurden die Aufklärungskreuzer nie, sie tobten »überall und nirgendwo« umher, was auch Auslandsbesuche im Nord- und Ostseeraum einschloß, auch Nordlandreisen.

Dann aber führte der Ausbruch des Ersten Balkankrieges 1912/13 zu einer neuen Verwendung für den Kreuzer *Dresden*. Das Osmanische Reich der Türken war von den vereinigten Balkanstaaten geschlagen worden. Die Wirrungen dieses Krieges führten zu solchem Chaos, daß zum Schutz deutscher Interessen und vor allem dort lebender deutscher Staatsbürger die ständige Anwesenheit mehrerer Kriegsschiffe der Kaiserlichen Marine in diesem Gebiet permanenter Spannungen, Unruhen und Kampfhandlungen erforderlich war.

Deshalb wurde gemäß Allerhöchster Kabinettsorder (AKO) am 1. November 1912 eine besondere »Mittelmeerdivision« unter Konteradmiral Tummler (später Konteradmiral Souchon) gebildet. Zu den bereits im Bereich der »Mittelmeerstation« befindlichen Einheiten (Ungeschützter Kreuzer *Geier*, Schulkreuzer *Hertha* und *Vineta*, Stationsschiff *Loreley*) traten daraufhin der erst frisch zur Flotte gekommene neue Schlachtkreuzer *Goeben* und der ebenfalls noch ganz neue »Vierschornsteiner«, der Kleine Kreuzer *Breslau*, hinzu, die fortan mit der *Loreley* den Kern dieser »Mittelmeerdivision« bildeten und »je nachdem« weitere Einheiten zugeteilt bekamen. Die Lage wurde rasch dramatisch. Am 18. November 1912 mußte ein Landungskorps zum Schutz der in Konstantinopel lebenden Christen eingesetzt werden, zusammen mit solchen Verbänden der Marinen von Spanien, Rumänien und der Niederlande.

Am 3. Dezember kam es zum Waffenstillstand der kriegführenden Balkanstaaten Serbien, Montenegro, Bulgarien und Griechenland mit der Türkei. Bald darauf konnten die beiden deutschen Schulkreuzer in die Heimat entlassen werden.

Der Balkan wird mit der Unversöhnlichkeit, dem Fanatismus und der Aggressionslust bestimmter Gruppierungen wohl stets der übrigen Welt rätselhaft bleiben. Von Vernunft irgendeiner Seite konnte jedenfalls keine Rede sein; trotz Waffenstillstand und schließlich Mitte Dezember 1912 in London zusammentreffender Friedenskonferenz waren am 3. Dezember 1913 die Kämpfe von neuem entbrannt.

Nun wurde das Tohuwabohu total. Nach der Eroberung von Saloniki durch griechische Truppen wurde dort am 18. März König Georg I. von Griechenland ermordet, angeblich durch einen Geisteskranken. Aber so etwas sagt sich dann immer sehr leicht, falls es sich um einen gedungenen Täter gehandelt haben sollte.

Seit Entlassung der Schulkreuzer *Hertha* und *Vineta* in die Heimat und Entsendung der Kreuzer *Breslau* und *Geier* zur albanischen Küste, wo nun ebenfalls der Teufel los war, sah man das Mittelmeer weitgehend von deutschen Kriegsschiffen entblößt. Die weiterhin erkennbare Tendenz zu fremdenfeindlichen Bewegungen in dieser Region, durch die Kriegsereignisse genährt, zwangen den deutschen Admiralstab, den Kleinen Kreuzer *Dresden* zusammen mit dem neuen Kleinen Kreuzer *Straßburg* ins Mittelmeer zu entsenden und in die »Mittelmeerdivision« einzugliedern.

Nachdem die *Dresden* zuvor ein Jahr lang von Korvettenkapitän Max Köther geführt worden war, hatte Fregattenkapitän Fritz Emil Lüdecke im September 1912 den Kreuzer als Kommandant übernommen.

Die Kreuzer *Dresden* und *Straßburg* traten am 6. April 1913 von Kiel aus ihre Reise nach Konstantinopel an.

Leider hatte man die *Dresden* vorzeitig aus der Werftreparatur herausgerissen. Sie war allzu hastig und im Grunde unfertig fahrbereit gemacht worden. Das rächte sich zunächst schon durch unerwartet hohen Kohlenverbrauch, der den Kreuzer zum unvorhergesehenen Anlaufen von Gibraltar zwang. Die »funkentelegrafische« Anfrage wurde von der britischen Admiralität sofort positiv entschieden. Auch beim Aufenthalt an diesem ungewöhnlichen Platz für die Kohlenergänzung eines deutschen Kreuzers zeigte sich die damals noch nicht getrübte politische Situation daran, daß die Deutschen ungestört und ohne Aufsicht bei den Batterien und Kasematten dieser mächtigen Seefestung und Eingangspforte zum Mittelmeer umherschlendern konnten.

Das Mittelmeer war damals noch unumstrittene Domäne britischer Seeherrschaft. Sogar die Anrainerstaaten Frankreich und Italien traten dort hinsichtlich ihrer Seemacht hinter Großbritannien zurück. Das britische Empire wußte sich seinen lebenswichtigen Verkehrswegs nach Indien durch geschickte Politik in Verbindung mit einer schlagkräftigen Mittelmeerflotte stabil zu sichern, mit Rückhalt in den stark ausgebauten Stützpunkten Gibraltar, Malta und Alexandria, die Eckpfeiler dieser Leitlinie wurden.

Auf der Weiterfahrt zu den Dardanellen stellten sich im Ägäischen Meer weitere, wesentlich schlimmere Folgen der übereilten Entsendung des Kreuzers *Dresden* heraus: Die Backbord-Rückwärtsturbine machte sogenannten »Schaufelsalat«. Es brachen also einzelne Blätter aus dem Turbinenläufer heraus, klemmten sich fest und legten dadurch eine ganze Antriebsturbinenanlage – eine der beiden Seitenmaschinen – lahm.

Während der Kreuzer »auf einem Bein weiterhumpelte«, d. h. mit nur einer Seitenmaschine und verminderter Fahrt, trat vor den Dardanellen eine zusätzliche Maschinenpanne ein: Durch Wasserschlag infolge eines Kesselüberkochens – Ursache waren unrichtig abgedichtete Kondensatorröhren infolge der unvollständig beendeten Werftreparatur – blieb auch die bis dahin intakt gewesene andere Seitenmaschine stehen. Das war eine vertrackte Situation, denn das Schiff trieb bei der starken Dardanellenströmung steuerlos in den türkischen Mittelmeerfeldern umher!

Auf die Warnsignale des vorausfahrenden türkischen Sperrlotsendampfers konnte man nicht reagieren, der Kreuzer war total manövrierunfähig. Endlich gelang es dem Leitenden Ingenieur mit seinen fieberhaft arbeitenden Männern, die durch den Wasserschlag gestoppte Turbinenanlage so weit in Ordnung zu bringen, daß sich die *Dresden* vorsichtig und mit langsamster Fahrt in die minenfreie Rinne »zurückfädeln« und daß sie fortan dem Lotsendampfer folgen konnte.

Im schließlich erreichten Konstantinopel herrschte Hochspannung. Das türkische Heer war bis auf die Tschadalja-Linie – das letzte Bollwerk dicht vor der Hauptstadt – zurückgeschlagen. Ob diese behelfsmäßig aufgeworfene Verteidigungslinie halten würde, war mehr als zweifelhaft.

Neben der *Goeben*, *Straßburg* und *Dresden* hatte sich vor dem Goldenen Horn eine internationale Flotte eingefunden. Stark vertreten waren die Briten, aber auch Kriegsschiffe aus Frankreich, Italien, Rußland und Holland hatten sich auf der Reede versammelt. In den diplomatischen Vertretungen der einzelnen Länder sowie auf den Flaggschiffen der jeweiligen Flottenkontingente fanden laufend Konferenzen statt. Es drehte sich um die Frage, wie im Falle der Beschießung oder gar während einer Erstürmung der Stadt die Ausländerviertel gesichert werden könnten. Aber dann trat, wie so oft in der Kriegsgeschichte, im Augenblick der höchsten Gefahr und einer akuten Bedrohung der Hauptstadt infolge Erschöpfung des Angreifers der Umschwung ein. Konstantinopel war gerettet, der Feind wich zurück.

Nach Abschluß des Waffenstillstandes wurde die *Dres-*

den zum Besuch der kleinasiatischen Südküste und zur Küste Palästinas detachiert. Der Kreuzer nahm den Direktor der von der Deutschen Bank finanzierten und von deutschen Firmen gebauten Bagdad-Bahn zur Fahrt nach Mersin/Anatolien zwecks Weiterreise nach Adana und zur interessantesten Baustelle der Bahn in der Kilikischen Pforte mit. Dort im Taurusgebirge bei Bozanti hingen die deutschen Ingenieure und die türkischen Arbeiter buchstäblich an Drahtseilen an den senkrechten Felsen, um diesen letzten Durchbruch durch das Gebirgsmassiv zu ermöglichen, der in Verbindung mit dem gleichartigen Durchbruch durch den Amanus hinter der Alexandrette die komplette Bahnlinie vollenden sollte. Der I. Offizier war eingeladen worden, den Direktor der Bagdad-Bahn zu dieser Baustelle zu begleiten. Er kehrte tief beeindruckt auf den Kreuzer *Dresden* zurück, dessen Besatzung zur Feier des 25jährigen Regierungsjubiläums von Kaiser Wilhelm II. im Kreise der dortigen Kolonie schwäbischer Templer weilte. Diese Auslandsdeutschen nahmen die *Dresden-Männer* begeistert und mit der sprichwörtlichen Gastlichkeit des Schwabenlandes auf. Ihre Sitten und Gebräuche, sogar ihre heimatliche Mundart hatten sie über die Jahrzehnte hin bewahrt.

Nach dreitägigem Besuch in Port Said am Suezkanal – mal wieder zum Kohlen – trat Kreuzer *Dresden* die Heimreise über Malta an. In dieser zweiten großen Seefestung des Mittelmeeres wurden die Offiziere der *Dresden* von den dort stationieren britischen Offizieren der Royal Navy ebenso freundschaftlich und unbefangen aufgenommen wie vorher in Gibraltar.

Über Syrakus/Sizilien und den spanischen Hafen Cadiz sowie den Englischen Kanal führte die Reise zurück nach Kiel, wo die *Dresden* sofort in die Werft gelegt wurde, damit endlich die ramponierte Maschinenanlage wieder »auf Vordermann gebracht« werden konnte.

Diese Begebenheiten hatte Kapitänleutnant Nieden dem in Kiel eingestiegenen neuen Kommandanten recht eindrucksvoll dargelegt. Daraufhin stellte Fregattenkapitän Köhler die Frage: »Sagen Sie mal, Nieden – da hatten Sie also hautnah mitgekriegt, was dem am 30. Mai 1913 abgeschlossenen Frieden von London folgte, demzufolge das Osmanische Reich seinen gesamten europäischen Besitz westlich der Enos-Midia abzutreten hatte?«

»Ja, Herr Kapitän: Dieser Vertrag brachte nichts anderes als einen neuen Krieg hervor! Die Türken waren an sämtlichen Fronten geschlagen worden. Über die Verteilung der Beute konnte aber unter den Siegern keine Einigung erzielt werden.

So griff Bulgarien im Juni 1913 Serbien an. Und man halte sich bitte fest: Griechenland und Rumänien (das nichts anderes im Kopf hat als die südliche Dobrudscha zu besitzen) sowie die gerade erst mit Griechenland verfeindet gewesene Türkei traten gemeinsam gegen Bulgarien in den Krieg ein. Die Türken wußten, daß sie durch diesen 2. Balkankrieg nur gewinnen konnten: Sie eroberten Adrianopel zurück, das man ihnen kurz zuvor erst ›abgeknöpft‹ hatte.«

In der Kommandantenmesse des Kreuzers *Dresden* herrschte eine Weile das, was man beredtes Schweigen zu nennen pflegt. Die gleichmäßigen dumpfen Propellerschläge, die bei diesem Vierschraubenschiff freilich leiser und auch in den Vibrationen weniger störend waren als bei jedem Doppelschraubenschiff, holten die Gesprächsteilnehmer allmählich wieder in die Realität des Augenblicks zurück. Immerhin entfernte sich die *Dresden* mit jeder Propellerumdrehung weiter von diesem Unruheherd Balkan, um prompt den nächsten Unruheherd, Mexiko, anzusteuern.

Kapitänleutnant Nieden drückte nachdenklich die Reste seiner Zigarre aus und fügte – während der Pantrygast noch einmal die Rotweingläser zur letzten Runde dieses »Abends beim Alten« einschenkte – hinzu:

»Es kam nach dem erneuten Durcheinander am 30. Juli 1913 abermals zum Waffenstillstand und am 10. August zum Frieden von Bukarest. Er führte dazu, daß Kreuzer *Dresden* offiziell wieder aus der »Mittelmeerdivision« entlassen werden konnte. Das geschah am 23. September. Aber wer im östlichen Mittelmeer dabeigewesen ist, hat ein merkwürdiges Gefühl in der Magengrube.

Im Grunde wurde keins der Probleme wirklich gelöst. Obwohl ihre Interessen doch eigentlich erkennbar berührt und sogar bedroht waren, hielten sich Rußland und Österreich-Ungarn in den beiden Balkankriegen zurück. Auf Österreich-Ungarn, das gegen Serbien allzu gern eingreifen wollte, wirkte Berlin mäßig im Sinne des Friedens ein. Aber in Wirklichkeit erörtert man in St. Petersburg die Meerengenfrage doch immer offener. Rußland will um jeden Preis einen Zugang zum warmen Meer, das heißt Bosporus und Dardanellen, machtpolitisch in die Hand bekommen. Was geschieht, wenn Rußland unter dem Vorzeichen des Panslawismus den Serben immer wieder den Rücken gegen Österreich-Ungarn stärkt? Nach Adam Riese würde damit eine neue Konfliktsituation geschaffen. Es genügt doch dann nur ein Funke, um dieses Pulverfaß zur Explosion zu bringen!«

Der Kommandant erhob das Glas zum Dank für diesen Stegreifvortrag seines I. Offiziers und zum gemeinsamen Anstoßen darauf, daß eine derart schreckliche Vision niemals Wirklichkeit werden möge.

Am nächsten Morgen wurde in allen Decks der *Dresden* noch einmal kräftig Reinschiff gemacht, bevor die Bootsmannspfeifen überall eines der beliebtesten Signale auspfiffen, begleitet von dem melodischen Ausruf des Bootsmannsmaaten der Wache: »Dienst und Arbeitsstellen aufklaren!«

Das bedeutet im Klartext, daß nunmehr Feierabend war – früher Feierabend für alle, denn der Kalender zeigte den 31. Dezember 1913 an – Silvester. Zur Feier dieses Tages herrschte Hochbetrieb in Kombüse und Bäckerei, um all das vorzubereiten, was dann zur Festlichkeit auf den Tisch oder, wie der Seemann sagt, auf die Back kommen sollte. Der nächste Befehl, der »ausgepfiffen« wurde, war eigentlich überflüssig, denn er verstand sich an einem solchen Tag von selbst: »Anzug Erste Garnitur blau!«

Natürlich zog jeder zum Jahresende sein bestes »Päckchen«, seine beste Uniform an. Denn bald war es soweit, daß man »Alle Mann achteraus!« pfiff – zur letzten »Kommandantenmusterung« des Jahres, also zur Silvesteransprache des Kommandanten. Da scharten sich alle auf der Kommandobrücke, im Maschinenraum und vor den Kesseln überhaupt abkömmlichen Leute um den Führer dieses Schiffes.

Fregattenkapitän Köhler sah fast durchweg junge, frische Gesichter vor sich. Der weitaus größte Teil der *Dresden*-Besatzung war erst 17 bis 22 Jahre alt.

Aus den achtziger Jahren stammten nur die Kapitänleutnante und die schon langgedienten älteren Unteroffiziere. Über 40 Jahre alt waren neben dem Kommandanten selbst nur der Schiffsarzt Dr. Karl Koch, der Bordpfarrer Hugo Schneider sowie die Obermaschinisten Alfred Dedlow und Wilhelm Gaffrey, Ende 50 war nur der aus dem Mannschaftsstand hervorgegangene, immens tüchtige Leitende Ingenieur Wilhelm Stein.

Die Ansprache des Kommandanten zum Jahreswechsel geriet wohltuend kurz. Er erinnerte daran, daß die Heimat nun jeden Tag ein gutes Stück weiter entfernt sei und daß man draußen in der Welt weitgehend auf sich selbst gestellt sein werde. Aber man sei draußen, jeder einzelne, ein Repräsentant des Vaterlandes in einer vielleicht recht turbulenten Situation. Und man sollte doch ruhig ein bißchen stolz darauf sein, Seemann auf diesem Patenschiff einer deutschen Landeshauptstadt zu sein.

Fregattenkapitän Köhler brachte ein dreifaches Hipphipphurra auf das Schiff und seine Patenstadt Dresden aus und wünschte seiner Besatzung auch im neuen Jahr allzeit glückliche Fahrt.

Der Zivilkoch Richard Pachnicke und seine Helfer an den Kochkesseln und Backöfen hatten vorzügliche Dinge hervorgezaubert. Es gab ein opulentes Silvestermahl und nachher die traditionellen »Berliner« – jene Pfannkuchen, die auf der *Dresden* ganz besonders gut schmeckten.

Nachher durften sich alle, die nicht auf Wache aufzuziehen brauchten und das Schiff verantwortlich weiterzufahren hatten, an Bier und Bowle gründlich gut tun. Es herrschte aufgeräumte Stimmung – auch bei denen, die anfangs besonders bedrückt auf diese Reise gegangen waren wie der junge Ingenieur-Aspirant Wilhelm Lerche, den seine Kameraden sogar damit »aufgezogen« hatten, daß er wohl »seine Mama vermißt«. Vielleicht war nur eine dunkle Vorahnung über den jungen Mann gekommen, daß er die Heimat nie wieder sehen würde.

Aber jetzt war das alles vergessen. Die Getränke schmeckten, Schifferklaviere und fröhliche Gesänge, viel Gelächter zogen durch die Decks.

Punkt Mitternacht nach Chronometer-Ortszeit dieser Position gab es ein großes Getöse mit Sirene, Dampfpfeife und Schiffsglocke und überall laut gerufenen Glückwünschen für das neue Jahr.

Am Neujahrsmorgen 1914 löste sich die deutlich spürbar gewordene schwarz-blaue Eintönigkeit des Atlantischen Ozeans in einen Punkt am Horizont auf, der sich bald in eine schwarze Rauchwolke verwandelte. Bald darauf wurden daraus Masten und zwei Schornsteine. Mit hoher Fahrstufe bewegte sich ein französischer Aviso auf die *Dresden* zu. Man tauschte über Flaggensignale Neujahrsglückwünsche aus und setzte dann beiderseits die Reise fort, bis sich der Sichtkontakt wieder in der Ferne verlor.

24 Stunden später meldete der Ausguckposten »Land in Sicht!«, und um 14.30 Uhr kam auf der Reede von Funchal/Madeira das Kommando »Fallen Anker!«

Es herrschte drückende Hitze und wimmelnder Betrieb. Das erste im neuen Jahr ankommende Schiff wurde wie ein gutes Omen begrüßt. Bald umkreisten Händlerboote den Kreuzer mit lautem Palaver der Insassen, die alle möglichen Souvenirs und Früchte, hauptsächlich Bananen, anpriesen. Kleine Jungs fungierten als Münztaucher, sie sprangen ins Meer, um die von Deck der *Dresden* hineingeworfenen Münzen (oder auch nur Uniformknöpfe) unter Wasser vor dem Absacken zu erhaschen.

Fünf Stunden Landgang für die wachfreie Besatzung. Eine ganz andere Welt nach dem norddeutschen Winter. Für viele der Seeleute das erste Mal, daß sie Palmen und reifende Südfrüchte mit eigenen Augen sahen. Und mit Vergnügen erlebten sie die Schlittenschußfahrt über das glattrunde Kopfsteinpflaster der steilen Gassen dieser sich an den Berghängen emporstaffelnden Stadt.

Die drückende Hitze machte sich auch unter Deck des Kreuzers bemerkbar. Die dort kreisenden Ventilatoren, im Marinedeutsch »Miefquirle« genannt, konnten nur bedingt Erleichterung schaffen. Im Halbdunkel der Offiziersmesse fand der Leutnant zur See Arnold Böker, nachdem sich die eben noch von der Sonne geblendeten Augen halbwegs an das Schummerlicht gewöhnt hatten, auch den Adjutanten, Oberleutnant zur See Wilhelm Canaris vor, der zu den Wachoffizieren des Kreuzers gehörte und als heutiger Offizier vom Dienst nicht an Land gehen durfte.

»Ganz schön heiß hier, was, Böker?«

»Tja, ich kann nicht leugnen, daß die Klima-Umstellung für mich doch recht abrupt ist. Für Sie vielleicht nicht so schlimm, weil Sie ja schon Klima-Erfahrung haben.«

»Doch, ein bißchen bin ich es doch schon gewohnt. Im Herbst 1907 hatte man mich auf die *Bremen* gesteckt, die gerade ihren Törn auf der Ostamerikanischen Station fuhr«, erinnerte sich Wilhelm Canaris.

»Ich habe davon gehört, aber mehr noch glaube ich, daß Sie recht gut spanisch sprechen und ein Fachmann auf dem Gebiet der Geschichte und Kultur der iberoamerikanischen Länder sind«, kommentierte der jüngste Leutnant.

»Die Leute übertreiben immer, Böker. Die Einsamkeit erträgt der Seemann aus verschiedenen Gründen, die sich aus seinem Beruf ergeben. Ich erlerne die Sprache und beschäftige mich mit den politischen Gegebenheiten der Länder, in die ich fahre. Es ist die beste Möglichkeit, Eigenschaften zu begreifen. Das Spanische ist eine Sprache, die mir besonders gut gefällt«, erklärte Canaris.

»Sind Sie romanischer Abstammung, Herr Canaris? Ihr Nachname klingt so gar nicht deutsch . . .«

»Ja, wie man weiß, stammt meine Familie von Thomas Canaris ab, der am Ende des 17. Jahrhunderts zusammen mit seinen drei Brüdern Sala die Gegend des Comer Sees in Italien verlassen hat, um sich bei Bernkastel bei Trier niederzulassen. Wie man sieht, habe ich viel italienisches Blut in mir, wenn die Nachforschungen richtig sind«, antwortete Wilhelm Canaris.

»Gibt es eine Verbindung zwischen Ihnen und dem Präsidenten von Griechenland, Constantino Kanaris, der auch Marinesoldat ist?«, fragte Oberleutnant zur See Karl Hartwig, der, auf der Flucht vor der Hitze, kurz zuvor eingetreten war.

»Soweit ich gehört habe, sind die Kanaris aus Griechenland ebenfalls vom Comer See in Italien emigriert, wo der

Der Mexikanische Meerbusen oder Golf von Mexiko war von Januar bis Juli 1914 Einsatzgebiet des Kreuzers *Dresden*. Mit einer Fläche von 1,56 Millionen Quadratkilometern ist dieses amerikanische Mittelmeer das größte Binnenmeer vor den Küsten der Vereinigten Staaten und von Mexiko. Dieses Ursprungsgebiet des Atlantischen Golfstroms ist bis zu 3875 Meter tief. Es steht durch die Yucatanstraße mit dem Karibischen Meer und durch die Floridastraße mit dem Atlantischen Ozean in Verbindung. Man erkennt am Südufer des Golfs von Mexiko die angelaufenen Häfen Veracruz und Coatzacoalcos und am Westrand den Rio Panuco mit der Stadt Tampico, die für die *Dresden* Schauplatz recht brisanter Rettungsaktionen war.

Name auch als Canaris existiert«, antwortete Canaris und fügte abrupt hinzu, »ich habe jetzt lange genug über meine Person gesprochen, wie geht es den Leuten?«

»Die Mehrheit ist an Land gegangen, da es ihnen gestern nicht möglich war«, antwortete Hartwig. »Böker und ich werden auch an Land gehen und bitten um Erlaubnis, uns zurückziehen zu dürfen.«

Wilhelm Canaris erlaubte es und war im nächsten Moment allein. Mit seinen 27 Jahren war er ein außerordentlich intelligenter, kultivierter und in seinen Argumenten und Entscheidungen sehr erwachsener junger Mann, wenngleich auch nicht sehr gesprächig. Er war kein typischer Deutscher, denn seine mittlere Größe, das schwarze Haar und die südliche Hautfärbung, zusammen mit seinem lebhaften Geist, zeigten seine romanische Abstammung. Die durchdringenden blauen Augen, seine natürliche Beobachtungsgabe und Introvertiertheit, sein Ordnungs- und Organisationstalent, all das deutete auch auf deutsches Blut hin.

Er wurde am 1. Januar 1887 in Aplerbeck im Kreis Dortmund geboren und war der jüngste von drei Söhnen des Unternehmensdirektors Karl Canaris und seiner Ehefrau Auguste Amalie Popp. Die soziale und finanzielle Situation seiner Familie ermöglichten es ihm, eine exzellente Schulbildung zu erhalten. Dies und seine Vorliebe für Literatur und Sprachen gaben Kapitän Köhler das sichere Gefühl, durch einen Oberleutnant unterstützt zu werden, der fundierte Kenntnisse der Länder hatte, in die sie geschickt worden waren, besonders da er in diesem Fall die Länder schon einmal besucht hatte. Wilhelm Canaris befand sich auf der *Dresden*, seit diese ins Mittelmeer kommandiert wurde. Und schon der eigentliche Kommandant (Fregattenkapitän Lüdecke) hatte ihn zu seinem Adjutanten ernannt.

Die Kommandanten waren ja nur kurzfristig zwischen den Kreuzern *Dresden* und *Karlsruhe* getauscht worden.

Karibik – diesmal recht unschön

Am 5. Januar 1914 verließ S. M. S. *Dresden* Funchal wieder, um sieben Tage später im Karibischen Meer vor Charlotte Amalie auf der Insel Saint Thomas zu ankern. Sie liegt in der Übergangszone von den Großen zu den Kleinen Antillen. Sie zählt zu den »Inseln unter dem Wind« und zu den Jungfern-Inseln (Virgin Islands). Man findet sie ostwärts von Puerto Rico. Deutsche Firmen unterhielten hier große Kohlendepots, um die Handelsschiffe ihres Landes in der Westindienfahrt oder auf der Reise zu anderen Teilen des amerikanischen Kontinents mit Brennstoff zu versorgen. Auch die *Dresden* nahm hier die Gelegenheit wahr zu bunkern.

Leutnant Böker notierte in sein Tagebuch: »Gewöhnt an die Benutzung von Kränen, waren wir erstaunt, welche Gewichte hier auf den menschlichen Rücken transportiert wurden. Die Eingeborenen arbeiteten für vier Cents pro Korb, die ihnen Marine-Oberzahlmeister Gustav Siegemund auszahlte. Sie liefen barfuß und so schnell sie konnten, um an einem Tag soviel wie möglich zu verdienen. Unsere Seeleute staunten nicht schlecht, denn es waren großenteils Frauen, die diese schwere Arbeit verrichteten. Sie wirkten sehr exotisch und erschienen uns überaus hübsch, zumal wir nun ja bereits eine ganze Weile von zu Hause weg waren. Sie verrichteten die Arbeit fröhlich singend und sahen uns provozierend an.

Angesichts der allgemeinen Begeisterung bemerkte unser Schiffsarzt Dr. Koch: ›Ich empfehle Ihnen besonders, sich an Land zu vergnügen, aber seien Sie nicht zu ungestüm und bleiben Sie vernünftig, um Schlimmeres zu vermeiden.‹

Offensichtlich waren die Eingeborenen praktische Menschen und hatten einen Sinn fürs Kommerzielle. Sie warteten auf den Landgang der Besatzung und erreichten, indem sie die fehlende Sprache durch Zeichen ersetzten, daß die Worte von Dr. Koch in Vergessenheit gerieten.

Drei Tage später verließen wir die Insel, mit Kurs auf Veracruz, dem endgültigen Bestimmungshafen. Auf diesem Teil der Reise konnten wir mehrere Tage ein Rudel Haie beobachten, das uns achtern wie eine Eskorte als Nachhut folgte. Mit übertriebener Geschwindigkeit verschlangen sie alles, was man ihnen über Bord zuwarf. Sie schienen die Mülldeponie des Meeres zu sein, und wir hatten Spaß wie in einem Zirkus mit freiem Eintritt oder im Zoo unter freiem Himmel. Man bekam Schüttelfrost bei dem Gedanken, daß jemand zwischen diese blutrünstigen Tiere fallen könnte.

Irgendwann verloren sie den Spaß daran, uns zu begleiten und fanden etwas anderes, Unterhaltsameres zu tun und verließen uns. Dann erschienen Delphine und Fliegende Fische und vollführten Kunststücke und Figuren, jumpten aus dem Wasser, wie um die Aufmerksamkeit auf sich zu ziehen. Es war wunderschön, ihre Eleganz zu beobachten, doch bald waren sie gelangweilt und verschwanden, um neue Zuschauer zu suchen. An diesen lauen Abenden bot die Bordkapelle Konzerte auf Deck an, eine Mischung aus Beethoven, Mozart, Bach, Brahms, Mendelssohn, Wagner und vielen anderen mit dem unruhigen und tropischen Flair der Karibik und dem außergewöhnlichen afrikanischen Nachgeschmack der Großen Antillen. Puerto Rico, die Dominikanische Republik, Haiti, Jamaika sowie Kuba wurden nacheinander passiert. Haie, Wale, Tümmler und Fliegende Fische umschwärmten das Schiff. Zwischen der großen Insel Kuba an Steuerbord und der Halbinsel Yucatan an Backbord fuhren wir schließlich in den Golf von Mexiko ein, mit südlichem Kurs, und ankerten am 21. Januar 1914 um 11.40 Uhr in Veracruz. Mit beeindruckendem Sirenengeheul begrüßte uns eine internationale Flotte von amerikanischen, spanischen, französischen, russischen, englischen und deutschen Schiffen, zusammen mit zwei mexikanischen Kanonenbooten.

Fast alle waren mit gleicher Mission wie wir dort, um die Ereignisse des mexikanischen Bürgerkriegs abzuwarten und um ihre Landsleute zu retten und die Interessen der jeweiligen Nation zu wahren.

Kaum hatte der Hafenkapitän von Veracruz die *Dresden* begrüßt und die Behördenvertreter das Schiff einklariert, erschienen Fregattenkapitän Seebohm, der Kommandant von S. M. S. *Bremen*, und Kapitäne der deutschen Transportschiffe an Bord, um unserem Kommandanten, Fregattenkapitän Köhler, ihre Aufwartung zu machen. Sie brachten einige ihrer Offiziere mit. Und wie es das Protokoll der Marine nun einmal verlangt, wurden diese Besuche bald erwidert.

Man lud uns auf die *Bremen* zum Abendessen ein, wo wir bis Mitternacht blieben. Und zu Beginn sagte der dienstälteste Offizier des Kreuzers: ›Es freut uns, auf unserem Schiff die Herren von der *Dresden* empfangen zu können. Wir danken Ihnen für die Briefe, das Bier und die Zigaretten, die Sie mitgebracht haben. Und dieser hervorragende Sekt, den Sie uns geschenkt haben, dient nun dazu, auf die Offiziere und die Besatzung der *Dresden* anzustoßen und Ihnen einen möglichst nur kurzen Aufenthalt zu wünschen, auch wenn er *nicht* sehr ruhig sein wird . . .‹

Ganz verstanden wir den Applaus und das Grinsen, das seine Rede hervorgerufen hatte, nicht. Aber wir fühlten durchaus, daß in Veracruz dicke Luft herrschte. Man spürte es beinahe körperlich, daß hier irgend etwas bevorstand. Schließlich hatte man ja die *Dresden* auch in solcher Eile hergeholt, denn die *Bremen* war inzwischen mehr als reif für die Werftliegezeit.

Dieses auch schon ältere Schiff, das noch mit Kolbendampfmaschinen fuhr, war schon so lange in diesem Spannungsgebiet, daß die Vorräte allmählich knapp geworden waren. Wir ignorierten deshalb, wie kläglich das Mahl ausgefallen war und ahnten sehr wohl, daß der Likör und andere Dinge, die sie hier kredenzten, auf dem Schwarzen Markt hatten erworben werden müssen. Oder durch ›Tschintschen‹, durch Tausch.

Am nächsten Tag übergab der Kommandant des Kleinen Kreuzers *Bremen* offiziell die Befehlsgewalt auf der Ostamerikanischen Station an den Kommandanten unseres Kreuzers *Dresden*. Und am 23. Januar gaben wir an Bord einen großen Abschiedsempfang für die Besatzung des Kreuzers, der nun mit unseren besten Wünschen die Heimreise antrat.

Die Heimkehrer schenkten uns in ihrer Vorfreude persönliche Dinge, das eine oder andere Ersatzteil und sogar Teile ihrer Geschütze gleichen Kalibers und behielten nur, was sie unbedingt brauchten, um nach Deutschland zu kommen. Ihr Lachen und ihre Witze, ihre Fröhlichkeit steckten förmlich an. Aber sie waren erklärlich aus der Erleichterung, nun doch endlich, endlich wieder nach Hause zu kommen.

Natürlich lachten wir herzlich mit, aber unterschwellig war uns ganz und gar nicht behaglich zumute. Da lagen plötzlich wieder die langen sechs Monate Abwesenheit von der Heimat bedrückend vor uns, auch die Ungewißheit vor den Zuständen in diesem zerquälten, politisch zerrissenen Land. Keiner von uns war ganz frei von Furcht vor dem Unbekannten, das sich hier abzeichnete. Sicher war nur, daß wir hier auf einem Pulverfaß gelandet waren.«

Die Dienstvorschrift der Kaiserlichen Marine empfahl,

daß in den Offiziersmessen nicht über Politik oder Religion gesprochen werden sollte, um keine Zwistigkeiten aufkommen zu lassen. Aber diese Empfehlung war hier ausgesprochen nutzlos. Man mußte sich mit diesem Thema Mexiko befassen, um einigermaßen zu erfahren, wo es hier überhaupt »entlanggeht«. Es hatte keinen Zweck, daß jeder für sich Ungewißheiten, Zweifel, falsche Vorstellungen mit sich herumtrug.

Fregattenkapitän Köhler, der auf diesem exponierten Überseekommando zuständig war und mit klarem Kopf verantwortlich zu handeln hatte, stand selbst noch vor dem Rätsel Mexiko. Hier half wohl doch nur eine Aussprache über das Problem weiter. Es mußte sozusagen Dampf abgelassen werden können. In diese brisante Situation paßte das Politik-Tabu für Messegespräche nicht mehr hinein.

Am 24. Januar setzten sich der Kommandant und seine Offiziere bei einem eigens anberaumten Messeabend mit dem heißen Eisen der hiesigen Unruhen auseinander. Kaum hatte der Obersteward Gustav Bolius den Begrüßungstrunk ausgeschenkt, kamen die Messemitglieder sofort mit Fragen über Fragen aufs Thema.

»Oberleutnant Canaris ist Experte!« gab Fregattenkapitän Köhler zu verstehen. Damit gab der Kommandant die Gesprächsführung an seinen Adjutanten weiter.

»Entschuldigen Sie, Herr Kapitän, Experte ist wohl doch zu hoch gegriffen. Zwar habe ich mir durchaus einiges angelesen, auch war ich vor Jahren schon einmal in dieser Region. Aber ich gestehe, daß auch bei mir viele Fragen noch offen sind.

Leichter zu verstehen ist der Teil des Eingeborenenvolkes vor Cortez. Danach wird alles komplizierter, mit den Rebellionen, Kaiser Maximilian, den Franzosen und schließlich dieser Revolution, in die wir verstrickt sind. Ich weiß, daß der Unabhängigkeitskrieg die Wirtschaft dieses Landes zerstört hat und die Rivalität zwischen den beiden führenden politischen Gruppen, den Liberalen – Anhänger des bundesstaatlichen Systems – und den Konservativen – Anhänger einer Zentralen Regierung – verstärkt. Das Militär steht auf der Seite der einen und anderen Bande, aber die Macht wird durch Militärputsche erreicht. Um die Truppen aufstellen zu können, hat man Rekruten zwangsweise verpflichtet.«

»Das muß ungefähr so gewesen sein, als wenn man sie regelrecht gejagt hat. Sie mußten praktisch ihr Land und ihre Familien verlassen, wenn sie sich diesem Zwang entziehen wollten?« unterbrach der Bordnachrichtenoffizier (BNO) Leutnant zur See Otto Schenk.

»Ja, es gab immer wieder Deserteure. Verfolgt durch das Gesetz hatten sie keine Möglichkeit, ihren Lebensunterhalt zu verdienen. Ihnen blieb keine andere Wahl, sie zogen durch das Land und lebten von Diebstählen und Plünderungen.

Während der dreißiger Jahre des vorigen Jahrhunderts gab es einen ständigen Wechsel der Regierungen. Durch die instabile politische Lage verlor Mexiko einige seiner Gebiete. So wurde Texas 1836 mit Hilfe der Vereinigten Staaten unabhängig, jedenfalls zunächst. Mexiko erklärte dem Nachbarn im Norden den Krieg. Aber das führte zu einer unvermeidlichen Niederlage. Mexiko mußte nicht nur die Autonomie von Texas anerkennen, sondern auch noch auf New Mexico sowie Teile von Arizona und Kalifornien verzichten.«

»Ich könnte mir denken, daß sich nach einer derart schmerzlichen Niederlage die Unzufriedenheit irgendwie artikuliert hat?«, warf Leutnant zur See Friedrich Fleischer* ein.

»Ganz gewiß. Die als beschämend empfundene Tatsache, von den Vereinigten Staaten recht schmählich besiegt wor-

* Friedrich Fleischer wurde 1942 Admiral und Oberwerftdirektor der Kriegsmarinewerft Wilhelmshaven.

den zu sein, führte zur schnellen Ausbreitung einer pessimistischen Stimmung im Lande.

Die Liberalen stützten schnell die konservative Regierung von Santa Anna, und so begann eine Serie von Verwaltungen durch die eine oder andere dieser zwei Gruppen. Der liberale Politiker Benito Juarez floh 1858 vor dem Umsturz in eine konservative Regierung nach Veracruz und ernannte sich dort zum Präsidenten. Er veröffentlichte Reformgesetze, die der katholischen Kirche gar nicht gefielen. Zwei Jahre später wurde die konservative Regierung von Miguel Marimon in Calpulalpan gestürzt.«

»Mich würde interessieren, was die Franzosen gemacht haben, die in dieser Zeit hier waren, und was hat dieser Kaiser Maximilian hier gemacht, der Österreicher war. Es ist nicht sehr logisch, wenn man bedenkt, daß die lateinamerikanischen Länder schon alle unabhängig waren!« bemerkte Oberleutnant Hartwig.

Der Kommandant nahm aus dem Bücherbord, vor dem sie sich unterhielten, einen Text über die Geschichte Mexikos, um die Ereignisse hierin zu verfolgen. »Hier werden Ihre Zweifel gelöst«, sagte er, »genau nach ihrem Sturz in Calpulalpan baten die Konservativen um ein Eingreifen Europas. Großbritannien, Frankreich und Spanien schickten 1862 Expeditionskorps, aber nur die französische Armee intervenierte mit Waffengewalt und besetzte Mexico City, während Juraez nach El Paso floh. Eine Versammlung der Honoratioren optierte für eine katholische Monarchie und wählte Maximilian, Erzherzog von Österreich, Bruder Francisco Josés, der 1848 durch Unterstützung konservativer Mexikaner und Napoleon III. von Frankreich gekrönt wurde. Der Rückzug der französischen Truppen, der von den Vereinigten Staaten verlangt worden war, und der unzufriedene General schworen seinen Fall herauf. Benito Juarez drang bis in die Hauptstadt und zum Kaiser vor, der in der Queretaro belagert und 1867 erschossen wurde. Benito Juarez regierte als gewählter Präsident bis zu seinem Tod im Jahr 1872. Ihm folgte Lerdo de Tejada, den die Konservativen stürzten und 1876 Porfirio Diaz einsetzten.«

»Hier sind wir bei der längsten Ära angekommen«, sagte Kaleu Ernst Wieblitz, der Navigationsoffizier. »Er regierte 35 Jahre! In einigen Punkten wurde er sehr kritisiert, in andern als friedfertig anerkannt, er erreichte Stabilität und eine blühende Regierung, dank der Ausbeutung des Öls.«

»Die heutige Regierung begann am 9. Februar 1913, mit dem Tag, an dem das Militär und der jetzige Präsident, Victoriano Huerta, Francisco Madero stürzten, der zwei Jahre zuvor von der Mehrheit gewählt worden war und später unter mysteriösen Umständen umgebracht wurde«, bemerkte Canaris, hinzufügend: »Dieses harte und verrufene Regime hat die Rebellionen von Pancho Villa, Venustiano Carranza und Obrejjon provoziert und diesen Bürgerkrieg, dessen Ausgang wir bis jetzt noch nicht kennen.«

Ein ganz schönes Durcheinander also, in dem parteiliche Stellungnahmen für Ausländer kaum möglich wurden. Aber es war notwendig, überhaupt einen groben Überblick zu bekommen. Es wurde also eine Art Unterricht aus diesem Messeabend.

Doch jetzt war es des bösen Spiels genug. Man wollte nur zu erfreulichen Dingen übergehen. Der Kommandant machte den Vorschlag, nun doch lieber etwas Musik zu hören. Dr. Koch spielte auf dem Klavier die Mondscheinsonate von Beethoven und wurde von Kaleu Wieblitz auf der Violine fehlerlos begleitet. Dieses Duo ließ das Kommende ein wenig vergessen. Die Zuhörer wurden ruhiger beim Gedanken an das Hin und Her der kommenden Ereignisse.

Wie die Besatzung der *Dresden* die erste Zeit in Mexiko empfand, schilderte später der Heizer Christian Stöckler: »Veracruz schien mir wie eine Märchenstadt, alles war hier so ruhig und friedlich. Am Abend spielte die Musik auf der Plaza Cathedrale, und der schöne Platz bevölkerte sich mit den Einwohnern der Stadt in europäischer oder einheimischer Kleidung. Unter ihnen waren die schönsten Frauen, die ich je gesehen habe, und über dieser prachtvollen Szenerie wölbte sich der dunkle Tropenhimmel mit seinen leuchtenden klaren Sternen.

Viele Seeleute von den fremden Schiffen, die auf der Reede lagen – Engländer, Franzosen, Amerikaner und Deutsche, besonders die letzteren – waren anzutreffen. Sie hatten wohl am meisten Sinn für Musik. An schönen Abenden konnte man jedenfalls auf der Plaza Cathedrale fast alle Urlauber der *Dresden* antreffen.

Von der Revolution sprach man zu dieser Zeit immer noch mit Achselzucken. Irgendwo im Norden kämpften Truppen unter dem Anführer Carranza mit dem Heer der Regierung, aber die Regierungstruppen hielten die Stellung, und Veracruz war nicht bedroht.«

Im folgenden Kapitel wird anfangs noch einmal aus den Tagebuch-Aufzeichnungen Arnold Bökers zitiert. Die Frauen beeindruckten natürlich auch ihn.

Das Staatswappen von Mexiko

Es knallt in Tampico

»Mit der Abreise der *Bremen* blieben wir allein zurück unmitten des Bürgerkriegs. An der pazifischen Küste Mexikos übte seit 1913 der Kleine Kreuzer *Nürnberg* dieselbe Funktion aus wie wir. Er wahrte die Interessen der dort ansässigen Deutschen. Unser Kontakt mit diesem Schiff beschränkte sich freilich auf Briefe und Telegramme. Wenn wir einander hätten besuchen wollen, dann hätte eins der Schiffe durch die Magellanstraße oder ums Kap Hoorn fahren müssen, denn der Panamakanal war noch nicht eröffnet.

Veracruz, eine attraktive Kolonialstadt, war der wichtigste Hafen im Golf von Mexiko. Sie wurde 1519 von Fernando Cortez gegründet, zur gleichen Zeit wie Portobelo. Ihre breiten Hauptstraßen wie die Avenida Independencia – mit den bedeutendsten Geschäften der Stadt, die aber infolge der schlechten Versorgung ziemlich leer waren – erinnerten an die spanischen Ursprünge. Die Bevölkerung, überwiegend eine Mischung aus Europäern und Indios, brachte schöne Frauen hervor. Unsere nun schon einmonatige frauenlose Zeit ließ uns nur noch mehr zu diesen exotischen reizvollen Wesen hingezogen fühlen. Aber leider blieben das Wunschträume, mit diesen Geschöpfen in nähere Beziehungen zu treten. Die politischen Ereignisse und die Brisanz der Lage gaben persönlichen Wünschen keinen Spielraum.

Vor Veracruz bot die Insel Sacrificios mit vielen Palmen und Zitrusplantagen ein buntes und fast fröhliches Bild. Weniger fröhlich wirkte allerdings der östliche Friedhof, auf dem mehrere Offiziere und Wachsoldaten des aus Österreich »importierten« und nachher exekutierten Kaisers Maximilian begraben liegen. Diese Begleiter waren alle des Todes, als die Herrschaft dieses Kaisers so grausam beendet wurde. Auf einem Monolithen standen die Namen und Dienstgrade von französischen und österreichischen Soldaten, die nie mehr in ihre Vaterländer zurückkehren konnten. Niemand säuberte und schmückte die Gräber in der fremden Erde.

Östlich vom Hafen lag eine kleine Felseninsel mit einem alten spanischen Fort. Es hieß San Juan de Ulloa und diente als Staatsgefängnis für die politischen Gegner. Einige Zellen sollen so unter dem Wasserspiegel angelegt worden sein, daß man jederzeit so viel Wasser eindringen lassen konnte, daß die Häftlinge stehenden Fußes gerade noch ihren Kopf über den Wasserspiegel halten konnten, wenn sie nicht ertrinken wollten. Dieses Stehenmüssen im Wasser war eine besondere Form der Tortur in Zellen, die man sonst nur mit Ratten und Düsternis teilen konnte.

Die Verliese dürften eine Verhöhnung jeglicher Barmherzigkeit gewesen sein. Sie erzählten stumm von Gewalt, Todesnot, Flüchen, Verzweiflung und Gebeten. Es hieß überall, daß man des Nachts schreckliche Geräusche hören konnte – die Schreie und das Stöhnen derjenigen, die dort langsam, aber sicher ins Jenseits befördert wurden.

In seinem Umriß und durch die Bauart seines Leuchtturms erinnerte der Hafen von Veracruz ein wenig an Helgoland. Noch sah man häufig Schiffe der Hamburg-Amerika Linie (HAPAG), deren Westindiendienst vorerst weiterlief.

Im Hafen lagen außer uns die amerikanischen Linienschiffe *Rhode Island*, *Nebraska*, *New Jersey*, *Virginia*, der Kleine Kreuzer *Chester*, der britische Kreuzer *Suffolk*, der Spanier *Carlos V.*, der Franzose *Condé*, die mexikanischen Kanonenboote *Bravo* und *Saragossa*. Bei unserem Einlaufen am 21. Januar 1914 hatten wir natürlich Salut geschossen und damit der mexikanischen Flagge sowie den beiden ausländischen Admiralen* unsere Reverenz erwiesen. Sie hatten gleich nach dem Festmachen ihre Komplimentäroffiziere zu uns an Bord geschickt und dadurch dem ankommenden Schiff ihre Aufwartung gemacht. Es kam in der Folgezeit zum Besuchsaustausch mit den ausländischen Kriegsschiffen.«

Der Hafenkapitän hatte der *Dresden* einen besonders guten Ankerplatz zugewiesen. Aber auch der konnte nichts daran ändern, daß der Kreuzer bald darauf durch einen »Norder«, einen der gefürchteten Stürme aus nördlicher Richtung, in Bedrängnis geriet.

Der Funkentschlüsselungsoffizier Leutnant zur See Max Schmidt berichtete in einem Brief an seine Angehörigen: »Nachmittags ziemlich starke See, Mitternacht Windstärke 11–12. Wir mußten Dampf aufmachen und die Heckleine losnehmen. Regenböen fegten über das Schiff, die Boote mußten eingesetzt werden. So ging das bis zum nächsten Freitagabend weiter. Erst in der darauffolgenden Nacht trat

* Der Befehlshaber des amerikanischen Flottenverbandes war Admiral Mayo. Das britische Westindien-Geschwader wurde von Admiral Sir Christopher Cradock geführt. Er war ein besonderer Freund der Deutschen, seitdem er einmal zum Ehrendienst bei Kaiser Wilhelm II. kommandiert gewesen war. Er hatte ständig dessen Bild mit Unterschrift auf seinem Schreibtisch stehen. Cradock war äußerst hilfsbereit. Wo er konnte, half er nachher bei kritischen Situationen mit Booten oder Personal aus. Traf er deutsche Offiziere an Land, so ging er nach Erwiderung von deren Ehrenbezeigung gern ein Stück mit, um sich mit ihnen zu unterhalten. Um so tragischer ist es, daß Sir Cradock später in der Seeschlacht von Coronel – gegen die Deutschen – zugrunde ging.

Beruhigung ein. Dafür hatte uns aber ein Tankdampfer, dessen Schlauchleitung gebrochen war, eine üble Ölschicht an unserer Bordwand hinterlassen. Alle Beiboote waren voll von dem Zeug. Ein durchdringender Petroleumgestank machte sich überall bemerkbar.

Am 9. Februar wurden die Nachrichten aus Tampico immer besorgniserregender. Schon zuvor hatte uns der HAPAG-Dampfer *Ypiranga* einen Brief vom dortigen deutschen Konsul überbracht. Unser Kommandant entschloß sich, nach Tampico zu fahren und dort die Lage zu peilen.«

Tampico ist ein Ölhafen, der etwa 20 Seemeilen stromaufwärts von der Mündung am Rio Panuco liegt, den viele in der Seefahrt als »Tampico River« bezeichnen. Es war klar, daß die in der Nähe erschlossenen Ölfelder sowie eine unweit davon arbeitende Raffinerie die besondere Begehrlichkeit der Rebellen des Pancho Villa geweckt hatten, die darum alles auf eine Karte setzten. Die Rebellen waren dabei, die Stadt vollständig einzuschließen. Es war abzusehen, daß bald keinerlei Versorgung auf dem Landwege möglich sein würde – und ebenfalls kein Entkommen bedrohter Ausländer.

Auf der einen Seite des Rio Panuco lag damals allein die Stadt, auf der anderen Seite die »Lagune« mit vielen Kanälen. Die dazwischen liegenden Inseln waren bewaldet. Diese amphibische Landschaft konnte Naturfreunde durchaus reizen, weil es dort Mimosen und Orchideen, sehr viele Fische, zum anderen Reiher, Bekassinen und sogar Papageien gab. Aber leider gab es auch Moskitos in großer Zahl, so daß jedes Besatzungsmitglied der *Dresden* regelmäßig Chinin schlucken mußte.

Der I. Offizier Kurt Nieden schrieb in seinem Bericht: »Tampico war ein verrufenes Fiebernest mit weiten Sümpfen in der Umgebung, aus der sich tags Tausende von langgestelzten Flamingos wie eine zartrosa Wolke erhoben, mit

Sonnenuntergang aber Schwärme der Anopheles-Stechmücke aufstiegen, so daß nach 18.00 Uhr abends kein Besatzungsmitglied mehr an Land sein durfte und selbst der Aufenthalt auf dem Oberdeck für alle außer der Wache verboten war. Alles mußte in den feuchtheißen dumpfigen Innenräumen sein, in die durch die Gaze-Schutzschleier vor den Fenstern nur wenig Luft eindrang.«

Nein, ein angenehmer Hafen war Tampico ganz und gar nicht. Er war schon vorher umkämpft worden, so daß die Wasserwerke zerstört waren. Es waren an Land Blattern und Typhus ausgebrochen, so daß alle Mann vorsorglich geimpft werden mußten. Niemand war also sonderlich böse, als der Kreuzer am 14. Februar wieder nach Veracruz zurücklief, um dort Kohlen zu bunkern und Wasser zu übernehmen. Aber lange konnte die *Dresden* nicht in Veracruz bleiben. Es kam schon wenig später ein Telegramm vom deutschen Konsul in Tampico, daß die Rebellen bei Altamira gesiegt hätten und die Stadt nunmehr akut bedroht sei. Kreuzer *Dresden* lief noch am gleichen Abend wieder nach Tampico aus, auch die Briten machten sich mit einem, die Amerikaner mit drei Kriegsschiffen dorthin auf den Weg. Am nächsten Morgen war es zwar ruhig in der Stadt, aber die Rebellen waren nur noch sieben Kilometer entfernt. Freilich war klar, daß die Einnahme von Tampico nicht einfach sein konnte, denn die Stadt liegt so zwischen dem Rio Panuco und der Lagune, daß sie nur zwei Zugänge vom Land aus hat. Wenn man bei diesen Passagen je ein Kanonenboot hinlegte, konnte niemand ungefährdet hindurchkommen. Die Regierungstruppen, die sogenannten Federalen, hatten etwa 1000 Mann Infanterie und 150 Mann Kavallerie mit einigen wenigen Geschützen in Tampico stehen. Leutnant Schmidt berichtete darüber in einem weiteren Brief nach Hause: »Sie hausen mit ihren Frauen und Kindern in den Lagern zusammen, ein Söldnerleben wie im Dreißigjährigen Krieg. Die Rebellen aber rücken mit 6000 Mann heran.

Im November vorigen Jahres waren sie schon bis in die ersten Häuser der Stadt vorgedrungen. Ihr weiteres Vorrükken wurde tatsächlich durch zwei Kanonenboote der mexikanischen Regierung verhindert. Und nun sind sie wieder dicht herangekommen. Momentan unternehmen sie nichts weiter als daß sie einige Leute abfangen und aufhängen. Man fürchtet nun, daß die Rebellen einen Angriff versuchen werden, sobald der für sie wichtige Ort Torreau durch General Villa eingenommen worden ist. General Saragosa, Gouverneur dieser Provinz, ist voller Angst. Er geht nicht mehr von seinem Kanonenboot an Land. Die Rebellen haben ihm angedroht, ihn aufzuhängen.

Die Regierung hat kein Geld und schlechte Soldaten. Huerta hat gesagt, wer sich nichts zuschulden kommen ließ, werde kein Soldat. Um nun Soldaten zu bekommen, mußte man aus jedem kleinen Vergehen ein Verbrechen machen. Wer einmal nicht ganz nüchtern ist, wird von der Polizei aufgegriffen – und Soldat. Und so weiter.

Das hier gedruckte Papiergeld ist schon lange nicht mehr gedeckt. Firmen, die ausländische Rohstoffe beziehen müssen, können nur durch starke Preissteigerungen Verluste vermeiden. Der Zoll ist 125 % gestiegen, wovon 75 % die Banken und 50 % die Staatskasse erhalten. Wenn nicht bald etwas geschieht, muß der Staat bankrott machen.«

Bald darauf schrieb Schmidt: »Die Rebellen haben sich wieder zurückgezogen. Eine zweite Tampico-Woche ging darüber hin; kräftig Chinin geschluckt.

Am 30. März jedoch kam der Konsul mit der Nachricht, daß die Rebellen nun doch gegen die Stadt vorrücken. Das mexikanische Kanonenboot *Veracruz* hat wegen dieser Bedrohung einige Schüsse abgegeben. Der Deutsche Dampfer

Steigerwald, der im Hafen lag, wurde zur Aufnahme von Flüchtlingen zurückgehalten.

Wir gingen zur Kohlenübernahme nach Arma Cecilia am Rio Panuco, als von der *Veracruz* wiederum geschossen wurde. Wir mußten, weil wir in ihrer Schußrichtung lagen, weiter flußaufwärts verholen, wo das Kohlen bedeutend schwieriger war.

General Aguila, der örtliche Befehlshaber der Federalen, wollte einen Verstoß gegen die Rebellen machen und wurde von dem Kanonenboot unterstützt.

Bald wurde wieder alles ruhig, so daß wir Ostern nach Veracruz zurückverlegen konnten. Aber schon am 4. April kam ein Funkspruch, daß die Lage in Tampico ganz kritisch geworden sei und die *Dresden* so schnell wie möglich kommen solle. Anfragen bei den Briten und Amerikanern bestätigten die Aussage des Telegramms. Wir machten sofort Dampf auf und gingen am nächsten Morgen um 05.30 Uhr in See. Gegen 16.00 Uhr erhielten wir Nachricht vom deutschen Dampfer *Osage*, der auf dem Panuco lag, daß heftig geschossen werde. Die Gewehrkugeln schlügen über sein Deck, gegen die Aufbauten und die Bordwände. Ein Heizer sei leicht verwundet worden.

Wir zogen daraus beim Einlaufen Konsequenzen. Der Kommandant ließ die Friedenssteuerstelle räumen, das normale Ruderhaus der Kommandobrücke, und zog mit der Schiffsführung in den gepanzerten Kommandostand um, der sich unter der Brücke befand.«

Kapitänleutnant Wieblitz, der Navigationsoffizier, schilderte diese Flußfahrt recht lesenswert: »An der Flußmündung erwartete uns ein Lotse. Wir brauchten ihn zwar nicht, denn wir kannten die Strecke von der Mündung bis zur Stadt inzwischen mindestens ebenso gut wie er. Aber da er anscheinend zu der anderen Partei gehört als der, die gerade im Besitz der Flußmündung war, bangte er, wie man ihm ansah, um sein Leben. Und so nahmen wir ihn mit. Betätigt hat er sich nicht. Er war heilfroh, als er in dem gepanzerten Kommandostand war und wagte von da aus kaum, durch die Sehschlitze zu lugen. Um Verluste nach Möglichkeit zu vermeiden, wurde das Oberdeck geräumt. Das Führen des Schiffes vom Kommandostand aus war auch für Menschen, die an die engen Verhältnisse und den geringen Überblick aus dem Kommandostand gewöhnt sind, auf diesem engen Fluß nicht angenehm. Leute wie der Lotse, die nur bequeme Kommandobrücken mit guter Sicht nach allen Seiten kennen, wissen sich da gar nicht zurechtzufinden. Dazu kam noch, daß der Kommandant, sobald wir die Geschosse pfeifen hörten, ›Alle Fahrt!‹ befahl, um möglichst bald aus dem Hexenkessel herauszukommen, während sonst Schiffe im Fluß nur langsame Fahrt gehen dürfen. Da ergab sich der brave Mexikaner ganz in sein Schicksal und sagte nichts.

Es war gut, daß alle Vorsichtsmaßnahmen getroffen worden waren, besonders auch, daß – allerdings zu seinem großen Leidwesen – unser immer zufrieden-froher Oberheizer S. aus der auf dem Bootsdeck eingesetzten Dampfpinasse herausgeholt worden war, deren dünne Holzwände er für genügenden Schutz gegen mexikanische Geschosse hielt. Wie nämlich die spätere Besichtigung ergab, hatte nicht nur manche Kugel die schöne graue Farbe abgekratzt, sondern eine hatte ausgerechnet die Bootswand an der Stelle durchschlagen, an der S. gestanden hatte.

Die gefährlichste Stelle war bei Arma Cecilia. Man konnte von Bord der *Dresden* aus durch die Okulare der Zielgeber genau verfolgen, wie die Parteien vor- und zurückgingen, der Kampf hin und her wogte. Die unweit dieser gefährlichen Stelle vor Anker liegende *Veracruz* erwiderte das heftige Infanteriefeuer durch starken Artilleriebeschuß. S. M. S. *Dresden* ging oberhalb der Ankerposition des Kanonenbootes auf dem Rio Panuco zu Anker. Die Kämpfe fanden mittlerweile auf beiden Seiten des Flusses statt. Noch weiter stromaufwärts lag das mexikanische Kanonenboot *Progreso*, das auch mit seiner Artillerie feuerte. Nachts wurde es ruhig, aber um 06.00 Uhr morgens fing das Ballern erneut an. Eine Granate schlug 50 m hinter unserem Heck ein, einige Gewehrkugeln zirpten ins Wasser. Das Gefecht dauerte den ganzen Tag.«

Darüber Leutnant Schmidt: »Einige Öltanks gingen in die Luft, der Schuppen des Konsuls in Arma Cecilia wurde in Brand geschossen und Waren im Werte von einer Million Mexiko-Dollar gingen verloren.

Wir hatten schon in der Nacht zuvor den HAPAG-Dampfer *Westerwald* requiriert, der jetzt vor der Barre lag und wegen schlechten Wetters nicht einlaufen konnte.

Am Morgen waren die Rebellen in den ersten Häusern der Stadt gewesen, wurden aber zurückgetrieben. Abends kamen die ersten Flüchtlinge, rund 30 Personen, zu uns an Bord, unter ihnen die Familie des Konsuls. Ich mußte schon meine Kammer räumen und ins Hospital umziehen.

Bald kamen weitere 75 Deutsche, Belgier, Österreicher und Schweizer Flüchtlinge an Bord.

Auch am nächsten Tag knallte es an allen Ecken weiter, die Rebellen waren offensichtlich zur Einnahme der Stadt entschlossen. In La Barra, nahe der Panuco-Mündung, das schon in ihrem Besitz war, hatten Betrunkene zu plündern begonnen. Die dort lebenden Deutschen und Amerikaner suchten auf Dampfer *Osage* Zuflucht.

Auch am Samstagnachmittag flackerten hier und dort im Umkreis Brände auf, mehrmals wurde wieder geschossen. Dann breitete sich heftiger Fremdenhaß aus, besonders gegen die Amerikaner. Der Pöbel hatte sich schon gefreut, bei der Einnahme der Stadt nach Herzenslust plündern zu können und sah sein Verlangen durch die Anwesenheit der fremden Schiffe vereitelt. Das Plündern war in der Stadt am meisten gefürchtet. Wenn die Rebellen jetzt zurückwichen, ginge das sicherlich in einem Monat wieder los. Die Einnahme von Tampico war für die Rebellen lebenswichtig, denn um anerkannt zu werden, mußten sie unbedingt einen Hafen in die Hand bekommen.«

Kapitänleutnant Nieden hielt in diesen bewegten Tagen schriftlich fest: »Die Mexikaner auf beiden Seiten waren in ihren Kämpfen von einer uns fremden Grausamkeit und Roheit. Gefangene wurden nicht gemacht; wer sich nicht sofort zum Kampf in den bisher feindlichen Reihen bereit erklärte, wurde am nächsten Baum aufgeknüpft oder erschossen. Tagelang baumelte an einem Telegrafenmast vor dem Liegeplatz unseres Schiffes ein Gehenkter wie ein Glockenschwengel im Winde. Die Toten wurden auf großen Scheiterhaufen verbrannt. Daß sie zwischen Freund und Feind nicht viel Unterschied machten, erfuhren wir, als wir zu Pferde die Umgebung inspizierten. Uns flogen plötzlich die blauen Bohnen um die Ohren, wahrscheinlich von einigen Flintenweibern, die ein großes Kontingent des Rebellenheeres stellten. Mit dem klassischen Ausspruch ›Hier ist körperliche Abwesenheit besser als Geistesgegenwart‹ riß unser Kommandant seinen Gaul herum und galoppierte davon, wir ihm nach. Es wäre kein Heldentod gewesen, von solch einer mexikanischen Xanthippe umgelegt zu werden.«

Diese Maßnahme des Fregattenkapitäns Köhler war richtig. Was sich in jenen Tagen vollzog, hat Kapitänleutnant Wieblitz sehr klug formuliert: »Wir waren auf dem Kriegspfad. So manche blaue Bohne erinnerte uns daran, daß wir im Land der Bürgerkriege waren. Und jedesmal hatte man den Gedanken: Hoffentlich trifft es dich hier nicht . . . hier in einem Kampf, der einen gar nichts angeht, in dem ein Volk sich selbst zerfleischt, um des Geschäftsneides der Petroleumkönige willen – nein, das ist nicht der Soldatentod, mit dem wir bei der Verteidigung des Vaterlandes durchaus zu rechnen hatten. Eigentlich ist es ein Wunder, daß alles ohne Unfall abgegangen ist.«

Die Sache war noch längst nicht ausgestanden. Es gab einen Zwischenfall mit weitreichenden Folgen. Auf dem Rio Panuco wurde ein amerikanisches Kriegsschiffsbeiboot von den Regierungstruppen gewaltsam angehalten. Ein Zahlmeister und ein seemännischer Unteroffizier der U. S. Navy wurden gefangen durch Tampico geführt. Dieser unsinnige Übergriff führte zu einer nicht weniger unsinnigen Überreaktion. Der amerikanische Verbandschef Admiral Mayo stellte der Regierung Huerta daraufhin ein Ultimatum, sofort 24 Schuß Landessalut zu feuern und damit der amerikanischen Flagge die protokollarische Ehrenbezeigung zukommen zu lassen.

Der damals 23 Jahre alte Leutnant zur See Schmidt brachte es in einem der nächsten Briefe an seine Eltern auf den Punkt: »Bis jetzt ist nichts erfolgt. Wenn man so etwas anfängt, muß man es auch durchführen. Klarschiff und Reden-Halten tun es auch nicht. Ich glaube aber, sie müssen immer erst in Washington anfragen, bevor sie etwas unternehmen. Auf jeden Fall haben sich die Mexikaner nicht bluffen lassen.

Der Zwischenfall mit dem amerikanischen Boot hat sich immer weiter zugespitzt. Huerta soll den Amerikanern geantwortet haben, wenn ihnen die Landesgrenzen nicht paßten, sollten sie nur machen, daß sie fortkämen. Nun herrscht große Aufregung in Washington. Nach Zeitungsmeldungen sollen die ganze Atlantische Flotte (der U. S. Navy) hierherkommen und Veracruz wie auch Tampico von den Yankees besetzt werden. Wenn das der Fall ist, bin ich gespannt, was aus der Sache noch wird.

Man nimmt hier an, daß im Falle eines Krieges die Federalen und die Rebellen mehr zusammengehen werden. Wehe dann den Ausländern, sie werden zwischen Amerikanern und anderen Nationen keinen Unterschied machen. Für Huerta wäre das wohl die Gelegenheit, auch bei den Rebellen anerkannt zu werden. Das Land wird dann ganz darniederliegen.

Huerta soll sich einverstanden erklärt haben, den gewünschten Salut zu feuern, wenn die Amerikaner ihn erwidern. Der letzte Satz lautet: ›Wenn Huerta seine Ansicht nicht ändert, wird der Zwischenfall in 24 Stunden erledigt sein, die Flotte wird dann zurückgerufen.‹ Meines Erachtens ist es ein pflaumenweiches Machwerk von Wilson (des amerikanischen Präsidenten. d. Verf.) und ein eventuell gefeuerter Salut wird erwidert werden. Immerhin: Der gefeuerte Salut ist noch nicht gefeuert – und es ist noch immer nichts passiert.«

Was da mit der berühmten unbekümmerten ›Leutnantschnauze‹ vielleicht ein wenig naßforsch formuliert wurde, verriet scharfe Beobachtungsgabe, gepaart mit einigen Fehlinterpretationen. Die politischen Hintergründe der so eilfertig hochgespielten und dadurch brisant gewordenen Angelegenheit ließ in Wirklichkeit einiges Hinterfragen der amerikanischen Verhaltensweise zu. Die These ist nicht von der Hand zu weisen, daß der Beiboot-Zwischenfall auf dem Rio Panuco durchaus gelegen kam. Anders wäre der weitere Verlauf der Dinge nicht zu erklären, denn inzwischen stellte sich die recht kleine Ursache einer so großen Wirkung heraus: Die mexikanischen Wachposten auf dem Rio Panuco hatten irrtümlich vermutet, das amerikanische Dampfboot habe Munition für die Rebellen bringen wollen. Nachdem man die gefangengenommenen Amerikaner durch die Stadt zum Gouverneur General Saragosa geführt hatte, veranlaßte der ihre sofortige Freilassung. Er bestrafte die an diesem Übergriff beteiligten Offiziere und entschuldigte sich beim amerikanischen Seebefehlshaber Admiral Mayo. Als dieser, anstatt die Entschuldigung anzunehmen auf dem demütigenden Sühnesalut beharrte, wurde die Sache zur außenpolitischen Brisanzladung, Huerta versprach bekanntlich den Salut, wenn er nach internationalem Recht erwidert werde.

Plötzlich stand die Nachricht im Raum, daß die Amerikaner am 22. April einschreiten wollten, um den einseitigen Salut zu erzwingen. Sie wollten Tampico und Veracruz besetzen und die Mexikaner von ihren Zolleinnahmen abschneiden – ihren letzten Einnahmen bei der schon lange andauernden Wirtschaftsmisere infolge des Bürgerkrieges. In Washington fuhr man gleich das schwere Geschütz auf: Ein Oberkommandierender für die amerikanischen Eingreiftruppen wurde ernannt. Das Linienschiff *Mississippi* lief mit 700 Seesoldaten und zwei an Bord genommenen Flugzeugen von Pensacola aus. Das Naval Department charterte Dampfer der Ward Line zwecks Aufnahme von Flüchtlingen. Alle amerikanischen Handelsschiffe in Veracruz wurden aufgefordert, sofort den Hafen zu verlassen, den Staatsbürgern der USA wurde das Verlassen von Mexiko nahegelegt. Im amerikanischen Kongreß erklärten die zuständigen Minister, Army und Navy seien »ready for action«. Dem Präsidenten Wilson wurden 50 Millionen Dollar für die Aktion Mexiko zur Verfügung gestellt. Sollte sich das wirklich nur um einen verweigerten Salut gedreht haben? Oder um andere Interessen? Kapitänleutnant Wieblitz sah die Entwicklung so: »Jetzt landete die gewaltige, schon lange auf der Reede und im Hafen von Veracruz verankerte Armada der United States Truppen, und als diese unerwarteten Widerstand fanden, beschossen die mitten im Hafen liegenden Kleinen Kreuzer einen Teil der Stadt mit Artillerie. Daß dadurch böses Blut erregt wurde, war nur zu klar. Im ganzen Lande war kein Yankee seines Lebens mehr sicher.«

Tatsächlich ging am 22. April um 16.00 Uhr die Nachricht um die Welt, daß Veracruz von gelandeten amerikanischen Truppen besetzt worden sei. Sie nahmen das Zollhaus und drangen weiter in die Stadt vor. Bei den sich dann entwickelnden Straßenkämpfen wurde von den Hausdächern geschossen, wobei vier amerikanische Soldaten getötet und zwanzig verwundet wurden.

Kurt Nieden konstatierte, »daß sich die Volkswut nun auf die Amerikaner konzentrierte, wegen der Besetzung von Veracruz. Sie mußten von den Ölfeldern und Haziendas in die Hafenstädte flüchten, unter den Schutz ihrer Kriegsschiffe«.

Was dann aber gespielt wurde, ist auch nach dem zeitlichen Abstand von acht Jahrzehnten nicht nachvollziehbar. Wieblitz: »Die vielen Yankees, die tief im Lande im Ölbezirk von Tampico saßen, hatten es schwer herauszukommen. Dann konnten sich fast alle bis zur Stadt Tampico durchschlagen. Aber sie kamen zu spät, um ihre Kriegsschiffe zu erreichen. Diese waren, um Gefechte mit mexikanischer Artillerie auf dem engen Fluß zu vermeiden, von ihren Ankerplätzen vor der Stadt zurückgezogen (!) worden und lagen weit draußen auf der See-Reede vor der Panuco-Mündung. Dorthin konnten die Yankees nicht gelangen, denn die Stadt war von (den rebellischen) Carranza-Truppen belagert, während der Fluß von den Huerta treuen Kanonenbooten beherrscht wurde. Und beide waren logischerweise den Vereinigten Staaten gleich wenig freundlich gesonnen. Die Lage für die in Tampico festsitzenden Amerikaner war äußerst unangenehm. Alle Nichtmexikaner waren an Bord der Kriegsschiffe – eine Vorsichtsmaßnahme, durch die unliebsame Vorkommnisse vermieten werden sollten – und nur die Yankees, gegen die allein der Haß sich richtete, mußten in der Stadt bleiben! Die Regierung der Vereinigten Staaten hatte nicht im mindesten für diese Untertanen gesorgt.

Das Konsulat war mit den Kriegsschiffen auf (See-) Reede gegangen. Keines der Kriegsschiffe einer anderen Macht war gebeten worden, sich der Nordamerikaner anzunehmen. Kreuzer *Dresden* hatte längst über 100 deutsche und europäische Schutzbefohlene an Bord untergebracht. Alle Kammern waren von ihnen besetzt. Offiziere und alle übrigen Kammerbewohner hausten in den Messen auf Stuhlen oder wie sie sonst Platz fanden.«

Kapitänleutnant Nieden, dem Ersten Offizier, stellte sich die Situation so dar: »Gegen Mitternacht kam ein Ruderboot mit einem Abgesandten der (amerikanischen) Ölmänner längsseits mit der Bitte um schleunigste Hilfe, da sie sich nicht mehr gegen die Wut der Mexikaner würden halten können und weil das glaubwürdige Gerücht verbreitet wurde, daß die Aufständischen den Inhalt der Öltanks in den Panuco auslaufen lassen und den Fluß, auf dem schon ständig eine fingerdicke Ölschicht von den überlaufenden Quellen trieb, in Brand stecken würden. Für Stadt und Schiffe würde dadurch eine schwere Katastrophe eintreten.

Mir war klar, daß eine Landung von bewaffneter Macht nur zu Schießereien mit den zügellosen Horden führen müsse und daß eine Rettung der Frauen und Kinder (die in zwei Hotels von Tampico eingeschlossen waren) nur auf friedlichem Wege unter Ausnutzung unserer guten Beziehung zu den Mexikanern möglich wäre. Die Männer als die Hauptobjekte der Volkswut hätten wir nicht durchgebracht. Sie mußten zunächst bleiben, wo sie waren. Ich schlug deshalb dem Kommandanten vor, daß nur zwei Offiziere – für jedes Hotel einer – nach außen unbewaffnet die Frauen und Kinder abholen und zu den am Ufer bereitliegenden Booten bringen sollte.

Ich übernahm das ›Southern Hotel‹ und werde den Anblick nicht vergessen, wie sich nach Klopfen die schwer verbarrikadierte Haustür öffnete und in der Halle die hartgesottenen amerikanischen Ölleute mit ihren Winchesterbüchsen im Anschlag hinter den Sesseln lagen. Frauen und Kinder waren in den Hinterzimmern in Schutz.

Nach kurzer Beratung stimmten die Yankees meinem Vorschlag zu, mir ihre Familien anzuvertrauen, sich selbst aber bis zum Morgen, wenn voraussichtlich das amerikanische Geschwader wieder einlaufen werde, in den Hotels zu halten.

Der Abtransport ging glatt vonstatten. Wo wir durch das mexikanische Militär, oder was sich so nannte, angehalten wurden, genügte es, wenn ich mit Hinweis auf die lange Reihe der Frauen und Kinder erklärte: ›Todos son alemanes – das sind alles Deutsche‹, um uns freien Durchlaß zu gewähren.

Burchardi, unser Artillerieoffizier, der das andere Hotel übernommen hatte, verzeichnete gleich guten Erfolg. Und als wir unsere beiden Evakuierungskolonnen an Bord abgeliefert hatten, glich die gute *Dresden* mehr einem Auswanderungsdampfer als einem Kriegsschiff. Auf jedem Sessel, jeder Bank und jedem Tisch lag eine Amerikanerin, mehr oder weniger aufgelöst, dazwischen quäkende Babys, für die der Schiffskoch die Milch heiß machen mußte und unsere Ordonnanzen nasse Windeln nach dem Auswaschen zum Trocknen aufzuhängen hatten.«

Nachts um 02.00 Uhr hatte die *Dresden* jedenfalls über 100 deutsche und europäische sowie 143 amerikanische Flüchtlinge an Bord.

Wieblitz sagte darüber:

»Ein Teil der Mannschaft wurde in den nicht in Betrieb befindlichen Heizräumen untergebracht, ebenso suchten die nun auch aus den Messen vertriebenen Kammerbewohner sich eine Hängematte und irgendein Plätzchen, wo sie ihre müden Häupter hinlegen konnten. Jedenfalls fanden die Amerikanerinnen, als sie kamen, ein Unterkommen, wenn auch ein recht primitives. Keine von ihnen hat sich beklagt, daß nicht für sie gesorgt worden sei, wenn auch Damen mit Hermelinpelz um die Schultern mit dem harten Tisch der Offiziersmesse oder einer auf das blanke Deck gelegten Hängematte vorliebnehmen mußten. Alle waren froh, der Gefahr, den Mexikanern in die Hände zu fallen, entronnen zu sein und strömten über vor Dankbarkeit. Der Kommandant namentlich konnte sich (nachher) kaum retten vor den berühmten ›shake hands‹. Ihrem Unmut über die mangelhafte Fürsorge ihrer Regierung machten die meisten in kräftigen Worten ausgiebig Luft.«

Diese Dankbarkeit ist verständlich, denn Leutnant Schmidt wußte nachher zu berichten: »In der Stadt überall wüstes Brüllen ›Nieder mit den Gringos‹.

Darunter versteht man in Südamerika alle Fremden, in Mexiko aber bezog sich das fast allein auf die Amerikaner.

Da das amerikanische Geschwader sich wie gesagt in See verzogen hatte, ›um Schwierigkeiten mit der mexikanischen Artillerie zu entgehen‹ und nun auch noch die Nachricht kursierte, die Mexikaner wollten Minen gegen die U. S.-Schiffe auslegen, bestand wenig Hoffnung auf die Rückkehr dieser Kriegsschiffe zum Rio Panuco. Aber irgend etwas mußte geschehen. Man schickte einen Funkspruch an die amerikanischen Kriegsschiffe, man möge doch wenigstens dafür sorgen, daß die an Bord der *Dresden* befindlichen Flüchtlinge hinausgebracht werden konnten. Im Antworttelegramm bat der amerikanische Admiral die *Dresden*, sich mit dem amerikanischen Konsul in Verbindung zu setzen. Das war gewiß ein vorzüglicher Ratschlag, denn dieser Konsul hatte ja die Stadt ebenfalls verlassen, er befand sich mit auf den amerikanischen Schiffen!

Schließlich kam der Dresden ein Zufall zu Hilfe. Völlig ahnungslos von allen in Tampico drohenden Gefahren war am Vorabend eine nordamerikanische Dampfjacht namens

Wild Duck eingelaufen. Sie lag nun – recht verbiestert, wie man bei der Marine zu sagen pflegte – unweit der *Dresden* vor Anker.

Die Schiffsleitung des deutschen Kreuzers kam auf den rettenden Einfall, diese Jacht kurzerhand durch Hissen der deutschen Marine-Kriegsflagge für exterritorial zu erklären, sie einem der *Dresden*-Seeoffiziere zu unterstellen und ein kleines Kontingent deutscher »Mariner« an Bord zu geben. Der amerikanische Führer der Jacht war natürlich heilfroh, daß er auf so anständige Weise aus der unangenehmen Gegend wieder herauskam.

Dem amerikanischen Admiral wurde über die Ereignisse der vergangenen Nacht Bericht erstattet. Mit Dank nahm er das Anerbieten an, daß das Kommando der *Dresden* mit Hilfe der genannten Jacht die US-Staatsbürger auf die Reede hinausbringen wolle.

Inzwischen hatte sich der größte Volkszorn schon wieder gelegt, nachdem eine erregte Menschenmenge in der Nacht versucht hatte, die Türen der beiden Hotels aufzubrechen, in denen sich die amerikanischen Männer verbarrikadiert hatten. Besonnene mexikanische Mitbürger konnten die Menge schließlich beruhigen und damit ein sinnloses Blutbad verhindern.«

Als nun bei Tageslicht Trupps der *Dresden*-Besatzung unter Führung von Offizieren vor den belagerten Hotels erschienen, machte die Menge vor den deutschen Uniformen bereitwillig Platz. Es gelang tatsächlich, die Belagerten ohne Gewaltanwendung herauszuholen und zum Fluß, an die Boote der *Dresden*, zu bringen.

Außer den nunmehr weit über 220 in Obhut der *Dresden* befindlichen Amerikanern wurden von in die Stadt ausgeschwärmten Trupps des Kreuzers noch möglichst viele weitere Yankees zusammengesucht, die sich irgendwo versteckt hatten. Schließlich wurden alle unter deutschen Schutz gestellten Amerikaner auf die Jacht *Wild Duck* gebracht. Dieses schmucke Schiff, auf der die Flagge der Kaiserlichen Marine recht ungewohnt war, wurde mit Menschen so voll besetzt wie es eben nur ging. Hören wir dazu erneut Ernst Wieblitz, der die Führung der Jacht und die Gesamtverantwortung für diese Evakuierungsmaßnahme übernommen hatte:

»Dicht oberhalb der Flußmündung kam noch unsere Dampfpinaß längsseits, die von einer Yankee-Ansiedlung an einem Seitenarm des Flusses eine ganze Schar von Bürgern der Vereinigten Staaten hinzubrachte. Und nun ging's hinaus auf Reede, wo in der Nähe des Flaggschiffs gestoppt wurde, um die Gäste mit Hilfe der Schiffsboote, die von allen Seiten herankamen, auf die einzelnen Kriegsschiffe zu verteilen.

Admiral Mayo empfing den deutschen Offizier in seiner Kajüte und bat ihn in bewegten Worten, dem Kommandanten der *Dresden* seinen Dank zu übermitteln.«*

Statt der nun abgegebenen Amerikaner suchten jetzt noch weitere Deutsche, zunächst 70 an der Zahl, Zuflucht auf Kreuzer *Dresden*. An Land verschlimmerten sich die Zustände, Fregattenkapitän Köhler sah sich gezwungen, drei Offiziere und mehrere Mann zum Schutz gegen den Pöbel in das deutsche und in das österreichische Konsulat und in zwei abgelegene, besonders gefährdete Häuser zu schicken.

Einer der ausgeschifften Offiziere gab durch Winkspruch an die *Dresden* durch, daß soeben ein Wagen mit

* Wieblitz sagte darüber später: »Der Rote Adlerorden, den ich auf den Bericht des Kommandanten hin vom Kaiser bekam, ist mir eine liebe Erinnerung an diese Epoche. Von amerikanischer Seite habe ich außer ein paar Poems von weiblicher Hand nichts weiter gehört. Es war offenbar ›peinlich‹, USA-Bürger durch Fremde schützen lassen zu müssen und noch dazu dicht vor den Toren des eigenen Landes.«

Soldaten, geschmückt mit der grün-weiß-roten Nationalflagge von Mexiko sowie der Parlamentärflagge gesichtet worden sei. Was sollte das nun wieder bedeuten – war das die Antwort der Federalen auf die amerikanische Vorgehensweise in Veracruz, sollte sich hier tatsächlich eine Art Waffenbrüderschaft zwischen den Regierungstruppen und den unter weiß-roter Flagge kämpfenden Rebellen abzeichnen?

Aber bald stellte sich heraus, daß das Durcheinander von Scharmützeln unverändert weiterging. Der Schutz der beiden Konsulate war also durchaus angebracht.

Bald hatte einer der *Dresden*-Offiziere zum mexikanischen Kanonenboot *Progreso* hinüberzufahren, wo irgend etwas vorgefallen sein mußte. Der Mexikaner hatte etwas Unverständliches gemorst. Der Offizier kam mit 30 Amerikanern zur *Dresden* zurück. Man hatte sie aufgegriffen und nicht weiterfahren lassen wollen. Sie hatten erst am Vortage etwas von den Ereignissen erfahren, wußten bis dahin gar nicht, in welcher Gefahr sie schwebten und waren dann die ganze Nacht durchgeritten. Dann hatten ihnen die Federalen die Waffen und alle Pferde, mit denen sie gekommen waren, abgenommen. Aber nun freuten sie sich, daß das deutsche Boot kam und sie in Sicherheit brachte.

Das Fazit von Tampico, laut Kurt Nieden: »Jedesmal, wenn die Rebellen die Stadt bedrohten oder nach Wiedereinnahme durch die Regierungstruppen, wurden wir zu Hilfe gerufen, schifften die Kolonie für die Dauer der Straßenkämpfe bei uns ein und schliefen selbst in den Badewannen oder sonstwo. Alle taten das gern und freudig, nur Stabsarzt Dr. Koch sah wohl jeder solchen Einquartierung mit Grauen entgegen. Er, ein früherer Schiffsarzt der Handelsflotte, schwitzte schon Blut bei dem Gedanken, daß die Frau des Konsuls Ebersbusch, die im achten Monat schwanger war, nun auf der *Dresden* entbunden werden müsse.«

Nach sechs bewegten Tampico-Wochen mit immer neuer Flüchtlingseinquartierung und sogar zeitweiliger Aufbewahrung der Goldvorräte des deutschen Konsuls an Bord, konnte der Kreuzer am 20. April endlich nach Veracruz zum Kohlen gehen. In Tampico war die Lage wieder ruhig geworden. Vom HAPAG-Frachter *Dania* übernahm die *Dresden* noch 17 besonders gefährdete mexikanische Flüchtlinge.«

Auf der Reede von Veracruz war »so ziemlich die ganze amerikanische Flotte versammelt. Es ist mir nicht verständlich, weshalb die Amerikaner dieses Riesenaufgebot vor Veracruz liegen haben, denn machen können sie mit den großen Schiffen doch nichts. Wenn sie nur wenige große Schiffe, dafür ein paar Kanonenboote und Transportdampfer dort hätten, würde das genügen«, schrieb Max Schmidt mit dem Unbekümmertsein eines Dreiundzwanzigjährigen. Und er kritisierte, daß die amerikanische Regierung erklärt habe, sie wolle keinen Krieg mit dem amerikanischen Volk und darum keine Feindseligkeiten mit Mexiko. Schmidt schrieb: »Wieder eine pflaumenweiche Sache. Die Amerikaner haben jetzt offenbar die Rebellen anerkannt, da in Washington neuerdings Abgesandte der Rebellen akkreditiert sind.«

Es wurden nur vier Tage Veracruz, dann mußte Kreuzer *Dresden* erneut über die 200-Seemeilen-Distanz ins »Fiebernest« Tampico zurück, denn die Rebellen hatten neue Munition bekommen. Die Federalen hatten daraufhin die »effektive Blockade der Stadt« erklärt. Max Schmidt berichtete: »Die Regenzeit hatte begonnen, es goß nachts von 23.00 bis 02.00 Uhr in Strömen. Infolgedessen ist die Natur in Tampico aufgelebt. Alles grünt und duftet dort – wenn nur die Moskitos nicht wären! Wir haben jetzt schon zehn Malarianfälle an Bord (trotz Prophylaxe). Noch ist alles recht ruhig. Nur eine Kaserne ging in Flammen auf, die aber die Federalen angezündet haben. Huerta ist jetzt wieder obenauf, nachdem auch er seine Munition bekommen hat ... Mein (F. T.-) Personal ist bald erledigt, und bei mir dauert es auch nicht mehr allzu lange. Wir müssen hier noch bleiben, solange die Rebellen hier sind.«

Es wurde ein ermüdendes Hin und Her. Anfang Mai flammten die Kämpfe wieder auf, in deren Mittelpunkt Tampico stand. Kreuzer *Dresden* blieb für Schutzsuchende der rettende Zufluchtsort. Kapitänleutnant Wieblitz konnte sich die schriftliche Bemerkung nicht verkneifen: »Es war merkwürdig, wieviel deutsches Eigentum es auf einmal hier gab! Überall sah man die schwarz-weiß-rote Fahne wehen. Jeder, der nur ein kleines Tröpfchen deutschen Blutes seiner Vorfahren in den Adern hatte, erinnerte sich plötzlich seiner deutschen Abstammung und suchte um Schutz und die Erlaubnis nach, über seinem Eigentum die deutsche Flagge zu setzen, weil alle wußten, daß die Deutschen sich der größten Beliebtheit bei allen Parteien Mexikos erfreuten.« Zeitweilig wurde es erforderlich, auch auf dem HAPAG-Dampfer *Diana* die Kriegsflagge der Kaiserlichen Marine zu hissen und ihn damit für exterritorial zu erklären, mit einer Wache unter Führung eines Offiziers von der *Dresden* an Bord. Die *Diana* mußte kurzfristig außerhalb von Tampico als Notaufnahmelager zur Verfügung stehen können.

Einmal kam es zur Beschießung eines *Dresden*-Beiboots durch die Rebellen. Der darin befindliche Offizier fuhr sofort an Land und machte die Verantwortlichen auf die deutsche Flagge aufmerksam. Er erinnerte vorsorglich an die 10,5-cm-Geschütze des Kreuzers. Dieses Monitum zeigte Wirkung. Auf ein Kräftemessen mit der *Dresden* wollte man es lieber nicht ankommen lassen.

Am 13. Mai 1914 wendete sich das Blatt endgültig zuungunsten der Federalen. Immer häufiger und heftiger wurde geschossen, auch bei Nacht, ganz in der Nähe der Stadt. General Villa stand mit seinen Rebellen »ante portas«, am 14. Mai verließen die Federalen Tampico, die Rebellen rückten kompanieweise in die Stadt ein. Plötzlich erhob sich großes Geschrei und unerwartetes, heftiges Geschieße. Die als Schutzwachen für die beiden Konsulate abgestellten Männer von der *Dresden* deuteten das zunächst falsch und nahmen an, daß es erneut zu Straßenkämpfen gekommen sei. Sie wußten ja nicht, daß bei den Mexikanern die Äußerung größter Freude aus zweck- und ziellosem Verknallen möglichst vieler Patronen besteht. Es war also eine Freudenkundgebung der einmarschierten Rebellen. Max Schmidt schrieb darüber: »Die Leute sehen zum Teil merkwürdig aus. Sie haben die verschiedensten Anzüge. Die einen sind in Khaki, die anderen in ihrer Nationaltracht – Indianer, Mischlinge, Weiße durcheinander. Die Frauen haben sich Männerkleidung angezogen und reiten als bewaffnete Soldaten mit. Andere bilden den Train. Sie bringen Munition und Proviant nach.

Endlich werden die Gefallenen verbrannt und verbreiten keinen Gestank, keine Pestluft mehr. Traurig ist es, die Verwundeten zu sehen, die bis dahin ohne Behandlung gewesen waren. Gestern und heute sind unser Schiffsarzt Dr. Koch mit seinem Sanitätspersonal, die beiden Schiffsärzte von der *Diana* und ein als Flüchtling bei uns an Bord befindlicher amerikanischer Arzt die ganzen Tage tätig gewesen und haben vielen geholfen. Ein Bengel von 17 Jahren hatte einen sehr schweren Lungenschuß, scheint nun aber gut durchzukommen. Sonst sind außer vielen leichten Verwundungen nur wenig schwere zu behandeln gewesen.

Gestern abend gaben die Rebellen ein großes Festbankett in einem hiesigen Hotel. Darunter befand sich ein Herr von Arnheim als ›General der Artillerie‹. Es scheinen sich überhaupt viele Europäer und Amerikaner (!) unter den Rebellen zu befinden, was gerade kein schönes Zeichen ist.

Gleich nach dem Einrücken der Rebellen war der *Dresden*-Kommandant Fregattenkapitän Köhler mit drei Mann unter mitgeführter Kriegsflagge der Kaiserlichen Marine und gemeinsam mit dem deutschen, österreichischen und britischen Konsul zum General Caballero, dem örtlich zuständigen Rebellen-Befehlshaber, gegangen und hatten ihn noch einmal auf die Notwendigkeit der Schonung fremden Eigentums aufmerksam gemacht. Der General versprach, keine Plünderungen zuzulassen.

Tatsächlich hatten die Rebellen, die jede Menge Munition in Gurten über der Brust und an Leibriemen, manchmal zweien übereinander, trugen sowie einem gewaltigen landesüblichen Sombrero mit dem aufgedruckten Truppenteil, für Disziplin gesorgt. Ausschreitungen wurden konsequent verhütet. Ein Kerl, der eben in einen Laden einbrechen wollte, wurde von einem Offizier der eingerückten Rebellentruppen dabei ertappt und ohne weiteres auf der Stelle erschossen. Das wirkte.«

Ernst Wieblitz erinnerte sich: »So kriegerisch und wild die Gesellen von weitem aussahen, so gutmütig und harmlos waren sie in Wirklichkeit – solange sie nüchtern waren. Und das waren sie dank der klugen Anordnung der Oberleitung, die Alkoholgenuß bei den Soldaten streng – wenn Ausschreitungen vorkamen mit dem Tode – bestrafte und auch schwere Strafen auf den Verkauf von Alkohol an die Truppen festlegte.«

Max Schmidt ergänzte diese Aussage: »Leute, die sich betrunken hatten, wurden einfach niedergeschlagen. Alle Kneipen der Stadt waren geschlossen. Die Deutschen kehrten wieder in die Stadt zurück. Die amerikanischen Schiffe liefen wieder ein. Das Leben normalisierte sich. Kreuzer *Dresden* konnte nach Veracruz zurückkehren und dort wieder den geregelten Dienstbereich mit Gefechtdienst, Schießübungen und Divisionsunterricht aufnehmen.«

Am 20. Juni wurde vorsorglich eine letzte »Tampico-Spritztour« erforderlich, weil General Caballero »wegen zu milder Behandlung Fremder« gezwungen wurde, von seinem Posten zurückzutreten. Aber die befürchteten sich daraus ergebenden Spannungen blieben aus.

Am 26. Juni gab es Abwechslung durch eine Reise nach Coatzacoalcos auf dem Isthmus von Tehuantepec. Dieser Hafen hatte gerade den neuen Namen Puerto Mexico erhalten. Er liegt in einer herrlichen Landschaft inmitten tropischer Vegetation.

Überall sah man Palmen, Mangobäume, Mangroven. Schilfgedeckte Häuser lagen am Ufer. Auf dem Fluß fuhren die Kanus der umliegenden Bewohner zwischen treibenden Baumstämmen und Wasserhyazinthen.

Kreuzer *Dresden* übernahm an diesem Platz Proviant vom HAPAG-Dampfer *Steigerwald*, weil nach mexikanischem Gesetz Seefrachtgüter nur in den Häfen gelöscht werden durften, für die sie »dispatchiert« waren. Der Frachter hatte jedoch keine Order für Veracruz gehabt, wohl aber für das turnusmäßig von ihm angelaufene Puerto Mexico. Mitte Juni übernahm die längst wieder nach Veracruz zurückgekehrte *Dresden*, nach neuen Schießübungen in See, ein letztes Mal in diesem Hafen Kohlen und rüstete sich durch abermalige Verproviantierung für die Heimreise nach Deutschland aus – inzwischen wieder frisch gemalt, so daß der Kreuzer ein Schmuckkästchen war.

Aber vor der Heimreise galt es, eine besonders delikate Mission auszuführen: Durch den Sieg der Rebellen war Huertas Stern verblaßt. Er dankte freiwillig ab. Was aber sollte ein »Diktator außer Dienst« im Lande seiner bisherigen Herrschaft tun – er mußte außer Landes gehen. Der Weg über Veracruz war ihm versperrt wegen der dortigen amerikanischen Verwaltung. Tampico aber war inzwischen Hauptstützpunkt der Gegenpartei geworden. Es blieb dem Ex-Herrscher nur noch der Weg ins Ausland über Puerto Mexico. Und die Diplomaten hatten es hinter den Kulissen eingefädelt, daß Kreuzer *Dresden* ihn von dort aus dem Land schaffen sollte. Es war vereinbart, daß die *Dresden* den Präsidenten und seinen Kriegsminister Blanquet an Bord nehmen sollte, der britische Kreuzer *Bristol* hingegen ihre Familien. Hinzu kamen etwa 80 Frauen und Kinder von acht Generalen und zwei Stabsoffizieren, die ebenfalls von der *Dresden* zu übernehmen waren. Huerta und sein Gefolge sollten nach Kingston im britisch regierten Jamaika überführt werden.

Per Extrazug trafen Huerta und sein Gefolge am 19. Juli mit starker militärischer Begleitung in Puerto Mexico ein. Aber nun zogen die Briten ihre Zusage im letzten Augenblick wieder zurück, weil das Londoner Foreign Office Bedenken aus Rücksicht auf die öffentliche Meinung in den USA bekam. Da Huerta seine Getreuen nicht im Stich lassen wollte, blieb Kreuzer *Dresden* so lange in Puerto Mexico, bis alle Modalitäten der Ausreise geklärt waren. Der deutsche Kreuzer übernahm Huerta und Blanquet mit ihren Familien, den gesamten übrigen Anhang ein deutscher Dampfer.

Schon am 19. Juli hatte Huerta einen ersten Besuch auf der *Dresden* gemacht. Kapitänleutnant Nieden schilderte ihn so: »Ein reiner Indianertyp, klein, dunkelhäutig, mit stechenden Augen. Aus Gebaren und Auftreten sprach eine geballte Energie, die – wie er bewiesen hatte – bis zur schonungslosen Grausamkeit gehen konnte. Seine Frau, eine reinblütige Spanierin, war auch auf ihre alten Tage noch schön.

Dann kam der Kriegsminister Blanquet, ein hochgewachsener, achtunggebietender Greis mit schneeweißem Haar und Bart, spanischen Geblüts, zurückhaltend und auch jetzt noch auf der Fahrt ins Exil ein treuer Diener seines Herrn Huerta. Auch er brachte Frau und Kinder mit.«

Nachmittags waren die ganzen Familien von Huerta und Blanquet schon einmal an Bord. Max Schmidts Urteil war nicht schmeichelhaft: »Sehr anziehend sind sie nicht ... die Töchter waren furchtbar. Sie schienen sich schon am Mittag mit Cognac etwas übernommen zu haben. Äußerlich waren sie ganz niedlich, aber ihr Benehmen! Wir waren froh, als sie wieder von Bord gingen.«

Aber Schmidt hatte sich zu früh gefreut, denn durch die plötzlich aus London verfügte Verweigerung der *Bristol* für die Fahrt ins Exil erschienen die beiden Familien am 21. Juli doch wieder an Bord. Um 18.00 Uhr ging die *Dresden* nach Jamaika in See.

Am Abend zuvor hatte man der *Dresden*-Besatzung erlauben können, nach Belieben von Bord zu gehen. Alle beim Landgang entstehenden Kosten wurden vom abgedankten Präsidenten Huerta aus seiner in Sicherheit gebrachten Schatulle übernommen – man schätzte, daß er eine halbe Million Dollar dabei hatte. Was er außerdem schon vorher ins Ausland verschoben hatte, wußte man natürlich nicht.

Aber einmal so richtig freigehalten zu werden – ein so großzügiges Angebot ließen sich die Seeleute natürlich nicht zweimal sagen. Man konnte es den Männern nachfühlen, daß sie nach den oft genug deprimierenden Eindrücken der letzten Monate ganz schön bei Bier, Whisky oder Tequila zulangten. Außerdem kauften die »Lords« nach Kräften Geschenke und Maskottchen, vor allem aber spanisch sprechende Papageien, denen sie auf der Heimreise Deutsch beibringen wollten, damit sie als zweisprachige Wundervögel in Kiel Eindruck schinden konnten.

Nun also reisten Huerta und Blanquet mit ihren Familien

auf der *Dresden* ins Exil. Damit war der Kreuzer buchstäblich zum »Musikdampfer« geworden, denn die Bordkapelle spielte für die dem Schiff aufgezwungenen, makabren Gäste. Es wurde bis zum frühen Morgen getanzt, um die Verbannung zu feiern.

Kaleu Kurt Nieden erlebte die Überfahrt nach Jamaika so: »Unser Schiff war also wieder gut besetzt. Der Kommandant stellte seine Kajüte der Frau des Präsidenten zur Verfügung, meine Kammer gab ich dem Präsidenten und zog wieder in die bewährte Badewanne um.

Huerta hatte eine unglaubliche Widerstandskraft gegen den Einfluß des Alkohols: Seine Tagesration bestand – und daran hielt er auch an Bord fest – aus einer Flasche Cognac. Und dazu kamen, nachdem er einmal auf den Geschmack gekommen war, noch zwei bis drei Flaschen deutschen Moselweins. In der Unterhaltung war er meist still und zurückhaltend.

Durch meinen Dienst als I. Offizier und durch einige spanische Sprachkenntnisse kam ich mit Huerta und Blanquet oft in Berührung und Unterhaltung. Eines Abends, als wir zu dritt auf der Hütte, dem Achterschiff, spazierengingen, hörte ich, wie Blanquet den Präsidenten fragte, ob er mir die Geschichte von Queretaro erzählen solle. Nach Zustimmung Huertas berichtete er dann, daß er Führer des Pelotons gewesen sei, das im Jahre 1867 den Kaiser Maximilian von Mexiko in Queretaro erschossen habe. Er wisse nicht, ob es uns – die wir jetzt Bundesgenossen Österreichs und Freunde des Kaisers Franz Joseph, eines Bruders des erschossenen Maximilian seien – verletzen werde. Er halte es aber für seine Pflicht, wo er doch die Gastfreundschaft bei uns an Bord genieße, uns hierüber aufzuklären. Er habe damals als blutjunger Mann den Befehl zu der Exekution bekommen und seiner militärischen Pflicht gehorchen müssen. Er wolle aber jetzt, nach 47 Jahren, auch wieder seiner

Hochachtung Ausdruck geben vor der Standhaftigkeit und Würde, mit der dieser Kaiser dem Tode entgegengegangen sei.

In Jamaika schifften wir die Gesellschaft aus. Bezeichnend für die Art und auch sein Feingefühl war die Weise, wie Huerta uns seinen Dank für die Aufnahme aussprach. Dem Kommandanten schenkte er seinen goldenen Federhalter, mit dem alle Dekrete während seiner Regierungszeit (und wohl auch sehr viele Todesurteile) unterzeichnet wurden, und ich, als nächster, erhielt eine große altspanische Goldmünze – das erste Goldstück, das er in seinem Leben verdient und seitdem als Talisman bei sich getragen habe. Canaris als Adjutant bekam den Revolver, den Huerta auf seinen Feldzügen getragen hatte. Und als dann am Fallreep der Leutnant der Wache Huerta zum Abschied grüßte, entschuldigte er sich, daß er nun nichts Persönliches mehr besitze. Er griff in die Tasche und überreichte Fleischer ein englisches Pfundstück mit der Bemerkung, er möge es nicht als Trinkgeld ansehen, sondern als Andenken in Ermangelung eines solchen von persönlicher Beziehung.

Blanquet ist bald darauf im Exil gestorben, während Huerta bei dem Versuch, nach Mexiko zurückzukehren, in den USA verhaftet wurde und im Gefängnis endete.«

In Jamaika begann die *Dresden* sofort mit dem Bunkern von Kohle, um die Reise nach Port au Prince/Haiti (Puerto Principe) fortzusetzen. Dort sollte sie den endlich »frontreif« gewordenen, nach Mittelamerika in Marsch gesetzten Kreuzer *Karlsruhe* treffen.

Schon von weitem erblickten die Männer auf der *Dresden*-Kommandobrücke die elegante Silhouette des modernen Vier-Schornstein-Kreuzers, die sich gegen die der Küste abzeichnete. Kreuzer *Karlsruhe* hatte seine Verabredung exakt eingehalten.

Das Treffen wurde mit so lange vermißtem deutschen

Bier gebührend gefeiert, die *Karlsruhe* hatte genug davon mitgebracht. Und jetzt herrschte helle Freude in den Decks der *Dresden*. Nun waren die Männer, nach sieben langen Monaten, endlich in derselben Lage, wie ehemals die Männer der *Bremen*: Sie durften in die Heimat zurücklaufen. Es war also »geschafft«.

Aber zuvor galt es, die beiden Kommandanten auszutauschen. Nach altem Zeremoniell pullten Offiziere die spitzstevige Gig der *Dresden* mit dem scheidenden Kommandanten Erich Köhler über die Reede von Port au Prince, mit dem Hornsignal »Front nach Steuerbord!« von der in Paradeaufstellung an der Reling aufgereihten Besatzung des Kreuzers mit einem dreifachen Hipphipphurra verabschiedet, zur *Karlsruhe* hinüber.

Fregattenkapitän Köhler blieb also in Amerika, er übernahm nun den neuen Kreuzer, wie schon ursprünglich vorgesehen. Als sich dessen technische Kinderkrankheiten herausgestellt hatten, fällte das Personalamt die Entscheidung, das Einfahren des technisch noch nicht ausgereiften Kreuzers *Karlsruhe* einem Kommandanten zu übertragen, der auf einem Vierschraubenturbinenschiff schon ausreichende Erfahrungen hatte sammeln können. Deshalb übernahm der *Dresden*-Kommandant Fritz Emil Lüdecke (seit September 1912 mit dem Kommando betraut) kurzfristig die *Karlsruhe*, bis deren Frontreife garantiert war. Er hatte sie anschließend nach Amerika zu überführen, um sie dann Fregattenkapitän Köhler zu übergeben, der sich inzwischen gründlich mit der *Dresden* und mit den Kriterien einer solchen Antriebsanlage hatte vertraut machen können. Diese Entscheidung war sicherlich recht klug getroffen worden, denn man wollte nicht noch einmal Mißhelligkeiten riskieren, die sich aus reinem Mangel an Erfahrung mit den noch immer neuartigen Turbinenschiffen ergaben. Die schon geschilderte Kollision der *Dresden* mit dem schwedischen

Segler *Cäcilie* stak noch immer einigen ranghohen Persönlichkeiten in den Knochen.

Auf Kreuzer *Dresden* konnte sich der künftige *Karlsruhe*-Kommandant ausgiebig mit einem solchen Wildpferd von Turbinenschiff vertraut machen, denn er war durchweg von einschlägig erfahrenen Wachoffizieren umgeben, die in jeder noch so ungewöhnlichen Situation mit diesem »Zossen« umgehen konnten.

Nun aber war auf der Reede von Port au Prince »Großer Bahnhof«. Nachdem erneut »Front nach Steuerbord« geblasen worden war, die Besatzung daraufhin sozusagen »im Kollektiv« salutierte, betrat Fritz Lüdecke das Podest des ausgebrachten Steuerbordfallreeps und schritt nach oben, während der Bootsmaat der Wache ausdauernd Seite pfiff.

Kreuzer *Dresden* hatte seinen eigentlichen Kommandanten wieder. Fast alle kannten ihn, es bedurfte keines Sich-aneinander-Gewöhnens der Besatzung und des Kommandanten. Die »alten« *Dresden*-Fahrer kannten ihren »Alten« genau. Sie beurteilten ihn als einen ruhigen, sehr honorigen Mann. Er sprach nie sonderlich viel, entschied jedoch stets klar und präzise. Fritz Lüdecke machte einen straffen, soldatischen Eindruck, ohne im entferntesten ein »Kommißkopp« oder Paragraphenreiter zu sein. Im Umgang mit seinen Untergebenen war er konziliant. Seine Beurteilungen im »Führungsbuch« waren ausgesprochen hervorragend.

Fritz Emil Lüdecke hatte am 5. Februar 1873 in Dirschau/Westpreußen das Licht der Welt erblickt, hatte also eben erst sein 42. Lebensjahr begonnen. Er war nach Beendigung seiner Ausbildung im Mai 1893 zum Leutnant zur See befördert worden und durchlief die verschiedenen Stadien seiner Laufbahn mit vielen Belobigungen und Auszeichnungen. 1912 wurde er zum Fregattenkapitän befördert, nachdem er im Anschluß an seine Bordkommandos auch beim Admiralstab in Berlin sowie beim Kommandierenden Admiral der Nordseestation in Wilhelmshaven Stabsoffiziersdienst getan hatte.

Ein bißchen amüsant war die ganze Sachlage schon: Der eigentliche Kommandant Lüdecke war lediglich dafür wieder auf seinen alten »Dampfer« eingestiegen, um ihn nach Hause zu bringen. Denn die Mexiko-Einsätze waren ja inzwischen »gelaufen«.

Noch in Port au Prince erhielt Kreuzer *Dresden* ein drin-

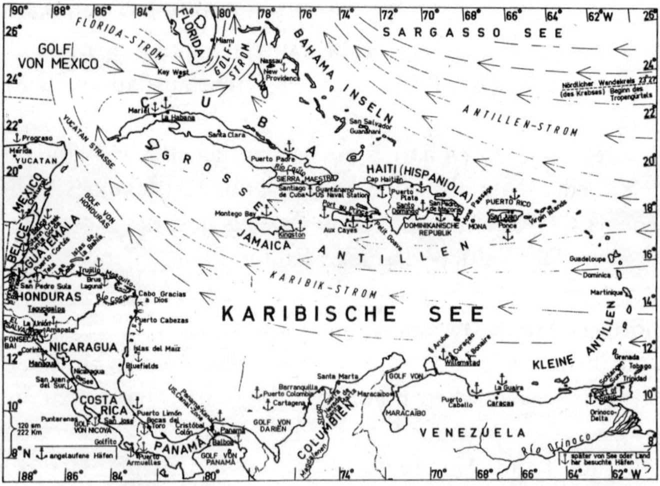

Das Karibische Meer, der etwa 2,7 Millionen Quadratkilometer große, bis 6270 Meter tiefe südöstliche Teil des Meeres zwischen Mittelamerika, den Antillen und dem nördlichen Teil Südamerikas, war jenes Seegebiet, in dem Kreuzer *Dresden* über Funk die Nachricht von den Spannungszuständen auf dem Balkan erreichte. Auf der Karte erkennt man die im Text erwähnten Häfen Kingston/Jamaika und Port au Prince/Haiti. Östlich von Puerto Rico zeigt die Karte die Jungfern-Inseln (Virgin Islands), wo Kreuzer *Dresden* in Charlotte Amalie/Saint Thomas noch einmal Kohlen bunkerte sowie Proviant und Material für die vermeintliche Heimreise übernahm – am letzten Friedenstag vor Ausbruch des Ersten Weltkrieges.

gendes, verschlüsseltes Funktelegramm vom Admiralstab, so schnell wie möglich zurückzukehren.

Wohl nie zuvor wurde auf diesem Schiff ein Befehl mit solcher Freude und Geschwindigkeit ausgeführt wie dieser! Sogar ein großer Teil der Wäsche und Uniformteile, die zum Waschen an Land gegeben worden waren, blieb dort zurück. Es war keine Zeit mehr für die Abholung. Der deutsche Konsul regelte die Ansprüche der Wäscherei. Wenn »Kurs Heimat« angesagt ist, kennt »Hein Seemann« kein Halten mehr. Und wenn das sogar ausdrücklich befohlen wurde, konnte das jedem an Bord nur recht sein.

Dunkle Wolken am politischen Himmel

Die Schiffsleitung der *Dresden* bewahrte striktes Stillschweigen über ihre drückenden Sorgen wegen der jüngsten Ereignisse in Europa. Das Funkpersonal des Kreuzers war zu besonderer Geheimhaltung »vergattert« worden, um keinerlei Unruhe unter der Besatzung aufkommen zu lassen. Es erschien den Offizieren richtig, die immer noch helle Vorfreude auf die sogar eilig angeordnete Heimreise nicht zu trüben. Es konnte ja doch sein, daß ein Wunder geschah und die aufgezogenen schwarzen Wolken am politischen Himmel doch wieder verflogen. Alle Aufregung wäre dann unnötig gewesen.

Aber die Sache sah gar nicht gut aus. Schon beim Insichtkommen der Insel Jamaika hatte die *Dresden* am 24. Juli die verschlüsselte Nachricht von der Überreichung des österreichischen Ultimatums an Serbien erhalten. Es zeichnete sich ab, daß das Attentat von Sarajewo, dem am 28. Juni der Thronfolger Erzherzog Franz Ferdinand und seine Gemahlin, Herzogin Sophie von Hohenberg, zum Opfer gefallen waren, doch böse Folgen zeitigte. Die von serbischen Offizieren panslawistischer Denkweise angestiftete Verschwörung führte zu jener Eskalation, die sich die Drahtzieher des Komplotts sicherlich erhofft hatten.

Was nun zum hastigen Aufbruch und sogar zur Nichtabholung der an Land gegebenen Wäsche in Port au Prince zu erhöhten Heimkehrfreude der Seeleute geführt hatte, wußten bisher nur ganz wenige Einheiten: In Port au Prince hatte die *Dresden* den Befehl des Admiralstabes zur beschleunigten Heimkehr mit dem Zusatz erhalten, daß die diplomatischen Beziehungen zwischen Österreich-Ungarn und Serbien abgebrochen worden seien und daß damit der Ausbruch einer politischen Spannung zwischen Rußland samt Entente Cordiale (England/Frankreich) und den Mittelmächten (Deutschland/Österreich-Ungarn) für denkbar gehalten werde.

Fregattenkapitän Lüdecke war unmittelbar nach dem »Wiedereinsteigen« auf seinen Kreuzer *Dresden* zu einem der einsamsten Männer der Welt geworden. Freilich ging es Fregattenkapitän Köhler nicht anders, nachdem er kaum seinen Fuß auf die für ihn völlig fremde *Karlsruhe* gesetzt hatte.

Die Kommandanten der Auslandskreuzer mußten nun draußen in Übersee Entscheidungen von größter Tragweite treffen, von denen plötzlich Tod und Leben aller ihnen anvertrauten Männer abhängen konnten. Sie sollten in weitgehend für sie aussichtsloser Lage das Bestmögliche zu tun versuchen, völlig allein handelnd. Und sie konnten sich kaum irgend jemandem mitteilen, um jegliche Aufregung an Bord zu meiden.

Fritz Lüdeckes erster gegebener Befehl ordnete das sofortige Verlassen von Port au Prince an. Es galt, ohne jeden Zeitverlust nach Charlotte Amalie/Saint Thomas in See zu gehen, wo noch einmal Kohle gebunkert sowie Material und Proviant für die Heimreise über die Azoren übernommen werden sollten. Außerdem sollte die *Dresden* auf Anraten ihres Leitenden Ingenieurs vorsorglich 30 Tonnen zusätzlicher Kohle als Decklast in Säcken an Bord bekommen. Lüdecke wollte noch am 30. Juli Mitternacht von Charlotte Amelie/St. Thomas wieder auslaufen. Aber in der Praxis sah die Sache ganz anders aus, Lüdecke hatte die Rechnung ohne den Wirt gemacht: Die Eingeborenen von St. Thomas weigerten sich, nachts zu arbeiten. Sie hatten für die Ungeduld der heimkehrfreudigen Deutschen keinerlei Verständnis. Lüdecke konnte ihnen auch nicht die wahren Gründe für eine unbedingt notwendige Beeilung anvertrauen. Niemand durfte hellhörig gemacht werden.

Es half also alles nichts, die Kohlenträger von St. Thomas ließen bei Einbruch der Dunkelheit alles stehen und liegen. Müde und abgekämpft gingen sie von Bord und verschoben alles Weitere auf den nächsten Tag.

Man hatte alles versucht, auf ihre Vorarbeiter einzuwirken. Oberzahlmeister Siegemund lockte sogar mit Sonderprämien in doppelter Lohnhöhe. Nein, nichts zu machen. Mañana es otro día – morgen ist auch noch ein Tag.

Und so rückte der 31. Juli des Jahres 1914 heran, von dem an Bord der *Dresden* kaum jemand voll erfaßte, daß das tatsächlich der letzte Tag Frieden vor Ausbruch des Ersten Weltkrieges sein würde.

Die Besatzung hatte eine heiße Nacht hinter sich, denn sie war noch viele Stunden mit dem Verstauen der an Bord gekommenen Lebensmittelvorräte beschäftigt. Anderntags waren die einheimischen Hilfskräfte erst gegen 17.00 Uhr mit allen Arbeiten der Kohlen- und Proviantübernahme fertig!

Kreuzer *Dresden* ging unverzüglich ankerauf, bevor noch das Deckwaschen durchgeführt werden konnte, und nahm Kurs auf die Azoren. Die Besatzung ahnte noch immer nichts von dem, was die eingeweihten Offiziere zur Stunde bewegte.

Es schien alles seine Richtigkeit zu haben: Die *Dresden* hechelte mit Volldampf in Richtung Heimat und kürzte den Weg ab, wo es nur ging. Und jeder von der Besatzung freute sich, wenn er die Bugwelle und das Schraubenwasser betrachtete – hohe Fahrtstufen waren in solchen Fällen immer schon. Heimreisen konnten niemals schnell genug gehen. Und darum war es richtig, schon jetzt mit dem Deutsch-Sprachunterricht für die in Puerto Mexico gekauften Papageien zu beginnen. Die Leute in Kiel werden ganz schön staunen über diese Mitbringsel!

Es waren in diesem Augenblick zwei Welten geworden – die von Fröhlichkeit erfüllten Mannschaftsdecks und das Schweigen der Männer auf der Kommandobrücke.

Fritz Lüdecke ertappte sich dabei, daß er immer häufiger zu jener Tür hinschielte, die von der F. T.-Station hinaus aufs Deck führte.

Es saß ihm im Nacken, daß sich diese Tür jeden Augenblick öffnen werde, um den Überbringer der schlimmsten Hiobsbotschaften zum Vorschein zu bringen.

Die Vorahnung des Kommandanten trog nicht. Und der Überbringer der Nachricht war auch nicht einer der Funkgasten, sondern in Anbetracht der Wichtigkeit dieser Nachricht der Leutnant zur See Max Schmidt, der als Funkentschlüsselungsoffizier Dienst tat.

Das aufgenommene Funktelegramm erhielt den Vermerk »Chefsache – nur durch Offizier«: »Drohende Kriegsgefahr Großbritannien, Frankreich, Rußland. Bundesgenosse Österreich-Ungarn, voraussichtlich Italien. Nicht heimkehren, Kreuzerkrieg führen gemäß den Mobilmachungsbestimmungen.«

Wortlos zeichnete Lüdecke die von der amerikanischen Funkstation San Juan auf Puerto Rico als Relaisstation weitergefunkte Nachricht ab und schickte den »Läufer Brücke« los, um den Adjutanten auf die Brücke zu bitten.

Oberleutnant Canaris erschien sofort. Der Blickwechsel mit dem Kommandanten genügte. Es war demnach »soweit«.

Die beiden Offiziere gingen gemeinsam nach achtern, um

den berühmten blauen Brief zu öffnen, der im Tresor der Kommandantenkajüte aller Auslandskreuzer für den nun eingetretenen Fall bereitlag. Er enthielt die Geheimanweisungen für den etwaigen Ausbruch eines Krieges.

Es bestand beim Berliner Admiralstab das Konzept, daß in solchem Falle die feindlichen Kommunikationslinien auf bestimmten Längengraden angegriffen und der Seetransport so empfindlich wie möglich gestört werden solle. Dadurch würde der Feind zur Gegenwehr gezwungen, die bei einer breiter gefächerten Kaperaktivität der Auslandskreuzer eine beträchtliche Diversionswirkung erzielen mußte. Man hatte die vorgesehenen Einsatzgebiete der Kreuzer in bestimmte numerierte Zonen eingeteilt, deren Lage geheim war.

Der Adjutant hatte sofort nach Öffnen der Geheimorder samt detaillierten Anweisungen die Ressortchefs, d. h. die Leitenden Offiziere in die Kommandantenmesse bitten lassen, um Schiffsrat abzuhalten. Lüdecke gab die Sachlage bekannt und entwickelte sein soeben beschlossenes Konzept. Er bat um Meinungsäußerungen und eventuell abweichende Vorschläge.

Eine solche, recht demokratisch anmutende Institution wie der Schiffsrat war in so schwerwiegenden Fällen ausdrücklich gesetzlich vorgesehen, um die einsamen Entschlüsse eines einzelnen Verantwortungsträgers durch konstruktives Mitdenken der zuständigen Fachleute notfalls korrigieren oder sogar verbessern zu können. Man kam jedoch schnell überein, daß die Grundidee des Kommandanten richtig sei.

Wenig später wurde bei der Sombrero-Insel ganz unauffällig eine allmähliche Kursänderung vorgenommen, nachdem der Kommandant, der Navigationsoffizier und der ins Vertrauen gezogene Steuermann Nikolaus Franzen gemeinsam über bestimmten Seekarten gebrütet hatten. Der Kurzwellenfunkstation Nauen wurde das Kurzsignal »Gehe nach Zone III«* übermittelt, natürlich chiffriert. Die Küstenfunkstelle San Juan erhielt hingegen einen unverschlüsselten Funkspruch mit Bitte um Weitergabe an Norddeich Radio, daß die Heimreise laut Zeitplan angetreten worden sei. An Bord sei alles wohlauf, die Bunkerstation Ponta Delgada auf den Azoren sei bitte zu verständigen. ETA (Estimated Time of Arrival = mutmaßliche Ankunftszeit) dann und dann.

Der Kreuzer gab ganz bewußt eine falsche Absendeposition des Funkspruchs an, so daß der Eindruck entstehen mußte, Kreuzer *Dresden* halte tatsächlich weiterhin seinen Kurs in Richtung Heimat.

In Wirklichkeit hatte das Schiff östlich der Virgin Islands den Kurs nach Süden geändert. Unter Wahrung völliger Funkstille lief das Schiff nunmehr in Richtung Nordküste von Brasilien. Noch führte es Positionslaternen und benahm sich wie ein ganz normaler Dampfer.

Kreuzer *Karlsruhe* hätte nach dem Zusammentreffen mit der *Dresden* und dem Kommandantentausch in Port au Prince Kurs auf Veracruz aufnehmen sollen, um dort mit einem aus der Heimat zu entsendenden Flottenverband an der Eröffnung des Panamakanals und nach dessen Durchfahrung im Herbst an der Weltausstellung in San Francisco teilzunehmen.

Fregattenkapitän Köhler hielt nach Eintreffen der ersten Krisennachrichten das Anlaufen von Veracruz wegen der dort liegenden britischen und französischen Kriegsschiffe nicht mehr für opportun. Er lief statt dessen Havanna/Kuba an und blieb wegen der günstigen Seekabelnachrichtenverbindung zur Heimat vom 28. Juli bis zum 30. Juli dort, ging

* Dieses »Jagdrevier« lag vor der Ostküste von Brasilien und begann bei Pernambuco.

dann wieder in See, blieb zunächst noch in Hafennähe, dampfte aber in der folgenden Nacht zur abgelegenen Cay Sal Bank südlich der Floridastraße, um seinen Standort zu verschleiern. Der Admiralstab hielt ihn über Funk auf dem laufenden. Zur Tarnung setzte *Karlsruhe* einen offenen Funkspruch ab, demzufolge sie am 4. August in Tampico eintreffen wollte.

Der *Dresden*-Funkspruch vom Marsch zur Zone III wurde Köhler natürlich übermittelt, so daß jetzt Klarheit über die Aufgabenteilung der beiden Kreuzer herrschte. Die *Karlsruhe* nahm sich Zone II aufs Korn. Der Ansatz war gut, er versprach gehörige Diversion der nun wahrscheinlich gewordenen Gegner.

Auf Kreuzer *Dresden* hatte der Funkentelegrafiemeister Hermann Heil – einer der langjährig erfahrenen, fachlich versierten Deckoffiziere, Inhaber der Meisterstellungen zwischen Unteroffizieren und Offizieren – eine besonders wertvolle Nachrichtenquelle angezapft.

F. T.-Meister Heil war ohnehin ein As auf seinem Gebiet, das hatte der Kommandant schon im Balkankrieg herausgefunden. Nun aber hatte Heil den Informationswert der amerikanischen Funkstation Sayville entdeckt, die auch als Relaisstation für Meldungen der Überseenachrichten an die Presse der (bis 1917) neutralen USA diente. Seitdem Hermann Heil ständig einen der Funkgasten auf diese Frequenzen angesetzt hatte, konnte man auf Kreuzer *Dresden* das Fortschreiten der Ereignisse in der Heimat recht gut verfolgen.

Wie in einem Mosaik ließen sich die einzelnen abgehörten Meldungen zu einem Gesamtbild formen, ohne das man auf diesem Auslandskreuzer die ohnehin nur schwer begreifbaren Vorgänge in Europa gar nicht oder auch nur einigermaßen hätte überblicken können.

Oberleutnant Canaris und der Bordnachrichtenoffizier

Leutnant Schenk setzten die Fülle von Nachrichten in einen halbwegs klaren Lagebericht um, der zunächst den Kommandanten einigermaßen verläßlich auf dem laufenden hielt. Fregattenkapitän Lüdecke kommentierte das vorgelegte Material mit dem Seufzer: »Also doch – der verdammte Balkan reißt uns alle in einen großen Krieg. Ich hatte das immer schon im Gespür!«

Nach dem Attentat von Sarajewo am 28. Juni war den mit ganz anderen Problemen in Mexiko konfrontierten Offizieren der *Dresden* wie auch Lüdecke auf der ausreisenden *Karlsruhe* gleichermaßen der Verlauf der Dinge entgangen, die dem am 23. Juli in Belgrad überreichten Ultimatum Österreich-Ungarns an Serbien folgten. Es war auf 48 Stunden befristet und enthielt die Forderung, alle großserbischen Propagandaaktionen und panslawistischen Aktivitäten, die auf das Staatsgebiet von Österreich-Ungarn zielten, zu unterlassen. Außerdem wurde Serbien energisch gefordert, daß nun endlich eine gerichtliche Untersuchung gegen die Teilnehmer des Mordanschlages von Sarajewo, soweit sie sich in Serbien befanden, eingeleitet werde, und zwar unter Mitwirkung österreichischer Beamter.

Am 25. Juli 1914 tagte der Kronrat des zaristischen Rußlands in Krasnoje Selo mit der Entscheidung, »Serbien zu unterstützen, auch wenn man dazu die Mobilmachung erklären und Kriegshandlungen beginnen müsse«, falls tatsächlich österreichische Truppen die serbische Grenze überschreiten sollten. Rußland ermunterte also die »slawische Brudernation Serbien« geradezu, nicht klein beizugeben. Die sofort von der Kronratentscheidung der Russen unterrichtete serbische Regierung gab dementsprechend nur eine halb entgegenkommende Antwortnote an Österreich-Ungarn, das diese nicht hinnehmen zu können glaubte. So kam es noch am gleichen Tage (25. Juli) zum Abbruch der diplomatischen Beziehungen zwischen Wien und Belgrad. Beide

Staaten machten mobil, das Verhängnis nahm seinen Lauf. Britische und deutsche Vermittlungsversuche scheiterten. Am 28. Juli erklärte Österreich-Ungarn Serbien den Krieg. Am 29. Juli ließ sich Zar Nikolaus II. von Rußland bestimmen, den Ukas zur allgemeinen Mobilmachung herauszugeben. Der deutsche Kaiser Wilhelm II. sandte ihm jedoch ein Telegramm. In der Hoffnung auf Friedensvermittlung hatte der Kaiser ausgesprochen, daß militärische Maßnahmen Rußlands eine Vermittlung durch Deutschland erschweren werden. Der Zar zog deshalb den Befehl für die allgemeine Mobilmachung in der Nacht vom 29. zum 30. Juli zurück. In Rußland wurde nur noch eine Teilmobilmachung in vier Militärbezirken angeordnet. Nun stand alles auf Messers Schneide, während Großbritannien und Deutschland versuchten, Österreich-Ungarn zum Einlenken zu bewegen.

Aber die »Hardliner«, die Panslawisten, entwickelten ihre eigene Dynamik. Am 30. Juli wurde Zar Nikolaus von seinem Außenminister Sazonov, der mit dem Generalstabschef Januskevic und dem Kriegsminister Suchomlinov unter einer Decke steckte und unbedingt den Kriegseintritt wollte, doch überredet, die Vollmobilmachung anzuordnen. Das ist die »deutsche Kriegsschuld«, die nachher im Versailler Vertrag behauptet wurde: Als am Morgen des 31. Juli, während also Kreuzer *Dresden* seine Vorräte in Charlotte Amelie ergänzte, die russische Mobilmachung in Berlin bekannt wurde, telegrafierte der deutsche Generalstabschef von Moltke an den österreichischen Generalstabschef Conrad von Hötzendorf, nun bleibe Österreich-Ungarn doch wohl nichts anderes übrig, als seinerseits gegen Rußland mobil zu machen. Deutschland werde selbstverständlich zu seinen Bündnisverpflichtungen gegenüber Österreich-Ungarn stehen.

Es wird stets unerfindlich bleiben, wie ein solches Telegramm ohne Wissen des Kaisers und des Reichskanzlers hinausgehen konnte. Es hatte auf jeden Fall verhängnisvolle Wirkung, weil es Österreich-Ungarn zu dem Kraftakt geradezu ermunterte, den Krieg gegen Serbien durchzuführen und auch den Rest der k. u. k. Armee mobil zu machen. So schlitterte das Deutsche Reich in das Unglück hinein.

Am 31. Juli, kurz nach dem Verlassen von Saint Thomas, erhielt Kreuzer *Dresden* über Nauen die Nachricht vom »Zustand drohender Kriegsgefahr«. Kurz darauf wurde Rußland ein Ultimatum gestellt, binnen 12 Stunden jede Kriegsmaßnahme gegen Österreich-Ungarn und das Deutsche Reich einzustellen. Andernfalls werde auch Deutschland mobil machen müssen. Zugleich erhielt Frankreich eine auf 18 Stunden befristete ultimative Anfrage, ob es im Falle eines deutsch-russischen Krieges neutral bleiben würde. In Anbetracht der seit Jahren konsequent betriebenen Einkreisung Deutschlands durch die damaligen Großmächte in Ost und West war diese Anfrage eigentlich naiv. Am 1. August rief Frankreich anstelle einer Antwort die allgemeine Mobilmachung aus. Am Nachmittag erfolgte die deutsche Kriegserklärung an Rußland. Der 2. August wurde zum ersten Mobilmachungstag der Deutschen.

In den Decks der heimreisenden *Dresden* fand der Papageien-Deutschunterricht ein recht jähes Ende. Wie ein nächtlicher Blitz plötzlich eine Landschaft erhellt, wurde jedem einzelnen Mann schlagartig klar, was das bedeuten mußte: Mobilmachung!

Das bedeutete Allemannmanöver zu hektischer Tag- und Nacht-Schufterei. Da gab es ganz klare Vorschriften, was in solchem Falle zu geschehen hatte: Alle brennbaren Gegenstände mußten über Bord, vom Teppich bis zu den beiden Klavieren. Alle Wandverschalungen wurden herausgerissen, alles flog ins Meer, was bislang noch einen Hauch von Wohnlichkeit auf einem Schiff fern der Heimat verbreitet hatte, denn auch alle Decken und andere Bequemlichkeiten wurden aus den Messen entfernt.

Das auf Kreuzer *Dresden* weitgehend als Decksbelag verwendete Linoleum wurde überall abgeschält, so daß das harte, kalte Eisen hervorguckte.

Es ging also jede Menge »Ballast« über die Reling. Viele Dutzend Hände kratzten dicke Pelze von Ölfarbe an den Aufbauten ab, die ebenfalls feuergefährlich werden könnten und ersetzten sie durch einfachen Neuanstrich. Tatsächlich sah das Schiff fast wie ein Bettler in Lumpen aus, während die Besatzung schweißtriefend ohne Unterlaß arbeitete. Aber die vor den Kesseln waren noch schlechter dran, wie immer. Sie hätten sicherlich gerne mit einem Freiluftarbeitsplatz getauscht.

Natürlich flogen Witze hin und her, die schon ein Quantum Galgenhumor verrieten. In welche Lage war man geraten – da geisterte ein einzelner kleiner Kreuzer ohne Stützpunkt in überseeischen Gewässern umher, ohne Ersatzteile, ohne Chancen der Munitionsergänzung, wenn es wirklich zu Gefechten kam – die beiden größten Seemächte der Welt gegen sich und ohne Gewißheit, wo man in den nächsten vier Wochen die verdammte, immer von neuem benötigte Kohlen herbekommen sollte – und woher neuen Proviant?

Wohl allen Männern auf der *Dresden* schwante, daß dieses Schiff keinerlei Chancen hatte, die Heimat jemals wiederzusehen. Und Fregattenkapitän Lüdecke blieb allein das übrig, was der Chef des in der Südsee ebenfalls vom Ausbruch des Krieges überraschte Vizeadmiral Maximilian Graf von Spee später in den lakonischen Satz zusammenfaßte: »Sie müssen wissen, daß ich ganz heimatlos bin. Nach Deutschland kann ich nicht. Irgendeinen sicheren Hafen sonst auf der Welt besitzen wir nicht; ich muß mich so durch die Weltmeere schlagen und soviel Unfug anrichten, als ich kann, bis uns an Bord die Munition ausgeht oder mich ein an Machtmitteln weit überlegener Feind zu packen kriegt.«

S. M. S. *Dresden* machte sich, ungesehen von der übrigen Welt, in aller Stille kriegsbereit.

In Europa überstürzten sich die Ereignisse. Die auf der Kurzwelle von der Funkstation Nauen eintreffenden, verschlüsselten Nachrichten besagten am 4. August, daß auch Großbritannien Deutschland den Krieg erklärt hatte.

Großbritanniens Kriegserklärung schuf eine neue, wenn auch bereits erwartete Lage. Es hieß nun, doppelt auf der Hut zu sein. Der Kommandant fand die Richtigkeit seines Entschlusses bestätigt, den Südatlantik zu seinem Operationsgebiet gewählt zu haben. Kreuzer *Karlsruhe* hatte sich dafür die Zone ostwärs des Karibischen Meeres ausgesucht. Dadurch war ein weites Auseinanderziehen der britischen Seestreitkräfte angesagt, die alles auf eine Karte setzen würden, die lästigen Handelsstörkreuzer auszuschalten.

Kreuzer *Dresden* fuhr bereits seit dem Tag der deutschen Mobilmachung an kriegsmäßig abgeblendet durch die Nacht. Die Positionslaternen waren gelöscht, die Panzerblenden vor allen Bulleyes geschlossen. Zu keiner Zeit durfte ein Lichtschein nach draußen dringen. In der Funkstation herrschte erhöhte Wachsamkeit, alle Empfänger waren ständig besetzt. Und so gelang es nahezu unausgesetzt, den drahtlosen Verkehr der britischen Panzerkreuzer *Suffolk* und *Berwick* sowie des Kleinen Kreuzers *Bristol* abzuhören. Die Jäger waren also mit Sicherheit vorhanden. Nun sollten die sich möglichst weit verzetteln auf der Suche nach den beiden Stecknadeln im Heuhaufen – nach den deutschen Störfaktoren *Karlsruhe* und *Dresden*. Und das Auseinanderziehen der gegnerischen Jäger würde verstärkt durch deutsche Hilfskreuzer, die sicherlich bald im Mittel- und Nordatlantik zum Einsatz kommen mußten.

Noch immer herrschte rege Tätigkeit in den Munitionskammern. Unentwegt waren die Munitionsaufzüge in Betrieb. Der Munitionsmeister und sein Feuerwerk-Personal waren noch immer dabei, Munition »scharf« zu machen und damit auf den Ernstfall einzustellen. Auch das gehörte von der Mobilmachung an zu den vorzunehmenden Arbeiten, um die Kriegsbereitschaft des Kreuzers herzustellen.

Für Fregattenkapitän Lüdecke entstand ein Problem, das man als beiläufig abtun könnte, dessen Stellenwert jedoch beträchtlich war: Am nächsten Tag (5. August) war auf diesem Kurs das Überqueren des Äquators fällig – zum ersten Mal in der bisherigen Lebensgeschichte des Kreuzers. Und damit geriet sein Kommandant in einen Zwiespalt.

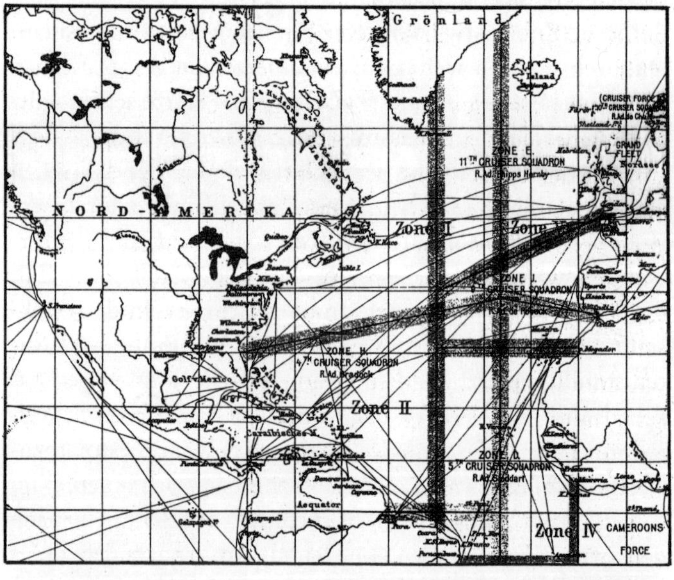

Mit dem Überqueren des Äquators befand sich Kreuzer *Dresden* am Rande der für Kreuzer *Karlsruhe* vorgesehenen Zone II und damit des Überwachungsgebietes des 4. Kreuzergeschwaders der Royal Navy unter Rear Admiral Cradock und zugleich schon am Gebiet des 5. Kreuzergeschwaders unter Rear Admiral Stoddard. Es war also einige Vorsicht geboten!

Äquatortaufe trotz Krieg

Keine Dienstvorschrift der Kaiserlichen Marine konnte ihm in dieser Sache weiterhelfen. Der Kreuzer war durch den Kriegseintritt der Engländer sicherlich bereits zum Jagdobjekt geworden. Er war in jedem Falle ständig gefährdet. Mußte nicht der Mummenschanz einer Äquatortaufe die Gefechtsbereitschaft des Schiffes erheblich beeinträchtigen? Was würde geschehen, wenn während einer solchen karnevalistisch-fröhlichen Feier plötzlich gegnerische Seestreitkräfte auftauchten? Und was würde man ihm später in Berlin erzählen – falls er jemals lebend dorthin zurückkehren werde –, wenn beim plötzlichen Alarm »Klarschiff zum Gefecht« schwarzbemalte Taufneger oder sonstige geschminkte Karnevalsfiguren, womöglich kostümiert, an die Geschütze gesprungen wären anstelle ordnungsgemäß uniformierter, völkerrechtlich vorgeschriebener Kombattanten? Aber der Kommandant stellte sich auch eine Gegenfrage:

Was hatten die nun schon fast acht Monate fern der Heimat umherkreuzenden Männer in der Monotonie ihrer Wachroutine, Gefechtsdienste und Reinschiffmaßnahmen schon für Abwechslung bis auf dieses bißchen Klamauk? Nunmehr schon seit Wochen waren sie ohne aktuelle Post, seit Kriegsausbruch gab es keine Tageszeitungen mehr, die jemand von Land mitgebracht hätte, auch wenn sie vielleicht in spanischer Sprache gedruckt waren wie bisher in Mexiko und in der Karibik.

Aber hier hatten sie nichts, nur stickig heiße Decks, in denen es nachts nicht auszuhalten war. Wenn irgend möglich, schliefen sie lieber auf der gezurrten, d. h. zusammengerollten Hängematte irgendwo an Deck. Unterschwellig drückten die Sorgen um die Heimat, das dortige Kriegsgeschehen, das Wohlergehen der Familie, aber auch die Sorge, wie die Kreuzfahrt ins Ungewisse ausgehen werde, ob man wirklich genug Kohle und Proviant bekommen werde und ob nicht doch schließlich viele Hunde des Hasen Tod sein dürften. Natürlich sprach man solche Grübeleien nicht offen aus, aber man hatte sie doch.

Nun aber würde die Äquatortaufe zum großen Seelenventil, als deftiger Spaß und Erlebnis mit bleibendem Erinnerungswert. Hinzu käme die Schadenfreude, daß man dabei die Möglichkeit bekommen werde, auch den einen oder anderen Vorgesetzten »leiden« zu sehen. Rücksicht auf Ränge gäbe es natürlich nicht. Wer noch niemals die »Linie« überquert hatte, würde erbarmungslos »dran« sein.

Lüdecke entschied sich nun doch zugunsten einer Äquatortaufe, natürlich unter »Einbau« entsprechender Vorsichtsmaßnahmen. Nachdem nun diese Entscheidung gefallen war, herrschte Jubel in allen Decks der *Dresden*. Mehrfach schon hatten die Männer ihre Vorgesetzten gefragt, ob es denn eine zünftige Äquatortaufe geben werde, aber eine definitive Antwort wäre verfrüht gewesen. Es gab allzu viele Faktoren zu bedenken.

Aber die Optimisten hatten in aller Stille doch schon für den Fall der Fälle Vorbereitungen getroffen, Kostümteile zurechtgeschneidert, sie hatten gedichtet und die eine oder andere Rolle schon geprobt. Es wäre ein Jammer gewesen, wenn das alles hätte für die Katz sein müssen.

Am Vorabend des großen Ereignisses stoppte der Kreuzer, das Steuerbordfallreep wurde weggefiert. Der Hornist blies »Front nach Steuerbord!« und alle an Deck Stehenden – und das war natürlich fast die gesamte Besatzung – wendeten sich dem oberen Fallreeppodest zu. Wo auch immer dieser Kerl plötzlich hergekommen sein mochte, jedenfalls stieg dort würdevoll König Neptuns Stellvertreter, der als Phantasie-Admiral mit Dreispitz und gewaltigem Holzsäbel kostümiert war, äußerst würdevoll empor. Der Kommandant persönlich machte ihm Meldung. Man hatte für Triton auf der Schanz eine Palaverkiste bereitgestellt, ein improvisiertes Podium, das er nunmehr erklomm, um die Besatzung äußerst kritisch zu mustern.

»Admiral« Triton legte lakonisch fest, welchen Tribut dieses ganze Schiffsvolk dem Herrn der Meere, Seen, Teiche, Tümpel, Flüsse, Bäche und Pfützen zu zollen habe, wenn dieser morgen höchstderoselbst an Bord kommen werde.

Und mit Ingrimm und furchterregendem Unterton in der Stimme ließ er anklingen, was den nichtswürdigen Ungetauften, noch mit dem Schmutz der nördlichen Halbkugel behafteten Täuflingen im Mindestfalle bevorstehen werde. Manchem der Kandidaten wurde nun doch ein bißchen mulmig.

Am nächsten Tag ging das ganze Zeremoniell mit viel Kreativität der Akteure und kräftiger Mithilfe der Bordkapelle über die Bühne. Als Taufbecken hatte man ein Sonnensegel zum Badesegel umfunktioniert und aus leeren Munitionskisten einen Thron für Seine Majestät König Neptun gebaut, der mit einem Tusch der *Dresden*-Musiker und mit einem gekonnten Solo des Oberhoboistenmaates Wilhelm Stransfeld begrüßt wurde. Die Kostümierung des Meeresgottes war mehr als abenteuerlich. Er war in den Farben Grau, Blau, Grün und Weiß gekleidet, wie der Ozean. Sein durch Bemalung völlig unkenntlich gewordenes und von einer wallenden Lockenpracht aus aufgefasertem Tauwerk umgebenes Gesicht und seine meisterhaft verstellte Stimme machten es unmöglich, die wahre Identität dieses Meeresmonarchen zu ermitteln. Dasselbe galt für seine Gemahlin, die liebliche Frau Thetis, hinter der sich ein tatsächlich recht mädchenhafter Matrose verbarg.

Diese ziemlich aufgedonnerte Dame war ausgesprochen aufreizend angezogen, ihre gekünstelte Sopranstimme – bis zum Tremolo steigerungsfähig – von zündender Komik. Aufgestützt auf seinen Dreizack, zog König Neptun ein großes Pergament aus der Tasche, erheischte durch kräftiges Aufschlagen des Dreizacks allgemeine Ruhe und las mit erbarmungsloser Anklägerstimme die Sünden vor, die am allerstrengsten zu ahnden seien. Die Namen der Delinquenten werde nachher sein Kanzler früh genug bekanntgeben.

Der Kommandant war eindeutig tabu, er hatte den Äquator nicht nur einmal überquert. Da man seiner nicht mehr habhaft werden konnte, schmiß man wenigstens seine vom Kopf gerissene weiße Mütze ins Taufbecken.

Ansonsten aber verlieh man ihm einen überdimensionalen Verdienstorden für unermüdliches Zerschneiden des Wasserspiegels und für kräftiges Umrühren des Ozeans mit allen vier Schrauben. Man ernannte ihn zum »Atlantik-Verwüster«.

Der »Chief« Wilhelm Stein erhielt den pechschwarzen, von zwei gekreuzten Heizerschaufeln verzierten und von darunterhängenden, klimpernden Säcken aus Holz verzierten Großen Kohle-Orden, der Oberzahlmeister Gustav Siegemund hingegen den Königlich-Neptunischen Käse-Orden, weil er sich seinerzeit in Mexiko eine Käsesorte hatte andrehen lassen, die zäh wie Leder war.

So kamen sie alle an die Reihe, die man nicht mehr ins Taufbecken feuern konnte, weil sie das schon irgendwann und nachweisbar hinter sich gebracht hatten. Bordnachrichtenoffizier Schenk bekam als oberster »Zickzackheizer« einen von Blitzen verzierten Funkenpuster-Orden Erster Klasse – Schiffsarzt Dr. Koch ein mit Klistierspritzen, Skalpell und Schere dekoriertes, mit anhängendem Verbandsmull verschöntes »Großes Sanitärkreuz« für besondere Blutrunst ›dank‹ erfolgter Verunstaltung der wenigen überlebenden Patienten. Artillerieoffizier Burchardi bekam den Großen Bumsorden für erfolgreiches Danebenballern und erfolgreiches Erschrecken von Fischen verliehen. Auch an diese Auszeichnung hatte man einige Phantasie verschwendet: Gekreuzte, geradezu furchterregende Geschützrohre und ein großer Rohrwischer waren das Grundgebilde, an das man schwere, aus Blei gegossene Granaten angehängt hatte, bei denen der Ordensträger fast in die Knie ging.

Dann aber kam jener Teil der ganzen Zeremonie, bei der Jux und Schadenfreude angesagt waren.

Neptuns Hofstab stand bereit: Der Kanzler mit einem dicken Buch und großer Hornbrille, der Hofastronom mit einem riesigen Sextanten und einem sternbesäten, blauen fußlangen Gewand sowie einer Art Zuckertüte auf dem Kopf. Vor allem aber warteten der gefürchtete Hofbarbier, der Apotheker und eine »entmenschte Horde« von Taufnegern in kurzen Baströcken geradezu lüstern darauf, über die Täuflinge herzufallen, die als total Nichtswürdige vom Staub der nördlichen Halbkugel gereinigt werden mußten.

Der Kanzler des Meeresgottes entwickelte sich als perfekter Rhetoriker, dessen Pointen beim Aufzählen von verdammenswerten Eigenschaften der Täuflinge jedesmal wirkungsvoll von einem Paukenschlag unterstrichen wurden.

Und nun kamen die Täuflinge alle erbarmungslos »dran«. Der Hofbarbier seifte sie bis zur Nasenspitze ein, um dann mit einem Riesenmesser drauflos zu schaben. Mit einer zwei Meter langen Schere fiel er über das Haupthaar der Beklagenswerten her und mit einer furchterregenden Flachzange zog er »die losen Zähne«. Der Apotheker verabreichte eine Mixtur aus Heringslake und Rizinusöl sowie Pillen aus einer schrecklichen Masse von Mehl, Schmieröl, flüssiger Seife, Pfeffer und Kohlenstaub in den Mund. Dann mußten die Füße der holden Thetis geküßt werden, bevor jeder Täufling mit einem aufgeweichten Stockfisch, den man ihm rechts und links um die Ohren schlug, Bekanntschaft machte und anschließend jenen Stoß erhielt, der ihn rücklings »Anzug Anzug«, also in voller Kleidung, ins Taufbecken beförderte. Dort traktierten ihn die Taufneger kräftig und schubsten ihn schließlich in den über Deck gespannten Windsack, der in Gänze zu durchkriechen war, obwohl Feuerlöschstrahlrohre für äußerst feuchten »Gegenwind« sorgten.

Erinnerte sich Heizer Stöckler: »Man kam schnell hinein, aber es war nicht so leicht, wieder herauszukommen, denn am anderen Ende des Schlauches stand ein Mann mit einer Spritze von gleichem Kaliber und empfing diejenigen, die hinauskrochen. Der Schlauch war manchmal bis zum Bersten mit Menschen gefüllt und wand sich wie eine Schlange über das Deck. An jedem Ende war Gedränge. Alle wollten sie hinein und keiner konnte heraus ... Es war bisher auf der *Dresden* noch nicht vorgekommen, daß wir uns dermaßen austoben durften.«

Wer schließlich »durch« war, hatte es geschafft. Er japste zwar noch ein bißchen, durfte sich dann aber sofort an einem eingeschenkten »Klaren« und einem großen Quantum Bier laben und ins Diesseits zurückbefördern.

Rauhe Sitten zwar, eine seemännische Abart der Männlichkeitskulte vieler Völker, vor allem aber Spaß für alle. Es ging hoch her auf der *Dresden*. Und als unter schmissiger Marschmusik der ganze Hofstaat Neptuns noch eine

Schlußrunde um den Schauplatz der »gar schröcklichen Christenverfolgung« drehte, war die Stimmung auf dem Höhepunkt. Frischer Wind war damit durch die heißen, muffigen Decks gezogen und das ganze Schiff wurde von Gelächter erfüllt.

Inzwischen hatten sich ein paar Naturtalente der Kalligraphie bereits an den Entwurf einer stilvollen Taufurkunde herangemacht, der nun in »Serienfertigung« umgesetzt wurde. Die Zahlmeisterei stellte dafür eine besondere Sorte Papier zur Verfügung, so daß nach einigen Wochen emsiger Schriftmalerei jeder eine Urkunde samt Taufnamen erhielt.

Äquator-Taufe

Das Hilfskreuzer-Konzept

Eine der beim Berliner Admiralstab seit langem vorhandenen Konzeptionen für den Fall einer Mobilmachung bestand darin, daß man die in Übersee befindlichen Schnelldampfer sofort zu Hilfskreuzern umrüsten wollte, um die Diversionswirkung beim Gegner und die Störung seiner Verkehrswege zu intensivieren. Man ging (keineswegs nur in Deutschland) von der (später als falsch erkannten) Auffassung aus, daß für derartige Einsätze nur die großen, äußerst auffälligen und daher nicht zu tarnenden Schnelldampfer als Hilfskreuzer in Frage kämen. Man dachte an die hohen Geschwindigkeiten der Schiffe und favorisierte deshalb vor allem die Nordatlantik-Schnelldampfer, bei denen es sich deutscherseits um die großen Vierschornsteiner Dampfer *Kaiser Wilhelm der Große*, *Kronprinz Wilhelm*, *Kaiser Wilhelm II.* und *Kronprinzessin Cecilie* handelte. Mit diesem Quartett »hielt bis 1914 der Norddeutsche Lloyd insgesamt unangefochten seine Position. (Zitat Hans Jürgen Witthöft): Sie galten als die Grenze des gegenwärtigen Typs nach oben hin«. Und tatsächlich haben die beiden *Kaiser Wilhelms* in den Jahren 1900 und 1906 jeweils das »Blaue Band des Nordatlantiks« errungen. Ihre Geschwindigkeiten, die nur mit Kolbendampfmaschinen erreicht wurden, waren respektabel. *Kaiser Wilhelm der Große* hatte bei der West-Ost-Überquerung von Sandy Hook nach

Cherbourg 22,89, *Kaiser-Wilhem II.*, auf der von Sandy Hook zum Eddystone-Leuchtfeuer sogar 23,58 Knoten geschafft. Das waren in der Handelsschiffahrt unübliche Spitzenleistungen, die sich schon mit denen der schnellsten Panzerkreuzer jener Zeit messen konnten. Aber die Maschinenleistungen und Höchstgeschwindigkeiten wurden mit einem unvorstellbaren Brennstoffverbrauch und Gesamtaufwand erkauft.

Bis Kriegsausbruch 1914 hatten 96% aller Handelsschiffe der Welt noch Kohlenfeuerung. Unter den Kesseln von Dampfer *Kaiser Wilhelm der Große* (14 349 BRT) mußten unter 16 Kesseln täglich 575 t Kohle verfeuert werden, um auf einer wasserbenetzten Heizfläche von 8000 qm den nötigen Dampf zu erzeugen.

Die abnorme Kohlenfresserei dieser Schnelldampfer stellte den Brennstoffnachschub vor fast aussichtslose Probleme. Aber der zumindest ebenso große Nachteil solcher Nordatlantik-Renner lag in ihrer Auffälligkeit.

Sehr bald kam man dahinter, daß sich unauffällige und im Brennstoffverbrauch ungleich sparsamere Frachtdampfer* vorzüglich je nach Bedarf in neutrale oder sogar gegnerische Schiffe umtarnen ließen, um mißtrauisch patrouillierenden Seestreitkräften der »anderen Seite« ein Schnippchen zu schlagen. Dieses neue Konzept brachte nachher ausgesprochen spektakuläre Erfolge wie im Falle der Hilfskreuzer *Meteor*, *Möwe*, *Wolf* sowie des als Vollschiff besonders unverdächtig erscheinenden Segelschiff-Hilfskreuzers *Seeadler*.

Aber im August 1914 glaubte man doch noch an das »Allheilmittel« überlegener Geschwindigkeit. Um die bei der Mobilmachung in Übersee befindlichen Schnelldampfer

* Ein weiterer bedeutender Vorteil der Frachter-Hilfskreuzer lag darin, daß ihre große Laderaumkapazität ihnen das Mitnehmen beträchtlicher zusätzlicher Kohlenvorräte möglich machte.

(einschließlich der Spitzenschiffe der Südamerika-Route) an Ort und Stelle umrüsten zu können, hatte alle deutschen Auslandskreuzer einen sogenannten »Hilfskreuzerzuschlag« an Bord, auch Kreuzer *Dresden*. Es handelte sich um Geschütze, Munition und Entfernungsmeßgeräte, die im Falle eines Kriegsausbruchs baldmöglich an Schnelldampfer abzugeben waren.

Als sich die erste Spannungszeit abzeichnete, erhielt die *Dresden* den funktelegraphischen Befehl aus Berlin, kurz nach dem Austausch der beiden Kommandanten, noch auf der Reede von Port au Prince, seinen Hilfskreuzerzuschlag in Gestalt zweier 8,8-cm-Geschütze samt Zubehör und Munition an Kreuzer *Karlsruhe* abzugeben. Man wußte nämlich in Berlin, daß dieser nun für die Ostamerikanische Station zuständige Kreuzer wahrscheinlich gleich zwei von den Vierschornsteinern werde ausrüsten müssen. Es befanden sich *Kronprinz Wilhelm* und *Kaiser Wilhelm II.* zugleich in nordamerikanischen Gewässern oder deren Vorfeld.

Kreuzer *Dresden* würde seinen Hilfskreuzerzuschlag deshalb entbehren können, weil ihm eins der kleineren im Ausland stationierten Kanonenboote, die ihrerseits für größere Handelsstöreinsätze nicht geeignet waren und deshalb ihre eigene Bewaffnung an Schnelldampfer abgeben sollten, zur Verfügung stehen werde. Die langsamen Kanonenboote sollten nach Übersteigen ihrer Besatzung auf den auszurüstenden Hilfskreuzer von eigener Hand versenkt werden, sofern es nicht gelang, sie in einem nahegelegenen neutralen Land für Kriegsdauer internieren zu lassen.

Die durch Funkbeobachtung erkannte Annäherung des britischen Kreuzers *Berwick* und der erteilte Auftrag, bei etwaiger Mobilmachung den Schnelldampfer *Kronprinz Wilhelm* mit der vom Kreuzer *Dresden* übergebenen Armierung auszurüsten, veranlaßte den Kreuzer *Karlsruhe* zur Aufgabe seiner Warteposition südlich der Floridastraße und zum Marsch ostwärts in den offenen Atlantik. Zwei Tage nach der britischen Kriegserklärung trafen Kreuzer *Karlsruhe* und *Kronprinz Wilhelm* vereinbarungsgemäß (über Funk aus Berlin zusammengeführt) nordöstlich der Bahamas zusammen. Auf hoher Seee wurde der Schnelldampfer in einen Hilfskreuzer verwandelt. Und neben den Geschützen, Entfernungsmeßgeräten, Funkschlüsselunterlagen und Dienstanweisungen der Marine ging auch Fachpersonal der *Karlsruhe* (Geschützbedienungen, E-Meßspezialisten, Marinefunker mit Chiffrierpraxis und Signalgasten) auf den Hilfskreuzer hinüber. Da natürlich auch der Kommandant ein in Kreuzertaktik und Waffeneinsatz geschulter Marineoffizier sein mußte, übernahm Kapitänleutnant Paul Wolfgang Thierfelder, Navigationsoffizier des Kreuzers *Karlsruhe*, den innerhalb von drei Stunden (!) ausgerüsteten Hilfskreuzer *Kronprinz Wilhelm* als Kommandant.

Es war also der von der *Dresden* übergebene Hilfskreuzerzuschlag, den *Karlsruhe* nun abgab, um *Kronprinz Wilhelm* damit zu armieren. Die Aufgabe, die man dem Kommandanten aufgebürdet hatte, erschien kaum lösbar. Einzige Gewißheit war der katastrophale, tagtägliche Kohlenhunger der 14 großen Kessel eines Schiffes mit immerhin 28 000 PS Antriebsleistung. Ein höchst auffälliges, wegen seiner Größe schon aus großer Entfernung definierbares Schiff sollte nun also Seekrieg führen. Kapitänleutnant Thierfelder war sich darüber im klaren, daß dieses Schnelldampfer-Monstrum bei 18 Knoten Fahrt nur elf Tage Seeausdauer und einen Fahrbereich von gerade eben 4800 Seemeilen hatte. Außer sich selbst hatte Thierfelder nur 39 Marineangehörige an Bord, daneben waren von den 19 Offizieren und 408 Mann Besatzung, die der Kommandant übernahm, noch mehrere Reservisten, die als Einjährig-Freiwillige gedient hatten.

Um dieses äußerst problematische Schiff zu übernehmen und zu bewaffnen, blieben Kaleu Thierfelder also ganze drei Stunden Zeit. Dann mußte die noch nicht ausreichende Übernahme hastig abgebrochen werden, weil plötzlich der britische Panzerkreuzer *Suffolk* in Sicht gekommen war. Da stand nun *Kronprinz Wilhelm* allein auf weiter Flur, denn die *Karlsruhe* und der noch unzulänglich ausgerüstete Schnelldampfer-Hilfskreuzer liefen auf unterschiedlichen Kursen ab. Und die Rechnung ging auf: Die artilleristisch weit überlegene *Suffolk* verfolgte erst die *Karlsruhe*, das gefährlichere »Stück Wild«. An der Ausschaltung dieses aktiven Kreuzers neuesten Typs war die britische Admiralität mit Vorrang interessiert.

Kreuzer *Suffolk* konnte freilich 28,5 Knoten Höchstfahrt des neuen Turbinenkreuzers beim besten Willen nicht mithalten. Als er schließlich die Verfolgung aufgab, hatte er die Fährte des soeben in Dienst gestellten Hilfskreuzers *Kronprinz Wilhelm* verloren. Er war vorerst wie von der Meeresoberfläche verschwunden.*

* Allen Widrigkeiten zum Trotz wurde Hilfskreuzer *Kronprinz Wilhelm* tatsächlich der erfolgreichste unter den eigentlich für diesen Zweck ungeeigneten Schnelldampfer-Hilfskreuzern. Er brachte 15 Schiffe mit zusammen 60522 BRT auf, von denen 14 versenkt und eines mit Gefangenen entlassen wurde. (Munitionsmangel zwang den Kommandanten, die letzten aufgebrachten Schiffe durch Rammstoß zu versenken.)
Allein für die Kesselanlage des problematischen Schiffes waren 252 Mann notwendig, neben 12 Feuermeistern 140 Heizer sowie 100 Kohlenzieher oder Trimmer.
Die immer neuen Kohlenübernahmen auf hoher See aus Prisenschiffen oder heimlich irgendwo aus neutralen Häfen entwichenen deutschen Frachtern waren qualvoll mühselig. Die Rekordtagesleistung wurden dabei 700 t – gelegentlich einer Versorgung aus dem Lloyddampfer *Sierra Cordoba*, der 1700 t Kohle, außerdem endlich Schuhe, Drillichzeug und Kantinenwaren herbeigebracht hatte.
Kronprinz Wilhelm hielt sich über acht Monate lang auf See, bevor das Schiff am 11. April 1915 aufgeben und sich in Newport News internieren lassen mußte. Der Hilfkreuzer kam dort mit einem genau

Dafür kam es noch am Abend desselben Tages (6. August 1914) zur Gefechtsberührung des Kreuzers *Karlsruhe* mit dem britischen Kleinen Kreuzer *Bristol.* Dieser erhielt jedoch zwei Treffer und sackte achteraus, während die *Karlsruhe* keine Schäden erlitt.

Auf Kreuzer *Dresden* hatte man zwar über Funk mithören können, daß *Karlsruhe* und *Kronprinz Wilhelm* zusammentreffen sollten. Dann aber erfuhr man nichts mehr, weil die beiden Schiffe natürlich strikte Funkstille wahrten.

Nun aber konnte man durch abgehörte Funksprüche des Kleinen Kreuzers *Bristol* kombinieren, daß *Karlsruhe* bereits ihre Feuertaufe erhalten hatte, die der *Dresden* erst bevorstand. Niemand wußte, wann sie über das Schiff hereinbrechen werde.

Vorerst kreiste das Denken des *Dresden*-Kommandanten unausgesetzt um dieselbe brennende Frage, wie sein Kreuzer beim weiteren Marsch zum vorgesehenen Operationsgebiet Südatlantik mit lebenswichtigen Nachschubgütern, vor allem aber mit Kohle versorgt werden könnte.

Fregattenkapitän Lüdecke kannte das deprimierende Einmaleins genau, erst recht sein Leitender Ingenieur: Die höhere Geschwindigkeit der *Dresden*, der noch relativ neuartige Turbinenantrieb erzwangen leider auch höheren Kohlenverbrauch. Bei 20 Knoten Geschwindigkeit verschlangen die 12 Wasserrohrkessel des Kreuzers 200 t Kohle pro Tag, also eine Ladung von zehn Güterwaggons. In vier Tagen verschwand also die Ladung eines kompletten Güterzuges in den Feuerbuchsen!

Natürlich waren Kommandant und »Chief« überein gekommen, so sparsam wie möglich mit dem Brennstofff um-

noch für zwei Fahrstunden ausreichenden Restbestand von 25 t Kohle und nur noch 10 t Wasser an, was für 427 Mann beim besten Willen nicht mehr ausreichen konnte, zumal 86 von ihnen an Skorbut erkrankt waren.

zugehen. Man hatte die Marschgeschwindigkeit auf 10 Knoten reduziert, wodurch der Vorrat dreimal so lange reichte. Länger als 14 Tage kam Kreuzer *Dresden* aber keinesfalls mit dem aus, was mit einer Füllung aller Kohlenbunker an Bord genommen werden konnte. Bestenfalls konnte die *Dresden* damit 3600 Seemeilen zurücklegen.

Es mußte also die Kohleversorgung vorrangig vor allem

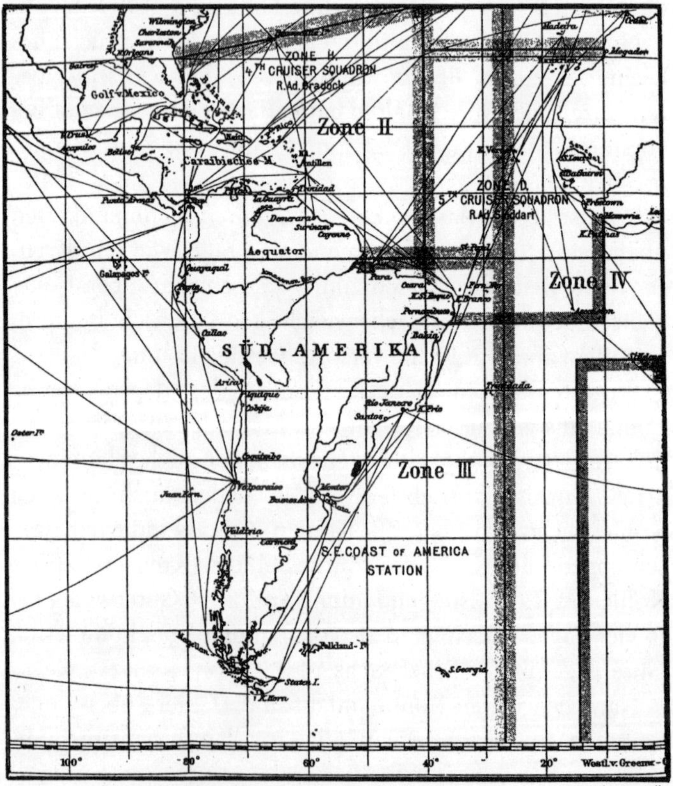

Hier ist das Seegebiet der Zone III mit den wichtigsten Schiffahrtsrouten zu erkennen, ebenso die Lage von Trinidada sowie die der Falkland-Inseln.

anderen sichergestellt werden. Obwohl Kreuzer *Dresden* möglichst Funkstille einhalten wollte, um dem Gegner keine Aufschlüsse über seinen Verbleib zu geben, mußte sich nun Fregattenkapitän Lüdecke über Kurzwelle doch mit Nauen in Verbindung setzen, damit die für das künftige Operationsgebiet »Zone III« zuständige Etappe Rio de Janeiro von seinem Vorschlag für baldmögliche Kohlenübernahme an einem Treffpunkt verständigt werden konnte.

Endlich baut sich Nachschub auf

»Als die Deutsche Handelsflotte in den ersten Augusttagen 1914 vom Ausbruch des Krieges überrascht wurde, waren die Kapitäne in ihren Entschlüssen vollkommen auf sich selbst gestellt«, schrieb Ludwig Dinklage im zweiten Kapitel seiner Dokumentation »Die deutsche Handelsflotte 1939–1945«. Er verglich dabei die jeweilige Ausgangslage bei Ausbruch der beiden Weltkriege. Und bezogen auf das Jahr 1914 fuhr Dinklage fort: »Seitens der Regierung oder der Kaiserlichen Marine hatten sie (die Kapitäne) keinerlei Verhaltensvorschriften bekommen. Soweit sie Funktelegrafie besaßen, wies ihre Reederei sie an, den nächsten neutralen Hafen anzulaufen. Der größere Teil der kleineren Schiffe jedoch, der damit noch nicht ausgerüstet war, führte – ahnungslos vom Beginn der Feindseligkeiten – seine Reise weiter, bis ein passierender größerer Dampfer sie durch Flaggen- oder Morsesignal auf den bestehenden Kriegszustand hinwies.

Jetzt mußte der Kapitän nach eigenem Ermessen handeln. Meistens blieb ihm nichts anderes übrig, als den nächsten Hafen anzulaufen. Dabei mied er englische, französische und russische Häfen, während er spanische, portugiesische sowie nord- und südamerikanische Häfen als unbedenklich ansah. Nur wenige Schnelldampfer und größere Frachter, die bereits vor dem Kriege seitens der Kaiserlichen Marine als Hilfskreuzer und Troßschiffe vorgesehen waren, suchten mit ›ihren‹ Auslandskreuzern Verbindung aufzunehmen, um von diesen weitere Befehle zu erhalten.«

Um Auslandskreuzer und zu Hilfskreuzern umarmierte Schnelldampfer wenigstens mit einem Mindestmaß an Brennstoff und Proviant zu versorgen, hatte man mit Hilfe der Marineattachés bei den deutschen diplomatischen Vertretungen im Ausland sowie mit Hilfe deutscher Schifffahrtsfachleute im Ausland (Konsulate, Reedereiagenten, Schiffsmakler, Schiffsausrüster, Kohlenhändler) ab 1898 »Etappenstationen« aufgebaut, die nach verschlüsselt übermittelten Anweisungen handeln und Versorgungsaufgaben mit Hilfe verfügbarer Handelsschiffe übernehmen sollten.

Der *Dresden*-Kommandant hatte sich mit seiner Wahl von Zone III der Betreuung durch die Etappe Rio de Janeiro anheimgegeben und mit kurzen Codesignalen mitgeteilt, daß er zunächst die kleine Insel Rocas, ein Riffgebilde nordöstlich des brasilianischen Kaps San Roque anlaufen wolle, um dort seinen Kohlenvorrat zu ergänzen. Anschließend beabsichtige er den La Plata anzusteuern, wo sich ihm sicherlich recht gute Chancen für eine erfolgreiche Kreuzerkriegsführung bieten würde.

Lüdeckes Kurzsignale hatten in Rio und in den von der Etappe erfaßten Häfen eine Reihe von verschwiegenen Aktivitäten ausgelöst. Um gegnerische Nachrichtendienste weitmöglich im unklaren zu lassen, wickelte die Etappe die organisatorischen Vorbereitungen zumeist auf dem Kurierwege an. So erschienen also nacheinander unauffällige »Waterclerks«, d. h. Schiffsabfertiger von Agenturfirmen oder nautische Mitarbeiter deutscher Handelsfirmen an Bord der in brasilianischen Häfen liegenden deutschen Schiffe, um hinter verschlossenen Türen der Kapitänskajüten diskrete Gespräche zu führen. Man mußte bei allen Vorbereitungen und Maßnahmen äußerst vorsichtig sein, denn der Geheimdienst der Briten war vorzüglich organisiert, er besaß ein weltweites Ausspähungsnetz, in das alle britischen Maklerfirmen und weitgehend sogar die Kapitäne britischer Schiffe, erst recht alle Konsularangestellten einbezogen waren. Diskretion war also ein Gebot der Stunde.

In Sachen Kreuzer *Dresden* aber tat sich nun einiges hinter den Kulissen. Die »Aktion Rocas« nahm Gestalt an. Am 6. August war die *Dresden* vor der Amazonasmündung auf die Route der Handelsschiffahrt gestoßen, die an der Nordküste Südamerikas entlangführt. Auf der Höhe von Pará (Belem) schlugen plötzlich die Alarmglocken des Kreuzers an. Gegen 13.30 Uhr hatte ein Ausguckposten eine Rauchwolke entdeckt, die zunächst undefinierbar schien. Es gab doch eine gewisse Aufregung, denn es war die erste Begegnung mit einem fremden Schiff im Krieg. Was würde es bringen, schälte sich dort hinten ein feindliches Kriegsschiff aus den Rauchschwaden heraus? Und selbst wenn es ein Handelsschiff war, dann ergab sich die Frage nach seiner Nationalität. War es ein Schiff der Kriegsgegner, war es ein Neutraler, hatte es Bannware geladen oder nicht?

Bald bestand Gewißheit, daß es sich tatsächlich um einen Frachtdampfer handelte. Das zum Übersteigen auf dieses Schiff zwecks Kontrolle der Schiffspapiere und der Ladung vorgesehene Prisenkommando machte sich klar zum Ausbooten. Es hatte Handwaffen einschließlich Handgranaten und Sprengpatronen dabei, außerdem einen Signalgasten mit Winkflaggen und Morselampe.

Fieberhaft warteten die Männer auf dem gestoppt liegenden Kreuzer, was das Prisenkommando als Nachricht übermitteln werde. Bislang stand nur fest, daß es sich um den britischen Dampfer *Drumcliffe* handelte, dessen Größe im »Lloyd's Register« mit 4072 Bruttoregistertonnen (BRT) angegeben war. Das Schiff befand sich in Ballastreise, es hatte also keine Ladung an Bord. Dennoch mußte es gründlich untersucht werden.

Was dann per Winkflaggen mitgeteilt wurde, war äußerst negativ: Der Frachter war im Ballast von Buenos Aires nach New York unterwegs. Der Kapitän des Frachters behauptete steif und fest, trotz der an Bord vorhandenen Funkanlage vom Kriegsausbruch überhaupt noch nicht erfahren zu haben.

Für den Kreuzer-Kommandanten war das eine vertrackte Sache. Konnte man dem Briten tatsächlich Glauben schenken? Wenn er aber die Wahrheit gesagt hatte, dann galten eindeutig die auch vom Deutschen Reich anerkannten Bestimmungen des Abkommens VI der II. Haager Friedenskonferenz von 18. Oktober 1907. Die Deutschen hatten nur unter Vorbehalt des Artikels 3 diese Konvention ratifiziert, nach der die Einvernahme feindlicher Handelsschiffe verboten war, sofern diese in Unkenntnis des Ausbruchs der Feindseligkeiten auf See angetroffen wurden. Unstrittig ging aus den Schiffpapieren hervor, daß der Frachter den Hafen noch vor Eintritt irgendeiner Mobilmachung verlassen hatte. Konnte aber ein Kapitän trotz vorhandener Funktelegrafieanlage derart ahnungslos sein? Fregattenkapitän Lüdecke war sich darüber im klaren, daß man ihm später den Vorwurf der Naivität machen würde, wenn er das Schiff tatsächlich laufen ließ. Vertreten nicht die Briten überall in der Welt den Grundsatz »Right or wrong – my country«?

Nach kurzem Ringen mit sich selbst entschied der Kommandant der *Dresden*, daß der altbewährte Juristengrundsatz eingehalten werden müsse: *In dubio pro reo,* im Zweifelsfall zugunsten des Angeklagten. Schließlich war Fregattenkapitän Lüdecke Realist. In einer von Seemacht, Kapital und Presse der Briten beherrschten Welt saßen die Gegner am längeren Hebelarm. Den Deutschen blieb nur unanfechtbare Korrektheit, klare Einhaltung der Konvention, Ritterlichkeit und humanes Denken als Gegengewicht übrig.

Leicht fiel es Lüdecke nicht, den vielleicht doch ausgekochten Kapitän davonkommen zu lassen. Aber seine eigene Menschenkenntnis erleichterte ihm den Entschluß. Allerdings fällte er zuvor eine salomonisch weise Entscheidung. Er ließ die Marconi-»Funkstation« des Dampfers ausbauen. Damit schlug Lüdecke zwei Fliegen mit einer Klappe: Der Frachter konnte nicht ohne weiteres Seestreitkräfte der Royal Navy auf seinen Kreuzer aufmerksam machen. Zum anderen konnte die *Dresden* mit dieser eindeutig als Handelsschiff-Funkanlage erkennbaren, auf Schiffen der Kaiserlichen Marine nicht üblichen Apparatur mit Versorgungsschiffen sowie Küstenfunkstellen kommunizieren und dabei noch den wahren Absender der Funksprüche verschleiern.

Der Brite war natürlich heilfroh, daß er glimpflich davonkam.

Die *Dresden* hatte offensichtlich das richtige Jagdrevier zu fassen gekriegt. Nur eine Stunde nach Entlassung der *Drumcliffe* kam der Dampfer *Lynton Grange* (4255 BRT) der Holder Line auf, vom La Plata nach Newport News bestimmt. Aber die Schiffspapiere waren einwandfrei. Das Schiff hatte einen neutralen Bestimmungsort, keine Funkstation an Bord und eindeutig auch noch keine Kenntnis vom Kriegsausbruch.

Aller guten Dinge sind bekanntlich drei: Noch am gleichen Tage lief auch der Frachter *Hostilius* (3325 BRT) der Houston Line, unterwegs vom La Plata nach Cienfuegos auf Kuba, der *Dresden* vor die Rohre. Aber auch dessen Schiffsleitung hatte eine weiße Weste. Sie war ebenfalls noch ahnungslos, außerdem war in diesem Falle die Ladung ja erwiesenermaßen neutrales Eigentum.*

* Im Band 1 »Kreuzerkrieg« der amtlichen deutschen Chronik »Der Krieg zur See 1914 – 1918« sollte sich später die Anmerkung finden: »Das Verhalten der *Dresden* gegenüber diesen Dampfern, das mit der Ankunft der *Hostilius* am 11. August in Barbados bekannt wur-

Als Fregattenkapitän Lüdecke die Etappe Rio von der Absicht verständigte, beim Rocas-Riff nordöstlich von Natal/Brasilien auf einer geografischen Breite von drei Grad Süd zusammenzutreffen, hatte er dafür plausible nautische Gründe. Er erhoffte sich hinter dem Riff Lee, d. h. Windschatten und halbwegs seegangfreien Raum. Außerdem liegt das Riff relativ exponiert und wohl einigermaßen sicher vor suchenden Gegner-Kriegsschiffen.

Doch Stromversetzungen und zeitweilige Wetterverschlechterungen machten dem Kreuzer *Dresden* zu schaffen, das Schiff kam nicht mehr so gut vorwärts wie zunächst »gekoppelt«, durch Addition der einzelnen Etmale oder Tageswegstrecken, geschätzt. Der Leitende Ingenieur Wilhelm Stein meldete Bedenken an, daß in Anbetracht dieser Umstände der Kohlenbestand vielleicht doch nicht ausreichen werde. Auf alle Fälle wäre die Gefechtsbereitschaft durch zu geringe Restbestände gefährdet. Er gäbe darum den dringenden Rat, lieber schon vorher eine Brennstoffergänzung vorzunehmen.

Die Etappe Rio de Janeiro reagierte prompt auf Lüdeckes verschlüsselte Anfrage, ob nicht einer von den in nordbrasilianische Häfen hineingeflüchteten Dampfer die Versorgung übernehmen könne.

Man fand den Dampfer *Corrientes* der Hamburg-Südamerikanischen Dampfschiffahrts-Gesellschaft (Hamburg-Süd) als bestgeeigneten, weil am nächsten liegenden Versorger heraus. Das Schiff lag unter Führung von Kapitän Mehring in San Luiz de Maranhão. Er wurde daraufhin von der *Dresden* unter dem Codenamen des Lloyddampfers *Sierra*

de, erweckte in den britischen Schiffahrtskreisen die irrige Hoffnung, daß die deutschen Kreuzer von einem Versenken der Prisen im Kriege allgemein Abstand nehmen würden.«
Dazu bestand jedoch keinerlei Anlaß, die *Dresden* hatte sich lediglich streng an die Haager Konventionen gehalten.

Salvada aufgefordert, am 7. August um 18.00 Uhr auszulaufen.

Kleine Ursachen haben manchmal große Wirkung. Die Sache wäre um ein Haar schiefgegangen, weil Kapitän Mehring argwöhnte, ihn wolle ein britisches Kriegsschiff herauslocken. Er weigerte sich auch dann noch auszulaufen, als die *Dresden* sich ihm am 7. August ausdrücklich als deutsches Kriegsschiff zu erkennen gab. Woran lag die Kommunikationspanne?

Im Band 1 »Kreuzerkrieg« der offiziellen Seekriegschronik wird der Vorfall erklärt: »*Dresden* hatte in einem *chiffrierten* Funkspruch nach dem Handelsschiffsverkehrsbuch den in Reichweite befindlichen Dampfern und der Etappe Brasilien mit ihren Nebenstellen mitgeteilt, daß sie diesen Decknamen benutzen würde. Der Dampfer *Corrientes* hatte indessen wohl das Handelsschiffsverkehrsbuch, nicht aber den Chiffrierschlüssel an Bord und hatte daher den Funkspruch nicht entziffern können.«

Die ganze Sache kam doch noch zu einem positiven Ende: Auf der *Dresden* kam ein Funkspruch mit der recht erstaunlichen Anfrage an, wer denn wohl bitte schön auf diesem Kreuzer im Jahre 1911 der Kommandant und wer der I. Offizier gewesen sei. Kopfschüttelnd funkte S. M. S. *Dresden* die richtigen Namen zurück, auch bestätigte inzwischen jemand von Pará (Belem) aus, es habe alles seine Richtigkeit, unter dem Decknamen *Sierra Salvada* verberge sich tatsächlich die *Dresden*.

Das Eis war gebrochen, das Mißtrauen verflogen. Die gute Idee mit der »Quizfrage« hatte der I. Offizier der *Corrientes* gehabt, der »im Nebenberuf« Bootsmannsmaat der Reserve war. Er hatte 1911 als Einjährig-Freiwilliger auf der *Dresden* gedient und kannte deshalb die Namen der Offiziere. Man muß sich nur zu helfen wissen!

Kapitän Mehring schlug nun für die Kohlenübernahme

eine stille Bucht an der brasilianischen Küste Jericoacoara als Treffpunkt mit der *Corrientes* vor, auf 40 Grad 35 Bogenminuten westlicher Länge. Und so trafen die beiden Schiffe zusammen. Am 9. und 10. August übernahm die *Dresden* 570 t Kohlen, außerdem Proviant und Material vielerlei Art, das endlich ergänzt werden mußte.

Bei dem Treffen fand eine Personalergänzung zugunsten der *Dresden* statt. Da man einen erfahrenen Handelschiffsnautiker als Prisenoffizier gut gebrauchen konnte, stieg eben jener Funkspruch-»Erfinder«, der I. Offizier der *Corrientes*, auf S. M. S. *Dresden* ein und wurde auf der Stelle vom Kommandanten des Kreuzers befördert: Aus dem Bootsmannsmaaten d. R. wurde der Hilfsleutnant Julius Fetzer.

Man machte gleich noch einen zweiten »Fang«, über den besonders der Schiffsarzt Dr. Karl Koch erfreut war: Er konnte von der *Corrientes* den Assistenzarzt der Reseve Dr. Glaser als Hilfsarzt übernehmen. Von Haus aus war Glaser Heeresreservist, aber das bot keine Probleme. Dieser »Fünfundachtziger« wurde blau eingekleidet und war nun aufgrund seiner Meldung als Kriegsfreiwilliger in die Blaue Zunft der *Dresden* eingereiht. Dem Dr. Koch fiel ein Stein vom Herzen, weil im Falle eines Seegefechts mit vielen Verwundeten ein einziger Arzt auf keinen Fall genügte.

Am 10. August gingen beide Schiffe wieder in See. *Corrientes* folgte befehlsgemäß der *Dresden* als Begleitschiff, jedenfalls so lange, bis die Verbindung mit anderen Versorgungsdampfern hergestellt war, die man bei der Etappe Brasilien bestellt hatte.

Bei der ursprünglich als Bunkerplatz vorgesehenen Insel Rocas steuerten die Schiffe am Morgen des 12. August nach Osten, um eine weitere Schiffahrtsroute zu kreuzen, die von Europa nach Südamerika oder umgekehrt an der Insel Fernando Noronha vorbeiführte. Ihr »Finger Gottes«, ein markanter Felsen von fingerförmigem Aussehen, diente den

Handelsschiffen als eine Art Wegweiser zwischen den Kontinenten. Aber die See war wie leergefegt. Ganz offensichtlich hatte die britische Admiralität vorsichtshalber für die Verlegung der Dampfertracks gesorgt, um den Deutschen das Beutemachen nicht allzu leicht werden zu lassen.

Da aber der Treffpunkt bei der Insel Roca nicht widerrufen worden war, lief die *Dresden* dorthin zurück. In der Nacht vom 12. auf 13. August traf der Kreuzer dort den 7676 BRT großen Dampfer *Baden* der HAPAG, unter Führung von Kapitän Rolin, an. Er war dort vor Anker gegangen, so daß die *Corrientes* mit Dank nach Pernambuco entlassen werden konnte, wo sie am 14. August wohlbehalten eintraf.

Durch die Gespräche mit der *Baden*-Schiffsleitung stellte sich heraus, daß Kabeltelegramme von der Etappe an die einzelnen Schiffe großenteils vom gegnerischen Nachrichtendienst abgefangen wurden. Außerdem hatte eine recht rege Propagandaabteilung der Briten verbreitet, die *Dresden* sei versenkt worden, und die deutsche Armee in Europa habe kapituliert.

Nachdem die deutschen Handelsschiffskapitäne erkannt hatten, daß in dem Benachrichtigungssystem jemand ganz bewußt Stolpersteine eingebaut, ja Sabotage an der Kommunikation betrieben hatte, bevorzugte man verschwiegene Direktkontakte von Schiff zu Schiff. Und so erfuhr Kapitän Rolin endlich, daß die *Dresden* tatsächlich in brasilianischen Gewässern kreuzte. Am 7. August war nämlich die *Baden* mit 12000 t bester Cardiff-Kohlen an Bord in Pernambuco eingetroffen. Nun ließ er über die Küstenfunkstelle Olinda verschlüsselt melden, daß er dem Kreuzer zur Verfügung stünde. Über den deutschen HAPAG-Dampfer *Blücher* ging schließlich am 11. August die Anweisung der *Dresden* ein, den Treffpunkt beim Rocas-Riff anzusteuern.

Vorsorglich hatte sich die *Baden* mit einer brasilianischen Nationalflagge am Heckflaggstock getarnt.

Die Hoffnung, hinter dem Rocas-Riff wirklich ruhige See vorzufinden, erwies sich als Illusion. Der Schwell, die Dünungsbewegung des Atlantiks, war auch dort derart stark, daß die Kohlenübernahme aus der längsseits gekommenen *Baden* zur Tortur für beide Schiffsleitungen wurde. Die Schiffe gingen derart zukehr, daß sie wie Betrunkene torkelten und immer von neuem mit Getöse aufeinander krachten. Beide Besatzungen hatten alle überhaupt verfügbaren Fender als schützende Puffer dazwischengelegt. Aber das verhinderte nicht, daß die stark arbeitenden und immer wieder regelrecht aufeinander geworfenen Schiffe mehrere Blessuren erlitten. Rumpfleisten wurden weggefegt, Schanzkleider eingedrückt, Relingstützen abgerissen und außerdem sogar ein Schwalbennest – eines von den sich über die Rumpfbreite hinauswölbenden Geschützpodesten der *Dresden* – eingedrückt.

Die Männer an den Ladebaumdampfwinden wie auch die in den Laderäumen der *Baden* sowie die zum Glattziehen und Trimmen in den Bunkern der *Dresden* arbeitenden Seeleute flogen bei diesen Aneinanderpralls sozusagen von einer Ecke in die andere. Oft genug war es kaum noch möglich, die Ladebäume mit der daranhängenden Kohlenlast mit Hilfe der Gehren unter Kontrolle zu halten. Mehr als einmal waren die Stöße so heftig, daß ganze »Hieve« von Kohlensäcken ausrauschten und abstürzten. Man konnte gerade noch ganz laut »Wahrschau!« in die Bunker oder in die Laderäume hinunterbrüllen, damit die unten Arbeitenden noch beizeiten den Kopf wegnehmen konnten. Und das besondere Vergnügen dieser Kohlenübernahme, bei der es mehr als nur eine Prellung irgendwelcher Gliedmaßen gab, fand bei entsprechender Brasilien-Hitze statt. Welches Klima wollte man schon anders auf nur drei Breitengraden unterhalb vom Äquator erwarten!

Immer von neuem Scharren und Krachen der Bordwände

gegeneinander, so daß beide Schiffer erzitterten. Mehrfach brachen sogar die Leinen, die beide Schiffe miteinander vertäut hatten. Zum Glück haben die übers Deck peitschenden, zurückschlagenden Enden keinen der Seeleute zerschmettert. Aber irgendwann kam der Augenblick, wo die ganze Übernahmeaktion zunächst abgebrochen werden mußte. Für das Kohlen der *Dresden* mußten andere Wege gefunden werden.

Man mußte die beiden Schiffe voneinander trennen. Die *Baden* suchte sich einen neuen Ankerplatz. Auf der *Dresden* wurden alle Ruderbeiboote zu Wasser gefiert. Es gab nun einen ständigen Pendelverkehr mit Kohlensäcken und Proviantkisten, immer vom Ladebaumbereich des Versorgungsdampfers zum Kreuzer und dann leer wieder zurück. Es wurde eine zweitägige Plackerei. Die maschinengetriebenen Beiboote dienten als Schlepper.

Die beiden Schiffe sollten nicht allein bleiben auf ihrem unruhigen Ankerplatz: Am Morgen des 13. August trafen auch die beiden HAPAG-Dampfer *Persia* und *Prussia*, anfangs ebenfalls mit brasilianischen Flaggen eine andere Nationalität vortäuschend, ein. Aber dann war es doch ratsam, die Flaggen einzuholen, um den Leuchtturmwärter der Insel nicht mißtrauisch zu machen. Er war ohnehin schon über Gebühr neugierig geworden und fragte prompt an, was diese merkwürdige Ansammlung von Schiffen vor dieser Insel solle. Die *Dresden* gab sich aus als schwedisches Kriegsschiff *Fylgia*, das sich auf einer Weltreise befinde – und diese Schiffe seien ihr Troß. Es bleibt unerfindlich, ob der Leuchtturmwärter diesen Schwindel tatsächlich glaubte.

Noch auffälliger konnte eine Kreuzerversorgung nicht vor sich gehen. Fregattenkapitän Lüdecke kam sich vor wie ein Admiral, der ein ganzes Geschwader um sich herum versammelt hatte. Auch ein Blinder mußte schließlich merken, daß hier irgend etwas nicht stimmen konnte.

Dampfer *Hyades* »geht zu den Fischen«

Nachdem die Dünung den Abbruch der Kohlenübernahme aus der *Baden* erzwungen hatte, übernahm der Kreuzer nur noch Proviant von den Dampfern *Prussia* und *Persia*. Das war weniger problematisch, weil es mit Hilfe der ausgesetzten Beiboote geschehen konnte. Es war kein Längsseitsliegen großer Schiffe notwendig.

Am 14. August ging die *Dresden* mit ihren nunmehrigen Begleitdampfern *Baden* und *Prussia* wieder in See und nahm Kurs auf die brasilianische Insel Trinidada im Südatlantik.

Der Kommandant des Kreuzers hoffte, auf diese Weise den offensichtlich ins Unbekannte verlegten Dampfertrack kreuzen und damit wiederfinden zu können. Diese Rechnung ging tatsächlich auf.

Am 15. August gellten gegen 10.00 Uhr morgens wieder die Alarmglocken. Etwa 180 Seemeilen ostwärts von Pernambuco konnte die *Dresden* den 3352 BRT großen Dampfer *Hyades* der britischen Houston Line zum Stoppen zwingen. Der Dampfer war zwar schon am 31. Juli mit einer Ladung von 4453 t Mais von Rosario abgegangen, aber das Schiffstagebuch bewies, daß er am 8. August vom britischen Kreuzer *Glasgow* über den Kriegsausbruch informiert worden war. Außerdem hatte er am Vortag Pernambuco als Zwischenhafen angelaufen. Und es stellte sich nun heraus, daß sein Kurs auf Anraten des britischen

Vizekonsuls so gewählt wurde, daß er Fernando Noronha in einem Abstand von 100 Meilen seewärts passieren mußte.

Hier gab es nun keine Argumente mehr, die Fritz Lüdecke von der Versenkung dieses Dampfers abhalten konnte. Das Prisenkommando sammelte alles ein, was als brauchbare Beute erschien, sogar den Chronometer und die Sextanten, Signalflaggen und vor allem britische Nationalflaggen – wer weiß, wann man sie zu Tarnungszwecken benötigen würde. Dann wurde die Besatzung des Dampfers zur *Prussia* verbracht, um dort recht annehmbare Gefangenenquartiere zu beziehen.

Lüdecke ließ das Prisenkommando zwar auch eine Sprengladung anschlagen, entschied aber, daß die Versenkung hauptsächlich durch die 10,5-cm-Geschütze des Kreuzers vorgenommen werden solle. Das hatte den Vorzug, daß eine Schießübung mit scharfer Munition vorgenommen werden konnte und daß der Kreuzer seine Schießleistung mal wieder unter Beweis stellen konnte.

Der Kommandant konnte mit seinem Artillerieoffizier »Kaleu« Burchardi und dessen Geschützführern zufrieden sein. Es wurde auf die Wasserlinie des Dampfers gezielt, aber die See war sehr unruhig, einige Schüsse gingen zu hoch. Doch alle waren Treffer.

Zunächst sträubte sich das Schiff sozusagen dagegen, »zu den Fischen geschickt« zu werden.

Burchardi wollte gerade einen neuen gefechtsmäßigen Anlauf vorschlagen und nochmals das Feuer eröffnen, als eine gewaltige Kesselexplosion den Schiffsrumpf mittschiffs zerfetzte. Der Frachter legte sich hart auf die Seite. Heizer Stöckler war Augenzeuge: »Wir sahen, wie der zusammengeschossene Dampfer mehr und mehr, mit dem Deck zum offenen Atlantik gewandt, kenterte und uns seinen rotgestrichenen Boden zeigte. Plötzlich richtete er sich mit einem Ruck auf und lag einen Augenblick ganz still. Dann begann er zu sinken, zuerst das Vorschiff. Und schließlich stand er auf der Nase, mit dem Achterschiff hoch in die Luft.«

Recht aufschlußreich ist die Aussage des Heizers über seine Empfindungen in diesem Augenblick: »Obwohl keiner von uns ein Schiff vorher hatte sinken sehen, sprachen wir nicht viel miteinander über das, was wir gesehen hatten. Die unheimliche Szene kam mir nicht aus dem Sinn. Ich konnte meinen Kameraden ansehen, daß es ihnen genauso ging. Wir hatten die Unerbittlichkeit des Krieges kennengelernt. So würde die *Dresden* sich auch vielleicht einmal im Wasser drehen und winden wie ein verwundetes Tier, bevor sie in die Tiefe verschwand. Ja, so mußte es kommen, denn wir konnten ja nicht mehr nach Hause. Niemand glaubte, daß wir Deutschland jemals wiedersehen würden. Das Versinken der *Hyades* war für uns nur eine Ankündigung unseres eigenen Unterganges.«

Anderntags gab es wieder Prisenalarm. Der Knoten schien gerissen zu sein, das Jagdrevier war wohl richtig gewählt. Der Dampfer versuchte zu fliehen, wurde aber von der ungleich schnelleren *Dresden* rasch eingeholt und von einem Schuß vor den Bug unmißverständlich zum Stoppen gezwungen.

Es handelte sich um den britischen Dampfer *Siamese Prince* (4867 BRT), der Fall schien also klar. Aber der Teufel steckt manchmal eben doch im Detail. Nach Sichtung der Schiffspapiere und Stichkontrollen der Laderäume winkerte der Signalgast des Prisenkommandos zur *Dresden* herüber, daß der Dampfer mit Stückgut von London nach dem La Plata unterwegs sei. Genauer gesagt, er habe Pianos und Elektrogeräte geladen. Verdammte Kiste! Fritz Lüdecke biß sich auf die Lippen. Eindeutig ein Frachter des Gegners mit Industrieerzeugnissen einer feindlichen Macht an Bord. Aber diese Ladung war ordnungsgemäß erworbenes Eigentum von Empfängern in einem neutralen Land.

Der Entschluß, auch in diesem Fall aufs I-Tüpfelchen gerecht zu bleiben, fiel dem *Dresden*-Kommandanten diesmal ganz besonders schwer. Aber die Erkenntnis vom Wert einer totalen Korrektheit Deutschlands, das in Übersee am kürzeren Hebelarm saß und nur durch solche Verhaltensweisen gewisse Chancen bekam, gewann die Vorhand.

Lüdecke ließ den Signalmaaten Hugo Weber das vereinbarte Flaggensignal setzen: »Loyalitätserklärung abfordern!«

Der Prisenoffizier – es war Hilfsleutnant Fetzer bei seiner zweiten »Amtshandlung« dieser Art – ließ daraufhin dem Kapitän der *Siamese Prince* eine schon vorher von der Schreibstube der *Dresden* aufgesetzte Erklärung unterzeichnen und mit dem Schiffsstempel des Frachters »siegeln«, daß sich der Brite bindend verpflichtet, keine feindlichen Handlungen gegen Deutschland einzunehmen und keine Kriegskonterbande zu transportieren.

Das waren noch Zeiten, wo sich Angehörige zweier miteinander im Kriegszustand befindlicher Nationen in einem Gegenseitigkeitsvertrag einander Loyalität versicherten! Immerhin brachte es dem Kapitän des Frachters die Nichtversenkung ein, obwohl es natürlich den Männern an den Geschützen in den Fingern juckte, die Jagdbeute des Kreuzers endlich zu vermehren.

Um allerdings der *Siamese Prince* den tatsächlichen Kurs der *Dresden* nicht gerade auf die Nase zu binden, steuerte der Kreuzer bis Dunkelwerden auf das vermeintliche Reiseziel Rio zu und drehte dann zu einem anderen Ziel ab, nicht ohne vorher die *Prussia* mit ihren Gefangenen von der *Hyades* nach Rio entlassen zu haben.

Dort traf der Hapag-Dampfer am 20. August ein, fast zugleich übrigens mit der davongekommenen *Siamese Prince*.

Und nun war beim britischen Nachrichtendienst und bei der Admiralität natürlich der Teufel los: Endlich hatte man eine Spur von der *Dresden*, die sich bis zu diesem Tage ins Nichts aufgelöst zu haben schien.

Nun wußte man, woran man war: Kreuzer *Dresden* werde sehr wohl Schiffe versenken und keineswegs schonen, wenn nicht die Haager Konventionen oder das Respektieren neutralen Eigentums dahinterstanden!

Das gab einen Schock für die britische Schiffahrt an der Ostküste Südamerikas – da war tatsächlich ein deutscher »Raider« sozusagen »ante portas«.

Gleichzeitig schwirrte das Gerücht herum, der Kleine Kreuzer *Bremen* sei am 16. August vor Bahia gesichtet worden und überdies operiere der Panzerkreuzer *Gneisenau* an der brasilianischen Küste. Beides war völliger Unsinn, aber es verfehlte seine Wirkung nicht. Um die Verunsicherung noch zu verstärken, genügte die zwei Tage später in Rio eingehende Meldung des britischen Nachrichtendienstes, daß

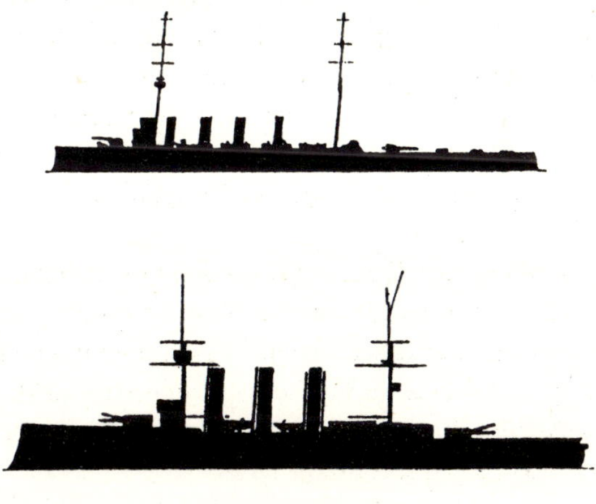

Der Kleine Kreuzer *Glasgow* (oben) und der Panzerkreuzer *Monmouth* wurden fortan ständige Beschatter der *Dresden*.

der 18719 BRT Hamburg-Süd-Fahrgastdampfer *Cap Trafalgar* soeben aus Montevideo ausgelaufen sei. Zwar handelte es sich dabei nicht um einen Nordatlantik-Renner der entsprechenden Geschwindigkeitskategorie, sondern um ein 18-Knoten-Schiff mit 14 Kesseln.

Britischen Schiffahrtskreisen fuhr der Schreck über eine solche vermeintliche Anhäufung deutscher Handelsstörer vor Südamerika beträchtlich in die Glieder. Irrtümlich waren die Briten der Auffassung, die *Cap Trafalgar* sei bereits in aller Heimlichkeit zum Hilfskreuzer ausgerüstet worden, deshalb genüge der Schutz der Dampfertracks vor Südamerika nur durch den Panzerkreuzer *Monmouth* und den Kleinen Kreuzer *Glasgow* nicht mehr.

Großes Aufgebot vor Trinidada

In Wahrheit war die *Cap Trafalgar* erst zur Umrüstung nach Trinidada unterwegs. Und auf dieselbe Insel setzte der Navigationsoffizier der *Dresden* am 16. August um 17.00 Uhr ebenfalls Kurs ab. Nördlich dieser Insel traf der Kreuzer auf den HAPAG-Dampfer *Steiermark*, der mit dem Kanonenboot *Eber* (unter Führung von Korvettenkapitän Wirth) von Südwestafrika herübergekommen war.

Die Funkstation der *Dresden* hatte mitgekriegt, daß sich *Eber* im Seegebiet Trinidada aufhalten sollte, um dort »einen Südamerika-Dampfer« abzuwarten, der zum Hilfskreuzer umgerüstet werden solle.

Bis Ende 1914 kamen nicht weniger als 44 deutsche Handelsschiffe in brasilianischen Häfen zusammen, von denen allein 14 die weißen Schornsteine mit der roten Banderole der»Hamburg-Süd« trugen. Um Kohlen zu sparen, waren überall an Bord die Hilfsmaschinen abgestellt worden. Es gab weder elektrisches Licht noch fließendes Wasser auf den stillgelegten Dampfern. Wenn das Deck gewaschen wurde, mußte wie in Segelschiffstagen Seewasser mit »Pützen« (Eimern) geschöpft und emporgeholt werden. Am schlimmsten war jedoch, daß die ursprünglich nur für den Notfall als Reservebeleuchtung gedachten Petroleum- und Spirituslampen wieder zur Innenbeleuchtung in Betrieb genommen werden mußten. Sie verbreiteten in der ohnehin kaum erträglichen Tropenhitze unter Deck noch weitere Wärme, die dann in den Kabinen überhaupt nicht mehr auszuhalten war.

Deshalb empfand es die Besatzung des Hamburg-Süd-Dampfers *Santa Isabel* (5200 BRT) unter Kapitän Wilstermann doch als eine Art Erlösung von solchem »Hafengammel«, daß sie von der Etappe Buenos Aires ausersehen wurde, sich mit 3100 t Kohlen, 1800 t Trinkwasser, lebendem Vieh und sonstiger Ausrüstung zu versehen und als nunmehr der Marine unterstehendes Beischiff – ebenso wie der HAPAG-Dampfer *Baden* – dem Kreuzer *Dresden* zur Verfügung zu stehen.

Die *Santa Isabel* hatte ursprünglich noch keine Funkstation besessen und bekam deshalb die des HAPAG-Dampfers *Sevilla* eingebaut. Außerdem schiffte man den Kapitän und Leutnant zur See der Reserve Neiling als Supercargo (Beaufsichtiger der Ladung und Vertreter des Befrachters, in diesem Falle der Etappe Buenos Aires) auf der *Santa Isabel* ein. Dieses Schiff hatte bis dato in Buenos Aires gelegen und war am 7. August von dort aus hinausgeschickt worden.

Die Insel Trinidada liegt etwa 1200 Seemeilen von der Ostküste Brasiliens entfernt, runde achtzehn Grad nördlicher als der (südliche) Wendekreis des Steinbocks. Sie liegt schon fast auf der Höhe von Rio. Es gibt nur wenige Inseln im Südatlantik, die ähnlich einsam sind. Sie besteht praktisch nur aus einem steil aus dem Ozean emporragenden Felsenkomplex.

Zu dieser Insel Trinidada hatten der Admiralstab und die Etappe Buenos Aires eine ganze »Mahalla«, ein Großaufgebot von Schiffen in Bewegung gesetzt – neben *Steiermark* und *Santa Isabel* auch noch den HAPAG-Dampfer *Pontos*, die *Santa Lucia* der Hamburg-Süd und die *Eleo-*

nore Woermann (Afrika-Reederei). Allmählich wich der seelische Druck nun doch von Fritz Lüdecke, der bislang immer von verständlichen Ängsten getrieben wurde, wie sie ein Autofahrer empfindet, dessen Tankfüllung zur Neige geht, ohne daß weit und breit in der umgebenden Einöde auch nur die geringste Hoffnung bestünde, eine Tankstelle zu finden.

Die Etappen Rio und Buenos Aires hatten ohne Frage hervorragend gearbeitet. Kreuzer *Dresden* konnte nun immerhin über fünf ihn versorgende Transporter verfügen.

Lüdecke beorderte, sozusagen als Geschwaderchef, die *Eleonore Woermann* und die *Santa Lucia* nach Trinidada voraus, während er die *Steiermark* anwies, dem Kreuzer *Dresden* zu folgen, der zunächst einmal erfahren wollte, ob tatsächlich vor der Insel die Luft rein war. Aber der Hamburg-Süd-Frachter verlor in der Nacht die Fühlung mit dem Kreuzer, wie er sie in der Nacht zuvor schon mit dem Kanonenboot *Eber* verloren hatte.

Dafür gellten gegen 23.30 am Spätabend des 18. August auf der *Dresden* die Alarmglocken. Der Ausguck hatte einen Schatten bemerkt, ein völlig abgeblendet fahrendes, also nachtdunkles Schiff. Was mochte das bedeuten, Freund oder Feind?

Da half es alles nichts, daß man auf der *Dresden* ein unverwechselbares Merkmal angebracht hatte, das für deutsche Schiffe jede Verwechslung mit einem britischen Kreuzer ausschloß. Man hatte alle drei Schornsteine mit bestimmten Markierungen versehen. Aber jetzt, bei Nacht, waren alle Katzen grau. Auf dem geheimnisvollen anderen Schiff konnte man dieses besondere Kennzeichen der *Dresden* jetzt natürlich nicht erkennen. Aber die *Dresden* brach nun doch den Bann, indem sie mit einer kleinen, gerade noch eben sichtbaren Morselampe »What ship?« anfragte.

Der fremde Schatten antwortete mit einem vereinbarten Tarnnamen, der ihn als die *Santa Lucia* identifizierte. Sie wurde nun aufgefordert, sich als erstes Schiff zur Proviantabgabe bereitzuhalten. Die beiden Schiffe liefen nun gemeinsam nach Trinidada weiter und bekamen unweit der Insel einen Dampfer in Sicht, den sie mit einiger Sicherheit als britisch identifizierten. Es war aber doch die *Eleonore Woermann.*

Kreuzer *Dresden* machte einen Ankerplatz ausfindig, der dicht unter Land bei einem 300 m hoch senkrecht aufragenden Felsen namens Obelisk gefunden wurde. Er lag an der Westseite der Insel und bot einigermaßen Schutz gegen die überall lästige Atlantikdünung.

Santa Lucia kam sofort zur Proviantübergabe längsseits der *Dresden.* Sobald diese beendet war, kam die inzwischen auch noch eingetroffene *Baden* längsseits, die ja schon eine Woche vorher bei der Insel Rocas zur *Dresden* gestoßen war. Sofort machte der Kreuzer klar zur Kohlenübernahme. Dieses ungeliebte, anstrengende, alles in Schmutzwolken hüllende Manöver mobilisierte auch diesmal alle überhaupt dafür abkömmlichen Leute. Sie packten bei dieser Schinderei gemeinsam an, vom Matrosen bis zum Offizier. Nach zwei Tagen waren abermals 1000 t von dem so unentbehrlichen, ewig wieder knapp werdenden Brennstoff an Bord.

Zur Ermunterung der tropisch belasteten Schwerarbeiter hatte der Kommandant auch diesmal die Mitglieder der Bordkapelle von der Teilnahme an dieser Kohlenschlacht befreit. Dafür mußten sie, ebenfalls im Schweiße ihres Angesichts, ohne Unterlaß lustige Weisen, dazwischen auch wieder schmetternde Marschmusik produzieren, die »müde Männer munter machte«. Tatsächlich flutschte die bei solcher Witterung kaum auszuhaltende Arbeit um so besser. Mal wieder Kohlenübernahme – der permanent auf diesem Kreuzer und fast allen seiner Artgenossen lastende Fluch, eine Art Vorhölle vor allem für die unten in den Bunkern umherfuhrwerkenden Trimmer, die eine sackweise übernommene Ladung ausschütten und in dieser schwarzen Staubwolke gleichmäßig verteilen mußten.

Es war Ehrensache, daß man diese allerschlimmste Dreckarbeit diejenigen machen ließ, die sonst wenigstens in frischer Luft ihre Kriegsmarsch- und Gefechtsstation hatten. Die Seeleute »von Deck« gingen an diese besondere Front, um die Heizer in diesem Falle zu entlasten. Die hatten es ohnehin am allerschwersten, noch dazu in Tropenfahrt. Was sie nun schon monatelang – Wache um Wache – vor der Glut ihrer Feuerbuchsen und in dem stickigheißen Orkus der Bunker durchmachen mußten, entzieht sich ohnehin der Vorstellungskraft eines Menschen im Zeitalter der Motorschiffe.

Mit der Proviant- und Kohlenübernahme gingen die Tage dahin. Sie konnten erst nach dem 22. August abgeschlossen werden. Und obwohl der Ankerplatz durchaus besser war als der hintere dem Rocas-Riff –, ganz ohne heftiges Aneinanderrempeln von *Dresden* und *Baden* ging es auch diesmal nicht ab. Dabei hatte der findige Bootsmann des HAPAG-Dampfers zum Festmachen des Frachters an der *Dresden* sogenannte »Vorläufer« vor die Stahlleinen geschäkelt, die aus drei umeinander gedrehten Grasleinen bestanden. Sie bewährten sich vorzüglich, weil sie dank ihrer Elastizität den Zug der auseinanderstrebenden Schiffe völlig aufnahmen. Diesmal brach keine einzige Leine, die größere Gefahr für die Männer an Deck war damit gebannt.

Aber gelegentliches hartes Aneinanderschlagen der beiden Schiffe im Schwell ließ sich dennoch nicht immer vermeiden. Auf beiden Seiten wuchs die Sorge wegen dieser gehörigen Anrempelungen. Hatte die Außenhaut der beiden

Schiffe das alles tatsächlich schadlos hinnehmen können, oder kam es doch zu Beschädigungen, die sich erst später herausstellen dürften?

Es war jedenfalls viel, schon eher viel zu viel, was man den Rümpfen der beiden Schiffe zumuten mußte.

Aber zuviel war es auch, was den Männern der *Dresden*-Besatzung abverlangt wurde. Die abnorme Schwerarbeit bei solchem Tropenklima, und zwar tagelang, konnte einfach nicht ohne Folgen bleiben. Die besondere, seelisch bedingte Streßsituation kam hinzu. Die beiden Schiffsärzte rechneten sehr wohl damit, daß jemand kollabieren werde. Dabei bestand auch die Gefahr, daß ein Entsalzungsschock die Ursache sein könne. Wer in den Tropen allzu lange viel Schweiß absondert, schwitzt allzu viel Salz mit aus. Der Körperhaushalt gerät vollends durcheinander. Und so kam es tatsächlich zu Zusammenbrüchen von überarbeiteten Besatzungsmitgliedern, obwohl Ärzte die regelmäßige Einnahme von Salztabletten streng angeordnet hatten.

Ein besonderes Beispiel für einen medizinischen Kollaps bot sich in der dritten Nacht auf der unruhigen »Reede« beim Obelisten von Trinidada.

Während zwei der Versorgungsfrachter draußen auf der Insel »auf und ab standen«, wie man in der seemännischen Sprache das langsame Hin- und Herfahren (in diesem Falle im Sinne einer Sicherung gegen unliebsame Überraschungen von See her) nennt, legten sich die total verausgabten Männer für ein paar Stunden in ihren Wohndecks hin. Sie packten sich »an Deck«, d. h. auf den Fußboden und benutzten ihre gezurrten Hängematten als Unterlagen. In den aufgespannten »Miefkörben«, wie man bei der Marine diese »Schlafgehäuse«, mit dem richtigen Namen Hängematten, zu nennen pflegte, war es einfach viel zu heiß. Außerdem konnten die Männer aus dieser

Boden-Schlaflage viel besser aufspringen und damit auch schneller auf ihre Gefechtsstation gelangen, wenn plötzlich eines der auf Vorposten Wache haltenden Versorgungsschiffe Alarm gab. Viel Vorwarnzeit blieb in der Finsternis nun mal nicht.

Das dumpfheiße Klima in den unverkleideten eisernen Wohndecks nach ganztägiger Sonneneinstrahlung, die weitgehend fehlende Lüftungsmöglichkeit beim stilliegenden Schiff ohne Fahrtwind und die totale Erschöpfung versetzten die jungen Mannschaftsmitglieder in einen natürlichen Tiefschlaf. Es war eine Art Bewußtlosigkeit, verstärkt durch den wochen- und im Grunde schon monatelangen seelischen Druck, den jeder still in sich hineinfressen mußte. Am allerschlimmsten war die entsetzliche Ungewißheit über das Schicksal der eigenen Angehörigen. Die letzte Post, die man von zu Hause erhalten hatte, war schon vier Wochen vor Kriegsausbruch abgegangen. Seitdem gab es keine mehr. Und nicht nur einer von den Männern wohnte in bedrohten Grenzgebieten. Da war das Elsaß zum Frontbereich geworden, da hatten die Russen zunächst große Teile von Ostpreußen überrollt. Wie mochte es denen in der Heimat nur gehen?

Plötzlich zerriß ein gellender Schrei die nur von Schnarchgeräuschen und gelegentlichem Schnaufen durchbrochene Stille. Der Schrei war geradezu herzzerreißend.

Völlig benommen fanden die jungen Männer auf den Nachbarhängematten im schemenhaften Blaulicht der Unterdecksbeleuchtung in die makabre Wirklichkeit zurück. Sie sprangen entsetzt empor, noch gar nicht sicher auf eigenen Beinen. Der da so furchtbar schrie, war der sicherlich ganz schwer erkrankte Matrose Wilhelm Jänicke. Seine furchtbaren Schreie gingen in ein lautes, hemmungsloses Schluchzen über.

Der Deckälteste rannte sofort los, um den Schiffsarzt zu alarmieren.

Plötzlich schreckte Wilhelm Jänicke hoch. Seine Kameraden umstanden den schweiß- und tränenüberströmten jungen Mann und fragten behutsam, was passiert sei. Jänicke war völlig verstört, er wußte überhaupt nichts von seinen Schreien und von seinem Schluchzen. Nun aber kam stokkend aus ihm etwas heraus, was ihn abermals in einen Weinkrampf versetzte.

Jänicke hatte einen fürchterlichen Alptraum gehabt: Sein Geburtsdorf sei plötzlich vom Feind angegriffen worden, er sah seine gesamte Familie dabei tot vor sich.

Aber die unsichtbaren Angreifer hatten überhaupt keine Gesichter, ihre Gestalten waren schemenhaft unscharf. Aber grauenvoll genau saß er die entstellten Gesichter seines Vaters, seiner Mutter und seiner Schwestern. Verstümmelt waren sie allesamt.

Verlegen und hilflos umstanden seine jungen Hängemattennachbarn den Achtzehnjährigen. Einige knieten neben ihn, um behutsam seine Hände zu halten und sogar seinen Kopf zu streicheln, wie das sonst eine Mutter mit kleinen Kindern zu tun pflegt. Sie wußten einfach nicht, was sie mit ihrem Kameraden anfangen sollten, der nun abermals hemmungslos drauflos weinte.

Aber nun war Dr. Koch schon herbeigekommen. Er hatte gleich einen Sanitätsgasten samt Bereitschaftstasche mitgebracht und gab Jänicke eine Beruhigungsspritze. Dann blieb er bei dem jungen Seemann, bis dessen Schluchzen zu stocken begann und schließlich ruhige Atemzüge anzeigten, daß der Patient in den Schlaf zurückgefallen war.

»Laßt ihn erstmal so liegen, so löst sich der Weinkrampf am besten!« ordnete der Doktor an. »Wenn er dann wieder zu sich kommt, bringt ihr ihn am besten an Deck.« Und Dr. Koch wandte sich an den Deckältesten, den Obermatrosen Willy Golle, der ihn vorhin herbeigeholt hatte: »Der Mann ist dienstunfähig. Bitte sagen Sie das dem Bootsmannsmaaten vom Dienst und seinem Korporal. Ich werde den Mann bei Dienstbeginn ins Schiffshospital einschleusen. Er braucht ein paar Tage Ruhe!«

Es war nicht der erste Fall, daß jemand auf diesem Kreuzer einen Zusammenbruch erlitt. Auch junge, strapazierfähige Menschen waren nicht unbegrenzt belastbar.

Der Schiffsarzt hatte bereits fünf Mann mit schweren Kreislaufstörungen und mit Bordmitteln offensichtlich nicht besserungsfähigen Erkrankungen zur Einlieferung ins dortige Krankenhaus an die von Rocas nach Pernambuco entlassene *Corrientes* abgeben müssen, deren Versorgungsaufgabe nach Abgabe ihrer gesamten Kohlenladung erledigt war. Bei zwei von den Fällen lag eindeutig eine verschleppte Malaria vor, die sich die Männer wohl in Tampico oder Veracruz aufgesackt hatten.

Ansonsten hatte das Bordhospital reichlich zu tun, weil es immer wieder Prellungen und Quetschungen infolge dieser verdammten Kohlenübernahmen im Schwell zu behandeln gab. Und es mutete den Ärzten wie ein Wunder an, daß es bisher ohne Knochenbrüche oder noch Schlimmeres abgegangen war.

Mittlerweile hatte sich der Bereich des Ankerplatzes derart mit Schiffen gefüllt, daß einer der Leutnante frotzeln mußte, er fühle sich wie beim »Tag der Flotte« auf der Kieler Förde.

Inzwischen war der *Santa Isabel* schließlich auch das Kanonenboot *Eber* auf diesen Ankerplatz gefolgt. Nach seinem Eintreffen am 20. August bat Fregattenkapitän Lüdecke dessen Kommandanten zur Sitzung auf den Kreuzer. Er kam mit Korvettenkapitän Wirth überein, daß das Kanonenboot auf jeden Fall an dieser Stelle noch weiter auf den aus Buenos Aires kommenden Dampfer *Cap Trafalgar* warten müsse, um ihn zum Hilfskreuzer auszurüsten. Sollte er jedoch ausbleiben, weil er etwa von den Briten abgefangen wurde, dann habe *Eber* statt dessen die *Eleonore Woermann* als Hilfskreuzer klarzumachen. So oder so würde das eine »Transfusion« bis zur Selbstentäußerung bedeuten, denn mit diesem in Stahl-Holz-Kompositbauweise erstellten »Gunboat« von nur rund 1100 t Wasserverdrängung und maixmal 1352 PS war keine ozeanische Kriegsführung zu machen. Das schließt nicht aus, daß die Konstruktion dieser Kanonenboote für ihren eigentlichen Zweck technisch gelungen war. Die 1902 gebaute *Eber* hatte ihre beiden 10,5-cm-Geschütze sowie alle sechs kleinkalibrigen Maschinenkanonen dem auszurüstenden Hilfskreuzer zu überlassen. Das damit wehrlos werdende Kanonenboot sollte danach Handelsflagge setzen, um sich unter einer kleinen Überführungsbesatzung von nur 14 Mann nach Brasilien durchzuschlagen.* Korvettenkapitän Wirth mußte das Kommando über den von *Eber* ausgerüsteten Hilfskreuzer übernehmen und mit dem Großteil seiner ihm unterstellten 128 Mann auf diesen übersteigen.

Bei der Kommandantensitzung auf der *Dresden* schlug Lüdecke dann Korvettenkapitän Wirth das vor, was man im Geschäftsleben einen »Deal« nennen würde: Das Kanonenboot stellte, solange der aufzurüstende Hilfskreuzer noch nicht auf der Bildfläche erschienen war, 30 Mann ab, um der *Dresden* bei ihren Übernahmen zu helfen. Dafür bekam es 42 Sprenggranaten gegen ebenso viele veraltete Pulvergranaten, die sich auf der *Dresden* aufbrauchen ließen. Da Sprenggranaten ihrer Konstruktion nach auch Panzerungen durchschlagen konnten, erhielt der Hilfskreuzer durch

* Tatsächlich traf *Eber* nachher völlig abgerüstet, unter Handelsflagge, am 14. September unter Führung seines jüngsten Leutnants in Bahia ein und wurde am 26. Oktober 1917 nach Kriegseintritt Brasiliens in Brand gesetzt und nach dem Öffnen der Seeventile versenkt.

diese Abmachung bessere Verteidigungschancen gegen angreifende Kriegsschiffe, während die normalen sogenannten Pulvergranaten für Anhaltezwecke (»Schuß vor den Bug«) und für die artilleristische Versenkung normalwandiger Handelsschiffe genügten oder sogar besser geeignet waren.

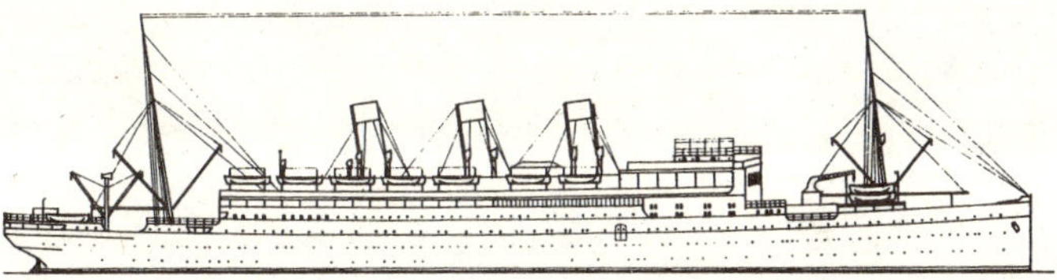

Der von Trinidada zum Hilfskreuzer umgerüstete Passagier- und Frachtdampfer *Cap Trafalgar* der Hamburg-Südamerikanischen Dampfschiffahrts-Gesellschaft, Hamburg (»Hamburg-Süd«) wurde 1912–1913 bei der Werft A. G. Vulcan in Stettin gebaut. Das 18805 BRT große Spitzenschiff der Südamerika-Route war kein Schnelldampfer nach dem Muster der reinen Fahrgastrenner der Nordatlantikroute. Im Verkehr zur Ostküste von Südamerika galten andere Kriterien als der Zeitspareffekt, nämlich Wirtschaftlichkeit durch gleichzeitige Beförderung von Seefrachtgütern. Darum brauchte die Maschinenleistung auch nur 15000 PS und die Geschwindigkeit nur 17,8 Knoten zu betragen. Die Achillesferse der allzu auffälligen großen Hilfskreuzer der Mobilmachungswelle lag auch bei der *Cap Trafalgar* in der geringen Tarnmöglichkeit. Durch Entfernen des dritten, blinden Schornsteins verwandelte man den Drei-Schornstein-Dampfer vor Trinidada in einen »Zweischornsteiner« – was dem Schiff nachher leider nichts genützt hat. Die Royal Navy hat das Schiff ungeachtet des Schornstein-Kunstgriffs sofort richtig erkannt, weil ein Schiff dieser Größe vor Brasilien nur die *Cap Trafalgar* sein konnte.

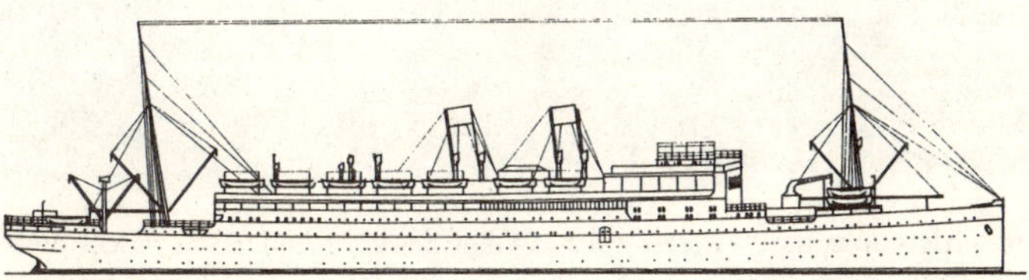

Kleiner Kreuzer *Dresden* »im Werden«:
Baunummer 195 der Werft Blohm & Voss, Hamburg, mit Girlanden bekränzt, klar zum Stapellauf. Das Bild zeigt die Wellenböcke und Welllenhosen für die Schwanzwellen der beiden Steuerbord-Propeller, die erst später angesetzt wurden.

Das Foto bildet die kunstvoll gezimmerte Wiege des vorderen Ablaufschlittens und links im Bild einen Teil des Schlingerkiels ab. Klar ist das Schwalbennest für das vordere Steuerbord-Kasemattgeschütz 10,5 cm zu sehen.

Situation am Morgen des Stapellauftages 5. Oktober 1907: Blick auf Taufkanzel und Vorschiff samt vorderem Ablaufschlitten. Die Backbordseite des Bugwappens zeigt das Wappen des Kaiserreiches. Man beachte die über Deck emporragende Kaiserkrone!

Frontabschreiten von Ehrenkompanie und Musikzug der Wandsbeker Husaren (76er). Vorn der Befehlshaber der Aufklärungsstreitkräfte, Konteradmiral August von Heeringen, hinter ihm der Werftgründer Hermann Blohm. Der links von den beiden Daherschreitende mit dem abgenommenen Zylinder in der Hand ist der Taufpate des Schiffes: Dresdens Oberbürgermeister Dr. Beuteler.

Nach dem Zerschellen der Sektflasche gleitet der Rumpf des künftigen Kreuzers *Dresden* auf zwei mit grüner Seife eingeschmierten Ablaufbahnen glatt in sein Element.

Der Rumpf des Neubaus Nr. 195 führt zur Feier des Tages »Kleinen Flaggenschmuck«: Am Bug die Gösch, am Heck die Kriegsflagge der Kaiserlichen Marine. Zwei weitere Exemplare davon wehen auf provisorisch errichteten Stapellauf-Flaggenmasten. Der »Täufling« ist an vorberechneter Stelle zum Stehen gekommen. Jetzt tauen Schlepper an, um ihn zum Ausrüstungskai zu bugsieren.

Heckansicht des eingedockten Kreuzers. Neben dem scharf geschnittenen Achtersteven der beigezeiste Heckanker, der bei Gebrauch an eine Stahlleine angeschäkelt wird. Unter dem Heckflaggstock das Initial Kaiser Wilhelms, darunter die Hecklaterne, die abgeblendet als Richtlicht beim Verbandsfahren verwendet wird. Vor dem Heckanker das durch Panzerblende verschlossene Bulleye der Kommandantenparty, dahinter das Rohr der Stb. achteren halbautomatischen 5,2-cm-Revolverkanone, die in der Kommandantenmesse steht. Die Klappen sind geschlossen, während sie beim Stb. achteren Kasemattgeschütz 10,5 cm geöffnet sind. Über dem achteren Scheinwerferpodest sind die beiden Ruderlagekegel für das Fahren im Verband erkennbar.

Die Kommandantenmesse mit den beiden 5,2-cm-Revolverkanonen zur Torpedobootsabwehr. Die Glasfenster sind herausnehmbar. Die Geschützklappen fallen nach unten/außen weg. An diesem Sechsertisch tagte in Sonderfällen der Schiffsrat. Die Tür dahinter führt in die Kommandantenpantry.

Der Fahrstand des Kreuzers mit den Handrädern für die Fahrventile der Parsons-Turbinen, mit Manonmetern und Umdrehungsanzeiger. Links im Bild das Fahrventil für eine der beiden Rückwärts-Turbinen.

Der Hilfsmaschinenraum für die beiden Dampfankerspills im Vorschiff des Kreuzers. Eine Kolbendampfmaschine liefert die Antriebskraft.

Eine der Offizierskammern im Achterschiff, ausgestattet mit Sofa, Tisch und Schreibtisch.

Das Vorschiff des bereits armierten Kreuzers nach dem Eindocken. Die rechte Seite des Doppel-Bugwappens zeigt das Wappen der sächsischen Landeshauptstadt Dresden. Die Ankerketten sind noch nicht eingeschoren. Hinter der noch leeren Ankerklüse die Verschlußklappe (mit Bulleye) für den Geschützstand der Stb. vorderen halbautomatischen 5,2-cm-Revolverkanone. Hinter dem Wellenbrecher die beiden vorderen 10,5-cm-Geschütze. Vom Stb. vorderen Kasemattgeschütz 10,5 cm (im Schwalbennest) sind die Verschlußklappen geöffnet. Gut ist der gepanzerte Kommandostand mit den Sehschlitzen erkennbar, darüber die ungeschützte Kommandobrücke (Friedenssteuerstelle).

Das Bild hat Seltenheitswert: Kreuzer *Dresden* führt die schwarzweißrote Handelsflagge am Heck. Das Schiff befindet sich also noch im Eigentum der Werft Blohm & Voss und wird bei seinen Erprobungen von einem zivilen Werftkapitän gefahren.

Fregattenkapitän Erich Köhler, Kommandant der *Dresden* im mexikanischen Bürgerkrieg.

Der I. Offizier, Kapitänleutnant Kurt Nieden, der mit dem Menschenstrom fertig werden mußte und eine der beiden Amerikaner-Rettungsaktionen in Tampico durchführte.

Bordrekruten-Ausbildung in Rölsdorf bei Kiel, Zugführer Leutnant zur See Max Schmidt.

Bordrekruten-Ausbildung in Rölsdorf bei Kiel, Zugführer Leutnant zur See Max Schmidt.

Die *Dresden* als rettendes Flüchtlingsasyl für Europäer und Amerikaner im mexikanischen Bürgerkrieg.

In Puerto Mexico (Coatzacoalcas) schiffen sich nach ihrer Abdankung der Ex-Präsident Victoriano Huerta und sein Ex-Kriegsminister Blanquet mit ihren Familien ein, um vom Kreuzer *Dresden* nach Kingston/Jamaika ins Exil gebracht zu werden.

Letzte »Kohlenschlacht« vor der Mobilmachung in Charlotte Amalie/Saint Thomas, diesmal mit männlichen Kohlenträgern.

Bei den Virgin Islands brach Kreuzer *Dresden* die Heimreise ab und nahm heimlich Kurs auf sein erstes Jagdrevier vor Brasilien. (Vorkriegsaufnahme vom Herbstmanöver 1912.)

Der Kommandant der *Dresden*, Fregattenkapitän Fritz Emil Lüdecke, erhielt auf der Reede von Hanga Roa/Osterinsel via Überseefunkstationen Nauen und San Francisco die Kurzwellen-Nachricht von seiner Beförderung zum Kapitän zur See. (Dieses Foto entstand nach Lüdeckes Heimkehr und Beförderung zum Konteradmiral.)

Nach der Vereinigung des Ostasiatischen Kreuzergeschwaders mit den Auslandskreuzern *Dresden* (Ostamerikanische Station) und *Leipzig* (Westamerikanische Station) sind einschließlich der Begleitdampfer zwölf deutsche Schiffe vor der Ostseeeinsel versammelt. Links der beiderseits von Kohlendampfern umgebene Große Kreuzer *Scharnhorst*, Flaggschiff des Vizeadmirals Graf von Spee, rechts Kreuzer *Nürnberg* beim Kohlen.

Der britische Panzerkreuzer *Monmouth*, 9350 t, Bewaffnung 14 Geschütze 15 cm, acht Geschütze 7,6 cm und zwei Torpedorohre, wurde zur Jagd auf die *Dresden* und schließlich auf das Spee-Geschwader angesetzt. Der Panzerkreuzer fand in der Seeschlacht vor Coronel/Chile am 1. November 1914 ein bitteres Ende.

Vergälltes Jagdrevier La Plata

Am 22. August ging der Kreuzer *Dresden* zusammen mit seinen Trabanten *Baden* und *Santa Isabel* in See, um vor der La-Plata-Mündung überraschend aufzutreten. Kapitän Lüdecke versprach sich von diesem wichtigen Anlaufziel nahezu aller Südamerika-Dampferlinien die meisten Erfolge. Da jedoch die *Santa Isabel* ihre Nöte hatte, die von der *Dresden* eingeschlagene Marschfahrt von 12 Knoten einzuhalten, ging der Kreuzer mit der *Baden* am 25. August auf einen etwas nördlicheren Kurs, um den Dampfertrack baldmöglich zu erreichen und ihm dann länger folgen zu können. Die *Isabel* wurde auf ihrem alten Kurs belassen, allerdings wurde mit ihr ein Treffpunkt verabredet, an dem auf offener See mit Hilfe der ausgesetzten Beiboote sackweise »gekohlt« werden sollte.

Genau an diesem Tag, nachdem *Dresden* und die beiden Frachter die Insel Trinidada verlassen hatten, traf tatsächlich die *Cap Trafalgar* dort ein. Sie hatte klugerweise die Funkstille niemals durchbrochen, so daß die Royal Navy restlos im dunklen tappte, wo dieses Schiff geblieben sein mochte.

Der Anblick, der sich nunmehr auf dem soeben von der *Dresden* verlassenen Ankerplatz vor dem Obelisken von Trinidada bot, war beinahe ergötzlich. Er erinnerte an die Geschichten von dem Elefanten und der Maus, die schon zum Repertoire britischer Kolonialoffiziere gehört hatten:

Neben dem großen Südatlantik-Liner sah die *Eber* wirklich wie ein Winzling aus. Immerhin war die *Cap Trafalgar* zu diesem Zeitpunkt der größte Südatlantik-Passagierdampfer überhaupt (denn der neue Dreischornsteiner *Cap Palonio* war noch nicht fertiggestellt). Aber die *Cap Trafalgar* war bereits, wie ihr 4000 BRT kleinerer Vorgänger *Cap Finisterre*, ein hochentwickeltes, beachtliches Schiff, auf dem es eine vollständige Großwäscherei, umfangreiche isolierte Kühlräume mit den endgültig funktionsfähig gewordenen Lindeschen Kältemaschinen und durchweg elektrische Ventilatoren gab. Sogar ein großer hallenartiger, mit Springbrunnen versehener Wintergarten, ja ein Treibhaus (!) mit angeschlossenem Blumenladen befanden sich auf diesem luxuriös eingerichteten Schiff. Und man kann sich vorstellen, welche Riesenarbeit es wurde, ein solches Schiff zu einem Hilfskreuzer umzurüsten und wirklich gefechtsklar zu machen – dagegen war die *Dresden*-Mobilmachung geradezu ein Kinderspiel.

Aber für Kapitän Lüdecke und seine Offiziere war der Gedanke eine Genugtuung, daß in Bälde vier deutsche Handelsstörer ganz erhebliche Diversifikationen hervorrufen dürften – die Kreuzer *Dresden* und *Karlsruhe*, die Hilfskreuzer *Kronprinz Wilhelm* und *Cap Trafalgar.*

Immerhin kristallisierte sich aus der intensiven Funkbeobachtung in der F. T.-Station der *Dresden* heraus, daß die *Karlsruhe* ihren Einsatzraum nach Süden bis vor die Nordküste Brasiliens ausgedehnt hatte und am 18. August den ersten Versenkungserfolg melden konnte. Und nicht ohne einen Anflug von Neid registrierte man bald auf der *Dresden*, daß *Karlsruhe* eine Glückssträhne zu fassen gekriegt hatte. Sie kreuzte fortan zunächst vom Lavandeira-Riff vor der Nordostspitze Brasiliens nach Nordosten fast bis zum Äquator, fiel also auch dort über den Dampferweg zwischen Europa und den La-Plata-Häfen her.

Da paßte es sehr gut »in den Kram«, daß im Moment sich abzeichnender Nervosität auf der britischen Seite wegen der gefährlichen *Karlsruhe*-Erfolge auch Kreuzer *Dresden* auf derselben La-Plata-Route, aber wesentlich weiter südlich, zum Jagderfolg kam.

Zunächst hatte die in geringerem Küstenabstand fahrende *Santa Isabel* einen Dampfer gesichtet. Die *Dresden* preschte heran, um ihn zu stoppen. Aber er erwies sich eindeutig als Italiener und damit als (Noch-)Neutraler, der auch keine Bannware geladen hatte und deshalb weiterziehen durfte. Aber diese Enttäuschung der *Dresden*-Besatzung war bald vergessen, als am Morgen des 26. August, etwas auf der Höhe von Rio Grande, der 4223 BRT große britische Frachter *Holmwood* aufgebracht werden konnte. Er war mit 6000 t Kohlen für die Buenos Aires and Pacific Railway Co. von Newport (England) nach Bahia Blanca unterwegs. Der Dampfer war britisch, das Kapital der Bahngesellschaft ebenfalls. Hier durfte die *Dresden* abermals »zuschlagen«.

Nun war die Ladung Kohle natürlich etwas recht Begehrenswertes, wovon man nie genug als Vorrat bei sich haben konnte. Und doch war die Versenkung dieses Frachters unbedingt angebracht. Es hatte keinen Zweck, dessen gesamte Besatzung Tag und Nacht als Gefangene bewachen zu wollen und dennoch ein solches Hilfsschiff mit fremden, feindselig eingestellten Arbeitskräften mitlaufen zu lassen. Viel zu groß war die Gefahr einer Entdeckung durch plötzlich auftauchende britische Seestreitkräfte, auch boten sich Sabotagehandlungen jeder Art an.

In Las Palmas hatte der Kapitän des Britenfrachters vom Kriegsausbruch erfahren, auch das stand fest. Vor dem La Plata aber hatte er überhaupt nicht mehr mit einem deutschen Kreuzer gerechnet. Er war völlig entgeistert, als ihm nun mitgeteilt wurde, er und seine Besatzung mögen ihre

Habseligkeiten zusammenpacken und binnen einer halben Stunde das Schiff verlassen, um auf die *Santa Isabel* umzusteigen.

Wiederum nahm das Prisenkommando als Beute von Bord, was nur einigermaßen nützlich erschien. Inzwischen schlugen Angehörige des Prisenkommandos unter der Wasserlinie im Schiffsbauch Sprengpatronen an. Sicherheitshalber opferte die *Dresden* zusätzlich einen ihrer Torpedos. Die *Holmwood* machte daraufhin einen Satz wie ein scheuendes Pferd, richtete sich noch einmal wieder auf, um dann sofort endgültig zu versinken.

Der ziemlich fanatische Kapitän, der den Untergang seines Frachters mitansehen mußte, gestikulierte wild und stieß Verwünschungen aus. Diese »damned Germans« werden das sehr bald bereuen müssen, denn Kreuzer *Glasgow* sei ganz nahe und werde die *Dresden* bald auf den Meeresgrund schicken. Sein Segenswunsch lautete: »Go to hell!«

Und noch während die Versenkung der *Holmwood* vorbereitet worden war, hatte der Ausguck schon wieder einen Dampfer gemeldet. Es handelte sich um die *Katherine Park* (4854 BRT). Dieser Brite befand sich mit einer Ladung Quebracho-Holz auf dem Wege von Santa Fé und Buenos Aires nach Rio de Janeiro und New York.

Das auf den Frachter hinübergeschickte zweite Prisenkommando der *Dresden* konnte nur konstatieren, daß die Ladung tatsächlich neutrales Eigentum und daß sie nach einem neutralen Hafen bestimmt war.

Fritz Lüdecke fand heraus, daß Quebracho-Holz derzeit ohnehin noch nicht als Bannware galt, außerdem mußte man davon ausgehen, daß der Wert des Frachters geringer war als der seiner Ladung.

Kurt Nieden, der I. Offizier der *Dresden*, schüttelte den Kopf: »Eine merkwürdige Lotterie ist das hier – jedesmal folgt einem Gewinn eine Niete!«

Nieden kam auf einen Einfall, den der Kommandant sofort guthieß: Die gerade eben an die *Santa Isabel* abgegebene *Holmwood*-Besatzung wurde wieder heruntergeholt und der *Katherine Park* mitgegeben, die man ja ohnehin laufen lassen mußte. Auf diese Weise wurde man die in jedem Fall lästigen Gefangenen los.

Der Kapitän des »von der Schippe gesprungenen« Frachters konnte sein Glück noch gar nicht fassen. Nach Unterzeichnung der besagten Loyalitätserklärung wurde die *Katherine Park* nach Rio de Janeiro entlassen, wo sie am 30. August eintraf.

Aber nun »rotierte« man bei den britischen Reedereien doch recht deutlich: Nur zehn Tage nach der *Hyades*-Versenkung nun die Nachricht vom Verlust der *Holmwood* und der zeitweiligen Aufbringung der *Katherine Park* – beide auf ganz verschiedenen Positionen, während gleichzeitig der andere deutsche Raider *(Karlsruhe)* weiter im Norden seine Erfolge fortsetzte. So konnte und durfte das nicht weitergehen. Welcher ihrer Frachter sollte denn nun als nächster drankommen? Hier gab es doch nur eins: Im Hafen bleiben, bis die Luft wieder rein war – egal, wie lange das noch dauern sollte.

Die britische Admiralität mußte erheblichen Druck auf die britische Handelsschiffahrt ausüben, damit der Gegner durch eine solche Lahmlegung des Verkehrs nicht genau das von ihm gesteckte Ziel erreichte. Man verwies auf die nun ja vom britischen Staat übernommenen Versicherungsprämien und betonte, daß die Seestreitkräfte der Royal Navy momentan verstärkt würden – schließlich seien der Panzerkreuzer *Monmouth* und der große Hilfskreuzer *Otranto* bereits eingetroffen, der Panzerkreuzer *Good Hope* noch im Anmarsch. Und um noch eins draufzusetzen, ließ die britische Nachrichtenagentur Reuter am 29. August auch funktelegrafisch verbreiten, daß die *Dresden* versenkt worden sei – schon wieder mal! Es handelte sich also um reine Zweckpropaganda, um die britische Handelsschiffahrt wieder zu beruhigen.

Schon zwei Tage vor dieser Fantasiemeldung war es dem Leutnant Max Schmidt in der *Dresden*-Funkstation gelungen, einen Telegrammwechsel zwischen einem britischen Dampfer und dem britischen Konsul in Rio de Janeiro aufzufangen.

Schmidt mischte sich geschickt mit der auf dem Frachter *Drumcliffe* ausgebauten Marconi-Funkapparatur ein und gab sich ebenfalls als britisches Handelsschiff aus. Er versicherte seinen beiden Telegrafiefunkpartnern, daß in diesen Gewässern keinerlei Gefahr drohe und daß sie sich getrost dem La Plata annähern könnten. Die Briten schöpften tatsächlich keinen Verdacht und bedankten sich recht artig für diese Information.

Wer den Britenfrachter nachher vielleicht doch noch gewarnt hat, ließ sich nicht ermitteln. Wider Erwarten tauchte er schließlich nicht auf. Um ihm aufzulauern, hatte Kreuzer *Dresden* jedoch ein gutes Quantum wertvoller »Glanzkohle« (Cardiff-Kohle) durch die Schornsteine gejagt. Dabei wäre der *Dresden* eine weitere Prise recht gut bekommen, denn schon wieder machte sich die alte »Krankheit« unangenehm bemerkbar: Die Kohlenbunker waren schon wieder gefährlich weit leer geworden.

Dem Kreuzer blieb nichts anderes übrig als der Versuch, von 16.00 Uhr an auf hoher See aus der *Santa Isabel* Kohlen zu übernehmen. Das war nur auf dem Umweg über die ausgesetzten Beiboote möglich. Es wurde ein fürchterlicher, äußerst riskanter Tanz.

Dem Kommandanten wie dem I. Offizier der *Dresden* sträubten sich gleichermaßen die Haare. Das konnte keinesfalls lange unfallfrei gutgehen! Das Wetter verschlechterte sich immer mehr, so daß Lüdecke diesen Versuch am untauglichen Objekt abbrechen ließ. Am nächsten Tag aber artete der Starkwind zum vollen Sturm aus, so daß ein erneuter Versuch der Seebekohlung endgültig aufgegeben werden mußte.

Lüdecke kam sich vor wie jemand, der einen Glücksspielautomaten genau in diesem Augenblick verlassen mußte, als der Gewinne anzuzeigen begann. Tatsächlich wäre ein weiterer Aufenthalt vor der La-Plate-Mündung recht erfolgversprechend gewesen, denn die euphorisch zum Schutz der dortigen Handelsschiffahrt versprochenen britischen Kriegsschiffe *Monmouth* und *Otranto* trafen tatsächlich erst am 8. September ein.

Aber es war der allmählich kritisch gewordene Kohlenbestand nicht der einzige Grund dafür, daß *Dresden* sich um eine ruhige Bucht zur Ergänzung der Kohlenvorräte kümmern mußte: Inzwischen war immer deutlicher auch klargeworden, daß die Seefähigkeit des Kreuzers durch das heftige Anrempeln gegen die *Baden* beim Rocas-Riff und erneut bei Trinidada doch stark herabgesetzt wurde. Erst der jetzt aufgekommene Sturm hatte das Ausmaß der erlittenen Schäden deutlich gemacht: Die *Dresden* »soff« an mehreren Stellen stärker als anzunehmen war. Das zeichnete sich besonders im Bereich des eingedrückten »Schwalbennestes«, aber auch im Umfeld eingebeulter Platten des Rumpfes ab. Nieten waren leckgesprungen, auch gab es Plattenrisse. Man würde wohl durch Aufsetzen von »Patschen«, von Stahlplatten, diese Leckagen abdichten müssen. Solche Reparaturen, die Außernbordsarbeiten mit Schweißbrennern notwendig machten, ließen sich wirklich nur an einem ruhigen Ankerplatz vornehmen. Also raus aus der stürmischen See, kein weiteres »Gegenanbolzen«, wie der Seemann sagt. Auch wenn es Jagdbeute kosten sollte: Die Suche nach einer Ankerbucht hatte jetzt Vorrang.

Als dieser Entschluß gerade gefaßt war, stürzte F. T.-Meister Heil auf die Brücke: »Wir haben einen britischen Dampfer aufgefaßt, der Lautstärke nach ganz in unserer Nähe!« *Lüdecke* schloß eine Art Kompromiß. Er ließ den Kurs so absetzen, daß er einerseits nicht zu hart gegen die See fuhrte, keinen Umweg auf dem Kurs nach Süden bedeutete und dennoch gewisse Sichtungschancen bot. Aber bald darauf peitschten Regenböen über die See. Die Sicht wurde derart schlecht, daß man von der Brücke aus schon den Bugflaggstock der *Dresden* nicht mehr sehen konnte.

Zwar warf Kapitän Lüdecke keineswegs gleich die Flinte ins Korn. Als aber nach drei Stunden noch immer keine Sichtbesserung eingetreten war, pflichtete Lüdecke seinem Adjutanten bei. Canaris hatte lakonisch festgestellt: »Der La Plata mag uns eben nicht!«

Kreuzer *Dresden* hielt dichter auf die argentinische Küste zu und »hangelte« sich an ihr entlang nach Süden. In der Nacht vom 28. zum 29. August kam das Mogotes-Leuchtfeuer beim Kap Corrientes in Sicht. Und obwohl die *Dresden* längst wieder ihre »ökonomische Fahrtstufe« von nur zehn Knoten eingehalten hatte, mußte die Geschwindigkeit noch weiter reduziert werden, um die infolge des Sturms zurückgebliebenen Beischiffe *Baden* und *Santa Isabel* wieder aufschließen zu lassen.

Am 31. August um 04.00 Uhr morgens trafen die drei Schiffe vor dem Kap Dos Bahias ein. Der Navigationsoffizier Kaleu Wieblitz hatte einen geschützten Ankerplatz in Lee der Tova-Insel erhofft. Der Prisenoffizier Hilfsleutnant Fetzer gab als Kenner dieses Fahrtgebietes diesem Ankerplatz einige Chancen. Aber an Ort und Stelle ergab sich, daß wieder mal alles »Pustekuchen« war. Der Schwell drückte infolge der herrschenden Windrichtung so stark in die nur sanft gewölbte Bucht hinein, daß jeder Gedanke an ruhiges

Ankern ausschied. Aber nun wußte Fetzer guten Rat: Die drei Schiffe »verholten« in die der Insel gegenüber gelegene Cayetano-Bucht, unweit der Gill Bay an der patagonischen Küste. Sie steht auch als Guanaco-Bucht in den Karten.

Fetzer hatte recht, der Ankerplatz war gut. Die Schiffe lagen endlich einmal ruhig wie in Abrahams Schoß, aber sie ließen sich nicht verbergen, wenn sie von See aus gesucht würden. Sie lagen an dieser allzu offenen Küste wie auf dem Präsentierteller. Natürlich ließ sich hier Kohlenübernahme, im Seemannsdeutsch »das Kohlen«, ohne weiteres verantworten, zumal stets eins von den beiden Versorgungsschiffen weiter draußen »Vorpostenboot« spielte und rechtzeitig jede Annäherung verdächtiger Schiffe sofort melden würde. Und tatsächlich genoß es die Besatzung geradezu, daß die ungeliebte Kohlerei endlich einmal bei ruhigem Wasser vor sich gehen konnte.

Am 1. September waren die Bunker des Kreuzers wieder vollständig gefüllt. Aber nun war der Leitende Ingenieur, zusammen mit dem Zweiten Ingenieur Reinhardt Meyer, beim Kommandanten vorstellig geworden und hatte eine ganze Liste von unbedingt vorzunehmenden, inzwischen schon überfälligen Reparaturen an den Maschinen und in der Kesselanlage vorlegen müssen.

Das war nun eine sehr schwerwiegende Frage, ob das an dieser Stelle verantwortet werden konnte, Kessel »abzusetzen« und zwecks Reparatur vollständig auskühlen zu lassen. Bei einem feindlichen Überraschungsangriff war die Gefechtsbereitschaft nur noch bedingt gegeben, höhere Fahrtstufen waren nicht denkbar.

Kommandant, Navigationsoffizier und Steuermann wechselten ins Kartenhaus des Kreuzers hinüber. Prisenoffizier Fetzer wurde ebenso beigezogen. Seehandbücher wurden gewälzt, Distanzen (Wegstrecken) mit dem Stechzirkel abgegriffen.

Man rechnete hin und her. Die ganze Küste von Patagonien bot keinen echten Schlupfwinkel, der Einblicke von See her unmöglich machte.

Das Anlaufen des argentinischen Hafens Comodoro Rivadavia war nutzlos, weil der Kreuzer aufgrund der Neutralitätsbestimmungen schon nach 24 Stunden wieder hätte auslaufen müssen. Außerdem würde der britische Nachrichtendienst auf diese Weise sofort spitzbekommen, wo die inzwischen recht fieberhaft überall gesuchte *Dresden* tatsächlich geblieben ist. Und das alles in bereits unangenehmer Beinahe-Nachbarschaft zum britischen Flottenstützpunkt Port Stanley auf den Falkland-Inseln?

Man zog doch lieber menschenleere, am besten sogar unbewohnte Gegenden vor. Aber schon die Walfangsegelschiffe hatten sich beklagt, daß sie auf ihren Antarktisreisen nirgendwo an der offenen Küste unterhalb des Golfs San Jorge einen Schutzhafen oder gar ein Versteck vor fremden Blicken fänden. Auch die großen Rahsegler der bis zum Kriegsausbruch regen Salpeterfahrt ums Kap Hoorn von Chiles Salpeterhäfen nach Europa konnten ein Lied davon singen, was ihnen bei einem Pampero vor Patagoniens Ostküste blühte.

Die Einfahrt in die Magellanstraße lehnte der Kommandant als zu risikoreich im Sinne der Kompromittierung des Schiffes ab. An einem so wichtigen Platz wie Punta Arenas hatten die Briten in jedem Falle ihre Agenten sitzen – wohl aber sei es richtig, die zur Zeit als Argentinier getarnte *Santa Isabel* als Spähschiff einzusetzen. Sie bekam Order, in dieser Hafenstadt – im chilenischen Teil Patagoniens gelegen – »die Lage zu peilen«, Nachrichtenverbindungen über Landkabel zu den Etappen und damit auch zur Admiralität aufzunehmen, so daß die *Dresden* ihre Funkstille nicht unnötig durchbrechen mußte. Zugleich sollte das Schiff dort neuen Proviant übernehmen, unbedingt benötigte Maschinenersatzteile – vor allem nach mitgegebenen Schablonen neu zu gießende Kesselroste – abholen und eine möglichst große Anzahl warmer Wollmäntel einkaufen.

Kreuzer *Dresden* würde zur Schonung seiner desolaten Antriebsanlage gemächlich vor der patagonischen Küste nach Süden bummeln und sich dann in einer der Naturhafenbuchten Feuerlands verstecken, damit die Reparaturen an Außenhaut, Maschinen und Kesseln in Ruhe durchgeführt werden könnten. Die Sache mit dem Einkauf von Mänteln erhielt einen besonderen Dringlichkeitsakzent. Bei seinem täglichen Rundgang durchs Schiff hatte Kapitän Lüdecke verwundert eine ungewöhnlich lange Schlange von Seeleuten bemerkt, die vor dem Hospital auf Untersuchung und Behandlung warteten. Beide Ärzte zogen Lüdecke diskret ins Vertrauen: »Der Krankenstand ist so hoch wie noch nie. Der Klimawechsel ist den ausgepumpten Männern überhaupt nicht bekommen. Eben hatten wir die Hitzeprobleme am Äquator, jetzt nahezu abrupt kalte stürmische Winde vom antarktischen Kaltwasserstrom her, der vor Patagonien nordwärts zieht. Wir können kaum noch gegenan: Darmkatarrh, Bronchitis, Nierenschmerzen, grippeähnliche Erscheinungen. Das Zähneklappern auf den Kriegsmarschstationen nimmt kein Ende. Das Schiff ist für Tropeneinsätze ausgerüstet worden, wir haben viel zu wenig Wachmäntel an Bord. Und die Lage wird sich täglich verschlimmern, denn wir erreichen höhere südliche Breitengrade. Da nützt das überhaupt nichts, daß wir dem Südhalbkugel-Frühling entgegenreisen. Es wird ähnlich wie bei einer Fahrt nach Nordnorwegen und Spitzbergen. Feuerland dürfte lausig kalt sein!«

Lüdecke wurde durch diese Aussage der beiden Ärzte in seinem Entschluß bestätigt, die *Santa Isabel* sofort nach Punta Arenas zu detachieren.

Gerade eben hatte dieser Hamburg-Süd-Dampfer sein

großes Schlachtfest beendet. Sechs Rinder und Kälber hatten »daran glauben« müssen. Endlich konnte wieder Frischfleisch übernommen und in die Fleischlasten der *Dresden* gehängt werden. Es war doch eine gute Vorsorge, daß die Etappe Buenos Aires die *Santa Isabel* mit lebendem Vieh auf die Reise geschickt hat.

Der Kapitän und der Supercargo trafen nun zu einer abschließenden Besprechung mit dem Kommandanten und dem Navigationsoffizier des Kreuzers zusammen. Denkbare Treffpunkte samt Alternativen wurden vereinbart und mit einzelnen Codenamen versehen.

Besonderen Ideenreichtum entwickelte Oberleutnant Canaris, der dem Supercargo besondere Kontaktadressen aus seiner Südamerikazeit auf Kreuzer *Bremen* mitgab, sie bestanden in Brasilien, Argentinien und Chile. Mit ihrer Hilfe ließ sich sicherlich ein Netz von V-Männern (nachrichtendienstlichen Vertrauensmännern) knüpfen.

Bald ging auf dem Kreuzer das Flaggensignal »Wünsche Ihnen gute Reise!« unter der Signalrah empor. Die *Santa Isabel* gab mit der Dampfpfeife dreimal lang, das sogenannte Kompaniesignal. Und nun winkte man auf *Dresden* und *Baden* dem ankerauf gegangenen und nach Punta Arenas entlassenen Beischiff hinterher.

Noch am gleichen Tag (2. September) gingen auch *Dresden* und *Baden* mit Kurs Süd in See, um ihre vereinbarte Bummelreise anzutreten.

In der Funkstation des Kreuzers war aus Gründen der Reichweite längst jeder Hörkontakt mit der nordamerikanischen Küstenfunkstelle Sayville abgebrochen, die gerade noch an der brasilianischen Nordküste empfangen werden konnte. Aber die wackeren »Funkenpuster« der *Dresden* hatten inzwischen noch eine neue Nachrichtenquelle angezapft, die deutlich unabhängig von der Entente-Presse war. Es gelang, den »Funkentelegrafischen Zeitungsdienst« der

La-Plata-Zeitung abzuhören, der von der argentinischen Station auf Kap de las Virgines an die Station Ushuaia im argentinischen Teil Feuerlands gerichtet war und damit an die damals südlichste Stadt der Welt. Zugleich gelang es den unermüdlichen »Frequenzforschern«, den drahtlosen Verkehr der Station Cerrito in Uruguay mit der britischen Küstenfunkstelle in Port Stanley/Falkland-Inseln abzuhören. Cerrito freilich setzte blühenden Unsinn in die Welt: Es habe in der Nordsee eine Seeschlacht gegeben, bei der sieben britische Linienschiffe versenkt worden seien, darunter auch das Flaggschiff des britischen Flottenchefs Admiral Jellicoe. Leider war die Wahrheit ganz anders und äußerst tragisch: Die britischen Schlachtkreuzer waren bei sehr trübem Wetter unbemerkt in die Deutsche Bucht eingedrungen und hatten in der sogenannten Schlacht bei Helgoland die hoffnungslos unterlegenen Kleinen Kreuzer *Mainz*, *Köln* und *Ariadne* versenkt, außerdem das Torpedoboot *V 187*. Bei diesem Überraschungsangriff fanden 684 deutsche Seeleute den Tod (28. August 1914).

Die *Dresden*-Funker fanden durch Vergleich der Meldungen allmählich die Wahrheit heraus, daß die Deutschen tatsächlich eine böse Schlappe erlitten hatten. Es bleibt unerfindlich, wie die Funkstelle in Uruguay daraus einen deutschen Seesieg hatte machen können. Das widersprach doch allen sonstigen Gepflogenheiten, immerfort Erfolge der Entente zu propagieren.

Für die Männer der *Dresden*, die sich tagtäglich immer weiter von der Heimat entfernten, war es äußerst wichtig, mehr über die tatsächlichen Vorgänge in der Heimat zu erfahren. Darum wurde die La-Plata-Zeitung mit ihren Funkmeldungen immer bedeutsamer. Auch versprach man sich weitere Gewißheiten durch Lektüre der von der *Santa Isabel* aus Punta Arenas mitzubringenden chilenischen und chile-deutschen Zeitungen. Im ersten Monat des Krieges sah die Lage für Deutschland nicht ungünstig aus. An der Westfront waren Lüttich, Mülhausen und Brüssel eingenommen, die deutschen Truppen drangen zur Marne vor und bedrohten bereits Paris. In Ostpreußen hatten Hindenburg und Ludendorff soeben die Schlacht bei Tannenberg siegreich geschlagen und 93 000 Gefangene gemacht.

In der dritten Nacht des Marschs nach Süden sichteten die Ausguckposten des Kreuzers *Dresden* die Positionslaternen und schließlich die Silhouette eines Segelschiffes. Der Signalaustausch mit der Morselampe ergab, daß es sich um eine argentinische Bark mit Hilfsmotor handelte. Die beiden Schiffe stoppten und legten sich zu einem Plausch übers Megafon (von den Seeleuten scherzhaft »Flüstertüte« genannt) nebeneinander. Es stellte sich heraus, daß der Erste Offizier und der Maschinist des Rahseglers deutsche Landsleute waren, die nun natürlich auf diese unerwartete Begegnung begeistert reagierten.

Kapitän Lüdecke schaltete sich selbst in das Megafongespräch ein und erhielt recht wertvolle Informationen über die Lage in Feuerland. Die für ihn wichtigste Nachricht aber war, daß die Bark nirgendwo britischen Seestreitkräften begegnet sei. Überhaupt sei der Weg auf dem Kurs der *Dresden* mit hoher Wahrscheinlichkeit frei von unangenehmen Überraschungen.

Mit herzlichen wechselseitigen Wünschen für glückhafte Fahrt gingen der Kreuzer und der Rahsegler wieder auseinander.

Inzwischen war am 4. September die *Santa Isabel* in Punta Arenas eingetroffen, sie machte ihre Sache sehr gut: Am 5. September traf bei den Etappen Valparaiso und Buenos Aires, am 7. September nach Weiterleitung beim Admiralstab in Berlin die Code-Meldung ein: »Funkspruchverbindung ist hergestellt mit *Dresden*«: Dementsprechend konnte der Admiralstab am 8. September über Kabel ein Telegramm an den Kreuzer auf den Weg bringen, das am 9. September von Valparaiso nach Punta Arenas weitergereicht wurde. »Es empfiehlt sich, gemeinsam mit *Leipzig* zu operieren.« Und es wurde hinzugefügt, daß auch Kreuzer *Leipzig* von Berlin aus eine entsprechende Nachricht zugeleitet bekam, man möge sich um *Dresden*-Kontakte bemühen.

Der Kleine Kreuzer *Leipzig*, seit März 1913 unter dem Kommando von Fregattenkapitän Johann-Siegfried Haun, hatte ähnlich wie die *Dresden* alles an Turbulenzen miterlebt, in die ein Auslandskreuzer in der berühmten »guten alten Zeit« überhaupt verwickelt werden konnte: Nach zeitweiliger Ostasien-Kommandierung (mit Befahrung des Jangtsekiangs und des Gelben Meeres) sowie Repräsentationsbesuch in Japan hatte er erst auf Samoa einen Häuptlingsstreit schlichten müssen, der sich zu bewaffneten Auseinandersetzungen der Eingeborenenstämme untereinander auszuweiten drohte. Nach Freundschaftsbesuchen in Siam und im ostindischen Inselbereich mußte die *Leipzig* wieder auf den Jangtsekiang stromaufwärts fahren, um bei in Hankau ausgebrochenen Unruhen Schutzfunktionen übernehmen zu können.

Nach nochmaligen Besuchen japanischer und erstmals auch sibirischer Häfen mußte der Kreuzer erneut ins Hankauer Unruhegebiet entsandt werden und sein Landungskorps zum Schutz deutscher Niederlassungen ausschiffen, außerdem Frauen und Kinder nach Schanghai evakuieren.

Später wurde die *Leipzig* Zeuge der schweren Kämpfe zwischen chinesischen kaiserlichen und republikanischen Truppen in China und besuchte danach das südliche Gebiet der Ostasiatischen Station einschließlich der Philippinen.

Buchstäblich zum »Kollegen« der *Dresden* wurde die *Leipzig* dadurch, daß sie im Mai 1914 den Kleinen Kreuzer

Nürnberg abzulösen und damit die Westamerikanische Station zu besetzen hatte. Damit geriet auch sie in die Ereignisse der Revolution in Mexiko hinein. Auch in Mazatlan mußten Deutsche und andere Ausländer ähnlich evakuiert werden wie in Tampico. Weil aber in den Wirren von Mazatlan das dortige mexikanische Nachrichtennetz zusammengebrochen war, erhielten die dort eingesetzten europäischen Kriegsschiffe erst am 31. Juli die Nachricht vom Bestehen politischer Spannungen in Europa.

Fregattenkapitän Haun gab am 2. August die letzten an Bord befindlichen Flüchtlinge an einen amerikanischen Panzerkreuzer ab und verzog sich in einsamere Regionen, um in aller Eile die Mobilmachungsmaßnahme durchzuführen und den Kreuzer gefechtsklar zu machen. In der abseits gelegenen Magdalenen-Bucht an Niederkaliforniens Westküste wartete der Kreuzer *Leipzig* die weitere Entwicklung ab und erhielt am 5. August die Nachricht von Großbritanniens Kriegseintritt. Damit aber trat für dieses im Pazifik stationierte Schiff (das seit August 1906 die Heimat nicht wiedergesehen hatte!) der Mob-Plan in Kraft, nach dem sich Kreuzer *Leipzig* mit dem Ostasiatischen Kreuzergeschwader des Vizeadmirals Graf Spee zu vereinigen hatte. Aber in Anbetracht der schwierigen Kohlenversorgung entschloß sich Kapitän Haun zunächst zum Handelskrieg vor der nordamerikanischen Westküste und zum Kohlen in San Francisco.

Kreuzer *Leipzig* sichtete jedoch keine Gegnerschiffe, und beim Bunkern in »Frisco« konnte nur wenig Kohle übernommen werden, weil man dort die Neutralitätsvorschriften äußerst unfreundlich auslegte. Die *Leipzig* verzog sich deshalb in den Golf von Kalifornien. Dort befand sie sich im Augenblick der Kontaktaufnahme durch die *Santa Isabel* noch immer.

Kreuzer *Leipzig* hatte danach aber doch zweimal »Jagdglück«: Am 11. September konnte er bei Manzanillo/Mexiko den britischen Dampfer *Elsinore* und am 25. September südöstlich Callao/Peru den britischen Dampfer *Bankfields* versenken.

Aber zurück zur immer weiter nach Süden laufenden *Dresden*.

Solange es das Wetter noch einigermaßen erlaubte, spielte die Musik jeden Tag an Deck auf, zur Freude derer,

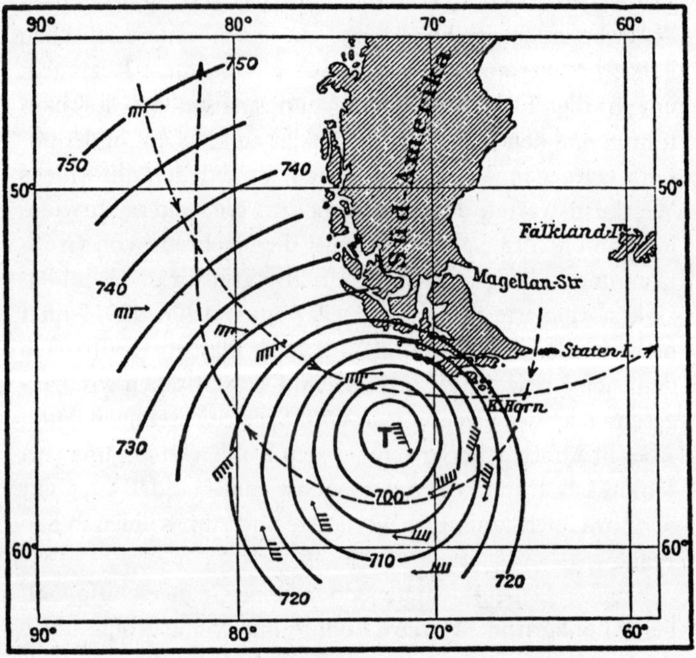

Entstehung eines typischen Kap-Hoorn-Sturms, wie ihn nun auch Kreuzer *Dresden* kennenlernen mußte. Die beiden Pfeillinien geben die mittlere Lage der Segelschiffswege um Kap Horn an. (Anmerkung: Die Schreibweise »Staten-Insel« und »Kap Horn« in dieser Wetterkarte entspricht nicht der korrekten, in deutschen Seekarten üblichen, nämlich »Staaten-Insel« und »Kap Hoorn«.)

die Freiwache hatten. Und am Abend, wenn die Flagge heruntergeholt wurde, blies der Musikmeister ein Hornsolo von der Kommandobrücke oder vom Mastkorb. Es war immer dieselbe Melodie, der alte Psam: »Lobet den Herren, den mächtigen König der Ehren ...«

»Rings auf Deck und an der Reling standen Leute still und in Gedanken versunken. Da waren schmutzige Heizer wie ich selbst, Matrosen, Unteroffiziere und Offiziere. Einige standen mit entblößtem Kopf, während andere versuchten, ihre Gedanken hinter einer lustigen Miene zu verbergen.

Wir hatten jedoch alle an dasselbe gedacht: An unser Zuhause, wo wir diesen alten, schönen Psalm gelernt hatten, und an die, die daheim auf uns warteten.« (Zitat Stöckler).

Ein echter Kap-Hoorn-Sturm

Kapitän Lüdecke und sein Navigationsoffizier waren übereingekommen, die *Dresden* durch die Le-Maire-Straße laufen zu lassen, die von Ostsporn Feuerlands von der vorgelagerten Staaten-Insel trennt. Die kühnen holländischen Seefahrer Jacob Le-Maire und Wilhelm Cornelisz Schouten hatten 1616 als erste die Südspitze des südamerikanischen Subkontinents umsegelt und deren südlichstes insulares Vorgebirge nach ihrer Vaterstadt Hoorn an der damaligen Zuidersee Hollands Kap Hoorn genannt. Sie waren dabei durch die Le-Maire-Straße gesegelt, die später auch der beliebteste Abkürzungsweg für die Salpetersegler wurde, jedenfalls auf der Ausreise von Europa nach Chile. Dieser Weg bot sich nun auch für den Kreuzer *Dresden* auf dem Weg zu einem Feuerland-Versteck als bestgeeignet an.

Man war also auf dem Weg in die Kap-Hoorn-Region, in die Inselwelt vor Feuerland – Ende der bewohnten Welt –, deren Düsternis und Unheimlichkeit sprichwörtlich sind. Daß Kap Hoorn die Wetterecke Nummer eins ist, dürfte selbst Schulkindern geläufig sein. Ein nahezu permanentes Tief südwestlich von diesem Kap erschwert dessen Umrundung durch vorherrschend aus West wehende Starkwinde oder Stürme, die den von Europa und damit aus Nordosten kommenden Schiffen entgegenstanden.

Aber nun bekam auch Kreuzer *Dresden* einen Vorgeschmack dessen, was man Kap Hoorn-Sturmtief nennt – einschließlich Hagel, Regen und Schnee.

Nachdem das Wetter seit dem Verlassen der Cayetano-Bucht zunächst gut oder sogar sehr gut gewesen war, fiel nun das Barometer ganz abrupt »in den Keller«. Bei der Annäherung an die Staaten-Insel setzte stürmischer Nordwest ein. Es wurde derart unsichtig, daß der Kommandant des Kreuzers doch lieber anstelle eine Le-Maire-Durchfahrt die Weiterreise im freien Seeraum ostwärts der Staaten-Insel bevorzugte. Damit aber begann ein zweitägiger Tanz, wie ihn kein einziger Mann der *Dresden* je zuvor auf See erlebt hatte – und das mit angeknackster Antriebsanlage und stellenweise leckender Außenhaut. Es »blowte« fürchterlich, mit Spitzenböen weit über normaler Orkanstärke. Das Schiff wurde in den kreuz und quer laufenden Sturmseen derart heftig sowie unberechenbar hin und her geworfen, daß der Krängungsmesser auf der Kommandobrücke unberechenbar hin und her geworfen, daß der Krängungsmesser auf der Kommandobrücke des Kreuzers Schlingerbewegungen bis zu jeweils 27 Grad anzeigte.

Der Kommandant mußte an die Worte von Joseph Conrad denken: »Ich schaute mit neuen Augen auf die See ... Es gibt nur einen Schlüssel zu ihrem Besitz, nämlich Kraft.« Und es wurde Lüdecke bewußt, daß des Menschen Wort vor dem versagt, was in den Sturmseen vor (und im weiteren Umkreis von) Kap Hoorn geleistete werden mußte. Schiff und Besatzung wurde auf den Rahseglern das Letzte abverlangt.

Und das galt jetzt auch für die *Dresden*. Lüdecke hatte alle Kriegsmarsch-Wachen eingezogen und wegen der Gefahr des Überbordgespültwerdens das gesamte Oberdeck räumen lassen. Auf der Kommandobrücke konnte sich keiner der Wachgänger auf den Beinen halten.

Der Wachoffizier, Oberleutnant zur See von Koppelow, hatte sich fest in die Ecke geklemmt, den Rudergänger mit Tampen vor der Steuersäule festgebunden. In den Wohndecks war es unmöglich, irgendeine Mahlzeit auf den Tisch zu stellen, auch mit dem Kochen hatte die Kombüse »passen« müssen. Die Kochmaate Richard Gorn und Richard Herfter waren schon froh, daß ihnen mit Hilfe des Bäckergasten Willy Borgewitz und einiger Freiwilliger der seemännischen Wachdivision das Anfertigen belegter Brote gelang, die dann von den Backschaften der einzelnen Korporalschaften, die teilweise auf allen vieren angekrochen kamen, in die Mannschaftsdecks verteilt wurden.

Kapitän Hermann Piening, späterer Nautischer Inspektor der berühmten Segelschiffs-Reederei F. Laeisz, der übrigens jene in die Seefahrtgeschichte eingegangene Sturmreise der Bark *Susanne* mitgemacht hatte – der Segler brauchte volle 99 Tage, um von Ost nach West ums Kap herumzukommen –, hat jene Situation meisterhaft geschildert, in der sich der Kreuzer *Dresden* jetzt befand.

»In unendlicher Prozession marschierten sie von Westen einher, die gläsernen, graublauen Wellenberge. Von ihren Kronen wehen flatternde Mähnen blendenden Gischts, den der Sturm in Fetzen weithin treibt. Tief und schwarzgrau hängen die Wolken geballt. Ein gleichmäßiges Tosen erfüllt die Luft, das die Ohren wie mit Sand zu verstopfen scheint. Verständlich machen kann man sich nur, wenn man den anderen mit voller Kraft ins Ohr schreit. Der übergroße Druck der rasend bewegten See preßt sich durch Mund und Nase in den Körper, will die Lungen aufblasen, bis sie nicht mehr imstande sind, auszuatmen. Zeitweilig gehen Regen und Hagelschauer nieder. Die Luft ist grau von fließendem Wasser und undurchsichtig wie Milchglas.«

Auf der Brücke des Kreuzers war verstärkte Aufmerksamkeit vonnöten, weil man sich auf einer trotz Krieg noch immer von Briten und Neutralen befahrene Rahseglerroute befand und weil bei diesem Weltuntergangswetter auch die Rahsegler die Le-Maire-Straße meiden mußten. Tatsächlich bekam die *Dresden* zweimal Windjammer in Sicht, die beigedreht hatten und »vor Topp und Takel« trieben. Sie wetterten quer zur See den Orkan, diesen Wutausbruch des Himmels, ab – »wie ein Seevogel, der den Kopf unter seine Flügel gesteckt hat« (Joseph Conrad).

Die Heizer vor den Feuern sahen von alledem nichts, die hatten unten in den Kesselräumen das Allerschlimmste durchzustehen. Sie konnten sich auf den glatten geriffelten Flurplatten nur äußerst schwer auf den Beinen halten. Sie hatten sich Strecktaue spannen müssen, um sich einigermaßen irgendwo gegenstemmen zu können, wenn sie mit den zentnerschweren Krücken und Schleußen hantierten, um die Feuer zu pflegen und gelegentlich wieder »zu putzen«. Von Zeit zu Zeit mußten sie Schlacke brechen und Asche ziehen, ehe sie immer wieder schwere Schaufelladungen voller Kohle mit Schwung bis zur Feuerbrücke weit in die Feuerbuchsen (Brennkammern) warfen – in jeder Stunde gut und gern zwei Tonnen pro Kessel.

Aber noch jemand war bei diesem Sturm ohne Unterlaß auf Wache – die Leckwehrtrupps der »Meisterei«, d. h. des Zimmermannsabschnittes unter Obermeistermaat Karl Hiebsch und des Lecksicherungsabschnitts unter Pumpenmeister Theodor Krückenberg. Sie saßen mit Leckbrettern, Stützbalken und Dichtungsmaterial jeder Art bereit, um beim weiteren Aufreißen der ständig leckenden Risse im Bereich von Stauchschadstellen der Außenhaut das Schlimmste zu verhindern, wenn weiterhin tonnenschwere Brecher gegen die Bordwand krachten. Jeden Augenblick konnten ganze Außenhautbereiche unter diesem Riesendruck bersten und Tonnenmassen von Wasser eindringen. Dann mußten sofort die geschlossenen Leckschotten fachgerecht abgestützt werden und die Lenzmaßnahmen in großem Umfang und in richtiger Reihenfolge eingeleitet werden. Von Gefechtsdienst und von der immer wieder geübten »Lecksicherungsrolle« war man solche Wachsamkeit und Vorsorge gewohnt, man hatte zentnerweise Dichtungsmittel zur Hand, das irgendwo zwischen die rasch eingesetzten Abdeckpatschen und die Umgebung des entstandenen Lochs in einer Stahlwand gestopft werden mußte. Sogar Reservehängematten hatte man für diesen Zweck als »Stopfwürste« zur Hand, Werg, ja ganze Kokosrollenfender, jede Menge Wolldecken und Matten.

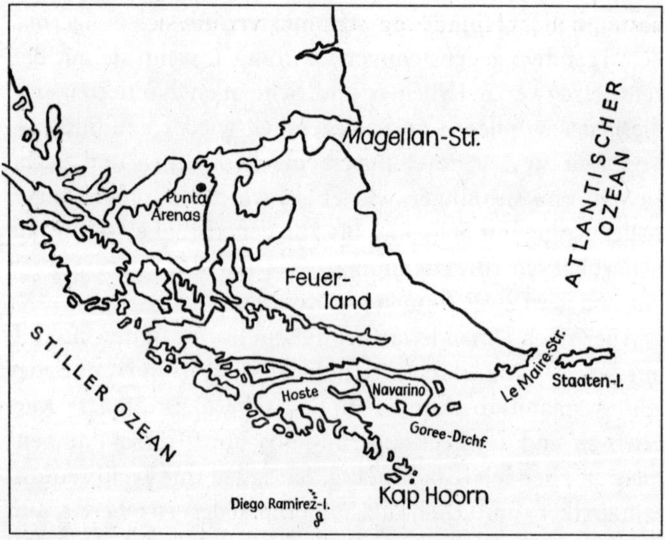

Diese Karte läßt die Le-Maire-Straße zwischen der Staaten-Insel und dem Festland ebenso deutlich erkennen wie den (allerdings nicht ausdrücklich bezeichneten) Beaglekanal zwischen den Inseln Navarino sowie Hoste und der Großinsel Feuerland. Die angesteuerte Orange Bay liegt im Südosten von Hoste. Die Karte zeigt auch die Lage von Punta Arenas an der Magellanstraße. Davon wird später die Rede sein.

Pumpenmeister Krückenberg war ein alter Hase auf diesem Kreuzer. Er hatte schon als Pumpenmeistersmaat die Indienststellung der *Dresden* und auch ihre beiden Kollisionen mit der *Cecilie* und der *München* mitgemacht. Er kannte jedes Schott und sozusagen jede Spante auch im Dunkeln. Aber er konnte sich nicht entsinnen, jemals solche Wassereinbrüche erlebt zu haben. Die vor Rocas und Trinidada erlittenen Schäden waren eben doch so, daß ein ziviles Schiff vom Germanischen Lloyd Fahrverbot bekommen haben würde. Keine Klassifikationsgesellschaft der Welt wäre auf die Kateridee gekommen, ein Schiff in solch angeknackstem Zustand ausgerechnet in einen Kap-Hoorn-Orkan reisen zu lassen. Die Notreparaturen drängten wirklich, sie konnten nicht länger aufgeschoben werden.

»Werftliegezeit« in der Orange Bay

Auch dieser Sturm flaute schließlich ab. Zeitweilig klarte es bis zur unnatürlich anmutenden Fernsicht einer Tiefdruckrückseite auf. Und obwohl immer weiter die Kälte des Südhalbkugel-Vorfrühlings Besitz vom ganzen Schiff und von jedem einzelnen der schlotternden Männer ergriff, hielten es am 5. September die meisten Besatzungsmitglieder der *Dresden* nicht mehr unter Deck aus. Was da vor ihnen aus der See gestiegen war, hatte etwas von majestätischer Großartigkeit an sich. Mal unter tief hängenden Wolken verdeckt, dann wieder von der Frühjahrssonne des Rückseitenwetters beschienen, tat sich die Inselwelt des südlichen Feuerlands vor dem Kreuzer auf. Und es war genauso, wie es später Gunther Plüschow in seinem Buch »Silberkondor über Feuerland« beschrieb: »Ein märchenhaft schönes Bild . . . Da ragten plötzlich weiß-glitzernde Zinnen, ungeheure Steinburgen, schimmernde Gletscher, ganze eisbedeckte Gebirgszüge aus dem Meer. Sie standen für kurze Zeit am Horizont, bis sie eben plötzlich wieder verschwanden – wie ein schöner, kurzer Traum, um wieder tiefen, blauschwarzen Wolken Platz zu machen.«

Erst hatten die *Dresden*-Seeleute an Steuerbord zeitweilig die Bergwelt der großen Insel Navarino gesehen, die Ushuaia und dem feuerländischen Beaglekanal vorgelagert ist, schließlich auch das Gewirr der Wollaston-Inseln an Backbord. Dahinter aber lag Kap Hoorn, das sich dadurch den Blicken der Männer entzog. Durch die Bahia Nassau schlug die *Dresden* einen Haken zum Falschen Kap Hoorn, um endlich Kurs auf die ebenfalls große Insel Hoste zu nehmen. Nunmehr befand sich der Kreuzer ebenfalls im Pazifischen Ozean. Und was sich an Bergen an der Küste entlangzog, das war das Südende der Anden, der chilenischen Küstenkordilleren. Gegen 16.00 Uhr lief der Kreuzer in die von allen Seiten bestens geschützte Orange Bay im Südosten der Insel Hoste ein. Eine wunderschöne Landschaft umgab schließlich die *Dresden.* Und man brauchte nicht viel Phantasie, sich vorzustellen, daß man sich am Rande der bewohnten Welt befand. In Richtung Süden erstreckte sich das Südliche Eismeer. Nächstes Festland war der Sechste Kontinent, die Antarktis. Nachdem tagsüber erneut Albatrosse die *Dresden* umsegelt hatten, kreiste jetzt ein Kondor über dem Schiff, das gleich darauf wieder in Schneeböen geriet.

Hier schien nirgendwo ein Mensch zu wohnen, dachte man auf der Kommandobrücke, als das Kommando »Fallen Anker!« gegeben werden konnte. Das Gepolter der Ankerkette gab ein langrollendes Echo an den Bergwänden.

Ein bißchen benommen waren an Bord alle. Man brauchte Zeit, sich nach dem Höllenlärm von Orkan und Seegang an die Lautlosigkeit dieser verschwiegenen Bucht zu gewöhnen und auch an die völlig ruhige Lage des Schiffes auf einem glatten Wasserspiegel.

Kurz vor Einbruch der Dunkelheit erschien auch das Troßschiff *Baden* in der Bucht, nachdem es in einer der Schneeböen des Tages seinen Kreuzer aus den Augen verloren hatte. Auch die *Baden* fand einen guten Ankerplatz in der Nähe.

Zur Verwunderung der *Dresden*-Seeleute war die Orange Bay doch nicht ganz unbewohnt, denn kurz vor dem Eintreffen der *Baden* kam ein primitives zerbrechliches Rindenboot mit Eingeborenen herangepaddelt. Sie gehörten zu den letzten Feuerland-Indianern vom Stamme der Jaghanen, wie man dem blauschwarzen Haar und den breiten, eskimohaften Gesichtern ansehen konnte. Diese Wassernomaden der Feuerlandkanäle (Fjorde) hatten mit ihren nächtlichen Lagerfeuern Magellan zur Namensgebung Tierra de Fuego, Feuerland, verleitet, als seine Schiffe erstmals (1520) durch die Magellanstraße vom Atlantischen zum Pazifischen Ozean segelten.

Alkohol, Syphilis, Keuchhusten, Diphtherie, Tuberkulose und sogar gewaltsame Dezimierungen hatten diese einstigen Herren des Feuerlandes weitgehend ausgerottet, nachdem rüde Goldgräber und schließlich Schafzüchter in diesen Teil der Welt vorgedrungen waren.

Prisenoffizier Fetzer beherrschte ein paar Brocken der Jaghanensprache und begann eine etwas mühselige Konversation mit den ziemlich zerlumpten Bootsinsassen, die man mit einigen nützlichen Dingen beschenkte. Fetzer übersetzte, daß sie die einzigen Bewohner weit und breit seien. (Und er konnte kaum voraussehen, daß diese Jaghanen von der Orange Bay später nach Ushuaia gepaddelt sind, um dort Meldung von der Anwesenheit des Kreuzers zu machen. Sie gelangte Ende September 1914 zur Kenntnis des britischen Admirals Cradock, der auf der Jagd nach den gefährlichen deutschen Handelsstörkreuzern war.)

In der Orange Bay versteckte sich die *Dresden* mitsamt der *Baden* volle zehn Tage lang. Alle Ressorts hatten ein umfangreiches Reparaturprogramm zu absolvieren, so daß von früh bis abends mit Schweißbrennern, Hämmern und Differential-Flaschenzügen herumgewerkelt wurde. Endlich wurden die Leckagen am Schiffsrumpf ausgebessert. In der Maschine konnte erst das Gehäuse der einen, dann der anderen Turbine behutsam aufgenommen werden. Hier und dort waren nach gründlicher Kontrolle der Turbinenläufer Leitschaufeln nachzurichten, wurden die eine oder andere von den hochempfindlichen Laufschaufeln mit Lehren kontrolliert und die der Schaufelbefestigung dienenden Nuten an Spindel und Gehäuse auf ihre Einstellgenauigkeit in Tiefe, Breite und Abstand auf paßgenaue Toleranzen von 0,05 bis 0,1 Millimeter kontrolliert. Die Schaufeln der *Dresden* waren noch sämtlich aus Bronze gefertigt. Und es war sicherlich nicht übertrieben, was die Bauwerft Blohm & Voss »auf ihre Fahnen« geschrieben hatte: »Kein Sultan dürfte wohl seinen Harem, kein Kassierer seinen Geldschrank gewissenhafter bewachen als ein Schiffsingenieur seine warmen Turbinen.«

Die geringste Beschädigung oder fehlerhafte Befestigung einiger weniger unter den vielen tausend Schaufeln konnte zur Zerstörung der Turbine führen. Alles konnte sich die am anderen Ende der Welt einsam operierende *Dresden* leisten, nur um Himmels willen keinen neuen »Schaufelsalat«, der sofort die gesamte Anlage gefährden würde.

Die Ingenieure, Meister und Maate des Maschinenpersonals hatten endlich, endlich einmal Zeit, alle Kontrollen und Reparaturen durchzuführen, die über acht Monate lang kaum jemals hatten geschehen können, denn auch in Mexiko durfte die Fahrbereitschaft wegen der brisanten Lage kaum jemals eingeschränkt werden.

Jetzt wurde »tabula rasa« gemacht, denn die Fahrt ins Ungewisse würde vielleicht noch sehr lange dauern. Man wußte nicht, wann jemals wieder die Chance zu einer solchen Maschinenüberholung bestehen werde. Da mußten Packungen und Dichtungen erneuert, Zylinderdeckel von Hilfsmaschinen aufgenommen, die Zirkulinen (Kühlwasserkreislaufpumpen) nacheinander demontiert und dann wieder zusammengesetzt werden. Die Kesselgebläse waren »auf Vordermann« zu bringen, zwei vollständig ausgefallene wurden wieder funktionsfähig gemacht.

Pumpen und Vorwärmer waren zu reparieren. Da wurden die Schaulöcher des Hauptkondensators geöffnet und die Wasserkammern gesäubert, die Kolben der Dampfrudermaschine ausgebaut und gereinigt, die dampfführenden Teile der Dampfwasser- und Dampfluftpumpen konserviert. Da wurden Seehähne und Seeventile so weit überprüft, wie das ohne Eindockung überhaupt möglich war, die Dampfkolben der Hauptspeisepumpen überholt, gereinigt und konserviert, genauso die Ventile und Wasserkolben von Lenzpumpen und Deckwaschpumpen. Von der als Notaggregat dienenden Dampfkolben-Lichtmaschine wurde sogar die Kurbelwelle ausgerichtet und ein neues Kurbellager ausgegossen.

Es zahlte sich aus, daß das gesamte Maschinenpersonal der Kaiserlichen Marine aus gelernten Schlossern, Maschinenbauern, Drehern, Schmieden, Rohrschlossern und Mechanikern bestand und von vorzüglichen, bestens ausgebildeten und erfahrenen Fachkräften geleitet wurde. Tatsächlich hätte jeder Industriebetrieb einen Maschinisten oder Maschinistenmaaten/Obermaaten sofort »mit Kußhand« genommen. (Die Marine nahm nur Freiwillige für mindestens vier Jahre.) Nicht minder intensiv wurde an den zwölf Marinekesseln gearbeitet, die mit ihren 24 Feuerungen in den vier Kesselräumen für 16 atü (bar) Dampfdruck zu sorgen hatten. In mehreren Feuerbuchsen mußten durchgebrannte Kesselroste aufgenommen werden. Wenn nur die *Santa Isabel* endlich mit den Ersatzrosten käme! An drei Kesseln waren Rohre nachzuwalzen, an einem sogar die Schamott-Ausmauerungen zu erneuern. Auch die Asche-Ejektoren waren endlich einmal »dran«, drei Sattelstücke für die Ausstoßrohre waren zu ersetzen. In zwei Kesseln galt es außerdem, unbrauchbar gewordene Schamotte-Schutzkappen der Stehbolzen zu erneuern. Dann wurden alle Rußbläser überholt und Temperaturausgleichsrohre aus- und wieder eingebaut, bei drei Kesseln außerdem Absperrkegel überdreht und eingeschliffen, Sitze von Hilfsspeise- und Abschäumventil gefräst.

Der Leitende Ingenieur hatte seinen »Leib- und Magen«-Sinnspruch eingerahmt über dem Schreibtisch hängen: »In Kleinigkeiten liegt das Heil der Welt.« Das sagte man schon in der römischen Antike ...

Ganz und gar keine Kleinigkeit war die natürlich abermals fällige Kohlenübernahme vom Dampfer *Baden*. Und doch war sie in dem ruhigen Wasser der Bucht vergleichsweise ein Genuß.

Vernünftigerweise wurden alle Arbeiten in der Orange Bay schichtweise durchgeführt, so daß einerseits mehr Arbeitszeit zur Verfügung stand, andererseits jedoch ein Grundanliegen von Kommandant und I. Offizier zum Tragen kam: Die Besatzung brauchte unbedingt auch ein Mindestmaß an Erholung, also an Freizeit und Ablenkung.

Das Wetter war zwar eher abschreckend, weil es immer von neuem schneite und die seit Stillegen der meisten Kessel immer unerträglichere Kälte im Schiff das Wiederaufwärmen nach Landgängen kaum möglich machte. Aber es wurde Wert darauf gelegt, daß die Männer nach fast sechs Wochen Seefahrt sich endlich auch einmal die Beine vertreten durften. Manche zogen mit geradezu beängstigender Unternehmungslust durch die Wildnis. Man durfte angeln, Fallen stellen, Fährten suchen. Manche konnten es einfach nicht fassen, daß sie nun plötzlich in Feuerland, am Ende der Welt waren. Wenn das die Leute in der unvorstellbar weit entfernten Patenstadt Dresden wüßten!

Einer sprach etwas aus, was auch beim einen oder anderen angeklungen sein mochte: Da lassen die sich an der Westfront mit Trommelfeuer eindecken, hocken in ihren Schützengräben oder sie werfen nach Eilmärschen in Feldschlachten die Russen wieder heraus. Und wir turnen hier in der weltabgeschiedenen Wildnis umher. Aber der Torpedomaschinist Karl Junge, einer von den schon abgeklärteren Seeleuten, fügte bedächtig hinzu: »Wer weiß, welche Granaten uns noch um die Ohren fliegen werden. Dieser Frieden hier trügt, wir werden noch ein blaues Wunder erleben!«

Natürlich wußte auch Junge nicht, daß die britische Admiralität mittlerweile nicht weniger als 46 Kriegs- und Hilfskriegsschiffe zusammengetrommelt hatte, um die beiden Kreuzer *Karlsruhe* und *Dresden* und die nicht minder gefährlichen Hilfskreuzer *Kronprinz Wilhelm* und *Cap Trafalgar* endlich zu finden und auszuschalten. Tatsächlich operierten inzwischen die britischen Panzerkreuzer *Good Hope*, *Monmouth* und der Kleine Kreuzer *Glasgow* bereits vor der Magellanstraße und damit gar nicht weit vom Versteck der *Dresden* entfernt.

Der 14. September wurde für die gesamte *Dresden*-Besatzung zu einem Tag heller Freude. Wie ein Lauffeuer verbreitete sich die Kunde durch das ganze Schiff: Die *Santa Isabel* war wieder da! Nun konnten neue Kesselroste eingesetzt werden.

Mit großer Hilfsbereitschaft und Sachkunde hatten die Punta-Arenas-Deutschen dem Reserveleutnant Neiling geholfen, in den wenigen Tagen alles Erforderliche aufzutreiben. Der Wunschzettel der einsamen *Dresden* war lang, aber selbst die neuen Kesselroste waren nun wirklich zur Stelle. Die deutschen Schlachter arbeiteten unermüdlich, sie lieferten Berge von Wurst, die man auf der *Dresden* »seit Ewigkeiten« nicht mehr gesehen, geschweige denn gegessen hatte. Sogar Bierwürste waren dabei, die tatsächlich mit Bier hergestellt wurden und den Seeleuten völlig unbekannt waren. Und so kamen alle möglichen Dinge in die Orange Bay, die *Santa Isabel* kam sich beinahe vor wie der verfrühte Weihnachtsmann. Natürlich hatte man sämtliche Zeitungen und Zeitschriften aufgekauft, derer man habhaft werden konnte. Das Allerwichtigste aber waren die von der Etappe Santiago mitgebrachten Nachrichten und eine Anzahl höchst genauer Seekarten von den Gewässern Feuerlands und Patagoniens. Wer weiß, wie gut die *Dresden* diese Karten auf der Suche nach weiteren Schlupfwinkeln werde gebrauchen können oder welche Beute es in solchen Verstecke zu verfolgen galt! Da zahlt es sich aus, daß die deutsche Marine in den Jahren 1882–84 auf drei recht intensiven Expeditionen die Gewässer durch das als Barkentine getakelte Dampfkanonenboot S. M. S. *Albatross* hatte vermessen und kartografisch aufnehmen lassen. Und so lasen die Steuerleute Franzen und Hilse mit einiger Verwunderung in den mitgebrachten Seekarten lauter deusche Namen. Wer hätte das gedacht, daß es ausgerechnet hier unten am Ende der Welt eine Preußische Bucht, ein Schleinitz-Wasser, eine Jachmann-, eine Hestermann- und eine Heinrichsförde, einen Albert- und einen Erhardkanal sowie eine Knorr-Insel und ähnliches geben könnte. Aber die Mariner, die weiland auf der *Albatross* dieses Gewässergewirr durchstreiften, hätten sich am allerwenigsten träumen lassen, daß sie eines Tages die wertvollsten aller Helfer für einen Kreuzer aus Deutschland sein würden.

Tatsächlich hatten die Landgänger der *Dresden* bei ihren Spaziergängen um die Orange Bay Spuren von den *Albatross*-Seeleuten gefunden, sogar eine uralte, restlos vergilbte Tageszeitung. Andere fanden allerdings auch Spuren des französischen Kanonenbootes *Romanche*, das in den achtziger Jahren ebenfalls in dieser Gegend war und die Gewässer um Kap Hoorn vermessen hatte. Sogar von einem Aufenthalt des Kleinen Kreuzers *Bremen*, den die *Dresden* in Veracruz abgelöst hatte, fand man Spuren. Das Schiff war zweimal in Feuerland, 1908 und 1910.

Es wurde ein fröhlicher Tagesausklang am 14. September

1914. Die Freude über die gelungene Mission der *Santa Isabel* war allgemein. Da es in Punta Arenas bekannt war, daß die Briten mit den drei schon genannten Kriegsschiffen die Einfahrt zur Magellanstraße auf der Atlantikseite blockierten, schlug ihnen Kapitän Wilstermann ein Schnippchen. Er mogelte sich am 10. September bei Stockfinsternis und ohne jedes Licht zu zeigen aus dem Hafen heraus und durchfuhr in der Nacht den seit 1820 nicht vermessenen und natürlich unbefeuerten Cockburnkanal – eine seemännische Leistung ersten Ranges! (Siehe dazu Karten S. 354 und S. 489). Da die *Santa Isabel* endlich auch warme Mäntel, jede Menge frisches Hammelfleisch und Frischfisch und zudem mehr als ein Faß Bier mitgebracht hatte, konnte das Husarenstück der *Santa Isabel* durchaus würdig gefeiert werden. Aber »wat dem eenen sin Uhl, is dem annern sin Nachtigall«, heißt es nicht ohne Grund im Plattdeutsch. Während man auf der *Dresden* in aufgeräumter Stimmung auf Kapitän Wilstermanns Leistung anstieß, den Tag mit Schifferklavieren und allerlei Gesang beschloß, im Genuß mitgebrachter frischer Tabakwaren, vollzog sich ohne Wissen der *Dresden*-Besatzung einige tausend Seemeilen weiter nördlich eine ungesehene Tragödie. Die äußerst schwierigen und naturgemäß langwierigen Umrüstungsarbeiten des neuen Hilfskreuzers *Cap Trafalgar* hatten sich noch einige Zeit hingezogen. Am 31. August konnte Korvettenkapitän Wirth endlich Flagge und Wimpel setzen und den Hilfskreuzer offiziell in Dienst stellen. Wirth war vorsichtig genug, dieses Schiff erst einmal auf seine neue Aufgabe umzustellen. Es galt, marinemäßiges Rollen-Exerzieren, Klarschiff-Alarme, Verschlußmanöver, Gefechtsdienst in die teilweise militärisch unerfahrene, zum anderen Teil mit dem Schiff überhaupt noch nicht vertraute, vom Kanonenboot *Eber* übergestiegene Besatzung, einzuüben. Bis das alles zur Zufriedenheit des Kommandanten eingespielt war, hatte die

Cap Trafalgar noch in der unruhigen Ankerbucht von Trinidada liegen müssen. Dann endlich war es so weit, daß Korvettenkapitän Wirth es wagen konnte, die Kaperfahrt im Seegebiet Südatlantik anzutreten. Aber das Schiff kam nicht weit, ihm wurde die Auffälligkeit des in der Silhouette unverwechselbaren Ozeandampfers zum Verhängnis. Das Schiff wurde gesichtet, über Funk von einem kleinen Frachter gemeldet und schließlich 300 Seemeilen vor Rio von dem großen, artilleristisch weit überlegenen Hilfskreuzer *Carmania* zum Kampf gestellt. Es war ein ungleiches Gefecht mit äußerst geringen Chancen für die Deutschen. Wirth schlug sich zwei Stunden lang tapfer mit zwei 10,5-cm-Geschützen gegen die acht 15-cm-Geschütze des großen Briten. Immerhin wurde der so schwer beschädigt, daß er zu guter Letzt abdrehen mußte, er kam mit einem an Bord ausgebrochenen Brand außer Sicht. *Cap Trafalgar* hatte die gesamte Munition verschossen und war so zugerichtet worden, daß das Schiff nicht mehr zu halten war. Wirth mußte die Selbstversenkung anordnen und »Alle Mann aus dem Schiff!« befehlen. Zwei Offiziere und 12 Mann hatten im Gefecht den Tod gefunden. Der fünfzehnte Tote war schließlich Wirth selbst, der im Wasser treibend von einer aufgeschwommenen Leine des sinkenden Schiffes stranguliert wurde. Die in den wenigen noch schwimmfähigen Rettungsbooten, auf Flößen und in den Schwimmwesten treibenden Überlebenden konnten im Beischiff *Eleonore Woermann* aufgenommen und nach Argentinien gebracht werden, wo man sie bis Kriegsende internierte.

Abkämmen der Küste von Chile

Während noch die *Dresden* in der Orange Bay lag, war es dem Kreuzer *Leipzig* am 10. September endlich gelungen, Guaymas am Golf von Kalifornien anzulaufen und sich in diesem mexikanischen Hafen die Kohlenbunker wieder zu füllen.

Die *Santa Isabel* hatte nun dem Fregattenkapitän Lüdecke aus Punta Arenas das Telegramm des Admiralstabes überbracht, in dem die Vereinigung der Kreuzer *Dresden* und *Leipzig* im Pazifik angeregt wurde. Das deckte sich mit dem Entschluß, den Lüdecke schon seinerseits gefaßt hatte. Er hatte diesen mit Hilfe der *Santa Isabel* bereits nach Punta Arenas schriftlich mitgegeben. Er wurde von dort über Kabel dem Admiralstab übermittelt, zusammen mit einer exakten Begründung des Lüdecke-Entschlusses:

»1. *Dresden* befand sich bezüglich der Maschinen- und Kesselanlagen auch nach Ausführung der Notreparatur in einer so ungünstigen Lage, daß auch für die Zukunft häufiges Anlaufen sicherer Ausrüstungsplätze notwendig sein würde. Hierzu waren die Verhältnisse im Stillen Ozean wesentlich günstiger: Mehrere sichere Schlupfwinkel an der südchilenischen, peruanischen und zentralamerikanischen Küste, dagegen im Atlantischen Ozean nur eine beschränkte Zahl anlaufbarer Plätze, die zur Vornahme von ständigen größeren Reparaturen sogar ungeeignet waren; Rocas und Trinidada boten überhaupt keinen Schutz, abgesehen davon, daß sie durch die zahlreichen anderen Kriegsschiffe und Hilfsschiffe, die dort bereits angelaufen waren oder noch anlaufen mußten, sicher bald kompromittiert sein würden. Die Ausrüstungsplätze an der südpatagonischen Küste kamen für längere Aufenthalte überhaupt nicht in Frage, da sie unmittelbar in der Nähe von argentinischen Ansiedlungen lagen.

2. Der Aktionsradius des Schiffes hatte sich wesentlich verringert. Infolgedessen machten die großen Entfernungen zwischen den Stützpunkten der Ostküste und den Hauptverkehrslinien eine aussichtsreiche Tätigkeit unmöglich; z. B. entsprach die Entfernung Trinidada – La Plata etwa dem Aktionsradius des Schiffes unter günstigen Verhältnissen. Im Stillen Ozean dagegen hatte das Schiff Aussicht, noch lange Zeit dem Feinde durch Vernichtung von Handelsschiffen und allein durch die Tatsache seiner Anwesenheit zu schaden.
3. Im Atlantischen Ozean waren außer *Karlsruhe* und *Cap Trafalgar* (hier hätte es heißen müssen: sowie *Kronprinz Wilhelm*, d. Verf.) die von der Etappe New York und Westindien auszurüstenden Hilfskreuzer zu erwarten (was hinsichtlich der *Cap Trafalgar* schließlich Fehlanzeige war, d. Verf.) Nach dem Grundsatz, daß der feindliche Handel an möglichst vielen Stellen zu stören sei, mußte *Dresden*, die am günstigsten stand, ein neues Tätigkeitsfeld im Westen aufsuchen.
4. Infolge der Anwesenheit der unter 3. angeführten zahlreichen Kreuzer und Hilfskreuzer mußte damit gerechnet werden, daß die an der Ostküste vielleicht verfügbar zu machenden Kohlenmengen bald aufgebraucht sein würden. *Dresden* mußte deshalb versuchen, im Westen die dort verhandenen Hilfsmittel auszunutzen.«

Auffällig ist an dieser Begründung des Kommandanten, daß er von noch bevorstehenden Maßnahmen und Ansichten in der Vergangenheitsform sprach. Sicherlich war er sich gar nicht bewußt, daß er diese nach Berlin übermittelte Abhandlung wie einen Nachlaß, eine posthume Rechtfertigung abgefaßt hatte. Es mochte daran liegen, daß der besondere seelische Druck dieses einsam operierenden Kommandanten verstärkt wurde durch das Bewußtsein, daß viele Hunde kurz über lang des Hasen Tod sein mußten. Und der Kleine Kreuzer *Dresden* war dieser unsichtbar gejagte Hase. Lüdecke wußte allzu gut, daß die beinahe hoffnungslos unterarmierten Kleinen Kreuzer mit ihrem geringen Geschützkaliber von nur 10,5 cm artilleristisch gegen nahezu alle größeren Kriegsschiffe Großbritanniens, der größten Seemacht der Welt, aber auch Frankreichs und Japans im Gefechtsfalle nahezu chancenlos waren und dieses Handikap allenfalls durch einen selbstmörderischen kühnen Nahkampf mit dem Versuch, dem Gegner zuletzt auf Torpedoschußweite auf den Pelz zu rücken, wettgemacht werden mußte. Das nahende Verhängnis saß also dem Fregattenkapitän Fritz Emil Lüdecke seit Wochen im Nacken, ohne daß er darüber ein Sterbenswort gegenüber seinen Männern äußern durfte.

Aber wenn schon die allenfalls in Friedenstagen als »erhobener Zeigefinger« der Stationskreuzer gegenüber irgendwelchen Bürgerkriegsparteien brauchbaren 10,5-cm-Geschütze für ein im Krieg von vielen Gegnern gesuchtes, zu gegebener Zeit gestelltes Schiff kaum sonderlich von Nutzen war, so war Lüdeckes Entschluß doppelt richtig, dann wenigstens die Vereinigung mit dem Kreuzer *Leipzig* zu suchen. Vereint waren zwei Schwache jedenfalls doppelt so stark – eine makabre Kopfrechnung. Aber sie deckte sich offensichtlich mit den Überlegungen am Grünen Tisch von Berlin.

Also Kurs Nord – Kreuzer *Leipzig* mußte unter allen Umständen gefunden werden.

Am 16. September ging Kreuzer *Dresden* mit seinen beiden Trabanten *Baden* und *Santa Isabel* wieder ankerauf. Mit einem stillen Dankgefühl blickte die *Dresden*-Besatzung noch einmal in das schützende Halbrund dieser Bucht zurück, die einem heimatlosen »Seezigeuner« endlich einmal Ruhe zur Erledigung alles Vordringlichen gewährt hatte. Und es war bald so, als ob jemand einen Theatervorhang hinter den drei Schiffen zuzöge. Neue Schneeschauer ließen die Orange Bay in weiße Wesenlosigkeit versinken. Lüdecke hatte sich einen Plan ausgedacht, der die taktische Schule eines Kreuzerfahrers verriet, denn Kreuzer waren von Natur aus Aufklärungsfahrzeuge. Ein bewährtes Mittel zum Abkämmen weiter Seeräume zum Auffinden eines Feindes oder auch eines Freundes war der Aufklärungsstreifen. Da keine weiteren Kreuzer zur Verfügung standen, mußte Lüdecke so tun, als ob er sie hätte. Er formierte, sobald er den freien Seeraum wieder erreicht hatte, die *Dresden* und ihre beiden Frachter zu einem weit gefächerten Suchstreifen, er ließ sie in geöffneter Formation den Marsch nach Norden fortsetzen. Und in dieser Anordnung traf der Dreierverband in der Nacht vom 17. zum 18. September vor dem pazifischen Westeingang zur Magellanstraße ein.

Auf allen drei Kommandobrücken durchbohrten die Augen der Ausguckposten und Wachoffiziere noch intensiver das Dunkel der Nacht, sobald das erneute, zeitweilige Schneetreiben aufgehört hatte. An dieser Stelle war verstärkt mit lauernden Gegnerschiffen zu rechnen. Doch niemand konnte irgend etwas Verdächtiges ausmachen.

Aber aus Punta Arenas hatte Lüdecke erfahren können, daß an dieser Stelle regelmäßig ein britischer Postdampfer vorbeikommt, den er nun abfangen wollte. Damit war der gebildete Aufklärungsstreifen von doppeltem Wert.

Am Vormittag des 18. September meldete die vorgeschoben nordwärts laufende *Santa Isabel* mit einem verabredeten Code-Kurzsignal über Funk die Sichtung eines Dampfers, der aus Richtung Norden kam und nun deutlich erkennbar auf die Küste zuhielt. Auf Kreuzer *Dresden* gingen die Maschinentelegrafen auf »Volle Kraft voraus«. Bald bekam *Dresden* den 8075 BRT großen Dampfer *Ortega* der Pacific Steam Navigation Co. in Sicht. Dieses Schiff wäre als Beute ganz besonders wertvoll, denn neben seiner für die Entente bestimmten Ladung hatte das Schiff, wie ein gut informierter Schiffsmakler in Punta Arenas der *Santa Isabel* zu verstehen geben konnte, 300 französische Reservisten an Bord, die dem europäischen Kriegsschauplatz zustrebten. Dieses Schiff wollte Lüdecke unbedingt erwischen. Kreuzer *Dresden* ging sogar auf »Äußerste Kraft« und jagte so auf die Küste zu, daß er dem Dampfer eindeutig den Weg zur Magellanstraße abschnitt. Diese Beute schien also ziemlich sicher zu sein.

Womit wirklich niemand rechnen konnte: Der Kapitän der *Ortega* war ein »harter Hund«, der etwas ganz Riskantes wagte. Er schlug plötzlich einen Haken und steuerte mit Höchstfahrt den völlig unvermessenen Nelsonkanal an. Es grenzte fast an Wahnsinn, in diesen von Riffen wimmelnden Fjord einzulaufen, noch dazu mit Höchstfahrt. Aber die *Ortega* hatte nichts mehr zu verlieren, sie zog wohl selbst die Strandung der Aufbringung vor.

Kreuzer *Dresden* hatte längst gefechtsklar gemacht. Jetzt erhielten die beiden Buggeschütze Feuererlaubnis für zwei »blinde Schüsse«. Es handelte sich um Übungsgranaten ohne Sprengladung, deren Fontänen beim Schuß vor den Bug eines Handelsschiffes im allgemeinen genügen, das Beidrehen zu erzwingen, ohne daß es gleich Granatsplitteropfer geben muß.

Aber der »harte Hund« auf der *Ortega*-Kommandobrücke pokerte hoch. Er schätzte die Deutschen richtig ein: Sie würden auf gar keinen Fall mit einer Kampfhandlung die chilenische Hoheitsgrenze verletzen. Die *Ortega* dampfte ungerührt weiter, denn sie hatte nur noch eine knappe Seemeile zurückzulegen, um in Sicherheit zu sein.

Die Rechnung des Briten ging auf. Kapitän Lüdecke schoß nicht weiter auf das Schiff. Zwar hatte er im Grunde erst eine Neutralitätsverletzung begangen, indem er ungefragt in der *Orange Bay* zehn Tage lang Reparaturarbeiten vornehmen ließ und seinen Kreuzer neu versorgte. Aber wo kein Kläger ist, da ist auch kein Richter.

Ganz anders wäre die Sachlage, wenn jetzt der soeben mit zwei Warnschüssen bedachte Brite über Funk bekanntgäbe, daß der »German raider« die Beschießung auch in chilenische Territorialgewässer hinein fortsetzte.

Lüdecke war ziemlich wütend, als er an der Hoheitsgrenze das Abdrehen befehlen mußte. Und wohl alle Männer an den Geschützen teilten diese Wut. Ein Oberbootsmannmaat äußerte ironisch: »Die Nürnberger täten keinen hängen, es sei denn sie hätten ihn.« Und ein Obermatrose setzte noch eins drauf: »Hätte der Hund jetzt nicht gerade gesch . . ., dann hätten wir jetzt einen Hasen gehabt.«

Die Stimmung war nicht sonderlich gut in diesem Augenblick. Und Oberleutnant Hartwig, der jetzt gerade als Wachoffizier seinen Törn fuhr, sprach aus, was sich wohl jeder unterschwellig fragte: »Walte Gott, daß die Briten sich auch nur annähernd ebenso korrekt verhalten, wenn es uns mal an den Kragen gehen sollte.« (Hartwig sollte mit dieser Skepsis später leider recht behalten.)

Der Kommandant hatte längst wieder normale Marschfahrt aufnehmen und das Schiff auf Kurs Nord zurücksteuern lassen. Er beugte sich mit Kaleu Wieblitz und einem Steuermann über die recht detaillierte Seekarte dieses Küstenabschnittes, die aus Punta Arenas mitgebracht wurde. Tatsächlich erhielt sie einen Vermerk, der mit Nachdruck vor dem Befahren des von Riffen durchsetzten, unvermessenen Nelsonkanals warnte. Der dort hineingeflüchtete Brite müßte wohl doch zu irgendeiner Zeit wieder herauszuschlupfen versuchen, wenn ihm sein Schiff lieb war.

Für Lüdecke stand fest, daß er sich nicht ohne weiteres damit zufriedengeben konnte, daß ihm diese Prise entwischt war. Nach Einbruch der Dunkelheit ließ er Kurs wechseln und zu der Position zurückkehren, wo *Dresden* die beiden Blindschüsse abgefeuert hatte. Aber es rührte sich die ganze Nacht nichts. Sollte dieser britische Kapitän es tatsächlich fertiggebracht haben, diesen Nelsonkanal zu durchfahren und auf der Binnenseite zur Magellanstraße entkommen sein? Leider mußte nun damit gerechnet werden, denn tagsüber war er nicht auf die offene See zurückgeschlüpft, das hätte die am Rand der Sichtweite vorsorglich postierte *Baden* bemerkt.

»Also Schluß mit der Vorstellung. Wir können keinem Phantom länger auflauern. Zurück auf Kurs Nord!«

Als die Sonne wieder herausbrach, sah man von der *Dresden* aus die Anden-Kette imponierend schön an Steuerbord. Und am Abend dieses Fahrttages hielt der I. Offizier in der Messe einen der von Zeit zu Zeit fälligen Weiterbildungsvorträge für alle abkömmlichen Offiziere. (Das dabei Gebotene wurde in etwas verkürzter Form auch im Divisionsunterricht behandelt und damit an die Mannschaften herangetragen, die dann ihr Wohndeck zum »Hörsaal«, dessen »Bestuhlung« aus den hochkant gestellten Utensilienkästen bestand, in denen jedermann sein Schuhputzzeug, seine Wurzelbürste und andere Zeugpflege-Utensilien aufbewahrte. Die mit Namensschildern gekennzeichneten Kästen waren so konstruiert, daß sie einen stabilen Sitzhocker abgeben konnten. Es gab keine andere Bestuhlungsmöglichkeit, weil ja nirgendwo etwas bei der gleichzeitigen Nutzung der Decks als Schlafräume im Wege stehen durfte.)

Kapitänleutnant Nieden sprach über das Thema »Der

Andenstaat Chile – Land und Leute«. Und er stellte heraus, daß es keinen zweiten Staat der Welt mit einer so eigenartigen Flächenverteilung gäbe. Seit dem Sieg im Salpeterkrieg 1879–1883, den Chile gegen Peru und Bolivien geführt hatte, war das Land 1883 in den Besitz des peruanischen und eines Teils des bolivianischen, 1884 in den Besitz auch des restlichen, bis dahin zu Bolivien gehörenden Teils der Atacama-Region gekommen. Seitdem befanden sich sämtliche sogenannten Caliche-Lager im Besitz der Chilenen. Aus den anfangs sieben kleinen Siedereien, die es 1835 erst gab, waren bereits zu Beginn unseres Jahrhunderts 90 Salpeterwerke in der Wüste Atacama geworden, zur Haupteinnahmequelle der chilenischen Volkswirtschaft.

Kurt Nieden fuhr fort: »Jeder von uns weiß, wie lebenswichtig der Salpeter für alle Länder mit einer hochentwikkelten, technisierten Wirtschaft ist. Chile hat mit diesem Vorkommen ein Weltmonopol* erreicht. Natriumnitrat oder Natronsalpeter, der im Rohstoff Caliche der Atacama enthalten ist, benötigen wir – das wissen Sie alle, meine Herren – unbedingt für die Sprengstoffherstellung und damit für jede Munitionsfabrik, aber auch die Farbstoff-, Glas-, Metall- und Emailleindustrie. Vor allem aber hat Justus von Liebigs Agrarchemie eine ganz neue Industriepartie hervorgebracht, die sich abenteuerlich schnell entwickelte. Die Kunstdüngerindustrie benötigt Natronsalpeter in steigendem Umfang zur Herstellung von Stickstoffdünger.

Aber zurück zum Ausgangspunkt meiner Betrachtungen:

* Dieses Weltmonopol wurde erst durch das deutsche Haber-Bosch-Verfahren zur synthetischen Erzeugung von Ammoniak aus dem Stickstoff der Luft gebrochen. Die Leuna-Werke wurden 1916 die ersten Produktionsanlage im großtechnischen Ausmaß. Professor Fritz Haber erhielt 1919 für seine Erfindung den Nobelpreis für Chemie.

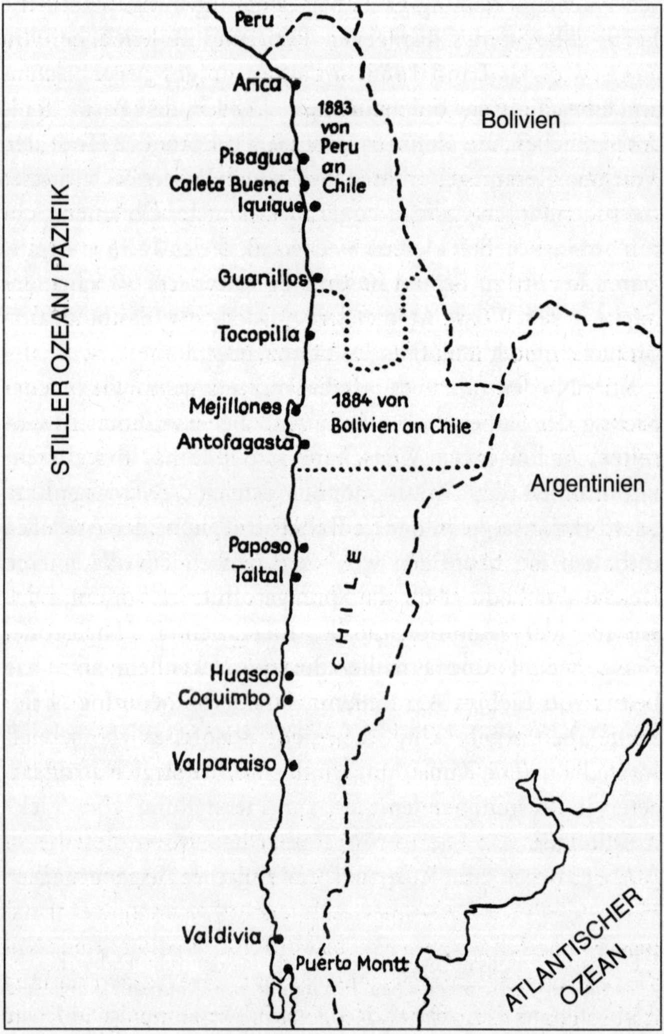
Peru
Arica
1883 von Peru an Chile
Bolivien
Pisagua
Caleta Buena
Iquique
STILLER OZEAN / PAZIFIK
Guanillos
Tocopilla
Mejillones
1884 von Bolivien an Chile
Antofagasta
Argentinien
Paposo
Taltal
CHILE
Huasco
Coquimbo
Valparaiso
Valdivia
Puerto Montt
ATLANTISCHER OZEAN

Seitdem sich Chile in den Besitz aller Küstengebiete von Südperu und von Bolivien gesetzt und damit auch alle Salpeterhäfen vereinnahmt hat, besteht die ungewöhnliche Form des Staates Chile. Er hat eine Bodenfläche von 756 945 qkm und ist damit sogar um einiges größer als unser deutsches Reich in den letzten Grenzen des Jahres 1914. Aber dieses Chile ist sozusagen ein ganz langes Handtuch. Von der peruanischen Grenze nördlich Arica bis hinunter zum Kap Hoorn ist es rund 4250 km lang, aber es erreicht nur an einer Stelle gerade eben 300 Kilometer Breite. Durchschnittlich ist er 150 km, in Patagonien zwischen der argentinischen Grenze und dem chilenischen Festlandraum oft nur ein oder allenfalls zwei Dutzend Kilometer schmal.«

Kaleu Nieden hatte es tatsächlich fertiggebracht, von der *Santa Isabel* eine große Schulwandkarte aus Punta Arenas mitbringen zu lassen. Diese hing nun in der Offiziersmesse und machte allen Anwesenden die höchst eigenwillige Landesstruktur von Chile augenfällig. Und nun zeigte Nieden etwa auf die Mitte der von Nord nach Süd verlaufenden Küste: »Im Augenblick befinden wir uns noch vor der Inselwelt, in der Region unzähliger sogenannter Kanäle oder Fjorde, wie wir sie ja auch in Feuerland kennengelernt haben. Hier, südlich der Hafenstadt Puerto Montt und der vorgelagerten Insel Chiloé, beginnt diese stark zergliederte Küste, von der ich eben sprach. Ich möchte sie den amphibischen Teil Chiles nennen.

Oberhalb von Puerto Montt aber haben wir dieselbe Situation, wie wir sie leider von der Küste des argentinischen Hauptteils von Patagonien schmerzvoll kennengelernt haben. Es handelt sich um eine fast durchweg völlig offene Küste, die unsere Salpetersegler zwingt, ihre Salpeterladung mühselig auf der offenen Reede zu übernehmen. Die Küste bietet Lee, nur bei Nordstürmen entsteht Schwell. Die Übernahme der Salpetersäcke aus längsseits kommenden Leichtern geht normalerweise bei ruhigem Wasser vor sich. Das ist in Pisagua, Iquique oder Tocopilla kaum anders als beispielsweise in Paposo oder Taltal. Für unseren Kreuzer wird es weiter im Norden also wieder problematisch, wirklich schützende Buchten zu finden, wo wir ungesehen ›kohlen‹ können. Bislang hat unser Schiff die Absicht, vor Port Low auf den Guaitecas-Inseln die nächste Kohlenübernahme zu versuchen. Aber ich darf schon jetzt prophezeien: So ideal wie in der Orange Bay werden wir es wohl nie wieder treffen.«

Nieden führte in seinem Vortrag aus, daß Chile zwar neutral sei, daß in dieses Land aber viele Menschen aus Europa eingewandert seien. Es gäbe also große Gruppen von naturalisierten Briten und ebenfalls recht große von Deutschen. Im Klartext hieß das: Die entsprechenden immigrierten Volksgruppen ergriffen in dem jetzt vorhandenen Krieg logischerweise Partei für ihre Ursprungsnation. Der regen Parteinahme der Briten verdankte der Nachrichtendienst der Royal Navy seine fast flächendeckende Wirksamkeit, aber der ebenso engagierten Parteinahme der Deutschen im Lande sei das hohe Maß oft spontaner, in jedem Falle herzlicher Hilfsbereitschaft zu verdanken, von der die *Santa Isabel* in Punta Arenas bereits ein Lied singen konnte. Und so werde es der *Dresden* künftig ergehen: Sie wird überall vor britischen Spähern, Ausforschern und Meldern auf der Hut sein müssen, sich jedoch fast überall auf stille oder sogar offene Mithilfe von Deutschen stützen können. Die Regierung von Chile befände sich in einem gewissen Zwiespalt. Sie sei auf diese beiden großen Volksgruppen angewiesen, die wirtschaftlich bedeutend sind. Andererseits könne und dürfe die Regierung nicht allzuviel riskieren, denn sie sei sich über die Finanzmacht der Briten ebenso nüchtern im klaren wie über die Stärke der britischen Flotte. Von Natur aus sei sie aber traditionell sehr deutschfreundlich. Sie müsse sozusagen auf zwei Schultern tragen.

Nieden fügte noch hinzu, daß die chilenische Admiralität eher anglophil eingestellt sei, obwohl die Besatzungen der Schiffe ebenso deutschfreundlich seien wie das Gros der chilenischen Öffentlichkeit. Aber man müsse auch die Ursprünge der chilenischen Marine berücksichtigen: Die Briten haben sie aufgebaut, um den Chilenen bei der Befreiung von der Herrschaft Spaniens beizustehen. Die chilenischen »Seehelden« der Kämpfe gegen die Spanier, Leute wie der legendäre Lord Cochrane, seien zum Teil ausgeliehene Briten gewesen. Sie bauten im Auftrag Londons die chilenische Flotte auf und führten sie sogar in siegreiche Seegefechte.

Niedens Analyse sollte sich sehr bald als zutreffend erweisen. In der F. T.-Station der *Dresden* fand man mehrfach heraus, daß chilenische Küstenfunkstellen britische Schiffe mit recht unneutralen Nachrichten versorgten.

Das Staatswappen von Chile

»Geborgenheit« durch Bordroutine

Betrachtet man die völlige Heimatlosigkeit dieses Schiffes ohne jeden Hafen, dann wird die Selbstverständlichkeit und stabile Stetigkeit der täglichen Bordroutine zum Phänomen. Vielleicht ist sie sogar die Erklärung dafür, daß die von jeder Verbindung mit ihren Familienangehörigen abgeschnittenen jungen Männer dieses Ausgestoßensein aus der übrigen Welt – bis hin zur fehlenden Möglichkeit einer Zahnarztbehandlung – nur bedingt empfanden. Die *Dresden* selbst war ein klarer Kosmos, auf dem alles Altgewohnte weiter galt. In dieser festgefügten Welt ihres Schiffes fanden sich die drei Hundertschaften weiterhin zurecht, sie vermittelte eine Illusion von Geborgenheit. Jede Kleinigkeit war unverrückbar geregelt. »Des Dienstes ewig gleich gestellte Uhr« war eine verläßliche Größe. Akkurat pünktlich geschah dieses und jenes, zu den gewohnten Signalen der Bootsmannspfeifen und den melodisch ausgesungenen Befehlen. Gefechtsdienst zum Beherrschen aller Abläufe im Augenblick eines Kampfes auf Tod und Leben, Reinschiff zur tadellosen Sauberhaltung des »fahrbaren Untersatzes«, auf dem man sich befand, wechselten mit Arbeitseinsätzen zur Instandhaltung oder Instandsetzung, mit Zeugdienst zur Pflege der eigenen Bekleidung und Ausrüstung, mit Divisionsunterricht, Zugführerunterricht und sogar Sport mit Hilfe der wenigen Geräte wie Barren, Pferd und Bodenturnmatten, die sich an

Deck aufstellen oder ausbreiten ließen. Aber auch Singstunden, sonntäglicher Gottesdienst bei gesetztem Kirchenwimpel des Schiffes, Divisions- und Kommandantenmusterungen gehörten zu diesem Ritual, das auf jahrhundertealten seemännischen Erfahrungen vor allem der Royal Navy beruhte, auf deren »King's Regulations« die deutsche »Flaggen-Salut- und Besuchsordnung« ebenso basierten wie die Vorschriften »Dienst an Bord«.

Die Deutschen, nicht im Besitz einer schon jahrhundertealten kontinuierlichen Marinetradition, waren lernfähig und gut beraten, als sie bei der damaligen Seemacht Nummer eins, den Briten, in die Schule gegangen waren. Die Grundsätze des »Dienstes an Bord« waren also richtig, die Royal Navy der bestgeeignete Lehrmeister in der Anfangsphase, fast aus dem Nichts heraus die zweitgrößte Marine der Welt aufzubauen. Sie konnte sich nur auf ganz wenige vorhandene Grundstrukturen stützen.

Aber mit Bordroutine allein konnte keine Besatzung zu Homogenität und Korpsgeist zusammengeschweißt werden. Allem voran formte auch auf dem Kleinen Kreuzer *Dresden* die Persönlichkeit und Menschenführungskunst der Vorgesetzten das Bordklima.

Seeleute haben ein untrügliches Gefühl, das sie befähigt, Könner und Blender auseinanderzuhalten. Wenn ein neuer Kommandant, Divisionsoffizier, Zugoffizier, ein neuer Geschützführer oder Korporal (Gruppenführer) vor ihnen stand, befand er sich erbarmungslos auf dem Prüfstand. Entweder er blieb ein Fremdkörper auf dem Schiff oder er hatte eine Gefolgschaft, die aus dem Herzen kam. Vorgesetzte ohne »ein gewisses Etwas« wären in solcher Lage verloren gewesen.

Fritz Emil Lüdecke hatte dieses Charisma eines geborenen Kommandanten, das man auf keiner Akademie der Welt erwerben kann, wenn man es nicht ohnehin schon besaß. Was die *Dresden*-Männer an ihrem »Alten« ganz besonders mochten, das war die Mischung von klar erkennbarer Entschlußfreudigkeit, Bestimmtheit bei der Durchsetzung aller für richtig empfundenen Entschlüsse, gepaart mit einer freundlichen Konzilianz, die er ohne jede Herablassung jedem einzelnen Mann der *Dresden* entgegenzubringen vermochte. So wenig er lange Ansprachen liebte, so erfolgreich packte er seine Männer auch mit wenigen Sätzen. Und es war eine gute Konstellation, daß sich der Kommandant und der als direkter Disziplinarvorgesetzter in Erscheinung tretende I. Offizier einander recht gut ergänzten. Wenn jemand etwas ausgefressen hatte und zum Rapport bestellt wurde, dann stand er nach altem Brauch bei Kaleu Kurt Nieden »auf dem Teppich«. Der verkörperte auf diesem Schiff sozusagen den Gerichtsherrn. Er befand darüber, ob jemand sogar mitten auf Feindfahrt geschärften Arrest abbrummen mußte (weil er vielleicht doch mal übermüdet auf Kriegswache eingenickt war) oder ob es genügte, ihm mal ganz gründlich »den Magen zu reinigen« – ihn gehörig anzupfeifen und dann doch straflos davonkommen zu lassen.

Daß nur ganz selten jemand zum Rapport gestellt werden mußte, spricht dafür, daß auch Nieden bei seinen Leuten »einen Schlag« hatte, daß seine Persönlichkeit gut ankam. Natürlich lag das nicht nur in der Art des Umgangs mit der gesamten Besatzung. Viel wesentlicher war, daß das seemännische Können von Kommandant und dessen Stellvertreter gleichermaßen vertrauensbildend waren. Und daß man auch Ernst Wieblitz nie bei einem noch so kleinen Navigationsfehler erwischte und Friedrich Burchardi als Artillerieoffizier mit diesem Schiff den Kaiserpreis hatte »erschießen« können, trug natürlich entscheidend dazu bei, daß sich die Besatzung bei einer solchen Schiffsleitung bestens aufgehoben fühlte. Das galt in ganz besonderem

Maße auch für das überragende technische Können und die unnachahmliche Improvisationsgabe des »Chiefs« Wilhelm Stein, der seine Männer allerdings über die Maßen hart fordern mußte und sich auch selbst niemals schonte. Er war ein Praktiker von Format.

Beim Kriegsmarsch entlang der chilenischen Küste nach Norden fuhr man nicht nur weitmöglich brennstoffsparend, sondern legte sogar nächtliche Ruhepausen durch einfaches Treibenlassen des Schiffes samt seinen Beischiffen ein. Und so »stand« das Dreigestirn von Schiffen erst am 20. September vor dem Stoschkanal* von Patagonien. Der Name auch dieses Fjordes verriet, daß er auf die Vermessungsfähigkeit von S. M. S. *Albatross* zurückzuführen war.

Vor dem Stoschkanal gab Kapitän Lüdecke seine ursprüngliche Absicht auf, bei Port Low auf den patagonischen Guaitecas-Inseln Kohlen zu bunkern. Es herrschte zur Zeit stärkerer Nordwind, der für den dortigen Ankerplatz eindeutig sehr ungünstig war. Unter Einbeziehung des Rates seines ortskundigen Prisenoffiziers Fetzer, der diesen

* Albrecht von Stosch, nach dem dieses patagonische Gewässer benannt wurde, war von Hause aus Armeeoffizier, zuletzt Generalintendant und schließlich Chef des Stabes bei der deutschen Besatzungsarmee 1871 in Frankreich. 1872 bis 1883 war er Chef der Kaiserlichen Admiralität und ein Unikum der Marinegeschichte: Er wurde 1875 zum General der Infanterie und zugleich zum Admiral à la Suite des Seeoffizierkorps befördert bzw. ernannt. Man sagte ihm Selbstherrlichkeit und mangelnde Bindungen an das eigentliche Wesen der Marine nach. Er verstand jedoch seine Sache. Dem irgendwie ungeliebten Mann verdankte die Kaiserliche Marine dank seiner hohen organisatorischen Begabung die rasch erlangte Geltung. Daß er keineswegs ein »Gamaschenknopf« war, ist an seiner persönlichen Förderung der Auslandstätigkeit der Marine zum Schutz des deutschen Überseehandels und um Weiterbildung der Offiziere über das eigentliche Fachwissen hinaus zu erkennen. Es war Bismarck selbst, der von Stosch für diesen ungewöhnlichen Posten des Chefs der Kaiserlichen Admiralität vorgeschlagen hatte. (Zusammenfassung nach Hans Jürgen Witthöft »Lexikon zur deutschen Marinegeschichte«.)

Gedanken guthieß, entschloß sich Lüdecke nunmehr, die St.-Quentin-Bucht in der Nordostecke des Penas-Golfes als Alternative zum »Kohlen« anzulaufen. Aber das setzte natürlich voraus, daß auch diesmal erst die »Lage gepeilt« werden mußte. Lüdecke schickte die *Santa Isabel* zur Erkundung voraus, denn die Luft mußte »rein« sein. Nicht nur ein zufälliges unangenehmes Zusammentreffen mit dem Gegner war zu vermeiden, sondern möglichst auch ein solches mit chilenischen Kriegsschiffen. Immerhin bunkerte man »etwas außerhalb der Legalität« in neutralen Gewässern und wollte Aufschlüsse über den gegenwärtigen Verbleib des deutschen Kreuzers tunlichst unmöglich machen.

Aber die *Santa Isabel* konnte alle Bedenken zerstreuen. Ringsum war keine Menschenseele zu erblicken, so daß die *Dresden* nach dem nächtlichen Passieren des Kaps Tres Montes am Vormittag des 21. September in die St.-Quentin-Bucht einlaufen konnte. Und so schlug sich der ewig kohlenhungrige Kreuzer seine Bunker ein weiteres Mal den ganzen Tag über voll.

Abends gingen drei Schiffe wieder ankerauf und steuerten aus dem Penas-Golf hinaus in den Pazifik. Und zur Erkundung, ob Port Low frei von Feind oder »Freund« sei, wurde diesmal die *Baden* als Späher vorausgeschickt. *Dresden* aber setzte den Marsch nach Norden zusammen mit der *Santa Isabel* in einem Abstand von 30–40 Seemeilen zur Küste fort. Dann schlüpfte man zur Wiedervereinigung des Dreigestirns in die Bucht bei Port Low hinein, nachdem auch dort die Luft rein war.

Kapitän Lüdecke mußte jetzt mehr denn je auf der Hut sein. Er näherte sich immer weiter den chilenischen Häfen Corral, Coronel und schließlich Valparaiso, in denen mit chilenischen Seestreitkräften zu rechnen war, wenn nicht sogar auch mit britischen. Andererseits bestand ganz in der Nähe solcher Häfen die größte Chance, dorthin verkehrende oder von dort kommende Handelsschiffe aufzubringen. Lüdecke bildete wieder mit seinen drei Schiffen einen Aufklärungsstreifen. Inzwischen waren sie vor der Insel Chiloé angelangt, die der 1853 von deutschen Einwanderern gegründeten Hafenstadt Puerto Montt vorgelagert ist. An dieser Stelle endet das Inselgewirr Chiles, das von Feuerland bis nach Puerto Montt hinaufreicht. An dieser Stelle beginnt die chilenische Eisenbahn und die weitgehend offene Festlandküste.

Am 24. September passierte der Verband die Bucht von Valdivia in nur 20 Meilen Abstand, ohne freilich ein einziges Handelsschiff zu sichten. Es war mal wieder wie verhext.

Der Kreuzer intensivierte seine Suche, indem er abends zwischen dem Festland und der Insel Mocha hindurchsteuerte.

Schon wieder war die *Santa Isabel* zur Erkundung vorausgeschickt worden, sie sollte die Lage in Coronel prüfen. Dieser chilenische Kohlenexporthafen an der Auraca-Bucht der chilenischen Provinz Concepcion hatte seinerzeit zwar höchstens fünfeinhalbtausend Einwohner, aber durch die dort ansässigen Schiffsmakler und Reederei-Agenturen war er ein wichtiger »Nachrichten-Umschlagplatz«. Dementsprechend erhielten Kapitän und Supercargo des *Santa Isabel* die Order, auf jeden Fall dort einzulaufen und über eine deutsche Kontaktadresse Verbindung zur Etappe Valparaiso aufzunehmen.

Zwischendurch erhielt man auf der *Dresden* Gewißheit über die Richtigkeit dessen, was kürzlich Kaleu Nieden in seinem Vortrag über Chile vorausgesagt hatte: Die chilenische Marine hatte bestimmte Traditionsbindungen an die britische, ihre Neutralität sei nicht unbedingt sicher. Zumindest gäbe es eine nachrichtendienstliche Zusammenarbeit.

Und genau das wurde nun offensichtlich: In der F. T.-Station der *Dresden* konnte man ein in offener spanischer Sprache »An alle« gesendetes Funktelegramm aufnehmen, in dem die Marinefunkstelle Talcahuano an die Station auf der Insel Mocha funkte, sie möge auf einen deutschen Kreuzer mit drei Schornsteinen achten, der den Handel an der chilenischen Westküste schädige. Sein Passieren müsse unbedingt sofort gemeldet werden. Allerdings war die wenig später in deutscher Sprache gestellte Frage der Funkstelle Mocha an die dort vorbeifahrende *Dresden* an Naivität nicht zu überbieten. Der dortige Marinefunker hatte wohl gerade einen kurzen Telegrammwechsel zwischen *Santa Isabel* und *Dresden* aufgeschnappt und funkte nun herüber: »Sind Sie der deutsche Kreuzer?«

Das vornehme Schweigen der *Dresden* versteht sich von selbst.

Am 25. und 26. September kreuzten *Dresden* und *Baden* in einigem Abstand vor der Bucht von Coronel. Plötzlich schlugen die Alarmglocken an. Was da schwarzqualmend in Sicht kam, schien ein britisches Kriegsschiff zu sein. Die *Dresden*-Besatzung stand recht kampfentschlossen bei ihren Geschützen und war geradezu froh, daß endlich irgend etwas geschah, worauf sie schon so lange gewartet hatte.

Aber es war wieder nichts. Lichtbrechungen hatten die Silhouette eines chilenischen Küstendampfers verzerrt, so daß er zeitweilig wie ein Kriegsschiff aussah.

Das nächste Schiff, das in Sicht kam, war den Ausguckposten schon besser bekannt. Es war die am 26. September aus Coronel wieder ausgelaufene *Santa Isabel*.

Der Wachoffizier der *Dresden* setzte sein Fernglas wieder ab und meldete dem Kommandanten, das Beischiff habe ein Flaggensignal gesetzt. Und es dauerte nicht lange, bis Signalmaat Paul Wolter das Ergebnis seiner Entzifferung hinzufügen konnte: »Habe wichtige Nachrichten für Sie!«

Niemand kann sich die knisternde Spannung vorstellen, die dieses Signal ausgelöst hat, das sich sofort wie ein Lauffeuer durch das ganze Schiff auszubreiten begann. Tatsächlich waren es gleich mehrere, darunter ein aus Honolulu über das amerikanische Pazifikkabel übermitteltes Telegramm, das den Vermerk »Geheime Kommandosache« trug und durch Kurier von der Etappe Valparaiso nach Coronel überbracht worden war.

Sobald ein ausgesetzter Kutter der *Dresden* die mitgebrachte Kurierpost vom Beischiff abgeholt hatte, zogen sich Kapitän Lüdecke und sein Adjutant in die Kommandantenkajüte zurück, während zugleich der »Schlüsseloffizier« Leutnant Schmidt mit dem Dechiffrieren des Geheimtelegramms begann.

Doch zunächst die Mitteilungen der Etappe Valparaiso: Der gesamte Schiffsverkehr an der chilenischen Westküste sei durch die Warnungen vor der *Dresden* stillgelegt worden, die der Dampfer *Ortega*, nach vergeblichen Versuchen, ihn mit Schüssen vor den Bug zu stoppen, über Funk verbreitet hat. Kein Wunder, daß die See wie leergefegt war. Aber das beträfe keineswegs nur den Verkehr vor der Küste von Chile, sondern tatsächlich die gesamte Westküste von Südamerika, denn es sei zugleich ruchbar geworden, daß Kreuzer *Leipzig* am 20. September bei den zu Ecuador gehörenden Galapagos-Inseln tätig gewesen sei. Der Admiralstab hatte ihn nach der Bekohlung im mexikanischen Hafen Guaymas zur südlichen Westküste auf dem Wege gewußt und konnte sicherstellen, daß ein deutscher Dampfer eine neue Kohlenübernahme der *Leipzig* bei Galapagos ermöglichte. Dann aber erhielt der Kreuzer über Funk eine Information über den Anmarsch eines britischen Geschwaders und mußte dieses Seegebiet wieder verlassen. Der deutsche Versorgungsdampfer kündigte über Funk dessen baldiges Eintreffen vor Valparaiso an.

Jetzt klopfte es an die Tür der Kommandantenkajüte. Dem eintretenden Leutnant Schmidt sah man seine Erregung an, die auf Lüdecke und Canaris überging: Das Kreuzergeschwader des Vizeadmirals Maximilian Reichsgraf von Spee sei auf dem Wege zur Westküste von Südamerika und Ende Oktober in chilenischen Gewässern zu erwarten!

Damit war das Rätselraten um den Verbleib des Ostasiatischen Kreuzergeschwaders endlich gelöst, von dem man seit Kriegsausbruch kein Sterbenswort mehr gehört hatte. Und nun diese Nachricht! Bald würde es vorbei sein mit der Einsamkeit. Die Großen Kreuzer (Panzerkreuzer) *Scharnhorst* und *Gneisenau* mit ihren zusammengezählt 16 Geschützen vom Kaliber 21 cm, 12 weiteren vom Kaliber 15 cm und nicht weniger als 36 Geschützen vom Kaliber 8,8 cm sowie acht Torpedorohren waren doch eine andere Sache als nur zehn Kanonen à 10,5 cm der bislang völlig auf sich allein gestellt gewesenen *Dresden*. Auch der Kleine Kreuzer *Nürnberg* sei dabei, den man nach Hawaii entsandt hatte, um über das deutsche Generalkonsulat dieses Geheimtelegramm an die Deutsche Botschaft in Washington kabeln zu lassen. Kreuzer *Emden* aber war zum Kreuzerkrieg im Indischen Ozean detachiert worden.

Sofort ließ Kapitän Lüdecke in sämtlichen Decks den Befehl »Alle Mann achteraus!« auspfeifen. Und seit der Mobilmachung hingen auf der Schanz des Kreuzers *Dresden* die Männer nie gebannter an den Lippen ihres Kommandanten als in diesem Augenblick. Kurz und bündig wie immer teilte Lüdecke seiner Besatzung mit, das Ostasiatische Kreuzergeschwader des Grafen Spee, das vor der Mobilmachung in Tsingtau stationiert gewesen sei, befände sich im Anmarsch auf Chile, und die *Dresden* werde sich in Bälde mit ihm vereinen, sicherlich auch Kreuzer *Leipzig*, mit dem man schon vorher zusammentreffen wolle und von dem die bislang letzte Meldung vor fünf Tagen eingegangen sei.

Für einen Augenblick war selbst die sprichwörtlich gute Disziplin der *Dresden* Besatzung zum Teufel. Die Männer konnten nicht anders, sie brachen in erregtes Gemurmel aus. Und die Lautstärke wurde sozusagen infernalisch, als nun der Kommandant auf das Zusammentreffen mit den Schiffen des Grafen Spee ein dreifaches Hipphipphurra ausbringen ließ.

Inzwischen hatte die Bordkapelle ihre Instrumente fertig aufgebaut, schmetternde Marschmusik setzte ein. Das ganze Schiff verfiel in Hochstimmung. Einige hatten doch tatsächlich Freudentränen in den Augen. Jetzt erst merkte man, welcher Druck auf den *Dresden*-Männern gelastet hatte. Jeder hatte ihn still in sich hineingefressen.

Die »Funkenpuster«-Leutnante Schenk und Schmidt, der F. T.-Meister Heil, der F. T.-Obermaat Wolf, die F. T.-Maate Klockow und Lauer fühlten sich wie von Wegelagerern belästigt. Sie konnten keinen Schritt über Deck wagen, ohne eine Korona aufgeregter Fragesteller um sich herum zu sehen: »Wo befindet sich der Flottenverband? Wo treffen wir uns? Wann treffen wir uns?«

Die Funkbude der *Dresden* war plötzlich noch wichtiger geworden als die Kommandobrücke. Aber die »Insassen« dieses geheimnisumwitterten »Kabinetts«, das zwischen dem zweiten und dritten Schornstein des Kreuzers frei an Deck stand und damit tatsächlich einer Bude nicht unähnlich war, schwiegen, als hätten sie das Gelübde eines Trappistenordens abgelegt. Auch die Ober-F.T.-Gasten und F.T.-Gasten ließen sich beim besten Willen nicht aus der Reserve herauslocken. Geheime Kommandosachen waren nun mal streng vertraulich.

Leutnant Schmidt kam sich plötzlich vor wie ein Regierungssprecher, der vor Journalisten Verlautbarungen von sich gab, ohne allzuviel sagen zu dürfen. Tenor seiner

Kommentare war, immer von neuem wiederholt: »Es sind gute Nachrichten. Besseres ist uns noch nicht passiert, seit wir unser Vagabundentum auf den Meeren begonnen haben.«

Zur Feier des Tags erschien abends der Oberhoboistenmaat Stransfeld in den Wohndecks und blies anstelle des Pfeifsignals »Ruh' im Schiff« in einem wunderschönen Trompetensolo den Zapfenstreich.

In der Kommandantenkajüte tagte noch immer der von Kapitän Lüdecke nach dem Abendessen einberufene Schiffsrat.

»Meine Herren, ich habe Ihnen mitzuteilen, daß die Etappe Valparaiso den Auftrag der Admiralität erhalten hat, für Ende Oktober 10000 Tonnen Kohle für das Kreuzergeschwader bereitzuhalten.« Die *Santa Isabel* konnte bestätigen, daß bereits ein Dampfer der chilenischen Pacific Steam Navigation Company über einen Strohmann, Inhaber einer chilenischen Schiffahrtsagentur, von einer ebenfalls chilenischen Handelsfirma (die unter Führung eines Deutschen stand) gegen gutes Geld gechartert worden sei und in Valparaiso mit sämtlichen Laderäumen voller Kohle bereit läge. Das fällt zur Zeit überhaupt nicht weiter auf, weil ja der Schiffsverkehr wegen der Bedrohung durch unsere *Dresden* und die *Leipzig* eingestellt worden sei.

Ich komme zur Erkenntnis, daß 10000 t Kohle für zwei ausgewachsene Panzerkreuzer und mindestens einen weiteren Kleinen Kreuzer nur ein Tropfen auf den heißen Stein sein dürfte.«

»Ich bin zwar kein *heißer* Stein«, fügte der Leitende Ingenieur Wilhelm Stein hinzu, »aber ich teile Ihre Ansicht voll und ganz. Ich kenne die Antriebsanlage der Panzerkreuzer genau. Ich werde Ihnen mal eine Kohlenverbrauch-Überschlagsrechnung für das Spee-Geschwader anfertigen. Über den Daumen gepeilt wäre die dreifache Menge immer noch zu wenig. Es ist sowieso ein Wunder, daß der Verband des Grafen überhaupt bis jetzt brennstoffmäßig durchgehalten hat!«

»Mein Instinkt sagt mir«, erwiderte Kapitän Lüdecke, »daß wir jetzt in die Pflicht genommen sind. Wir wissen nicht, wann die *Leipzig* wohl vor Valparaiso eintrifft. Genau wissen wir jedoch, wo wir selbst uns befinden. Wir haben sicherlich die einmalige Chance, die Versorgung des Kreuzergeschwaders an Ort und Stelle vorzubereiten. Was auch immer Graf Spee letztlich vorhaben mag: Hier in Chile oder schon vorher muß die Versorgung nahtlos klappen.«

»Aber wie soll das vor sich gehen, Herr Kapitän? Wir können uns doch unmöglich selbst in Valparaiso sehen lassen – wir haben doch sonst gleich die ganze britische Flotte auf den Fersen.«

»Genau das ist der Punkt. Ich werde unsere *Santa Isabel* erneut als Kurierschiff verwenden. Ihre Kohlenladung für unsere Kessel neigt sich ohnehin dem Ende zu, so daß die *Baden* die Ammenrolle weiterspielen muß.

Viel Hoffnung habe ich nicht, daß wir in Anbetracht der verhängten Schiffahrtssperre an der Westküste dabei noch einen Jagderfolg erzielen können. Aber wir wollen uns nicht nachsagen lassen, nicht wenigstens das Äußerste versucht zu haben. Ich bitte Sie, Wieblitz, darzulegen, was wir vorhin vorbesprochen haben.«

Der Navigationsoffizier rollte eine Seekarte von der chilenischen Küste auseinander, einen sogenannten Übersegler, der das »lange Handtuch« Chile in Gänze darstellte. Er beschwerte die Ecken der Karte mit Aschenbechern, so daß sie schön »plan« auslag und nun von allen betrachtet werden konnte.

Wieblitz zeigte die augenblickliche Position der *Dresden*, die letzte bekannte Position der *Leipzig* bei den Galapagos-Inseln und die gekoppelten Etmale oder Tagesstrecken bei ihrem vorgesehenen Anmarsch auf Valparaiso, vorausgesetzt, daß sie das britische Geschwader hatten abschütteln können. Und dann zeigte der Navigationsoffizier jenen Punkt auf der Karte, bis zu dem man nach Norden vorstoßen wolle, um entweder noch eine Prise zu ergattern oder wenigstens die *Leipzig* zu treffen. Man werde also noch drei Tage lang die See abkämmen und dann die *Santa Isabel* mit einem dicken Bündel von Sonderaufträgen nach Valparaiso schicken und zugleich neuen Proviant und eine neue Kohlenladung übernehmen lassen. Dem Reserveleutnant Kapitän Neiling fiele damit als Supercargo erneut eine Schlüsselrolle zu.

Die Sitzung des Schiffsrats endete ungewöhnlich. Ernst Wieblitz holte seine der Mobilmachungsvorrichtung aller brennbaren Gegenstände entgangene Geige hervor und spielte, gekonnt wie immer, aber seit Anfang August ohne Klavierbegleitung, auf Bitte des Kommandanten eine Toselli-Serenade und die »Ballszenen« von Hellmesberger. Die entstandene gelöste Stimmung, aus Freude über das Näherkommen des Spee-Geschwaders, war dem Kommandanten Anlaß genug, zwei seit Mexiko in aller Heimlichkeit eigens für diesen Zweck bereitgestellte Flaschen »Schampus« kommen zu lassen und mit seinen Leitenden Offizieren auf das Ereignis anzustoßen.

Der Vorstoß nach Norden wurde in doppeltem Sinne zum »Flop«, wie die Angelsachsen sagen würden, denn weder kam irgendein Handelsschiff in Sicht noch der Kreuzer *Leipzig*. Er wahrte wegen der suchenden britischen Kriegsschiffe verständlicherweise Funkstille. Und so erfuhr zunächst niemand etwas davon, daß ihn ein Kesselschaden gezwungen hatte, zu dessen Behebung mit Bordmitteln eine verschwiegene Bucht der Insel Lobos de Afuera vor der Küste von Peru anzulaufen. Auch der *Santa Isabel* gelang trotz intensiver Bemühungen die ihr befohlene funktelegrafische Kontaktaufnahme auf der Reise nach Valparaiso nicht.

Für Kreuzer *Dresden* gab es eine verschwiegene Bucht weit und breit nicht. Am Ende des vergeblichen Suchtörns ließ Kapitän Lüdecke sein Schiff auf der Höhe von Punta San Pedro südlich vom Salpeterhafen Antofagasta wieder auf Gegenkurs drehen.

Er wußte freilich am Tage dieses Kurswechsels – es war jener 30. September, an dem die *Santa Isabel* in Valparaiso eintraf –, daß in der Nacht zuvor eine heikle Funknachricht eingegangen war. Eine deutsche Schiffahrtsagentur hatte beobachten können, daß am 28. September das britische Geschwader, bestehend aus den Panzerkreuzern *Good Hope* und *Monmouth*, dem Kleinen Kreuzer *Glasgow* und dem Hilfskreuzer *Otranto*, Punta Arenas passiert habe, um durch die Magellanstraße in den Pazifik zu gehen. Kaltblütig hatte Lüdecke ausgerechnet, daß er dann durchaus noch Zeit haben werde, vor dem Gefährlichwerden der Briten ein letztes Mal eine komplette Bunkerfüllung Kohlen aus der *Baden* zu übernehmen und dann deren Vorräte aus einem von der Etappe zugesagten Kosmos-Dampfer ergänzen zu lassen.

Lüdecke hatte Kurs auf die Robinson-Insel Mas a Tierra im Juan-Fernandez-Archipel absetzen lassen, die etwa 380 Seemeilen vor der chilenischen Küste liegt. Mas a Tierra ist jene Insel, auf der einst der schottische Matrose Alexander Selkirk in den Jahren 1704–1709, von seinem Kapitän wegen Aufsässigkeit dort ausgesetzt, vier Jahre und sieben Monate mutterseelenallein überlebt hat, ehe ein vorbeisegelnder Walfänger sein allnächtlich angezündetes Feuer vor der Wohnhöhle entdeckte und den Mann an Bord nahm. Damit galt er nach damaligem Recht als begnadigt.

Daniel Defoe hat diese wahre Begebenheit mit dichterischer Freiheit umgemünzt und den Matrosen Selkirk zum Helden seines weltberühmten Jugendromans »Robinson Crusoe« gemacht.

Den Archipel, zu dem die Robinson-Insel Mas a Tierra gehört, hat der spanische Kapitän Juan Fernandez 1574 zufällig entdeckt. Später fanden auf dieser Inselgruppe zeitweilig englische und holländische Korsaren Unterschlupf. Sie jagten spanische Karavellen mit Silberladungen, die ja bei den Transporten in ihr Heimatland auf die Kap-Hoorn-Route angewiesen waren und deshalb zwangsläufig den Juan-Fernandez-Archipel in einigem Abstand passieren mußten.

Im Jahre 1740, und damit 31 Jahre nach Selkirks Errettung, errichteten die damals noch als Kolonialherren für fast alle Länder Südamerikas zuständigen Spanier auf der Robinson-Insel vorsorglich ein kleines Fort, um der Wiederholung etwaiger Piraterie von dort aus vorzubeugen. Aber diese Anlage fiel nach wenigen Jahrzehnten einem Erdbeben zum Opfer, so daß die Insel wieder unbewohnt wurde wie zuvor. Als sich dann aber zu Beginn des vorigen Jahrhunderts die ersten Autonomiebestrebungen der südamerikanischen Andenländer bemerkbar machten, wurden die sieben auf Mas a Tierra vorhandenen natürlichen Höhlen als Gefängnis für die vom Festland verbannten Patrioten der Los-von-Spanien-Bewegung verwendet.

Robinson-Insel – das hörte sich gut an, schön einsam, weltabgeschieden. Für einen »Fliegenden Holländer« wie den Kreuzer ohne Hafen war das wohl der richtige Platz für eine erneute ungesehene Kohlenübernahme.

Aber in der Nacht zum 1. Oktober erreichte die *Dresden* ein Kurzwellentelegramm der Etappe San Francisco, daß Vorsicht geboten sei. Der Kapitän der *Santa Isabel* durfte im Hafen seine Funkstation nicht benutzen, deshalb ersann die Etappe Valparaiso den Ausweg, die Kollegen in San Francisco per Kabel zu bitten, eine Nachricht an die weit entfernte *Dresden* weiterzuleiten. Sie besagte, daß Mas a Tierra doch bewohnt sei, es gäbe eine Langustenfischersiedlung an der Cumberland Bay mit immerhin etwa 300 Einwohnern, und dort sei dem Vernehmen nach eine Funkstelle der chilenischen Marine im Aufbau oder sogar schon vorhanden.

Diese Warnung war wertvoll. Lüdecke ließ gleich nach dem nächtlichen Eintreffen dieser Meldung den Kurs auf die mit Sicherheit unbewohnte Insel Mas a Fuera abändern, die zum gleichen Archipel gehört. Aber dort wurde die Kohlenübernahme mal wieder zu einer besonderen Quälerei, die den Leutnant zur See Fleischer zu dem Bonmot Veranlassung gab: »Im Mittelalter hatte man Folterkammern und Scheiterhaufen, im technischen Zeitalter nimmt man statt dessen Kohlenübernahmen und Kreuzer-Heizräume, um Menschen fertigzumachen.«

Es war in der Tat ein besonders scheußliches Bunkern, weil es wegen der überall vorhandenen Dünung auf dem Umweg über die Beiboote geschehen mußte. Weder das Dampf- und das Motorboot noch die Ruderkutter waren für solche Zwecke eingerichtet, ebensowenig die Rettungsboote der *Baden*, die natürlich voll mit eingespannt wurden. Und so pendelten die Beiboote des Kreuzers wie Weberschiffchen zwischen Beischiff und Kreuzer hin und her, um die mit Kohlensäcken schwer beladenen Ruderboote unter die Kranhaken der *Dresden* zu bugsieren und die leer gewordenen Fahrzeuge wieder abzuholen. Zwei Mann mußten unentwegt mit Fendern und griffbereitem Bootshaken parat stehen, um schmetterndes Gegenschlagen der Kutter gegen die *Dresden*-Bordwand durch Abhalten oder wenigstens durch Abpolstern einigermaßen zu dämpfen, während die auf den Duchten umherturnenden anderen Männer Sack um Sack anheben und in die Stropps (als Schlingen) einbinden mußten, damit dann wieder partieweise die nächste »Hieve« von Kohlensäcken aufgeheißt werden konnte.

Nach den zwei Tagen Schwerarbeit in den unentwegt dümpelnden und an die Bordwand schlagenden Booten waren die *Dresden*-Männer, wie man an der Waterkant sagt, »geschafft mit Jack und Büx«. Es fehlte nicht viel, dann wären sie auf allen vieren zum Abendessen gekrochen. Sie hatten einen Muskelkater als wären sie 14 Tage durch die Hochanden geritten. Sie waren so zerschlagen, daß sie sogar die neueste Nachricht beinahe kalt ließ, daß es der Funkbude endlich gelungen war, Morsezeichen des Kreuzers *Leipzig* aufzunehmen. Endlich hatte man Gewißheit über seinen Verbleib und erfuhr, daß auch er Anschluß an das Kreuzergeschwader Graf Spee suchen werde.

Damit entfiel für die *Dresden* jede weitere Motivation, ein vorheriges Zusammentreffen mit der noch weit entfernten *Leipzig* zu erreichen. Es war nun besser, daß jedes der beiden Schiffe auf eigene Faust »West machte«, – also weitmöglich nach Westen zu gelangen versuchte und damit dem Ostasiatischen Kreuzergeschwader entgegen, das ja mit Kurs Ost durch den Pazifik lief.

Lüdecke besaß die Gabe, sich voll und ganz in die Lage anderer Leute hineinzuversetzen, in diesem Falle in den Vizeadmiral Graf Spee. Was würde er, Lüdecke, an dessen Stelle tun, wenn er auf dem Wege von der Südsee nach Chile wäre? Er würde auf jeden Fall den Weg über die Osterinsel nehmen, die ja als exponierteste Pazifikinsel überhaupt 3900 Kilometer von Chile entfernt liegt und damit auf halbem Wege zwischen Tahiti und der Westküste von Südamerika.

Also Kurs Osterinsel.

Lüdecke hatte genau richtig getippt, wie sich bald herausstellen sollte. Ihm war klar, daß Graf Spee dort mit sämtlichen Schiffen bunkern müsse – eine andere Methode, jemals in Chile anzukommen, bestand praktisch nicht. Andererseits war klar, daß auch die *Dresden* auf der

Osterinsel unbedingt würde bunkern müssen. Die Distanz dorthin war ohnehin noch recht groß. Deshalb verfiel Lüdecke auf eine ungewöhnliche, aber originelle Form der Brennstoffersparnis: Er ließ seinen Turbinenrenner einige Tage lang mit etwa neun Knoten Fahrt von der *Baden* schleppen. Für den Frachtdampfer bedeutete das nur einen geringen Mehrverbrauch, für den brennstoffintensiven Turbinenkreuzer eine beträchtliche Ersparnis an Kohlen. Lüdecke hatte sehr wohl beherzigt, daß ihm sein »Chief« schon wieder wegen der unbedingt zu erhaltenden Brennstoffgefechtsreserve in den Ohren gelegen hatte. Daß sich die *Dresden* von ihrem Beischiff »mitzotteln« ließ, hatte den guten Nebeneffekt, daß die Antriebsanlage geschont und die Maschinen in Ruhe noch einmal inspiziert und abgeschmiert werden konnten.

Zunächst wurde das eine ganz gemütliche Reise. So hattte man sich eine Fahrt in die Südsee eigentlich immer vorgestellt. Das Wetter war tagelang heiter und erstmals wieder richtig angenehm, so daß der I. Offizier auf dem Oberdeck eine abendliche »Promenadenmusik« ansetzen konnte. Die Bordkapelle spielte, was die Noten auch nur hergaben, zu flotten Weisen auf. Sogar Tanzmusik war im Repertoire, so daß sich tatsächlich einige Matrosen paarweise zusammentaten, um einige Tanzrunden zu drehen. Was sollten sie sonst auch anderes tun, wenn ihnen die Melodien in die Beine gingen. Und es wurden ausgesprochen schöne Sonnenuntergänge, die man wiederum als Südseeromantik hätte »verkaufen« können.

Den Tag über hatte man den Dienst recht locker angehen lassen, zum Ausgleich für die fürchterliche Kohlenschinderei vor Mas a Fuera. Und nachdem am Vorabend Kaleu Nieden mal wieder einen Weiterbildungsvortrag in der Messe über das Thema »Die Osterinsel« gehalten hatte, gaben nun die Divisionsoffiziere ihr frisch erworbenes Wissen an ihre Männer weiter. So wurden dann nachmittags die Mannschaftsdecks ein weiteres Mal in eine Art Volkshochschule verwandelt. Und wiederum hockten die Zuhörer auf ihren hochkant gestellten Utensilienkästen. Hier und dort hörte der Kommandant bei seiner Runde durchs Schiff mal ein bißchen zu. Und so nahm er wahr, wie Oberleutnant Hartwig seiner ihm anvertrauten seemännischen Division mit einigem pädagogischen Geschick das nunmehrige Reiseziel Osterinsel vor Augen stellte. Der Kommandant hatte nichts dagegen, daß über dieses Reiseziel jetzt offen gesprochen wurde, denn irgendeinen Kontakt mit Handelsschiffsmatrosen oder gar Leuten an Land würde es bis dorthin sowieso nicht geben.

Hartwig war humorbegabt, was ohnehin zu den Grundtugenden eines guten Seeoffiziers gehören sollte. Zum anderen hatte er die Angewohnheit, seinen Unterricht immer mit ein paar Fragen zu beginnen. Er merkte dann, wie weit seine »Lords« mit dem Thema schon ein bißchen oder noch gar nicht vertraut waren. Und nun hatte er eine Frage schon zu Anfang provoziert: »Herr Oberleutnant, da gibt es Weihnachts-Inseln und da gibt es eine Osterinsel. Was soll das alles – feiern die auf der einen das ganze Jahr hindurch Heiligabend und suchen die auf der anderen das ganze Jahr immer nur Ostereier?«

Der Kommandant schmunzelte in sich hinein. Er mochte es, wenn es auch mal ein wenig lässig zuging. Jede Art von verbissenem Bierernst war ihm wesensfremd, was sicherlich um ein weiteres zum guten Bordklima der *Dresden* beitrug.

»Nee, das liegt ganz einfach daran, daß die Bevölkerung auf der einen Inselgruppe nur aus Weihnachtsmännern besteht und auf der anderen Insel nur aus lauter Osterhasen. Spaß beiseite: Die Osterinsel verdankt ihren wirklich etwas seltsamen Namen der Tatsache, daß es genau Ostersonntag war, als der holländische Seefahrer Jakob Roggeveen die knapp 163 km^2 große Insel am 5. April 1722 zufällig entdeckte. Genauer gesagt: Roggeveen nannte seine Entdekkung Paasch-Eyland, was sich tatsächlich wörtlich mit Osterinsel übersetzen läßt. Sie ist ein bißchen kleiner als unsere Ostseeinsel Fehmarn und nennt sich in der spanischen Sprache Isla de Pascua, was auf die Bezeichnung Pascua de Resurrección zurückzuführen ist – Fest der Wiederauferstehung, also ebenfalls Ostern entspricht. Die in der Mehrheit dort lebenden Polynesier aber nennen die Osterinsel in ihrer Sprache Rapa Nui oder Te Pito Te Hanua, der Nabel der Welt. Und das ist recht treffend ausgedrückt, denn in Luftlinie sind es von dort zur chilenischen Küste sage und schreibe rund 3900 Kilometer, bis zur nächsten bewohnten Insel Pitcairn dann abermals 2000 weitere Kilometer. Ich sage das mal ganz bewußt nicht in Seemeilen, dann habt ihr alle die Entfernung noch besser vor Augen. Wenn wir dort ankommen, sind wir so weit von Chile enternt wie das der Entfernung von Gibraltar bis knapp nach Moskau entspricht.« Solche Sachen konnten sich Hartwigs Männer recht plausibel vorstellen. Und was dem beobachtenden Kommandanten, der mit verschränkten Armen an der Wand lehnte und zuhörte, an Hartwigs Unterrichtsmethode besonders gefiel, war seine Art, auf die Männer einzugehen und ein wirkliches Unterrichtsgespräch an die Stelle eines bloßen Monologes zu setzen. Dieser junge Offizier hatte Blickkontakt mit seinen Seeleuten und erriet sofort, wenn der eine oder andere eine Frage auf dem Herzen hatte. Und so war es auch jetzt. Ein Obermatrose wollte wissen: »Wer regiert denn nun einen solchen Klops – ich meine, eine doch recht kleine Insel inmitten dieses riesigen Meeres? Ich kann mir das überhaupt nicht vorstellen, wie das dort eigentlich zugeht – da leben doch sicherlich Menschen, also muß doch irgend jemand das Sagen haben?«

»Ja, das ist ein bißchen grotesk: Diese Insel gehört völkerrechtlich zu Chile, obwohl dieser Staat derart weit entfernt liegt!«

»Wir haben uns ja schon beim Juan-Fernandez-Archipel gewundert, auch der ist chilenisch, obwohl die Entfernung zum Mutterland ja auch schon umgerechnet rund 610 Kilometern entspricht. Schon dort fragten wir uns, wie die so eine Inselgruppe verwalten!«

»Die Osterinsel ist wirklich der Extremfall, zu dem es international überhaupt keine Parallele gibt. Da kommt alle halbe Jahre mal ein Versorgungsschiff angesegelt und bringt die nötigsten Dinge aus der Zivilisation. Wenn das wieder wegfährt, ist für ein halbes Jahr wieder ›Sense‹, in jeder Beziehung. Ein pensionierter Marineoffizier im Range eines Kapitäns zur See fungiert dort als Gouverneur. Er hat etwa 270 Insulaner unter sich, die allerdings ihren eigenen Bürgermeister und ihre eigene Selbstverwaltung haben.«

»Und was machen die Leute den ganzen Tag auf so einer Insel?«

»Tja, meine Herren, die kennen ja nichts anderes, darum ist ihr Eiland für sie tatsächlich der Nabel der Welt. Sie gehen als Fischer, Schafhirten, Handwerker ihrem Tagewerk nach und können sich kaum vorstellen, daß es neben der Osterinsel irgendwo noch andere Ländereien gibt.«

Hartwig erhaschte den Blick des jüngsten Matrosen seiner Division, den auch noch etwas drückte, was er loswerden wollte.

»Und da wohnen also vorwiegend Polynesier oder wie die Kerle heißen – wo kommen die denn überhaupt her?«

»Eine besonders interessante Frage! Das ist ein Seevolk unbekannter Herkunft*, das sich in großen Seewanderungen mit Hilfe riesiger, seetüchtiger Kanus nach und nach über den gesamten Pazifik ausgebreitet hat.

* Heute weiß man: aus Südostasien.

Ich war auch noch nie auf der Osterinsel, wohl überhaupt noch keiner von uns. Aber es dürfte feststehen, daß diese Insel eines der wirklich großen Menschheitsrätsel birgt. Irgendein geheimnisvolles Volk der Vorzeit* hat dort Hunderte von riesigen steinernen Statuen geschaffen, von riesigen Steinköpfen, die bis zu 50 Tonnen schwer sein sollen. Man hat zwar die Steinbrüche am Rande eines erloschenen Vulkankraters gefunden, rätselt aber noch immer herum, wie man solche Riesenfiguren mit Steinzeitwerkzeugen aus dem Kraterrand herausbrechen und teilweise weit über Land transportieren konnte. Forscher haben bisher 260 solcher ›Moais‹ gezählt . . .«

Der blutjunge Matrose Max Szillus aus dem ganz entlegenen Dörfchen Ogeln bei Kinten im Memelgebiet geriet ein bißchen ins Träumen. Was würden wohl die Leute in seinem auf der Landkarte kaum auffindbaren Heimatort für Augen machen, wenn er ihnen berichten konnte, daß er sogar mit eigenen Augen die berühmte Osterinsel gesehen hatte. Das würde ihm ja kein Mensch glauben.

Tja, wenn er erst wieder zu Hause war. Das heißt, wenn ich jemals wieder dorthin zurückkehren kann, durchfuhr es den Jungen.

Selten hat die Division des Oberleutnants Hartwig beim Unterricht so begeistert zugehört wie diesmal – das war ja eine tolle Sache, der sie da entgegenfuhren. Irgendwann hatte man ja diese Riesenfiguren abgebildet gesehen, im Schullesebuch oder in einer Illustrierten. Aber jeder Gedanke daran, jemals in eine derart exponierte Ecke unserer Erde selbst hinzukommen, wäre Hartwigs Männern absurd erschienen, unvorstellbar geblieben.

Der Divisionsoffizier erzählte auch davon, daß sogar der berühmteste aller europäischen Südsee-Entdecker – Kapi-

* Nein, es war – erst im Mittelalter – ein Polynesier-Stamm.

tän James Cook – im Jahre 1774 die Osterinsel besuchte. Er habe in einer Bucht vor dem Ort Hanga Roa geankert, die noch heute den Namen Cook's Bay trägt. Und Hartwig fügte hinzu, daß man diese Bucht in einigen Tagen wohl selbst kennenlernen werde, weil es zur Kohlenübernahme kaum einen anderen Ankerplatz gäbe.

Aber der Unterricht über die Osterinsel, das abendliche »Promenadenkonzert«, das Blasen des Zapfenstreichs an diesem ersten Tag auf dem »Schleppkahn *Dresden*«, wie man neuerdings sagte, waren längst vorbei. Mitten in der Nacht stürzte der F. T.-Meister, der im Funkraum die besonders wichtige Mittelwache hatte, höchst aufgeregt auf die Kommandobrücke, um dem Wachoffizier Oberleutnant von Koppelow zu melden: »Wir haben Funkkontakt mit Panzerkreuzer *Scharnhorst*!«

»Das kann doch gar nicht angehen, der ist doch noch viel zu weit entfernt.«

»Ja, das dachten wir auch. Laut Aussage unseres Kommandanten kann das Spee-Geschwader, das nun tatsächlich Kurs auf die Osterinsel nimmt, allenfalls irgendwo bei Pitcairn sein. Auf dieser Frequenz haben wir noch nie eine derartige Reichweite erlebt. Aber Zweifel scheiden aus: Es war das Flaggschiff des Grafen Spee!«

Lüdecke lag durchaus richtig mit seiner Vermutung. Die Panzerkreuzer *Scharnhorst* und *Gneisenau* hatten am 22. September den französischen Marinestützpunkt Papeete auf Tahiti beschossen und dabei das Kanonenboot *Zélée* versenkt. Am 26. September vereinigten sie sich mit der samt den Troßschiffen dorthin vorausgeschickten *Nürnberg* vor Nuku Hiva auf den Marquesa-Inseln und hatten nach Neuversorgung von dort aus am 3. Oktober den Weitermarsch zur Osterinsel angetreten. Das war also drei Tage vor der soeben aufgenommenen Funkverbindung. Pitcairn könnte einigermaßen stimmen.

Auch die Nachricht vom Funkkontakt mit der *Scharnhorst* machte natürlich rasch die Runde durch die Wohndecks der *Dresden*. Die seit der ersten, aus Valparaiso mitgebrachten Nachricht über das Ostasiatische Kreuzergeschwader latent vorhandene und durch die neue Nachricht noch verstärkte Euphorie wurde nach einigen Schönwetter-Tagen Schleppfahrt unsanft durch einen Barometersturz getrübt. Der Ausläufer eines Südseetaifuns zog heran. Solche Wirbelstürme sind in der Südsee selten, aber dafür besonders heftig. Freilich war es eine Rarität, daß sich eine Auswirkung davon zur Frühlingszeit der Südhalbkugel überhaupt bis zu der geographischen Länge, bis zur nunmehrigen *Dresden*-Position, bemerkbar machte.

Zwar leckte Kreuzer *Dresden* seit der behelfsmäßigen Außenhautreparatur in der Orange Bay nicht mehr. Aber alles andere war fast so schlimm wie in den Kap-Hoorn-Sturmseen. Der Seegang wurde unberechenbar heftig, das Schiff von schwerer See buchstäblich hin und her geschüttelt. Das Unwetter hatte die *Dresden* sozusagen »kalt erwischt« – noch richtiger ausgedrückt mit nur noch »aufgebänkten«* und damit warm gehaltenen, aber noch nicht wieder auf vollen Dampfdruck hochgefahrenen Kesseln.

Und so war die anfangs so gemütliche Schleppfahrt hinter der *Baden* unversehens zur Hölle geworden. Und es war erstaunlich, wie viele Seekranke es auch diesmal wieder

* Dieser Heizer-Fachausdruck besagt, daß man aus Gründen der Brennstoffersparnis die Kessel nicht mehr unter Dampf gehalten, sondern immer zwei von den drei Feuern herausgerissen hatte. Nur das Mittelfeuer besorgte das Warmhalten zum jederzeitigen Wiederhochfahren der Kessel, indem man dort die Glut auf den Rosten beließ, jedoch so intensiv mit Kohle zudeckte, daß diese erst allmählich duchschwelte. Die gelöschten Feuer hatte man mit frischer Kohle aufgefüllt, die jedoch erst im Bedarfsfall gezündet wurde. Man benutzte dann Glut aus dem Mittelfeuer als Fidibus.

gab. Es war also immer noch nicht bei allen die eigentlich irgendwann normale Immunisierung eingetreten.

Kaleu Nieden und Bootsmann Kieser hatten die Schleppverbindung von der *Baden* zur *Dresden* recht gut durchdacht. Man hatte zwei starke Stahltrossen genommen, an die ganz große »Schuhnummern« von Manilatrossen angeschäkelt waren, so daß man einen halbwegs elastischen »Vorlauf« dazwischen gesetzt hatte. Nun aber ging der Kreuzer derart »zukehr«, daß Lüdecke am liebsten die Schleppverbindung sofort wieder gelöst hätte. Aber der »Chief« bat ihn, die *Dresden* »am Haken« der *Baden* zu lassen, bis der Dampfdruck wieder für die eigene Fortbewegung ausreichend war.

Aber eine solche Rücksichtnahme erübrigte sich, weil der sich wie bei einem Veitstanz gebärende Kreuzer durch seine unberechenbaren Bewegungen abrupt für den Bruch der doppelten Schleppverbindung sorgte. Und nun trieb die *Dresden* sofort, den schiffbauphysikalischen Gegebenheiten entsprechend, quer zur See.

Kreuzer sind auf Geschwindigkeit angelegt und damit ziemlich schlank. Es ist nicht zu beschreiben, wie sich dieses Schiff wedelnd um seine Längsachse bewegte. Zwar benahm sich die *Dresden* mit ihren bekannt guten See-Eigenschaften als verläßliches Stehaufmännchen, aber die Schlingerbewegungen übertrafen selbst die vom Kap Hoorn. Auf der Brücke hatte man das Gefühl, daß jeden Augenblick infolge der gewaltigen Fliehkräfte die Funkstengen von den Masten abbrechen müßten.

Dieser schlimme Zustand dauerte rund eine halbe Stunde. Dann hatten die Kessel wieder so viel Dampfdruck, daß der Kreuzer jede gewünschte Fahrbewegung aufnehmen und damit die Seen besser, durch langsames Gegendampfen, abwettern konnte.

Bald ging die Reise zur Osterinsel mit eigener Kraft weiter, die Macht des Sturms war gebrochen. Aber nun drückte den Kommandanten des Kreuzers eine andere Sorge: Aus Funksignalen, die in der F. T.-Station empfangen worden waren, setzte sich eine Art Mosaik zusammen. Es waren Gegner-Kriegsschiffe in der Nähe, unverkennbar. Vieles sprach dafür, daß es sich um mindestens einen Japaner und einen Briten handelte. In beiden Fällen drehte es sich um eine Morse-»Handschrift«, die den *Dresden* Funkern neu war.

Japan war am 28. August in den Krieg eingetreten, es war durchaus im gesamten Pazifik mit dem Auftauchen von Einheiten der Nippon-Kriegsflotte zu rechnen. Und die Lautstärke der Funksignale intensivierte sich von Tag zu Tag. Es konnte nun wirklich jeden Augenblick passieren, daß irgendwelche Rauchwolken in Sicht kamen, unter denen ein Verhängnis nahte. Es erschien Kapitän Lüdecke richtig, das Schiff auf äußerste Gefechtsbereitschaft zu trimmen.

Kommandant und IO gingen nochmals durchs ganze Schiff, um die Bereitschaftsmunition, den Zustand der Munitionsaufzüge, der Feuerlöscheinrichtungen und der Leckwehrstationen zu überprüfen. Lüdecke ordnete anstelle der Kriegsmarschwachtörns erhöhte Gefechtsbereitschaft an. Jetzt zogen schon komplette Geschützbedienungen zusammen auf Wache. Die Erste-Hilfe-Ausrüstung lag überall griffbereit.

Um Unterkühlung im Untergangsfalle zu mindern, wurde das weitere Tragen von weißem Arbeitszeug und Drillichzeug verboten. Es war »Gefechtspäckchen« zu tragen – wärmendes Blauzeug. Diese von den »Lords« respektlos »Uniform zum Sterben« titulierte Anzugsordnung schrieb die blauen Wollhemden des »Kieler Knabenanzugs« ohne Exerzierkragen vor. Die Rauchschutzmasken waren ebenso »am Mann« zu tragen wie die Erkennungsmarke. Die Offiziere bekamen statt dessen bestimmte Kennungsfransen an den Arm geheftet.

Kapitän Lüdecke sah sich gezwungen, seine sozusagen sprungbereit stehende Besatzung über das Brückenmikrofon anzusprechen: »Die Situation ist wirklich gefährlich. Wir wissen nicht, von wo die feindlichen Kreuzer kommen können, die, wie es scheint, von der englischen Basis auf den Falkland-Inseln ausgelaufen sind, wir sind jedoch alle bereit, für das Vaterland zu kämpfen. Es lebe Deutschland, es lebe der Kaiser!«

Aus heutiger Sicht klang diese Ansprache pathetisch, aber sie hätte zur gleichen Stunde in den Decks britischer oder japanischer Kreuzer genauso geklungen. Und noch heute heißt es bei der Royal Navy in solchen Fällen: Lang lebe die Queen!

Die Bewegungen der Gegnerschiffe gaben der Funkstation zunehmend Rätsel auf. Plötzlich mischte eine weitere Morse-»Handschrift« sich dazwischen, aber dann nahm die Lautstärke allgemein wieder ab. Was machte der Gegner, entfernte er sich tatsächlich wieder, hatte er falsche Schlußfolgerungen gezogen? Hochgradig wahrscheinlich war jedoch, daß die Schiffsbewegungen dem irgendwo in diesem Seegebiet zu erwartenden Spee-Geschwader und nicht unbedingt der einzeln fahrenden *Dresden* galten. Aber wissen konnte man auch dieses nicht.

Lüdecke und Wieblitz hatten sich gerade mal wieder über die Seekarte gebeugt, als einer der Funker ins Kartenhaus kam, nachdem er symbolisch an dem türlosen Durchgang zur Brücke angeklopft hatte: »Herr Kapitän, neuer Funkspruch vom Flaggschiff *Scharnhorst*!« Und natürlich griff Lüdecke sofort zu. Es war ein Befehl vom Vizeadmiral Graf Spee persönlich an den Kleinen Kreuzer *Dresden*, umgehend zur Osterinsel zu laufen und die dortigen Küsten nach feindlichen Streitkräften abzusuchen.

Dieser Befehl ging am 7. Oktober ein und wurde prompt ausgeführt. Am Nachmittag des 11. Oktober hatte der

Kreuzer eine Position erreicht, die rund 20 Seemeilen nördlich der Insel lag. Um die jetzt unbedingt notwendige Funkstille wahren zu können und dennoch dem Geschwaderchef auf der *Scharnhorst* Meldung vom Eintreffen bei der Osterinsel übermitteln zu können, sandte Kapitän Lüdecke die *Baden* dem aus bestimmter Richtung erwarteten Kreuzergeschwader entgegen.

Was Lüdecke neulich schon getan hatte, als er seine Besatzung auf die von sich nähernden Kreuzern ausgehende Gefahr hinwies, das tat er nun wieder. Er ließ nach allgemeiner Bekanntgabe des Spee-Befehls die Bordkapelle Marschmusik unter Deck spielen. Und er kannte die stimulierende Wirkung auf seine »Pappenheimer«.

Auf keinen Fall durfte *Dresden* in eine Falle laufen. Es konnte durchaus sein, daß sich große Kriegsschiffe der Briten und Japaner irgendwo hinter der Osterinsel versteckt hielten. Auffälligerweise waren ihren Morsezeichen verstummt. Entweder waren sie tatsächlich außer Reichweite geraten oder der Gegner wahrte seinerseits beim Lauern Funkstille.

Bei Tageslicht konnte die Annäherung an etwa vorhandene Panzerkreuzer oder sogar Dreadnoughts glatter Selbstmord sein. Kreuzer *Dresden* wartete also die früh einsetzende Abenddämmerung dieser Breiten, den schon hier recht kurzen Übergang vom Tag zur Stockfinsternis ab.

Lüdecke ließ »Klarschiff zum Gefecht!« anordnen. Mit Trommel und Horn marschierten Mitglieder der Bordkapelle durchs ganze Schiff, so daß das unverkennbare, markante Signal in die Ohren aller drang. Nun standen die »Torpedomixer« von Oberleutnant Hartwig an den beiden Unterwasserausstroßrohren klar. Auf ihre sorgfältig gepflegten und noch einmal frisch eingeregelten Torpedos vom Kaliber 45 cm könnte es jeden Augenblick ganz besonders ankommen, da man ja aus nächster Nähe mit dem Gegner zusammentreffen werde. Deshalb standen sie auch alle an den Maschinenkanonen klar, um die Gegnerdecks im Nahkampf sofort mit rasendem Schnellfeuer überschütten zu können und so das Schußklarmachen der Oberdecksgeschütze zu verhindern. Auf allen Scheinwerferposten stand das Bedienungspersonal an Schaltern und Richthebeln, um sofort losleuchten zu können. Der Kleine Kreuzer hatte nur beim Überraschungsangriff aus der Nähe Chancen. Aber auch für die acht 10,5-cm-Seezielkanonen hatte der Artillerieoffizier eine besondere Form der Feuerverteilung aus der Nähe konzipiert.

Es war eine etwas unheimliche Stimmung. Die Brücke hatte befohlen, rauchlos zu fahren, um jeden Funkenflug zu vermeiden.

Kreuzer *Dresden* steuerte zunächst die Südoststrecke der Insel an und suchte bei zunächst klarem, später nach Mondaufgang weniger sichtigem und nachher sogar teilweise regnerischem Wetter die Süd- und die Westküste der Insel ab. Hundert Augenpaare versuchten, den Schleier der Nacht zu durchdringen. Jeden Augenblick war man gewärtig, daß auf ein vereinbartes Alarmglockenzeichen die Befehle »Scheinwerfer leuchten!« und »Schnellfeuer frei!« gleichzeitig als gegeben galten. Und man mußte damit rechnen, daß auch der irgendwie gewarnte Gegner auf der Hut war und seinerseits einen solchen Überraschungsangriff im Schilde führte. Wer zuerst leuchtete und dabei sofort schoß, mit Revolverkanonen, Seezielgeschützen und Torpedos zugleich, der hatte Überlebenschancen. Und die *Dresden* wähnte sich natürlich in der Höhle des Löwen, denn irgendwo mußten die Panzerkreuzer ja geblieben sein, deren Morsezeichen so plötzlich verstummt waren.

Das Schiff glitt, um sich nicht durch eine weiß leuchtende Bugsee zu verraten, sozusagen auf Katzenpfoten an der Küste der Osterinsel entlang. Bei der Schleichfahrt hörte man deutlich die Brandung gegen die Felsen tosen. Sonst hörte man nur ein leises Murmeln der Turbinen und Schrauben. Die Besatzung verständigte sich nur flüsternd oder durch Gesten untereinander. Ab und zu funkelten Sterne durch die Dunstschleier, dann perlten in der schwachen, leise plätschernden Bugsee die Funken von Meeresleuchten schwach auf. Ab und zu steilten plötzlich und schroff schwarze Felswände neben dem Schiff empor. Einmal sah man im Mondlicht den Rano-Raraku-Krater wie eine nächtliche Fata Morgana aufragen, bevor der Schleier einer neuen Regenflage den Vorgang abrupt wieder schloß.

Sekundenlang stockte allen das Blut. Der Kommandant war drauf und dran, das vereinbarte Glockensignal zum Feuerüberfall mit allen Waffen zu geben. Aber es war nur eine Felsformation, die sich durch andere Färbung wie ein Kriegsschiffrumpf von ihrer Umgebung abhob.

So ging das Stunde um Stunde.

S. M. S. *Dresden* verbrachte eine spannungsreiche und letztlich doch ereignislose Nacht mit der Erkundungsfahrt rund um die Osterinsel. Morgens um 05.00 Uhr konnte der Klarschiff-Zustand aufgehoben werden. Die Funkstation des Kreuzers morste an das Flaggschiff *Scharnhorst* die chiffrierte Kurzmeldung: »Osterinsel eindeutig feindfrei!«

Jetzt blieben nur noch die normalen Seeposten auf Wache, wie sie auf Kriegsmarsch ohne unmittelbar drohende Gefahr üblich waren. Die Freiwache bekam für drei kurze Stunden Schlaf. Bald nach Tagesanbruch stieg die Spannung erneut: In der Ferne kamen Rauchwolken in Sicht, deretwegen aber kein Alarm geschlagen zu werden brauchte. Was da anrückte, war – über Funk avisiert und bald auch eindeutig zu identifizieren – das Ostasiatische Kreuzergeschwader in Gestalt von *Scharnhorst*, *Gneisenau* und *Nürnberg*, dahinter ein »Rattenschwanz« von Troßdampfern, die freilich großenteils schon hoch aus dem Wasser ragten und damit anzeigten, daß ihre Kohlenvorräte zur Neige gingen.

Kreuzer *Dresden* setzte Flaggensignal »Herzlich willkommen« und defilierte mit der gesamten abkömmlichen Besatzung in Paradeaufstellung an dem eintreffenden Geschwader vorbei. Es war ein wirklich erhebender Augenblick. Und so trügerisch diese letztlich auch war: Auf dem Kreuzer *Dresden* empfand jedermann plötzlich das Gefühl einer Geborgenheit, zum ersten Mal seit Ausbruch des Krieges.

Eigentlich nicht zu fassen, daß dieses auffällige Geschwader die gesamte Südsee bis zu diesem Punkt des Zusammentreffens mit der *Dresden* unangefochten hatte durchfahren können. Doch ganz gewiß hatte sich die mächtige, auf Hongkong und Singapur sowie Sydney gestützte britische Flotte zu Anfang des Krieges verzettelt, um zunächst den Deutschen ihre Südseebesitzungen von Samoa bis hinüber zu den Karolinen abzujagen, anstatt zuallererst das Spee-Geschwader auszuschalten. Inseln laufen schließlich nicht weg. Aber tatsächlich wurden die leistungsfähigen Kriegsschiffe der Briten für unsinnige Aktionen wie die Landung in Herbertshöhe und Rabaul im Bismarck-Archipel eingesetzt (um dort ganze 40 Mann Schutztruppe zu entwaffnen).

Eine ganze Woche blieb nun das Geschwader des Grafen Spee in der Cook's Bay vor Hanga Roa, um die strapazierten Schiffe zu überholen, zu bekohlen und weitmöglichst neu auszurüsten. Und wieder hatte man den Eindruck, einen pazifischen Ableger der Kieler Woche vor sich zu sehen. Neben dem nunmehrigen Quartett von Spees Kreuzern – auch die *Dresden* war ihm nunmehr unterstellt – waren es die Dampfer *Baden*, *Titania*, *Göttingen* und *Yorck*, die das sanfte Halbrund der leider nur unzulänglich gegen die Dünung schützenden Bucht füllten. Eine Ruhepause wurden diese

Tage vom 12. bis zum 18. Oktober nun wirklich nicht, aber sie erzielten den unbedingt notwendigen logistischen Erfolg. Jetzt nämlich zeigte sich die Qualität der durch Lüdeckes Initiative in Valparaiso ermöglichten Vorarbeit. Die *Santa Isabel* hatte mal wieder hervorragende Arbeit geleistet. Und so wurde die Osterinsel schließlich zum Vereinigungsplatz des zum Quintett von Kreuzern herangewachsenen Geschwaders. Zunächst gab es großen Jubel und gewaltiges Sirenengetöse, als am 14. Oktober auch der Kreuzer *Leipzig* wohlbehalten in der Cook's Bay erschien. Um aber die Freude noch vollkommener zu machen, brachte er gleich ein Trio von Kohlendampfern mit. Es waren die *Amasis*, *Anubis* und *Karnak* von der Kosmos-Linie, die normalerweise im Australdienst fuhr. Auch diese Frachter waren bei Kriegsausbruch in neutrale südamerikanische Häfen geflüchtet. Sie kamen aus Callao, Iquique und Pisagua.

Alles in allem waren nun zwölf deutsche Schiffe* auf der Reede von Hangaroa versammelt.

* Damit waren Graf Spee und vor allen sein Geschwaderingenieur, Marine-Oberstabsingenieur Wilhelm Klein, fürs erste vom »schwarzen Alptraum« der Kohlennot erlöst. Ohne die vor Valparaiso dank Lüdeckes Umsicht getroffene Vorsorge hätte es böse aussehen können, zumal das Geschwader Spee nun auf fünf Kreuzer angewachsen war. Zwar hatte die Etappe San Francisco Kohlendampfer ausgesandt, die aber auch die vor der Westküste Nordamerikas kreuzenden britischen Kriegsschiffe gefährdet waren.
Spee hatte zunächst vor, nach Erreichen des chilenischen Festlandes – wie vorher die *Dresden* – vor Port Low auf den Guaitecas-Inseln die nächste Bekohlungsaktion vorzunehmen. Da jedoch schon auf der Osterinsel zwei Kohlendampfer leer wurden, hätte die »in Guaitecas« nur noch vorhandene Restmenge von ganzen 1300 t keinesfalls genügt. Vor Port Low würde man nach den Berechnungen des Verbandsingenieurs mit nur noch einem Drittel Bunkerfüllung ankommen. Der Zuwachs von zwei weiteren Kreuzern wäre überhaupt nicht verkraftet worden.
Aber nun sah alles anders aus, auf der *Scharnhorst* fühlte man sich wie erlöst, denn nun ergaben sich durch die »Mitbringsel« von *Dresden* und *Leipzig* folgende Zugänge:

Die große »Kohlenschacht von Hanga Roa« mußte so schnell wie möglich über die Bühne gehen. Deshalb war angeordnet worden, bis in die Dunkelheit hinein die Übernahmearbeit fortzusetzen, um auf jeden Fall die volle Gefechtsbereitschaft der Kreuzer brennstoffmäßig zu garantieren. Aber am ersten Abend war die Bekohlung der Schiffe ganz abrupt unterbrochen worden – und zwar derart plötzlich, daß Arno Dohm später in seinem Buch »Geschwader Spee« darüber schrieb:

»Alarm, Alarm! Alles auf die Gefechtsstationen! Klar Schiff zum Gefecht!«

Das Kohlen wird sogleich unterbrochen. *Gneisenau* und *Nürnberg*, in Eile gereinigt, schließen, gefechtsklar und abgeblendet, ans Flaggschiff und *Dresden* (heran). Den Dampfern gibt Admiral Spee Befehl, 30 Meilen nordwestlich der Insel zu sammeln und weiteres abzuwarten. Mit den Kreuzern wendet er sich, in langsamer Fahrt, südwestwärts. Aller Voraussicht nach müßte der Feind von Süden erscheinen.

Hans Pochhammer schildert diesen hastigen Aufbruch noch drastischer: »Auf der *Gneisenau* lagen noch große Kohlenhaufen an Deck. Die meisten Boote waren zu Wasser. Die Ruderbarkaß kam gerade längsseit, fast bis zum Dollbord mit Mehlsäcken beladen. Die Nacht brach herein ... Licht durfte nicht gezeigt werden, größte Eile war

Baden = 6000 t, *Amasis* = 1500 t, *Karnak* = 1000 t, *Anubis* = 1200 t. Rechnete man den Eigenbedarf des Kreuzers *Leipzig* ab, so konnten *Karnak* und *Anubis* einen Überschuß von 1300 t abgeben und *Baden* einen von etwa 4000 t.

Es ist interessant, die Seekriegsgeschichte unter dem Aspekt zu betrachten, daß 1914/15 jede Form des Kreuzerkrieges mit einem Leben von der Hand in den Mund zu vergleichen war, was die ständige Kohlennot anbetraf – abgesehen vom Problem des völlig fehlenden Munitionsnachschubs und der Problematik jeder weiteren Versorgung.

aber geboten, um den Anschluß an die *Scharnhorst* nicht zu versäumen, die heute nicht gekohlt hatte und schon ankerauf gegangen war. Schnell wurde überall zugegriffen, denn jeder wußte, worauf es ankam. Auf den Kohlenbergen türmten sich bald die Mehlsäcke, die der Kran in schneller Folge aus dem auf und ab tanzenden Boot heraushob, und unsere arbeitsgeschwärzten Leute sahen aus wie Schornsteinfeger, die sich mit Bäckergesellen geprügelt haben ... Wir konnten bald in die Dunkelheit hinausfahren und uns an das Flaggschiff anhängen, dessen schwach leuchtende Heckleuchte uns den Weg wies.«

Was nur war geschehen, wieso dieser überstürzte Aufbruch? Der Alarm hatte doppelte Ursache. In einer gewissen Situationskomik trafen die beiden Ursachen sogar zeitlich zusammen, so daß sich der Verbandschef ebenso aufgeschreckt fühlte wie die Kommandanten seiner Kreuzer: Man hatte bei Einbruch der Dunkelheit aus dem mittleren Teil der Insel plötzlich vier Feuer lodern sehen, weithin sichtbar.

Vier Feuer, ausgerechnet vier? Das mußte ein Geheimsignal sein, das jemand mit feindlichen Seestreitkräften vereinbart hatte. Denn tatsächlich handelte es sich momentan tatsächlich um vier Kreuzer (denn das Eintreffen der *Leipzig* stand noch bevor).

Graf Spee wußte, daß der Inselpächter ein Engländer war. Es lag also nahe, daß er mit der Royal Navy konspirieren könnte, ebenso war es denkbar, daß auf der Insel auch andere Späher gegen Bezahlung zu Diensten standen. Und gerade in dem Augenblick, wo die vier Feuer erkennbar waren, ertönten auf einer Telegrafiefrequenz nie gehörte Morsezeichen ... Später klärte sich beides als harmlose Auslöser eines blinden Alarms auf. An Land hatten lediglich Hirten, wie sie das des öfteren zu tun pflegen, »rastroja« abgebrannt – Unkraut und Gestrüpp von verdorrten Sträuchern. Die Anzahl von vier Feuern war reiner Zufall, und die Morsezeichen hatten mit der Sache überhaupt nichts zu tun. Es hatte lediglich eins der Troßschiffe, das gerade erst eine Funkanlage eingebaut bekommen hatte, diese nun ausprobiert. Diese Senderabstimmung und Erprobung ohne vorherige Bekanntgabe war natürlich äußerst unklug. Die Folgen dieser kleinen Ursache mit ihrer äußerst großen Wirkung waren eine Lehre für die Zukunft, die der Geschwaderstab allen beteiligten Schiffsleitungen eindringlich einschärfte.

Da nichts gefährlicher ist als nächtliches Überraschtwerden eines so großen vor Anker liegenden und damit zunächst bewegungsunfähigen Schiffverbandes durch einen plötzlich auftauchenden Gegner, beschloß Graf Spee (nach dem Schreck am ersten Abend, der den blinden Alarm auslöste), sich nicht mit dem Patrouillieren von Kohlendampfern als schwimmende Vorposten zufriedenzugeben. Spee ließ nachts abwechselnd je einen von den Panzerkreuzern und von den Kleinen Kreuzern in See gehen, um draußen sichernd »auf und ab zu stehen«. Außerdem mußten alle zum Bunkern längsseits genommenen Kohlendampfer während der Nacht von den übrigen Kreuzern ablegen, damit die Geschütze und Scheinwerfer der ankernden Kreuzer gefechtsbereit gehalten werden konnten. Man wollte es einem Fuchs nicht zu leicht machen, vielleicht doch unversehens in den Hühnerstall einzubrechen.

Nach Tagesanbruch ging es wieder auf die alten Ankerplätze zurück. Allerdings wurde nach einigen Tagen die Dünung vor Hanga Roa derart unangenehm, daß zum weiteren »Kohlen« die zweite, behelfsmäßige Reede auf der Südseite verwendet werden mußte. Aber viel besser lagen die Schiffe dort auch nicht. Die Kohlenübernahmen blieben der übliche Krampf, sie gerieten zur Schufterei. Und dabei passierte es, daß mal wieder eine Hieve mit gebündelten

Kohlensäcken ausrauschte und so schnell niederstürzte, daß sich der Leutnant zur See Böker, längsseits der *Dresden* arbeitend, nicht mehr rechtzeitig in Sicherheit zu bringen vermochte. Er wurde teilweise unter ihnen begraben und brach sich dabei den linken Fußknöchel.

Kreuzer *Nürnberg* hatte das Pech, sich durch heftiges Anrempeln an den Kohlendampfer *Baden* zwei Schraubenflügel zu verbiegen, was nun unbedingt zur Ausbesserung des Schadens zwang. Es gab eine Reparatur, die »beinahe lögenhaft to vertellen« war, sie würde einem später in Deutschland wohl kein Mensch glauben: Da es weit und breit weder ein Schwimm- noch ein Trockendock gab, mußte die *Nürnberg* durch Fluten von Trimmtanks künstlich auf 15 Grad Schlagseite gebracht werden, damit der zu bearbeitende Schraubenflügel hoch genug aus dem Wasser ragte, um vom Meisterpersonal des Kreuzers, unterstützt vom Taucherpersonal der Großen Kreuzer, von einer daneben liegenden Barkasse bearbeitet wurden. Über das äußerst problematische Richten der verbogenen Propellerblätter legte Kapitän zur See von Schönberg, Kommandant der *Nürnberg*, in einem Havariebericht nieder: »Die Reparaturen, zu denen besondere Werkzeuge angefertigt werden mußten, erfolgten ... unter schwierigsten Umständen. Bis zum Verlassen der Osterinsel war der Schaden an einem der Schraubenflügel behoben. Wir hatten es zuerst mit hydraulischen Pressen versucht; diese schafften es aber nicht. Dann wurden aus Stahlstangen Hebel geschmiedet, diese auf die Verbiegungen aufgesetzt und die Hebel dann mit den Schrauben (Propellern) durch die Handdrehvorrichtung (Törnvorrichtung) gegen das Schiff gepreßt, teilweise unter Gegenschlagen mit schweren Hämmern gegen die Beulen. Als die Hebel verbraucht waren, schnitten wir uns Doppel-T-Eisen aus der unbenutzten (Boots-)Barring.«

Und das alles geriet zu einer tagelangen Geduldsarbeit,

bei der Kreuzer und Arbeitsboot abwechselnd, aber fast unausgesetzt aufwärts und abwärts sausten und die zu bearbeitenden Schraubenflügel mal aus dem Wasser ragten, dann gleich wieder verschwanden. Und alle Reparaturtage hindurch mußte die Schlagseite der *Nürnberg* jeweils ganztägig aufrechterhalten bleiben, auch bei den weiteren Übernahmen von Kohlen und Proviant! Leider hatten sich einige Seeleute der *Gneisenau* auf der Marquesa-Insel Nuku Hiva mit Amöbenruhr infiziert, die auf der Osterinsel-Reede zwei Todesopfer forderte. Die beiden Leichname wurden, in Segeltuch eingenäht, feierlich der See übergeben.

Vizeadmiral Graf Spee bat nacheinander die beiden Kommandanten der Kreuzer *Dresden* und *Leipzig* zu sich auf die *Scharnhorst*. Und so gewann er ein abgerundetes Bild von den Ereignissen im östlichen Pazifik. Er erfuhr von Fregattenkapitän Lüdecke, daß die Panzerkreuzer *Monmouth* und *Good Hope*, außerdem der Kleine Kreuzer *Glasgow* sowie der Hilfskreuzer *Otranto* dort umhergeisterten und offensichtlich auf die *Dresden* angesetzt waren.

Fregattenkapitän Haun konnte berichten, daß sein Kreuzer *Leipzig* ebenfalls ein Rudel Verfolger hinter sich wußte. Eindeutig konnte sein F. T.-Personal die britischen Kreuzer *Rainbow* und *Newcastle* sowie den japanischen Panzerkreuzer *Idzumo* entziffern. Auch den britischen Kreuzer *Kent* glaubte man ausgemacht zu haben, war sich aber dieser Sache nicht ganz sicher.

Ganz gewiß reifte nach den Besprechungen mit den beiden Kommandanten in dem Geschwaderchef erstmals der Gedanke, mit der summierten Schlagkraft eines Kreuzerquintetts im Ostpazifik gehörig aufzuräumen.

Übrigens verließ Fregattenkapitän Lüdecke das Flaggschiff seines nunmehrigen Seebefehlshabers nicht so, wie er es betreten hatte: Graf Spee konnte ihm herzlich zur Beförderung gratulieren. Gerade an diesem Tage hatte

Nauen über San Francisco mitgeteilt, daß er Kapitän zur See geworden sei. Und nun gab es an diesem Abend natürlich eine Buddel Freibier für jeden *Dresden*-Fahrer und ein Glas Schampus für jeden Offizier. Lüdecke nahm die herzlichen Glückwünsche in der Messe gelassen entgegen und stellte das Bonmot in den Raum: »Das grenzt wirklich schon an Snobismus. Welcher deutsche Seeoffizier kann wohl von sich behaupten, vor der Osterinsel befördert worden zu sein!«

Übrigens war dafür gesorgt worden, daß nacheinander alle Mann mal an Land fahren durften, um sich die sagenhaften Moai-Steinkolosse anzusehen. Zum Glück liefen auf der Insel Pferde in übergroßer Zahl umher. Und wer auch nur einigermaßen reiten konnte, der fand auch bald einen von den Insulanern, der allzu gern durch Verleihen eines solchen Gauls ein paar begehrte Goldmark dazu verdienen wollte.

Grotesk an der ganzen Situation war die Tatsache, daß die 1888 von Chile annektierte Osterinsel zwar der V. Region der Republik Chile (mit Verwaltungssitz in Santiago) unterstand, diese aber recht bald aus finanziellen Gründen über 50 Jahre die Gesamtnutzung der Insel als zusammenhängende Schaffarm – und damit de facto auch die Inselverwaltung kaufmännischer Art – an die britische Firma Williamson, Balfour & Co. verpachtet hatte.

Da war nun ein deutsches Kriegsgeschwader samt Troß vor der Osterinsel erschienen und hatte mit dem britischen Repräsentanten der genannten Firma ins Geschäft zu kommen: Es mußte unbedingt Frischfleisch übernommen werden. Man benötigte 50 Ochsen und Hammel. Und die Sache klappte, denn der gute Engländer hatte noch keine Ahnung davon, daß sich Deutschland und Großbritannien nun schon seit etwa elf Wochen gegeneinander im Krieg befanden! Idyllische Zustände, aber das Versorgungsschiff aus

Chile kam, wie gesagt, nur zweimal im Jahr, eine Funkstation gab es noch nicht und ein Überseekabel fehlte erst recht.

Völlig arglos schloß der Brite, sogar hocherfreut über das Geschäft, den Kaufvertrag mit dem Marinestabszahlmeister Braun, der in Graf Spees Stab als Geschwaderzahlmeister fungierte. Und nun ging ein wildes Jagen los. Mit einer Art Lasso wurden die Tiere in ihrer Freiweide von einheimischen Helfern der britischen Firma eingefangen und großenteils gleich an Land geschlachtet, vom Schlachterpersonal der fünf Kreuzer fachgerecht zerlegt und mit den pendelnden Beibooten als Frischfleisch an Bord der ankernden Schiffe gebracht. Aber auch lebende Tiere wurden als weiterer Vorrat an Bord genommen. Sie »weideten« eine Zeitlang auf den Mitteldecks der Kreuzer, bis auch sie an der Reihe waren, die Kühlräume wieder aufzufüllen.

Zum Schluß hatte das Geschwader eine recht beträchtliche Summe bei Mister Edmond, dem Repräsentanten und Inselverwalter der britischen Firma Williamson, Balfour & Co., zu begleichen. Er wunderte sich nicht schlecht darüber, daß Spees Geschwaderzahlmeister Braun samt einigen Mitarbeitern mit Goldbarren anrückte, die freilich den ordnungsgemäßen Prägestempel der Reichsbank hatten. Da aber der Goldpreis exakt feststand und vorsichtshalber auch eine Goldwaage gleich mitgebracht worden war, hätte die Gold-Bezahlung keine Schwierigkeiten geboten. Aber Mr. Edmond erbat doch lieber einen Scheck. Erst nach dessen Übergabe fragten die Deutschen den Mister Edmond, ob er britischer Staatsbürger sei. Er bestätigte diesen Sachverhalt. Und da die deutschen Offiziere annehmen mußten, daß er immer noch nicht darüber informiert sei, teilten sie ihm nun mit, daß Großbritannien und Deutschland seit nunmehr 70 Tagen gegeneinander im Krieg stünden. Er war nicht sonderlich glücklich darüber, nun zu erfahren, daß er den Gegnern seines Landes zu einer ausgezeichneten Verproviantierung verholfen hatte. Aber was half es – er hatte sich arglos düpieren lassen. Und er konnte nur hoffen, daß er später keine Schwierigkeiten mit der britischen Admiralität sowie mit seiner eigenen Firma bekommen werde.

Niemand kann sich heutzutage vorstellen, wie sich die Besatzungen des Ostasiatischen Kreuzergeschwaders auf den Lesestoff stürzten, den die von Kreuzer *Leipzig* mitgebrachten Kohlendampfer wohlweislich an Bord genommen hatten. Kapitän Neiling, der »Beschaffungspapst« und Supercargo der *Santa Isabel*, hatte von dem Nachrichtenheißhunger der *Dresden*-Seeleute bereits einen Begriff bekommen, als er mit Zeitungen und Zeitschriften des neutralen Landes Chile sowie der dortigen auslandsdeutschen Presse aus Punta Arena zu »seinem« Kreuzer zurückgekehrt war.

Insofern war man auf der *Dresden* wesentlich aktueller über die Vorgänge in der Welt und vor allem in der Heimat informiert, als auf den seit Kriegsbeginn und damit seit zweieinhalb Monaten von nahezu allen Informationsquellen abgeschnittenen Kreuzern *Scharnhorst*, *Gneisenau* und *Nürnberg*, die ja auf der mikronesischen Insel Ponape vom Kriegsausbruch überrascht worden waren und deren Besatzungen schon zu diesem Zeitpunkt mitten in der blauen Wasserwüste der Südsee kaum jemanden fragen konnten, der mehr wußte als die Insulaner selbst.

Kapitän Neiling hatte sozusagen alle Zeitungskioske und sonstigen Vertriebsstellen von Santiago und Valparaiso leer gekauft, jede noch so alte Illustrierte, jede längst remittierte Zeitung waren für Spees »Ostasiaten« von allergrößtem Wert. Und wohl kaum je zuvor haben sich nach dem Verteilen der zur Osterinsel mitgebrachten Blätter derart viele Augenpaare zugleich mit jeweils einem Exemplar Zeitung befaßt. Die Seeleute wollten jede Kleinigkeit wissen, vor allem über den Frontverlauf in Frankreich und in Ostpreußen.

Von der Osterinsel wurden die beiden leer gewordenen Kohlendampfer *Anubis* und *Karnak* mit herzlichem Dank für alle geleisteten Dienste nach Nordchile entlassen, wobei sie mit einer gewaltigen Menge Post in See stachen, die von 2500 deutschen Marinern mitten im Pazifik versandfertig gemacht wurde – in der Hoffnung, daß sie die Angehörigen im so unvorstellbar weit entfernten Deutschland irgendwann über neutrale Länder erreichen würde. Dampfer *Yorck*, der später ebenfalls entlassen werden sollte, nahm außerdem 40 Kranke mit, deren Genesung wohl nur in einem Krankenhaus auf dem chilenischen Festland zu erwarten war.

Am 18. Oktober war das Intermezzo auf der Osterinsel zu Ende. Und nun mußte sich der nunmehrige Kapitän zur See Lüdecke erst daran gewöhnen, daß er nun nicht mehr der selbständig operierende Chef eines Dreierverbandes war, der seine Beischiffe als Spähkreuzer vorausschicken und nahezu ständig mit ihnen gemeinsam einen Aufklärungsstreifen bilden mußte.

Auch Graf Spee behielt ein solches Aufklärungssystem mit Hilfe der Versorgungsdampfer bei. So fuhr die *Anubis* auf dem Weg nach Nordchile einen bestimmten Streifen ab, während die nach Antofagasta in Marsch gesetzte *Karnak* ausdrücklich darauf festgelegt wurde, die chilenische Hoheitsgrenze bei Tagesanbruch zu passieren und dann funktelegrafisch mit der *Scharnhorst* in Verbindung zu treten. Die Begleitdampfer *Titania* und *Yorck* waren bereits am 17. Oktober nachmittag mit acht Knoten Geschwindigkeit nach Mas a Fuera vorausgeschickt worden, das als nächster Platz für die Kohlenübernahme aller Kreuzer ausgewählt worden war. Trotz der von Kapitän Lüdecke geschilderten ungünstigen Seegangsverhältnisse wählte der Verbandschef die Insel Mas a Fuera als die bestgeeignete aus, weil sie unbewohnt war und die letzte ungesehene Bunkermöglichkeit vor Erreichen der fast durchweg offenen, buchtenlosen Festlandküste von Chile bot.

Für die beim Geschwader verbliebenen Troßschiffe hatte Spee eine besondere Taktik entwickelt: Sollten die in Kiellinie fahrenden Kreuzer angegriffen werden, hatten sich die Dampfer unverzüglich nach »Feuerlee«, auf die dem Gegner abgewandte Seite, der in den Kampf hineingezogenen Kreuzer zu verziehen und dort in fünf Seemeilen Abstand weitestmöglich Schutz zu suchen.

Der Kurs des wieder in See gegangenen Geschwaders führte etwa 90 Seemeilen an der unbewohnten Insel Sala-y-Gomez vorbei nach Osten in Richtung Chile. Und auch so etwas ist ein Stück Zeitgeschichte, das Aufschluß gibt über das Leben an Bord von Kriegsschiffen der damaligen Zeit: Am 22. Oktober wurde auf allen Kreuzern der Geburtstag der Kaiserin Auguste Viktoria, wie immer, festlich begangen, mit Kommandantenmusterung und Ansprache des Schiffsführers sowie ein bißchen Fröhlichkeit in den Messen und Wohndecks.

Sonst aber ließ der Vizeadmiral auf dem Marsch nach Mas a Fuera keine Stunde ungenutzt, sein nunmehriges Kreuzerquintett vollständig aufeinander einzustimmen. Vom 19. bis zum 24. Oktober wurden fast permanent Übungen im Entfernungsmessen, Fahren in dieser oder jener Gefechtsformation, Klarschiffübungen, ja sogar Übungsschießen auf eine selbst gebastelte, schwimmende, von einem der Begleitdampfer geschleppte Scheibe veranstaltet. Aus Gründen dringend gebotener Munitionsersparnis handelte es sich um Abkommschießen, d. h. es wurden in die Rohre der Geschütze wesentlich kleinkalibrigere Abkommrohre eingelegt, die besonders für solche Zwecke hergestellte Miniaturgranaten verschossen.

Auf Kreuzer *Dresden* war man es gewohnt, daß Kapitän Lüdecke seine Besatzung immer wieder ganz gehörig herangenommen hatte, um das Schiff auf dem Höchststand jederzeitiger Gefechtsbereitschaft zu halten. Aber nun konstatierten die *Dresden*-Männer, daß die »Handschrift« des Vizeadmirals auch nicht gerade lax war. Er hielt 2500 Seeleute auf Trab, besonders durch die immer wieder praktizierten Fahrübungen mit eingelegten Störungen an den Kommandoelementen und Ausfällen auch jeder nur denkbaren personellen Art.

Zum Ausgleich für den recht anstrengenden Dienst durch diese forcierte Vorbereitung auf ein immer stärker in den Bereich des Wahrscheinlichen rückendes größeres Gefecht ordnete Spee an, daß abwechselnd nur auf einem der fünf Kreuzer, der abends als Sicherung vorauslief, die Mannschaften ihre Kriegswachen ging, auf den anderen nur die gewöhnliche Seewache geschoben wurde.

Noch während der Liegezeit vor der Osterinsel war in der Nacht zum 18. Oktober ein Funkspruch eingegangen, demzufolge die britischen Kriegsschiffe *Monmouth* und *Glasgow* am 15. Oktober fast acht Stunden lang in Valparaiso Proviant übernommen hatten. Diese wichtige Mitteilung wie auch noch andere, die in der Folgezeit eingingen, waren der guten Vorarbeit der Kommandanten von *Dresden* und *Leipzig* zu verdanken. Kapitän Lüdecke hatte dafür gesorgt, daß eine Anzahl von Dampfern des Norddeutschen Lloyd, der HAPAG und der Kosmos-Linie, die mit einer Funkstation ausgerüstet waren, in den Häfen Corral, Coronel, Talcahuano und Valparaiso zu bestimmten Stunden nachts Telegramme aufnahmen. Kapitän Haun hatte gleiches in den Häfen Mollendo/Peru und Antofagasta/Chile bewirkt. Zur Abgabe von Telegrammen mußten die Dampfer freilich den Hafen verlassen, um die Neutralitätsbestimmungen nicht zu verletzen. Für das Kreuzergeschwader waren dank dieser guten Vorsorge der beiden Kreuzerkommandanten besondere Anrufe und Kennworte vereinbart worden.* Kreuzer *Leipzig* hatte obendrein noch eine Vereinbarung getroffen, die den Verkehr verschiedener peruanischer Funkstationen untereinander ausnutzen konnte, denn der Findigkeit des F. T.-Personals auf diesem Kreuzer war es gelungen, bestimmte Codewörter für die Meldung feindlicher Seestreitkräfte zu »knacken«. Und das half nun dem Geschwaderchef ganz erheblich.

In der Nacht vor dem vierten Marschtag des mit wiederum zehn Knoten durch den Pazifik zuckelnden Geschwaders war der Funkempfang ungewöhnlich deutlich, was auf eine besondere Funkwetterlage zurückzuführen war. Aus dem Sendeverkehr einer peruanischen Station oder der chilenischen Station Talcahuano – genau hat man den Absender nicht identifizieren können – ging hervor, daß der Panzerkreuzer *Monmouth* und der Kleine Kreuzer *Glasgow* etwa acht Tage zuvor vor Valparaiso »gestanden« haben. Wohin aber konnten sie sich gewandt haben?

* Beim Zustandebringen dieses Nachrichtennetzes erwies sich der Adjutant des Kreuzers *Dresden*, Oberleutnant zur See Wilhelm Canaris, als echtes Naturtalent auf dem nachrichtendienstlichen Sektor. Er rückte später zum Admiral und Chef der Amtsgruppe Abwehr im Oberkomando der Wehrmacht auf. Seine Amtsenthebung und Verhaftung im Jahre 1944 und seine Exekution im Konzentrationslager Flossenbürg im April 1945 sind allgemein bekannt. Der gelungene Aufbau eines funktionierenden Nachrichtensystems zugunsten der Kreuzer *Dresden* und *Leipzig*, schließlich des gesamten Kreuzergeschwaders Spee war auf durchdachte Canaris-Konzepte zurückzuführen. Dazu gehörte auch die verwirklichte Überlegung, den Chef der Etappe Valparaiso, Oberleutnant zur See der Reserve Riediger, mit einem Handelsschiff unbemerkt nach Callao/Peru zu schicken und auf diese Weise die dort geleisteten Vorarbeiten im Bereich Südperu/Nordchile mit denen der Etappe Valparaiso zu koordinieren. Riediger schiffte sich anschließend auf die *Leipzig* ein, fuhr damit zur Osterinsel und kehrte von dort mit der *Yorck* nach Valparaiso zurück. Die Canaris-Idee, der vom Gegner unbemerkten Direktverbindung der beiden Etappen Valparaiso und Lima, konnte durch Riediger realisiert und das Netz der Funkmeldestelle aufgebaut werden. Wir werden dem Wirken Riedigers in diesem Buch noch ein weiteres Mal begegnen – in einem sehr entscheidenden Zusammenhang.

Aus dem Funkverkehr der gegnerischen Schiffe ließ sich manches zusammenreimen, anderes jedoch schon konkreter zu einem Mosaik von Wahrscheinlichkeit zusammenfügen. Graf Spee wurde klar, daß der Panzerkreuzer *Good Hope* weit südlicher stand als die anderen Kräfte. Man habe auch herausbekommen können, daß die *Good Hope* das Flaggschiff des Admirals Sir Christopher Cradock sei.

Schließlich gab die Funkstation San Francisco eine erstaunlich weit außerhalb ihrer sonstigen Reichweite vernehmbare wichtige Botschaft heraus, die Spees längst gehegten Verdacht bestätigte: Aus Nordwest liefen der britische Kreuzer *Newcastle* und der japanische Panzerkreuzer *Idzumo* auf die südamerikanische Küste zu, direkt aus Richtung Westen steuerten das britische Linienschiff *Australia* und der französische Kreuzer *Montcalm* ebenfalls dieser Küste entgegen. Doch noch etwas hatten die Funker des Flottenflaggschiffs wahrgenommen: Da wurde auf den Falkland-Inseln jeden Augenblick das allerdings schon recht betagte Linienschiff *Canopus* erwartet.

Aus der Sicht des Vizeadmirals Graf Spee waren dessen vier 30,5-cm-Geschütze immerhin ins Kalkül einzubeziehen – ebenso die Erkenntnis der *Scharnhorst*-Funker, daß Sir Cradock anscheinend schon am 22. Oktober unweit vom Kap Hoorn gestanden haben müsse.

Spee und Cradock kannten sich persönlich, jeder schätzte den anderen hoch ein. Und gerade weil keine Unterschätzung des Gegners angebracht erschien, mußte mit sehr viel Bedacht weitergeplant werden.

Am 24. Oktober wurde dem Kreuzergeschwader eine Nachricht bekannt, derzufolge der britische Panzerkreuzer *Cornwall* und der Kleine Kreuzer *Bristol* neuerdings den Osteingang der Magellanstraße bewachten (was allerdings unrichtig war, weil sie in Wirklichkeit vor der brasilianischen Küste »standen«).

Vizeadmiral Spee mußte aus diesem Mosaik von richtigen und unrichtigen Nachrichten eine halbwegs zutreffende Lageanalyse zusammenbauen und daraus wiederum die richtigen Folgerungen ziehen. Und so gab er am 24. Oktober per Winkspruch »WdL« (»Weitergeben durch die Linie«) den Befehl, die Kessel der Dampfpinassen vorzuheizen, auf allen Kreuzern ohne Motorboot.

Dann wehte schließlich das Flaggsignal »Alle Maschinen stoppen!« und schließlich ein zweites von der Signalrah der *Scharnhorst*, das bündig mitteilte: »Kommandantensitzung!«

Sobald die Kreuzer ihre Auslaufstrecke beendet hatten und still in der Dünung lagen, wurden außer bei der *Scharnhorst* auf allen Kreuzern Pinasse oder Motorjolle ausgesetzt. Graf Spee, der Mann mit einem imponierend offenen Gesicht, eine gradlinige Persönlichkeit von großer Ausstrahlungskraft, hatte bald seine fünf Kommandanten sowie seinen Chef des Stabes, Kapitän zur See Fielitz, um sich versammelt, um mit ihnen inzwischen eingegangene Funksprüche zu einer Lageanalyse aufbereiten zu können und daraus seine Gedanken zu entwickeln und weitere, inzwischen erdachte Pläne mitzuteilen. Er blickte in die Runde der Kommandanten und fuhr fort: »Was ich bereits bei der Kommandantensitzung vor dem Ankerlichten vor der Osterinsel angedeutet habe, steht jetzt für mich fest: Im Handelskrieg werden wir hier kaum Erfolge erzielen. Die bisherige Pflicht zum Verborgenbleiben entfällt jetzt zugunsten der Chance, den Gegner zum Kampf zu stellen und auszuschalten.«

Für Graf Spee war die Lage klar, der Zwang zum Handeln gegeben. Und alle Kommandanten stimmten spontan und überzeugt dieser These zu. Die Kommandantensitzung konnte sofort in Details übergehen, Faktoren wie Schußleistungen, Gefechtsentfernungen, Panzerung, Seegang, Wind und Wetter sowie Ansatz der Kleinen Kreuzer wurden zum

Einsatzplan konkretisiert, alle noch anstehenden Fragen erörtert.

Kapitän Lüdecke fixierte den Grafen Spee, dessen Beherrschtheit und geradezu sprichwörtliche Ruhe vertrauensbildend wirkten. Und er hörte den Admiral nun sagen: »Ich komme zu dem Resultat, daß uns der Durchbruch in den Atlantik entweder schon in den nächsten Wochen glücken muß oder sich der Halbkreis unserer Gegner hier im Pazifik immer weiter verengen dürfte. Eines Tages wird man uns auf die Küste drücken und mit großer zahlenmäßiger Überlegenheit versuchen, uns den Garaus zu machen.«

Graf Spee war entschlossen, den gordischen Knoten zu durchschlagen. Es gelte nun, dem Gegner zuvorzukommen und selbst in die Offensive zu gehen.

Kreuzer *Leipzig* wurde zum vorgesehenen Bekohlungsplatz Mas a Fuera vorausgeschickt, um die dank Kapitäns Lüdeckes Vorsorge und dank der Arbeit des Supercargos der *Santa Isabel* von Valparaiso aus dorthin in See gegangenen Kohlendampfer aufzuspüren und zu sichern. Danach sollte der Kreuzer nach Mas a Tierra laufen und dort aufklären, auch herausfinden, ob die dortige Funkstation tatsächlich schon in Betrieb sei. Es dürfte aber bei der Bevölkerung des dortigen Fischerdorfes auf keinen Fall ruchbar werden, daß die *Leipzig* irgend etwas vom Kreuzergeschwader wußte. Sie müsse vorgeben, ausschließlich auf Suche nach der *Dresden* zu sein.

Aber bevor noch die *Leipzig* Mas a Fuera, den ersten anzusteuernden Platz, erreicht haben konnte, hatte sich der deutsche Hilfskreuzer *Prinz Eitel Friedrich** gemeldet – ein

* Der Reichspostdampfer *Prinz Eitel Friedrich* (8797 BRT) des Norddeutschen Lloyd gehörte nicht zu den Schnelldampfern und war deshalb in der Hilfskreuzer-Mobilmachung nur »Reserveschiff 2. Grades«. Aber dieser nach Ostasien verkehrende Doppelschrauben-

alter Bekannter des Kreuzergeschwaders, der am 30. August beim Majuro-Atoll in der Südsee zum selbständigen Handelskrieg entlassen worden war. Er stand nun ganz in der Nähe und meldete, daß er nur noch über 500 t Kohlen verfüge. Deshalb wolle er Valparaiso anlaufen. Man beorderte ihn statt dessen nach Mas a Fuera, wo er auf alle Fälle

dampfer war mit seinen bescheidenen 7000 PS Maschinenleistung und nur 15 Knoten Geschwindigkeit besser für den Hilfskreuzer-Einsatz geeignet, weil er immerhin 10000 Seemeilen Fahrstrecke und 30 Tage Seeausdauer bei voller Fahrt hatte. In den Spannungstagen lag das Schifff in Shanghai. Es wurde sofort nach Tsingtau beordert und erhielt dort die gesamte Artillerie der beiden in Ostasien stationierten Kanonenboote *Luchs* und *Tiger*, sogar noch ergänzt durch Arsenalbestände von Tsingtau. Dadurch wurde *Prinz Eitel Friedrich* mit vier Geschützen vom Kaliber 10,5 cm und acht vom Kaliber 8,8 cm sowie vier Maschinenkanonen der am stärksten bewaffnete Hilfskreuzer. (Die beiden desarmierten Kanonenboote wurden in Tsingtau aufgelegt und versenkten sich rechtzeitig vor dem Fall der Festung und damit vor dem Einrücken der Japaner selbst.)
Der *Luchs*-Kommandant Korvettenkapitän Max Thierichens stellte den Hilfskreuzer am 5. August in Tsingtau in Dienst, seine 402 Mann Besatzung bestanden dank des Personals der beiden Kanonenboote aus 323 aktiven Marineangehörigen und nur 54 Reservisten. Zusammen mit dem Kleinen Kreuzer *Emden* lief *Prinz Eitel Friedrich* einen Tag später von Tsingtau aus und traf am 12. 8. vor Padang/Marianen-Inseln mit dem Kreuzergeschwader zusammen. Graf Spee bestimmte das stark bewaffnete Schiff zunächst zum Führer- und Geleitschiff des Trosses – eine Rolle, die später Kreuzer *Nürnberg* übernehmen konnte. Am 30. August wurde der Hilfskreuzer vor Majuro/Marschall-Inseln zum selbständigen Handelskrieg entlassen. Er kreuzte im Seegebiet Bismarck-Archipel/Neuguinea, dann vor Chile bis hinüber zur Osterinsel. Anfang Januar 1915 entschloß sich Korvettenkapitän Thierichens, den Durchbruch nach der Heimat zu versuchen und auf dem Wege dahin im Süd- und Mittelatlantik weiterhin als Handelsstörer aufzutauchen. Ende Februar 1915 zwangen Maschinenverschleiß, Kohlen- und Wassermangel den Hilfskreuzer zum Aufgeben. Rund einen Monat vor *Kronprinz Wilhelm* lief er nach Newport New ein, wo er wenig später interniert wurde. Seine Erfolge standen mit elf versenkten Schiffen von insgesamt 33423 BRT unter den Hilfskreuzern der »Mobilmachungswelle« an zweiter Stelle.

erst einmal bunkern könne, ohne daß sein Aufenthaltsort bekannt würde.

Das Kreuzergeschwader ankerte am frühen Morgen des 26. Oktober unterhalb der über tausend Meter hohen und ganz steil aus der See aufragenden Westseite der Insel. Und in einer Wassertiefe von 50 bis 60 Meter fanden die Anker der Kreuzer gerade noch einen festen Halt auf der schmalen Schelfkante von Mas a Fuera. Und natürlich ging es sofort wieder ans Kohlen aus den mitgebrachten Begleitdampfern *Amasis*, *Baden*, *Göttingen* und *Titania*. Am 27. Oktober traf auch die *Leipzig* wieder beim Verband ein. Sie hatten feststellen können, daß die Funkstelle Mas a Tierra noch nicht betriebsbereit war. Feindliche Seestreitkräfte habe man nirgendwo bemerkt, leider aber auch noch nicht den Kohlendampfer von der Etappe San Francisco.

Dafür lag noch eine Funknachricht von der Etappe Valparaiso vor, das Schiff sei tatsächlich in Anmarsch, man werde es in Bälde gut gebrauchen können, denn es habe 7000 t gute Kohle und 1000 t Proviant an Bord. Nur habe die Sache einen Haken. Es handelte sich um den amerikanischen und damit neutralen Dampfer *Sacramento*, der Schwierigkeiten bekäme, wenn er von sich aus das Kreuzergeschwader versorgte. Das ginge nur, wenn er vorher zumindest formal »aufgebracht« werde. Man möge doch bitte zu diesem Zweck einen Kohlendampfer bewaffnen.

Daraufhin bekam *Titania* eine kleine Bootskanone übergeben, um das abgekarterte Possenspiel der »Aufbringung« inszenieren zu können.

Schon am 28. Oktober nahm das Kreuzergeschwader in heller Mondnacht wieder Abschied von Mas a Fuera. Und noch lange blieb die Insel im Silberglast der nächtlichen »Festbeleuchtung« in Sicht. Am nächsten Morgen sah man von den Brücken des Spee-Geschwaders aus die Robinson-

Insel Mas a Tierra in rund 30 Seemeilen Abstand an Steuerbord liegen.

Das Geschwader hielt auf die chilenische Festlandküste zu, um die bereits seit der Osterinsel leere *Yorck* und die bei Mas e Fuera ebenfalls leer gewordene *Göttingen* mitsamt dem Hilfskreuzer *Prinz Eitel Friedrich* sicher an die Grenze der chilenischen Hoheitsgewässer zu geleiten. Die beiden Handelsdampfer sollten nun endlich nach Valparaiso einlaufen, während Graf Spee dem Hilfskreuzer noch eine Sonderaufgabe zugedacht hatte. Er solle nach Norden kreuzen und in einer Schein-Unternehmung den Gegner irritieren. Er sollte durch immer neue Funksprüche weit seewärts vor dem nördlichen Chile die dortige Anwesenheit des Ostasiatischen Kreuzergeschwaders vortäuschen, während sich Spee in Wirklichkeit nach Süden gewandt hatte.

Bald traf die Nachricht ein, daß die *Yorck* wohlbehalten in »Valpo« eingelaufen sei und daß die *Santa Isabel* mit einer neuen Ladung von 4000 t Cardiff-Kohle bereit läge.

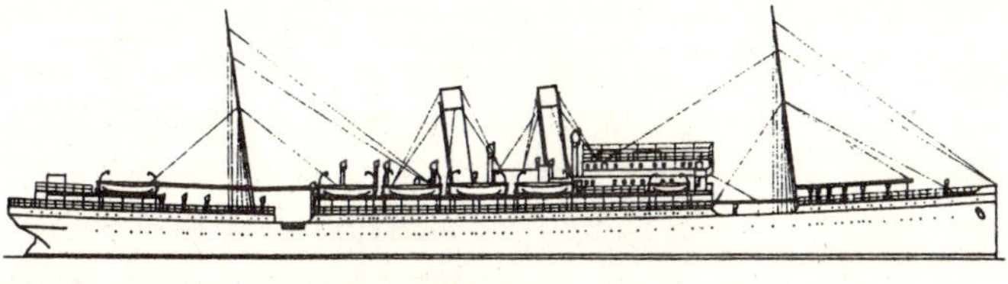

Der Hilfskreuzer *Prinz Eitel Friedrich* wurde als Passagier- und Frachtdampfer des Norddeutschen Lloyds, Bremen, 1903–1904 von der Werft A. G. Vulcan in Stettin gebaut. Das 8865 BRT große Schiff hatte unter den Hilfskreuzern der Mobilmachungswelle den geringsten Brennstoffverbrauch dank der Maschinenleistung von nur 7000 PS, die dem Doppelschraubendampfer 15 Knoten Geschwindigkeit ermöglichte. Das erwies sich als ausreichend.

Die Entscheidung fiel vor Coronel

Auf der Kommandobrücke des Kreuzers *Dresden* hingen die Mittelwächter ihren Gedanken nach. Ihr Schiff war das einzige des Kreuzerverbandes, das diese Gewässer schon befahren hatte. Das war knapp vor Monatsfrist gewesen, und doch kam es den Männern nach all den vielen Eindrükken des Vorstoßes zur Osterinsel wie eine lang zurückliegende Vergangenheit vor. Und nun, in der Nacht zum 30. Oktober, sahen sie im Osten einen hellen Fleck über der Kimm. Es war der Widerschein der Lichter von Valparaiso, das jetzt in 40 Seemeilen Abstand passiert wurde.

Noch immer suchten die Kreuzer des Geschwaders den noch vermißten Kohlendampfer der Etappe San Francisco. Da er bei Hellwerden immer noch nicht in Sicht kam, wurde der Abstand zur Küste auf 70 Meilen vergrößert. Um Brennstoff zu ersparen und zugleich noch eine Frist zum etwaigen Sichten des Kohlendampfers einzubauen, ließen sich die Kreuzer acht Stunden mit gestoppten Maschinen treiben.

Die Freiwächter unter der Mannschaft der *Dresden*, die nach dem Zurren ihrer Hängematte an Oberdeck kamen, standen plötzlich ebenso gebannt vor dem sich jetzt bietenden phantastischen Anblick wie die Männer der Kriegswache: Im ersten Sonnenschein des Morgens erstrahlten plötzlich die gerade dem Nachtgewölk entstiegenen Bergketten der Anden in geradezu majestätischer Schönheit. Blendend weiß leuchtete Schnee vom Gipfel des gewaltigen 6956 m hohen Anconcagua, des unbestrittenen Königs der Kordilleren. (Ihm fehlten nur 46 Meter, um zu den Siebentausendern zu zählen, die es sonst nur im Himalaya gibt.)

Am nächsten Vormittag stieß die *Santa Isabel* zum Geschwader und damit wieder zu ihrem eigentlichen Auftraggeber *Dresden*. Aber die 4000 t ihrer mitgebrachten Cardiff-Kohle sollten sich bald auf wundersame Weise vermehren!

Vizeadmiral Spee hatte die Beischiffe wieder eine Art Suchstreifen bilden lassen. Er rechnete damit, daß Gegner auf den ausgelegten Köder hereinfallen werde. Er hatte die *Leipzig* vor Mas a Tierra Funktelegramme absetzen lassen, aus denen der Rückschluß gezogen werden mußte, der Kreuzer sei dort allein. Da er außerdem vermutlich auch von V-Männern des Gegners allein gesehen wurde, konnte das klappen.

Die *Leipzig* wurde tatsächlich mit Erfolg zum Lockvogel. Die Funker des Kreuzers *Glasgow*, der zusammen mit dem Hilfskreuzer *Otranto* alle Buchten bis hinauf nach Talcahuano absuchte, fanden schließlich heraus, daß da ein einzelner Kleiner Kreuzer der Deutschen mit irgend jemandem Funkkontakt suchte – es sei tatsächlich die spurlos von der Bildfläche verschwundene *Leipzig*. Und nun sah Admiral Cradock die Gelegenheit nahen, wenigstens diesen deutschen Kreuzer abzufangen. Die *Glasgow* wurde deshalb schnell nach Coronel hineingeschickt, um von dort noch eventuell erhältliche weitere Nachrichten mitzubringen. Am 31. Oktober lief die *Glasgow* in Coronel ein. Sie hatte jedoch ihr Namensschild mit einer Segeltuchpersennig verdeckt, dafür zur Täuschung ein paar Rettungsringe mit dem Namen *Bristol* beschriftet.

Aber der Britenkreuzer hatte das Pech, daß eine Böe die

Segeltuchplane für einen Augenblick anhob, so daß in einem der Boote, die den Kreuzer umdrängten, die beiden Insassen den wirklichen Namen des Schiffes erkennen konnten – zwei Deutsche, die ihre Entdeckung sofort der Etappe Valparaiso meldeten. Sofort eilte der Etappenoffizier mit dem über Kabel erhaltenen Telegramm aus Coronel hinaus auf die Reede zum Dampfer *Yorck*, dem jedoch die chilenischen Behörden soeben den Funkraum versiegelt hatten. Der erst kurz zuvor eingetroffene Dampfer *Göttingen* hatte seine Funkstation jedoch noch »offen«. Der Etappenoffizier, der gerade erst von der Osterinsel zurückgekehrte Oberleutnant d. R. Riediger, ersuchte den Kapitän, mit der *Göttingen* wieder ankerauf zu gehen, um außerhalb der Dreimeilenzone ganze sechs Worte in den Äther zu funken: »Kreuzer *Glasgow* ankert auf Coronel Reede.«

Es war mittlerweile um 02.50 Uhr am Morgen des 1. November 1914. Der sofort verständigte Geschwaderchef ließ umgehend seinen Verband auf 14 Knoten gehen, um ja rechtzeitig vor den beiden Ausgängen der Arauco-Bucht zu stehen, durch die – an der Insel Santa Maria vorbei – der Weg von und nach Coronel führt. Graf Spee wußte, daß die *Glasgow* von Rechts wegen nur 24 Stunden in dem neutralen Hafen bleiben durfte, also mußte sie nach Adam Riese noch »heute« dem deutschen Kreuzergeschwader vor die Rohre laufen.

Bei Tagesanbruch herrschte noch schönes Wetter, allerdings bei auffrischenden südlichen Winden. Es war Sonntag, Allerheiligen, außerdem hatte soeben das Reformationsfest stattgefunden.

Auch auf Kreuzer *Dresden* wurde punkt halb zehn Uhr der Kirchenwimpel gesetzt. Im Wohndeck der I. Division war Gottesdienst für die Freiwächter angesetzt. Er war ökumenisch, obwohl das an Land eigentlich noch nicht üblich war. Aber es gab nun mal nur einen Bordgeistlichen auf dem Kreuzer *Dresden*, den evangelischen Marinepfarrer Hugo Schneider. Und er war es gewohnt, mit Taktgefühl Sorge dafür zu tragen, daß jeder von den *Dresden*-Männern das Gefühl hatte, zu demselben, dreieinigen Gott, dem Herren, zu beten. Und wie immer fungierte einer von den Obermaaten als Küster. Er verteilte die Gesangbücher und gab die Nummern der Choräle bekannt, während zwei Musiker der Bordkapelle gemeinsam ein Schifferklavier betätigten – anstelle des Harmoniums, das in Friedenszeiten an Bord die Orgel ersetzte, das aber bei der Mobilmachung ebenso zerhackt und über Bord geworfen werden mußte wie die beiden Klaviere. Das Schifferklavier war nun auf einem Tisch festgeschnallt, mit aufgelegter Tastatur. Der zweite Musiker schob den Balg hin und her.

Kapitän Lüdecke, der I. Offizier, der Adjutant, die abkömmlichen Offiziere und Deckoffiziere umrahmten vorn, auf Stühlen, das große Feld der auf ihren Utensilienkästen sitzenden Männer. Geschwaderpfarrer Rost hatte vom Flaggschiff *Scharnhorst* aus den für den Tag verordneten Predigttext durch die Linie des Kreuzers »winken« lassen. Signalgast um Signalgast gab ihn an das jeweils nachfolgende Schiff weiter. Und nun fanden auf allen Kreuzern gleichzeitig die Gottesdienste statt.

Die Nacht über waren alle fünf Schiffe im Kriegsmarsch-Verschlußzustand gefahren. Sie hatten alle Bulleyes mit den dazugehörigen Panzerblenden verschlossen, um jedes Nach-draußen-Dringen irgendeines Lichtscheins zu verhindern. Jetzt aber waren die Panzerblenden wieder entfernt. Das einfallende Tageslicht vermischte sich mit der elektrischen Unterdecksbeleuchtung. In diesem Zwielicht blickte der *Dresden*-Bordgeistliche Schneider seiner »Gemeinde« in die Gesichter und hub, ganz ohne Pathos, aus dem Herzen kommend an: »Es ist ein köstlich Ding, daß das Herz fest werde, welches geschieht durch Gnade!«

Er hatte mit dem Kommandanten abgesprochen, welche Dinge, die vielleicht zu sagen waren, in die Predigt einfließen sollten. Und Kapitän Lüdecke hate den Rat gegeben, durchaus anklingen zu lassen, daß jetzt wohl jede Propellerumdrehung die *Dresden* näher an den Feind heranbringe und daß wohl mindestens ein Feindkreuzer zum Kampf gestellt werde. Vielleicht seien es sogar mehrere. Und darum sollte es sein, daß das Herz fest wurde.

Es wurde eine Predigt, zu der immer mehr der Pazifische Ozean die Begleitmusik abgab. Es briste zunehmend auf, man hörte das Jaulen und Röhren von starkem Wind in der Takelage bis herunter in dieses Wohndeck. Und von Zeit zu Zeit gab es das dumpfe Gepolter von Seen, die gegen die Bordwand schlugen. Auch hörte man immer wieder das Platschen und Rauschen überkommender Gischt.

Es war eine rauhe, durchaus einem Kampftag angemessene Stimmung, sie paßte zu dem aus vollem Herzen gesungenen Choral »Ein feste Burg ist unser Gott, ein gute Wehr und Waffen . . .«

Überall herrschte Zuversicht. Die *Dresden* fuhr mit einer ganz gelassenen Besatzung den Dingen entgegen.

Der Navigationsoffizier hatte gleich hinzugefügt, daß das ja wohl ein gutes Omen sein dürfte: Es kam die Meldung, daß es dem Begleitschiff *Titania* allen Ernstes gelungen war, mit seiner kleinen Bootskanone ein Schiff zu kapern!

Das Beischiff war immer noch auf der Suche nach der *Sacramento*, die jedoch noch immer nicht auf der Bildfläche erschien. Dafür lief ihm unversehens der norwegische Segler *Helicon* mit einer für die Briten bestimmten Ladung von 2400 t Cardiff-Kohle in den Weg. Die *Titania*, mit einem Reserveoffizier und einer Geschützbedienung an Bord, setzte ordnungsgemäß die Kriegsflagge der Kaiserlichen Marine. Die Norweger fügten sich ihrem Schicksal und folgten nach Feststellung des Sachverhalts im Kielwasser der *Titania*.

Der für Graf Spee erfreuliche Sachverhalt des »vermehrten« Kohlenvorrats wurde zur negativen Seite aufgewogen dadurch, daß es ihm nicht gelang, die *Glasgow* beim Wiederausladen aus Coronel abzufangen. Wider Erwarten hatte der britische Kreuzer seine 24-Stunden-Frist keineswegs ausgenutzt, um Kohlen zu ergänzen. Er hatte Coronel ausschließlich angelaufen, um durch Kontakt mit dem britischen Konsul neueste Nachrichten einzuholen. Dann hatte die *Glasgow* die chilenischen Gewässer sofort verlassen, sie war entwischt.

Dafür aber hatten die britischen Panzerkreuzer *Good Hope* und *Monmouth* schon am Morgen des 30. Oktober die Bucht von Vallebar verlassen, um nach Norden zu marschieren und den Kleinen Kreuzer *Leipzig* abzufangen, der seine Lockvogel-Rolle nicht ergebnislos gespielt hatte.

Spee war also nach Süden marschiert, um die einzelne *Glasgow* zu stellen, der britische Admiral Cradock hingegen nach Norden, um mit der vermeintlich einzelnen *Leipzig* dasselbe zu tun. Und so waren die Karten auf seltsame Weise gemischt.

Jeder der beiden Schiffsverbände lauerte jeweils nur einem Schiff auf – in der Überzeugung, daß es sich isoliert von seinem Flottenverband befand.

Das Wetter war nach wie vor recht unfreundlich. Es herrschte volle Windstärke 6, mit Böen bis Sturmstärke. Vor allem die Kleinen Kreuzer taten sich beim Marsch nach Süden schwer, denn sie wurden immer wieder von Gischt überschüttet. Die Geschützbedienungen der beiden vorderen 10,5-cm-Kanonen der *Dresden* suchten zwar immer wieder Deckung hinter dem brusthohen Wellenbrecher, aber sie wurden dennoch so vom Flugwasser belästigt, daß sie längst keinen trockenen Faden mehr am Leibe hatten.

Und sehr viel besser waren auch die dem kalten, immer wieder mit Spritzern durchmischten Fahrtwind ausgesetzten Männer der Kriegswache auf dem Oberdeck nicht dran. Und sie beneideten heimlich die Freiwächter, die – warm und trocken in den Wohndecks – bald heißen Kakao zum Sonntagskuchen schlürfen durften.

Auf Befehl des Verbands-Chefs sicherte Kreuzer *Nürnberg* zunächst nach Norden. Er war jedoch gegen Mittag abgeschwenkt, um einen Dampfer und einen Segler zu untersuchen, die jedoch beide neutral waren und laufen gelassen werden mußten. *Nürnberg* fiel durch diese beiden Durchsuchungen um fast 25 Seemeilen zurück.

Kreuzer *Dresden* lief deshalb etwa 10 Meilen hinter den beiden Panzerkreuzern her, um die optische Verbindung zwischen ihnen und der *Nürnberg* nicht abreißen zu lassen. Das Geschwader wahrte verständlicherweise strikte Funkstille.

Um 16.17 Uhr rief ein Ausguckposten auf Spees Flaggschiff *Scharnhorst*: »Zwei Schiffe im Westen gesichtet!«

Wenige Minuten später erkannte man noch ein drittes Fahrzeug. Bald wurden sie eindeutig als Kriegsschiffe identifiziert, Entfernung 15 Meilen. Wenig später wußte man noch mehr: Die drei Schiffe liefen wider Erwarten nicht nördlichen, sondern südlichen Kurs. Nur ganz allmählich kamen sich die beiden Kontrahenten-Formationen näher. Jetzt gab die *Scharnhorst* an die Kreuzer *Nürnberg* und *Dresden* den Befehl durch: »Auf das Flaggschiff sammeln!«

Wenig später wurde auf allen fünf deutschen Kreuzern der sogenannte Generalmarsch geblasen und getrommelt: »Klarschiff zum Gefecht!« Das übliche Hasten und Trappeln erfüllte das ganze Schiff. Und überall wurde ausgerufen »Keine Übung diesmal! Ein britischer Kreuzerverband!«

Neun Zehntel der Männer in den Kessel- und Maschinenräumen, Munitionskammern, auf den Lecksicherungsposten, im Funkraum, im Panzerstand und hinter den Schutzschildern ihrer Seezielkanonen konnten die Ereignisse nicht mit eigenen Augen verfolgen. Für sie waren solche Informationen von größter Wichtigkeit.

Jetzt brauchte keine Funkstille mehr gewahrt werden. Die *Scharnhorst* funkte den Befehl: »Formation Kiellinie!«

Dresden hatte sofort beim Sammelbefehl auf allen zwölf Schultz-Thornycroft-Kesseln den Dampfdruck hochgefahren und hielt nun mit »Äußerster Kraft« auf die Panzerkreuzer zu. Der Verband lief trotz des Seegangs 22 Knoten.

Spee achtete sorgsam darauf, daß er seine günstige Lage zwischen dem Gegnerverband und der chilenischen Küste beibehielt, um die Briten auf keinen Fall in die chilenischen Hoheitsgewässer entkommen zu lassen. Auch nahm der Geschwaderchef das Risiko auf sich, daß seine Schiffe in dieser Position zunächst von der herausgebrochenen hellen Sonne beschienen wurden. Aber das mußte sich sehr bald in einen Vorteil verwandeln, denn bald würden sie gegen den dunklen Hintergrund der Küste nur noch schwer auszumachen sein.

Wegen seiner noch höheren Geschwindigkeit zum Heranschließen hatte Kreuzer *Dresden* besonders schwer unter dem Schlechtwetter zu leiden. Zeitweilig standen die Geschützbedienungen bis zu den Knien im überkommenden Wasser. Und seit »Klar Schiff zum Gefecht!« waren nach damaligem Brauch auch auf der *Dresden* die Gefechtstoppflaggen gesetzt.

Längst konnten die gegnerischen Schiffe, im nunmehrigen Abstand von 130 Hektometern (13 km), klar definiert werden. Es handelte sich um den britischen Panzerkreuzer *Monmouth*, den Kleinen Kreuzer *Glasgow* und den Hilfskreuzer *Otranto*, denen sich rund eine Stunde nach Sichtung der Schiffe auch der Panzerkreuzer *Good Hope* hinzugesellte. Da braute sich also die erste Seeschlacht zwischen etwa gleichwertigen Gegnern zusammen. Obwohl Spee nur ein Dutzend 15-cm-Geschütze gegen drei Dutzend des Gegners ins Treffen führen konnte, die beiden 23,4-cm-Geschütze der *Good Hope* kalibermäßig allen anderen überlegen waren, machten die 16 schweren Geschütze vom 21-cm-Kaliber der *Scharnhorst* und *Gneisenau* dieses Manko wieder wett, zumal die Briten den 32 Geschützen vom Kaliber 10,5 cm auf den deutschen Kleinen Kreuzern nur zehn Geschütze ähnliches Kaliber entgegensetzen konnten, dazu freilich zwanzig weitere vom Kaliber 7,6 cm.

Vizeadmiral von Spee wußte natürlich, daß es das erste Mal seit Nelsons Zeiten sein würde, daß ein britisches Geschwader von einem etwa ebenbürtigen Gegner herausgefordert wurde.

Der Wind hatte mittlerweile auf Stärke 7 bis 8 zugenommen. Das richtige Zielen bei diesem sich entwickelnden »laufenden Gefecht« (bei dem beide Gegner gleiche Fahrtrichtung hatten) mußte äußerst schwierig werden. Längst konnte man von der *Dresden* aus erkennen, daß vom Kreuzer *Glasgow* infolge des starken Stampfens in der See das Heck überhaupt nicht, das Vorschiff nur zeitweilig in den Entfernungsmeßgeräten zu sehen war.

Es war eine gespenstisch anmutende Situation. Über zwei Stunden lang löste sich auf beiden Seiten kein einziger Schuß.

Aber nun wurde die Entscheidung unausweichlich. Um 18.20 Uhr begann die Sonne hinter dem buchstäblich rotglühend gewordenen Horizont zu verschwinden. Und wie Spee richtig kalkuliert hatte, standen nun die britischen Kriegsschiffe wie Scherenschnitte vor dem hellen Abendhimmel, während die nachtdunklen Wolken über der chilenischen Küste die Silhouetten seines Geschwaders nahezu verschluckten.

Admiral Cradock schwenkte nun mit seinem Flaggschiff *Good Hope* vor dem Panzerkreuzer *Monmouth* ein und bildete eine Gefechtskiellinie mit südöstlichem Kurs. Er hoffte, Graf Spee damit den Weg verlegen zu können. Spee wiederum, der bewußt gewartet hatte, bis auch die *Dresden* genügend weit herangekommen war, ließ den Kurs um einen Strich (11,25 Grad) nach Steuerbord verändern, auf den Gegner zu. Er konnte die Geschwindigkeit im Interesse besserer Zielauffassung jetzt getrost auf 16 Knoten verringern lassen.

Per Winkspruch und Morsescheinwerfer ließ der Geschwaderchef »Feuer verteilen von links!« übermitteln. Nun wußten alle Kommandanten und Artillerieoffiziere der deutschen Schiffe, was sie zu tun hatten: *Scharnhorst* und *Gneisenau* nahmen die beiden britischen Panzerkreuzer ins Visier, Kreuzer *Leipzig* den Kreuzer *Glasgow* und die am Ende der Kiellinie laufende *Dresden* den kalibermäßig überlegenen, dafür aber mit seiner hohen Bordwand ein besseres Ziel bietenden Hilfskreuzer *Otranto*.

Sir Christopher Cradock nahm das Gefecht an, denn nun stiegen auch auf den Britenschiffen die Gefechtsflaggen zu den Masttoppen empor. Flaggschiff *Scharnhorst* signalisierte »Jot-Dora«, im Klartext: »Feuer frei!«

Es war um 18.34 Uhr. Die Entfernung der beiden Kiellinien voneinander betrug nur noch 104 Hektometer. Die Befehlsübermittler hatten laufend die Meßwerte an die Geschützführer weitergegeben, die ihre Augen angestrengt in die Gummiokulare der Visierfernrohre eingestemmt hatten.

Nun rollte langer Donner übers Wasser. Unmittelbar nach »Feuer frei!« hatte die *Scharnhorst* ihre erste Vollsalve geschossen, fast in derselben Sekunde fielen auch *Gneisenau*, *Leipzig* und *Dresden* in das todbringende Höllenkonzert ein. *Leipzig* deckte sofort die *Glasgow* mit allen überhaupt zum Tragen kommenden Geschützen ein, *Dresden* die *Otranto*. Aber an ein richtiges Salvenfeuer war auf den hart im Seegang »zukehr« gehenden Kleinen Kreuzern nicht zu denken, sie mußten notgedrungen mit Einzelschüssen ihren jeweiligen Gegner aufs Korn nehmen. Aber das taten sie mit verblüffender Feuergeschwindigkeit. Die Erschwernisse der Feuerleitung und Entfernungsmessung des »Abkommens« der Geschützführer und der Beobachtung von Aufschlägen wurden durch den Feuereifer der Geschützführer und der »Ladenummern«, der jeweils nachladenden Männer an den Geschützverschlüssen, wettgemacht.

Die *Otranto* drehte bereits nach der dritten »Salve« der *Dresden* aus der gegnerischen Kiellinie ab, sie fuhr Zickzackkurse im Feuerlee der eigenen Linie und änderte immer wieder die Fahrt, um das Einschießen des Gegners zu erschweren. Aber die *Dresden*-Kanoniere ließen nicht ab. Und bald rief der Entfernungsmeßunteroffizier ganz laut über Deck: »Treffer!«

Er konnte einwandfrei beobachten, wie es drüben eingeschlagen hatte. Bald sah man, daß auf dem Promenadendeck des Hilfskreuzers ein Brand ausgebrochen war. Und nun ergriff der Hilfskreuzer tatsächlich die Flucht, so lange wie möglich von nachjagenden Granaten verfolgt. *Dresden* nahm Zielwechsel vor und beschoß nun gemeinsam mit der *Leipzig* die *Glasgow*. Diese hatte bereits am Heck und im Vorschiff je einen Treffer der *Leipzig* erhalten. Aber zum Glück für den britischen Kreuzer wurde ein dritter Volltreffer am Turmunterbau der Kommandantenkammer zum Blindgänger.

Die *Glasgow* war schlecht dran, weil sie dem Granathagel der beiden deutschen Kreuzer ausgesetzt war, ohne selbst in der einsetzenden Dunkelheit ihre beiden Gegner richtig sehen zu können. So feuerte der Brite gegen 19.00 Uhr mit dem vorderen 15-cm-Geschütz auf die besser sichtbare *Scharnhorst*, mit dem achteren auf die *Gneisenau*. Außerdem hielten auch ihre 10,5-cm-Geschütze mit.

Bald sichtete die *Glasgow* im Mondlicht einen der beiden deutschen Kleinen Kreuzer. Mit hoher Wahrscheinlichkeit handelte es sich dabei um die *Dresden*, auf die nun das Feuer gerichtet wurde. Und nur Augenblicke später hielt die *Glasgow* den ersten wirklich bedenklichen Treffer: Eine 10,5-cm-Sprenggranate durchschlug die Bordwand in Höhe der Wasserlinie über der äußeren Backbordschraube und riß ein Loch von fast zwei Metern im Quadrat. Und bald prasselten zwei weitere Treffer ins Schiff. Insgesamt hatte die *Glasgow* sogar fünf Wasserlinientreffer »eingefangen«, die nur dank des Schutzes ihrer noch vollen Kohlenbunker nicht zum Verhängnis führten.

Die Entfernungsmesser der *Dresden* hatten einwandfrei eine ganze Salve mit Treffern auf der *Glasgow* beobachten können. Aber dann brach solche Finsternis herein, daß Kreuzer *Dresden*, der auf *Otranto* und *Glasgow* insgesamt 102 Granaten abgefeuert hatte, auf das von Kapitänleutnant Burchardi als Artillerieoffizier gegebene Kommando »Halt, Batterie, halt!« – schon im Interesse weitmöglicher Schonung der nicht ergänzbaren Munitionsvorräte – das Feuer einstellte. Aber Burchardi ließ gleich darauf über die Sprachrohre und Telefone durchgeben: »Weiterhin Einzelfeuer auf etwa aufblitzendes Mündungsfeuer der *Glasgow*!«

Sie feuerte tatsächlich noch, die *Dresden* reagierte entsprechend. Aber kurz nach 19.30 Uhr stellte die *Glasgow* das Feuer ein und suchte ebenso das Weite, wie die *Otranto* es bereits getan hatte.

Das geschah im gleichen Augenblick, in dem die deutschen Panzerkreuzer ihre Gegner ebenfalls aus der Sicht verloren hatten. Ab etwa 19.00 Uhr war die *Monmouth* den Kursänderungen des britischen Flaggschiffes nicht mehr gefolgt. Sie steuerte etwas weiter westlich, drehte gegen 19.35 Uhr fast genau auf Kurs West und eine Viertelstunde später auf Kurs Nord. Daß der Panzerkreuzer schwer angeschlagen war, wurde spätestens jetzt offensichtlich. Er versuchte verzweifelt, das Heck gegen die See zu legen, denn sein Vorschiff war so schwer beschädigt, daß es infolge der eingedrungenen Wassermassen mit dem Bug ganz tief im Wasser lag. Über Funk teilte die *Monmouth* den anderen britischen Schiffen mit, daß sie versuchen wolle, unter Land Schutz zu suchen.

Leutnant zur See Arnold Böker hatte als Fleckeroffizier (Einschlagbeobachter) der *Dresden* seine Gefechtsstation im Fleckerstand, der als eine Art Krähennest über der Sahling hoch oben im Vormast des Kreuzers installiert war. Aber der vor der Osterinsel bei der Kohlenübernahme erlittene Fußknöchelbruch machte das Aufentern in den Mast unmöglich. Böker erlebte deshalb die Seeschlacht bei Coronel auf recht unübliche Weise: Man hatte ihm einen Korbsessel unweit der achteren 10,5-cm-Geschütze an Deck gestellt und, einigermaßen vor dem Fahrtwind des Kreuzers geschützt, festgelascht. Als Artillerist wußte Böker natürlich genau, daß jeder der beiden deutschen Panzerkreuzer bei einem solchen Breitseitengefecht zugleich sechs 21-cm- und nur drei 15-cm-Geschütze abfeuern und dabei jedesmal 888 kg Granatgewicht davonschleudern konnte, während die Kleinen Kreuzer immer nur die Hälfte ihrer Artillerie zum Tragen zu bringen vermochten.

Böker hatte alles wie von einer Zuschauerloge aus verfolgt. Er hatte schon vor der Feuereröffnung beobachten können, wie die See immer stärker aufgewühlt wurde. Der aus Süden wehende Wind verstärkte sich, wie üblich in den Monaten Oktober bis März, immer mehr. Das recht krasse barometrische Gefälle zwischen der chilenischen Küste und dem offenen Meer war daran schuld. Gegen 16.00 Uhr hatte der Wind bereits 40 Knoten Geschwindigkeit erreicht.

Mit geschultem Blick verfolgte Böker nachher die Aufschläge bei Freund und Feind, solange das Tageslicht Gelegenheit dazu gab. Und gegen 19.00 Uhr konnte er in seinem Nachtglas vor dem Schwarz des Himmels drei helle Scheinwerferstrahlen beobachten. Sie stammten von der *Scharnhorst*, die ebenso auf die *Glasgow* geschossen hatte wie die *Dresden* und die *Leipzig*. Er sah drei große Fontänen als Kurzschüsse recht dicht vor der *Glasgow* aufsteigen und dann wieder deren eigene Abschußblitze. Dann aber hatte er Cradocks Flaggschiff *Good Hope* plötzlich im Glas, das unter den Salven der *Scharnhorst* lag.

Schon bei Gefechtsbeginn hatte er die langen, feuerfarbenen Strahlen des Mündungsfeuers und die braunen Pulverschwaden des schießenden deutschen Flaggschiffes sehen und bald darauf bemerken können, daß schon die dritte Salve auf der *Good Hope* einen Treffer erzielt hatte. Und zeitweilig kam das Ganze dem Leutnant zur See Böker vor, als handele es sich um ein routinemäßiges Übungsschießen in der Nordsee: Auch die *Gneisenau* lag mit wenigen Salven bei der *Monmouth* im Ziel. Der vordere Geschützturm des britischen Panzerkreuzers brach mit einem Feuerball auseinander, er zerbarst buchstäblich und wirbelte Turmdecke, Seitenwände, Rohrteile hoch in die Luft. Ein starker Feuerschein loderte auf. Auch auf dem britischen Flaggschiff *Good Hope* war ein Feuer ausgebrochen. Dem beobachtenden Leutnant Böker war klar, daß die beiden britischen Panzerkreuzer schwer getroffen sein mußten – die *Monmouth* mindestens 35mal, während von der *Scharnhorst* aus 30 bis 40 Treffer auf der *Good Hope* beobachtet worden waren.

Nach nur 16 Minuten Gefecht scherte die *Monmouth*, wie bereits beschrieben, aus der Linie, *Gneisenau* vereinigte ihr Feuer nunmehr mit dem der *Scharnhorst* auf die *Good Hope*, die seit 19.15 Uhr nur noch durch die See schlich. Sie gab nur noch Einzelschüsse ab, bis um 19.23 Uhr eine heftige Explosion zu beobachten war, die auch Böker von der *Dresden* aus sehen konnte.

Noch einmal sah man Mündungsfeuer aufblitzen, die von den beiden hinteren Backbordgeschützen der *Good Hope* stammten. Dann trat eine gespenstische Ruhe ein, nachdem ein nochmals auflodernder Feuerschein verblaßte und verschwand. Das alles geschah etwa zur gleichen Zeit, als Kreuzer *Dresden* sein Feuer auf die entschwundenen *Glasgow* hatte einstellen müssen. Es war also gegen 19.36 Uhr.

Noch konnte niemand auf den deutschen Schiffen wissen, daß die nach dem erzwungenen Kurswechsel überkommenden Seen die Brände auf der *Monmouth* zum Erlöschen gebracht hatten und sie deshalb nicht mehr zu sehen war. Ebenso war unbekannt geblieben, daß die *Glasgow* zu dem Versuch angesetzt hatte, gemeinsam mit der entwichenen, beschädigten *Otranto* die Vereinigung mit dem maschinelahmen, nur noch zwölf Knoten laufenden Panzerkreuzer *Canopus* zu versuchen, in dessen 30,5-cm-Geschütze man einige Hoffnung setzte.

Die *Glasgow* hatte noch »*Canopus* help!« in den Äther gefunkt, aber der allzu langsame Panzerveteran war nicht mehr rechtzeitig herangekommen und »stand« bei Eröffnung des Gefechts noch mindestens 250 Seemeilen vom Schauplatz der Ereignisse entfernt. Um 19.37 Uhr erteilte Graf Spee den Kleinen Kreuzern funktelegrafisch den Befehl zum Torpedoangriff auf den Gegner, während *Scharnhorst* und *Gneisenau* mit 17 Knoten Fahrt zunächst nach Westen, dann nach Süden steuerten, um die noch irgendwo vorhandenen Gegnerschiffe zwischen sich und den immer helleren Mond zu bringen und um außerdem die Torpedoangriffe der Kleinen Kreuzer nicht zu stören.

Der Torpedooffizier der *Dresden*, Oberleutnant Hartwig,

und seine Männer gingen sofort nach Eingang des Befehls zum Torpedoangriff mit Feuereifer ans Werk, denn bisher hatte allein die Artillerie das abendliche Geschehen bestimmt. Längst waren die roten Gefechtsköpfe auf die Torpedos aufgesetzt. Und nun waren auch zum ersten Mal seit dem nächtlichen Absuchen der Osterinsel nach dem etwaigen Gegner die Sicherheitsbolzen aus den Gefechtspistolen der Torpedoköpfe herausgenommen und die »Aale« dem Komandanten »scharf« gemeldet. Jetzt konnte jederzeit der Signalgeber aufleuchten und mit dem Kommando »Schleuse auf!« das Fluten der Torpedorohre anordnen. Dann würde sogleich das Kommando »Führungsstange raus!« aufleuchten, um schnell nacheinander die Ausführung der Signale »Fertig!« und »Torpedo los!« zu ermöglichen. Kapitän Lüdecke ließ die *Dresden* jetzt einen südwestlichen Kurs steuern, denn dort hatte man die feindlichen Kreuzer zuletzt gesehen. Auch Lüdecke wollte sein Schiff zwischen sich und den Mond bringen und zugleich eine Stellung einnehmen, die »vorlich« zum Gegner lag. Tatsächlich sichteten die Ausguckposten gegen 20.00 Uhr in Richtung Nordwesten einen Schatten. In etwa 60 Hektometern Entfernung bemerkte man ein Schiff, das auf Nordwestkurs eindrehte.

Das konnte nur die *Glasgow* sein!

»Beide Maschinen Äußerste Kraft voraus!«

Aber dann vermischte sich die Silhouette der *Glasgow* wieder mit der Schwärze der Nacht, weil eine Regenböe herankam, das Mondlicht verschluckte und die Sicht derart reduzierte, daß man durch die Sehschlitze des Kommandostandes der *Dresden* gerade noch das eigene Vorschiff erkennen konnte.

Die Spannung stieg, denn der Kreuzer preschte blind durch die Nacht, in Richtung auf das zuvor kurz gesichtete Ziel. Nach einer bestimmten, errechneten Zeit mußte es soweit sein. Der Torpedo-Nahkampf konnte beginnen. Lüdecke befahl: »Torpedo fertig!«

Plötzlich riß das Wolkengebräu auf. Backbord voraus ein Schatten. Irgend jemand rief: »Da ist die *Glasgow*!«

Mit Höchstfahrt schob sich die *Dresden* in die richtige Schußposition.

»Backbordtorpedo klar zum Schuß!«, befahl der Kommandant.

Doch ehe aus dem Unterwassertorpedoraum die Klarmeldung kam, drehte der gegnerische Kreuzer unversehens ab und verschwand in der Finsternis. Die *Dresden* setzte ihm nach, sie wollte auf jeden Fall ihr Opfer haben.

»Da ist er wieder – Schatten in 290°.«

Jetzt hatte man das andere Schiff fast genau in Schußposition. Natürlich wollte und mußte Kapitän Lüdecke ganz sicher gehen. Er befahl dem Signalmeister: »E. S. anfordern!«

Die Augen an den Okularen der Nachtgläser und des Torpedozielgerätes bohrten sich ins Dunkel. Wenn es wirklich ein eigener Kreuzer war, dann mußte jetzt drüben das korrekte Erkennungssignal (E. S.) aufleuchten. Es blieb jedoch dunkel. Also ein Gegner.

Kreuzer *Dresden* setzte zum Angriff an. Oberleutnant Hartwig stand hinter dem Visierokular des Torpedozielgebers. Er wartete jetzt nur noch auf den Augenblick, daß sich der Schatten der *Glasgow* in seine Ziellinie schob.

Nur noch etwa 20 Sekunden . . .

Plötzlich ein schriller Schrei: »Der hat nur d r e i Schornsteine, das ist ja die *Leipzig*!« Kapitän Lüdecke und Oberleutnant Hartwig spürten beide, wie ihr Herz bis zum Halse schlug. Das hätte ja etwas gegeben, buchstäblich Sekunden später hätte das andere Schiff den Torpedo im Bauch gehabt. Und im nun wieder einfallenden Mondlicht erkannte man tatsächlich ganz klar den Umriß der *Leipzig*!

Einer der Offiziere machte seinem Herzen Luft: »Heiliger Bimbam, schöne Schweinerei! Wie konnte das nur passieren?«

Wie oft in dramatischen Situationen gab es auch für die Nichtabgabe des Erkennungssignals durch die *Leipzig* eine simple Erklärung: Man hatte infolge der unverändert hochgehenden See das Anfragesignal der *Dresden* einfach nicht sehen können und deshalb auch nicht beantwortet . . .

Fregattenkapitän Haun auf der *Leipzig* fühlte, wie ihm ein Schauder über den Rücken lief. Das war wirklich haarscharf an einem grausigen Eigentor der Deutschen vorbeigegangen.

Jetzt machten sich die beiden Kleinen Kreuzer gemeinsam auf die Jagd nach dem entwischten britischen Schiff, das jedoch verschwunden blieb. Captain Luce hatte das Gefechtsfeld wohl nun doch unbemerkt verlassen können, um an die *Canopus* heranzuschließen. Aber kurz vor dem um ein Haar unheilvollen Zusammentreffen mit der *Dresden* war Kreuzer *Leipzig* durch ein Trümmerfeld gefahren, das zu denken gab. Man war auf einen Feuerschein zugestoßen, der hinter einer Regenböe sichtbar wurde. Aber an Ort und Stelle fand die *Leipzig* nur noch zahlreiche im Wasser treibende Gegenstände, zwischen denen sich kein Leben regte: da trieben hölzerne Spieren, gezurrte Hängematten, hölzerne Gerätekisten und einige Leichen vorbei. Das war alles, was von Sir Cradocks Flaggschiff *Good Hope* und seiner gesamten Besatzung übriggeblieben war!

Die auf Spees Weisung etwas 25 Seemeilen entfernt vom Geschwader »abgesetzt« fahrende *Nürnberg* hatte zwar auf das Sammelsignal vor Gefechtsbeginn ebenfalls weitmöglich an die *Dresden* und damit an das »Schlußlicht« der Gefechtskiellinie herangeschlossen, aber ganz gelang ihr das Aufrücken nicht mehr. Man hielt bestmöglich mit und erhielt den Befehl des Verbandschefs zum Torpedoangriff der

Kleinen Kreuzer, außerdem eine Mitteilung über den Standort des Flaggschiffs und einen kurzgefaßten Lagebericht: »Beide englischen Großen Kreuzer schwer beschädigt. Ein kleiner Kreuzer anscheinend ziemlich intakt – Feind verfolgen!«

Um 20.05 Minuten sichtete Kreuzer *Nürnberg* etwa fünf Strich an Steuerbord eine Rauchwolke, der sie mit nordwestlichem Kurse folgte. Obwohl die *Nürnberg* Höchstfahrt lief, erwies sich das andere Schiff doch als schneller und kam außer Sicht. Es muß sich tatsächlich um die entwichene *Glasgow* gehandelt haben.

Aber man hatte schon vorher ein zweites Fahrzeug gesichtet, das kein E. S. beantwortete. Bald bemerkte man bei ihm an Bord einen Dampfausbruch, das Schiff legte sich immer stärker, schließlich bis etwa 15 Grad nach Backbord über. Seine Geschwindigkeit nahm merklich ab. Kapitän zur See von Schönberg, Kommandant der *Nürnberg*, erkannte, daß es sich um ein waidwund geschossenes Gegnerschiff handeln mußte. Aber es drehte nun verdächtigerweise auf die *Nürnberg* – sicherlich in der Hoffnung, doch noch seine Torpedowaffe mit Erfolg einsetzen zu können. Schönberg reagierte, indem er seinerseits mit nördlichem Kurs auf das undefinierbare Schiff zudrehte. Auf mehrfache E. S.-Anfrage hatte das unbekannte Etwas nicht reagiert. Aber noch konnte es sich ja um einen schwerbeschädigten eigenen Kreuzer handeln.

Mit schußbereitem Torpedorohr schob die *Nürnberg* sich im spitzen Winkel so dicht heran, daß Schönberg auf kurze Entfernung »Scheinwerfer leuchten!« befehlen konnte. Was sich den Männern auf der *Nürnberg* nun bot, war ein Bild des Grauens. Vor ihnen schleppte sich die furchtbar zusammengeschossene *Monmouth* durch die See, deren vorderer 15-cm-Geschützturm in die Luft geflogen war. Aber das havarierte, schief in der See liegende Schiff führte noch immer

Toppflaggen, es gab also nicht auf. Schönberg konnte nicht umhin, um 20.50 Uhr das Artilleriefeuer auf zehn bis schließlich nur noch sechs Hektometer neu zu eröffnen. Ein aus dem Backbordtorpedorohr abgeschossener »Aal« traf nicht, da er vermutlich infolge starker Tiefenschwankung des Gegnerschiffes im Seegang unter dem Ziel hindurchging. Der Gegner erwiderte das Feuer nicht, auch *Nürnberg* stellte daraufhin das eigene Feuer ein.

Da jedoch der Panzerkreuzer *Monmouth* seine Flagge nicht niederholte, sondern vielmehr erneut auf *Nürnberg* zudrehte, um sie zu rammen oder um die Steuerbordgeschütze oder ein Torpedorohr zum Tragen zu bringen, mußte Kapitän von Schönberg das Feuer abermals eröffnen. Er drehte mit hoher Fahrt hinter dem *Monmouth*-Heck auf und brachte nun die Steuerbordseite der *Nürnberg* ins Gefecht.

Die zu geringe Armierung der deutschen Kleinen Kreuzer war, jedenfalls noch zum Zeitpunkt der Seeschlacht bei Coronel, eine immer wieder kritisierte Tatsache. Aber nun staunten die Männer, die auf der *Nürnberg* an ihren Geschützen standen, was selbst Granaten vom Kaliber 10,5 cm anrichten können, wenn sie aus dichtem Abstand und in schneller Folge auf einen Gegner einhämmern: Die ungeschützten Teile der Bordwand und das Deck des viel stärkeren Panzerkreuzers wurden zerfetzt wie ein alter Karton. Das längst gekrängt, d. h. schief in der See liegende Schiff legte sich mehr und mehr über, bis es um 20.58 Uhr langsam kenterte und dann mit wehender Flagge unterging.

Falls es überhaupt Überlebende bei diesem Drama gab, dann hatten sie keinerlei Chancen, gerettet zu werden. Der viel zu hohe Seegang verbot jedes Aussetzen eines Kutters, außerdem wurden Rauchwolken aus zwei verschiedenen Richtungen gemeldet, die nach einem Funkspruch vom Flaggschiff *Scharnhorst* der *Good Hope* und der *Glasgow* zugeordnet werden mußten. (In Wirklichkeit war das britische Flaggschiff bereits gesunken, der Kleine Kreuzer entwichen.)

Um 20.15 Uhr meldete die *Nürnberg* dem Verbandschef über Funk:

»Habe feindlichen Panzerkreuzer zum Sinken gebracht!« und erhielt unmittelbar darauf ein Funktelegramm des Vizeadmirals Graf Spee: »Bravo, *Nürnberg!* Geschwaderchef.« Kürzer ging's nimmer. Aber bei der Marine war man in solchen Fällen immer schon wortkarg.

Um 21.50 Uhr gingen *Scharnhorst* und *Gneisenau* auf nordöstlichen Kurs. Die Kleinen Kreuzer erhielten gegen 22.00 Uhr durch Funkspruch folgenden neuen Befehl: »Kleine Kreuzer Aufklärungslinie bilden. Panzerkreuzer als Unterstützungsgruppe hinter der Mitte der Aufklärungslinie: *Nürnberg* Richtungsschiff. Kurs 23° rechtweisend. Abstände in der Aufklärungslinie 5 Seemeilen. Während des Auslegens 18 Seemeilen, nachher 10 Seemeilen laufen. Kriegswache gehen.«

In der befohlenen Formation wurde um 23.00 Uhr mit 10 Knoten Fahrt der Marsch entlang der chilenischen Küste nach Norden angetreten. Aber die Hoffnung trog, doch noch irgendwo die *Otranto* und die *Glasgow* wiederzufinden.

Vizeadmiral von Spee wurde erst allmählich klar, daß das Fazit dieser überstandenen Seeschlacht unfaßbar war. Innerhalb von rund 50 Minuten wurden zwei britische Panzerkreuzer vernichtet, die mit 1700 Mann Besatzung komplett zugrunde gingen. Ein Kleiner Kreuzer und ein Hilfskreuzer wurden schwer beschädigt in die Flucht geschlagen.

Deutscherseits war *Scharnhorst* nur zweimal, *Gneisenau* viermal von den Geschossen der Gegner getroffen. *Scharnhorst* hatte überhaupt keine Verwundeten, *Gneisenau* nur zwei Leichtverwundete. Alle drei Kleinen Kreuzer hatten nicht eine einzige Schramme abbekommen, was auch für ihre Besatzungen galt.

Bis zum Abend von Coronel hatte mehr als ein Marineoffizier Kritik daran geübt, daß Graf Spee sein Geschwader nicht längst aufgelöst und jedes Schiff einzeln zum Kreuzerkrieg über den gesamten Pazifik verteilt hatte. Die Diversionswirkung auf die Briten und Japaner wäre beträchtlich gewesen, möglicherweise sogar die Versenkungserfolge – nach dem Vorbild der tatsächlich zum Kreuzerkrieg detachierten *Emden*.

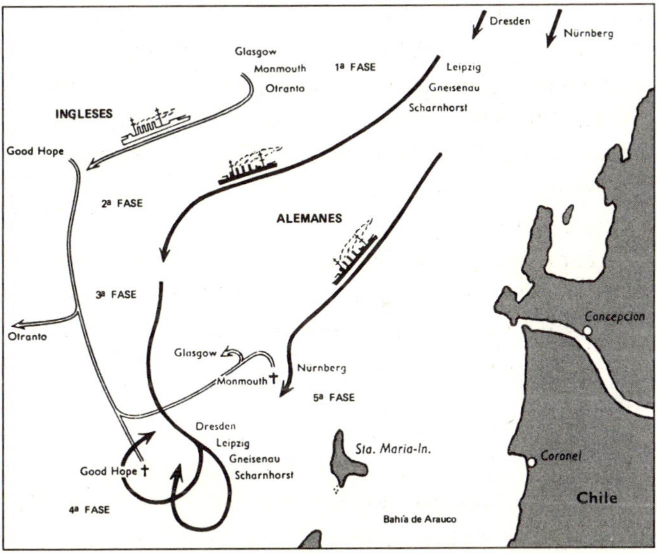

Kartenskizze aus der spanischen Originalausgabe dieses Buches. Sie zeigt die Bewegungen der »Ingleses« (Engländer) und der »Alemanes« (Deutschen), die Untergangsposition der Panzerkreuzer *Good Hope* (Flaggschiff) und *Monmouth* sowie die Lage der Insel Santa Maria vor Coronel an. Zunächst war für das Seegefecht vom 1. November 1914 nur die Bezeichnung »Santa-Maria-Seeschlacht« üblich. Die Bezeichnung »Seeschlacht vor Coronel« setzte sich erst später durch.

Das jedoch, was Spee bei Coronel erreicht hatte, war nur möglich geworden durch konsequentes Zusammenhalten aller fünf Schiffe. Und Spee hatte sein taktisches Ziel vollständig verwirklicht: Er hatte seine Stellung zwischen dem Gegner und der neutralen Küste behaupten können, die Leestellung vermieden und das Artilleriegefecht erst nach Sonnenuntergang geführt und dadurch den Vorteil der günstigeren Beleuchtung errungen. Aber Spee erlangte zugleich sein vorläufig strategisches Ziel: Er hatte für eine gewisse Zeit eindeutig die Seeherrschaft im südlichen Bereich der Westküste von Südamerika erreicht. Und sogar im südlichen Bereich der Ostküste von Südamerika befanden sich zunächst nicht genügend starke Gegnerseestreitkräfte, um sie dem deutschen Geschwader endgültig streitig zu machen. Die Royal Navy war ja noch immer gebunden und sogar verzettelt durch die nach wie vor erfolglose Jagd auf den Kreuzer *Karlsruhe* und den Hilfskreuzer *Kronprinz Wilhelm.*

Trauer um einen Feind

Vizeadmiral Graf von Spee war gläubiger Katholik – ein religiös empfindender, tief über Gott und die Welt nachdenkender Mann. Sein besonderes Charaktermerkmal war das, was man mit christlicher Demut bezeichnen kann. Jeder laute Triumph, erst recht jede Schadenfreude lagen seinem Wesen vollständig fern.

Jetzt, auf der einsamen Admiralsbrücke der *Scharnhorst*, fast allein mit sich selber, blickte er in die jagenden, immer wieder vom Mond ein wenig illuminierten, dann wieder drohend schwarzen Nachtwolken. Und wie vergeistigt stand sein Gegenspieler Admiral Sir Christopher George Francis Maurice Cradock vor ihm. Auch in seinem Gesicht hatte Graf Spee seine eigenen Wesenszüge wiedererkannt, als sich die beiden Männer in geradezu spontan aufkeimender Freundschaft begegnet waren.

Wenn es einen Adel der Persönlichkeit gab, ein konsequentes Aufgehen in die gestellten Aufgaben dieser Welt, eine Kameradschaft bis zur letzten Konsequenz, dann stand das festgeschrieben im unvergeßlichen Gesichtsausdruck von Sir Cradock. Und Spee ahnte schon jetzt, daß dessen Ende primär wohl zurückzuführen war, daß er auf gar keinen Fall seinen Hilfskreuzer *Otranto* hatte im Stich lassen wollen, der mit seiner Schwerfälligkeit und der Geschwindigkeit von nur 15 Knoten eher ein Klotz am Bein als eine tatsächliche Hilfe und Feuerunterstützung war, obwohl der Hilfskreuzer sehr wacker das Feuer auf die *Dresden* eröffnet hatte und seine Granaten den deutschen Kreuzer nur um einiges verfehlten. Und es war ein Glück für die *Dresden* gewesen, daß es ihr schon recht bald gelang, der *Otranto* einen Teil der Kommandobrücke wegzuschießen und dann gleich mit der zweiten und dritten Salve weitere Breitseitentreffer zu erzielen.

Weder Leutnant Böker noch Vizeadmiral Spee konnten in dieser Nacht der Nachdenklichkeit wissen, was die Londoner »Morning Post« achteinhalb Jahre später, am 30. April 1923 zu berichten wußte. Sie blendete noch einmal in die Tage vor Coronel und in den britischen Flottenstützpunkt Port Stanley zurück, von dem der britische Admiral ausgelaufen war.

»Sir Christopher Cradock weiß, daß er auf See sterben wird, aber er wünscht, daß etwas von ihm auf englischem Boden ruht. Im Garten des Gouverneurs haben sie eine Grube gegraben, in die er alle je erhaltenen Orden für den Dienst am Vaterland legte. Die Kreuze für seine Verdienste werden nicht in weit entfernten Gewässern begraben sein, sondern in britischer Erde. Auch beauftragte der Seemann die zuständige höchste Behörde, seiner Familie nach Bestätigung seines Todes einen versiegelten Brief zu überreichen.« Cradock, Befehlshaber der Royal-Navy-Flotte im Südatlantik, hatte keineswegs nur düstere Vorahnungen. Ihn plagte zugleich die schreckliche Gewißheit, daß man ihn durch verworrene Fehlleistungen des Grünen Tisches im fernen London bald auf dem Gewissen haben werde. Cradock hatte erst von der versteckten Basis Abrolhos in Brasilien aus die *Karlsruhe* von der Karibik bis vor die Nordküste Brasiliens vergebens gejagt, dann die *Dresden* von Brasilien bis hinunter zum Kap Hoorn. Und nun hatte er den Auftrag erhalten, das Ostasiatische Kreuzergeschwader des Grafen Spee im Pazifik zu stoppen. Aber wie? Das wußte man in London nicht. Und wo? Das war ebenfalls nicht bekannt. Es hieß nur, ebenso verschwommen wie kategorisch: »Sie müssen die deutsche Flotte ausfindig machen und sie festsetzen, um den Handel im Atlantik zu sichern.« Natürlich, dieser Handel war lebenswichtig. Argentinien und Uruguay steuerten ihr Getreide und ihr Fleisch bei. Brasilien seinen Kaffee, Früchte und viele andere Dinge, die auch im Krieg die Teller der Briten und ihrer Verbündeten füllen sollten. Diese neutralen Länder waren wichtige Lieferanten, auf die man nicht verzichten konnte.

Aber nun stoppe mal jemand einen Feind, dessen Standort man gar nicht kennt!

Cradock wußte den Grafen Spee richtig einzuschätzen, er kannte seine taktischen Fähigkeiten und seine Führungsqualitäten. Und eben dieser Spee war viel zu klug, sich durch Funksprüche zu verraten. Und die Südsee war zwischen Tsingtau und der Osterinsel reichlich groß.

Hätten nicht wenigstens die Franzosen über Funk Zetermordio geschrien, nachdem *Scharnhorst* und *Gneisenau* ihren Flottenstützpunkt Papeete auf Tahiti angegriffen und dabei das Kanonenboot *Zéelé* versenkt, hätte man nicht wenigstens diesen Aufschluß erhalten, daß sich der deutsche Verband derzeit bei den Gesellschafts-Inseln, mithin in Französisch-Polynesien, befand. Aber wie lange noch – und welche Kurse würde er weiterhin steuern?

Erst als die *Scharnhorst* mit der *Dresden* in Funkaustausch trat, gewann man neue Aufschlüsse. Nun zeichnete es sich durchaus ab, daß Graf Spee nach Südamerika kommen und das Kap Hoorn umrunden werde, keineswegs das Kap der Guten Hoffnung – was anfangs ja auch im Bereich des Möglichen gelegen hätte (wenn auch nur höchst theoretisch).

Cradock mußte nun mit zwei Großen und drei Kleinen Kreuzern diese Spee-Streitmacht stellen und ihr den Weg abschneiden. Aber die Misere mit dem Unverständnis des nicht aus dem Erfahrungsbereich der Royal Navy stammenden Marineministers namens Winston Churchill begann schon, als die *Dresden* noch in der Orange Bay von Feuerland unbemerkt ihre technischen Gebrechen auskurierte. Der Grüne Tisch verfügte am 7. Oktober: »Sie sollen den Feind suchen. Sie erhalten die *Canopus* als Verstärkung und sollen zusammen mit der *Glasgow*, der *Monmouth* und der *Otranto* die Handelswege beschützen. Wenn Sie mit der *Good Hope* im Pazifik operieren, soll die *Monmouth* an der Atlantikküste bleiben, um die von der *Karlsruhe* bedrohte Route zu sichern.«

Cradock glaubte, nicht richtig gelesen zu haben – sancta simplicitas! Da hatte man sich ja etwas ausgedacht, über das sich ein Könner vom Schlage des Grafen Spee nur die Hände reiben könnte.

Am 8. Oktober protestierte Cradock per Telegramm: »Das ist unmöglich! Es würde bedeuten sich zu verzetteln.« Und Cradock begründete seine Ablehnung damit, daß dann ja das gesamte deutsche Geschwader geradezu genüßlich über seine isoliert voneinander operierenden Schiffe herfallen werde, zumal einige von denen recht langsam seien. Sir Cradock schlug vor, die *Cornwall* und die *Defence* zu schikken, während er sich mit einer ganzen Schlagkraft auf die Falkland-Inseln konzentrieren würde.

Aber komme jemand gegen besserwisserische Laien an: »Sie haben ausreichende Stärke mit den Ihnen zur Verfügung stehenden Schiffen.« Wie hatte doch William Shakespeare so treffend formuliert: »Gut gebrüllt, Löwe.« Ausreichende Stärke! Woher denn? Cradock hatte die *Glasgow* und die *Otranto* zur *Monmouth* auf die Reise geschickt, mit Kurs Nord und Ziel Valparaiso. Die *Canopus* fuhr von der

Küste Brasiliens aus in Richtung Falkland-Inseln. Alt und schwerfällig hatten sie diesen Veteranen von seinem gemütlichen Platz als schwimmende Batterie von Albrohols weggeholt. Störrisch und widerwillig quälte sie sich mit nur 12 Knoten durch den Südatlantik. Um dieses Monstrum *Canopus* über eine Distanz von 2000 Seemeilen zu bewegen, benötigte man volle zwölf Tage. Das war eine geradezu »fantastische« Verstärkung seines Geschwaders. Admiral Cradock war britischer Patriot und Seemann, aufgewachsen in der Tradition und dem britischen Stolz, daß Britannien die Wogen der Weltmeere beherrschte. Er zweifelte nicht an der Stärke seiner Männer, auch nicht an seinem eigenen Wagemut. Aber mit Recht mußte er das Ungleichgewicht der Kräfte befürchten. Hier fiel Gehorsam auch vor der Unvernunft schwer. Na schön, er bemühte sich um einen Kompromiß, der dennoch riskant war, denn diesem alten Fuchs Graf Spee war so ziemlich alles zuzutrauen: Er, Cradock, werde mit der *Good Hope* den südlichen Teil Südamerikas abfahren und bei Kap Hoorn wenden. Die lahme *Canopus* sollte die Magellanstraße durchqueren. Alle Schiffe seines Geschwaders sollten sich schließlich im Bereich der versteckten, unentwirrbaren Kanäle im Süden Chiles treffen.

Cradock machte seine Pläne der Admiralität in London bekannt und konnte nur hinzufügen: »Ich hoffe, daß die Umstände es mir ermöglichen, den Feind zur Schlacht zu zwingen. Aber ich fürchte, daß meine Flotte – strategisch gesehen – wegen der langsamen *Canopus* nicht in der Lage sein wird, die zwölf Knoten zu überschreiten.«

Jeder Sachkenner wußte, daß die deutschen Kriegsschiffe sämtlich schneller als 20 Knoten waren.

Aber ebenso hätte sich Cradock mit den Felsen vom Kap Hoorn über das Thema unterhalten können. In London wußte »man« alles besser. Und in dieser Lage befand sich nun der brillante Sachkenner, Taktiker und Seestratege Christopher Cradock: England stellte sich taub und verweigerte sich seiner Bitte, eine ausreichende Verstärkung zu schicken. Man machte sich die Sache äußerst leicht: »Tue das Unmögliche, aber tue es.«

Cradock wußte, warum er nicht nach Port Stanley zurückkehren würde, wenn er sich auf ein schwimmendes Museum wie die *Canopus* verlassen mußte. Dabei konnte er noch nicht einmal wissen, daß dieses antiquierte Unglücksmöbel auch noch zur Unzeit Maschinenschaden bekommen »mußte«.

Am 26. Oktober ankerte die *Good Hope* in der Bucht von Vallenar im Chonos-Archipel von Chile. Die hatte Cradock zur Versorgung seiner Kreuzer ausgesucht – und als Ruheplatz für seine Seeleute. Er fand dort bereits die *Otranto* vor und bekam die Nachricht, daß nunmehr auch die *Monmouth* sowie die *Glasgow* Kurs auf Vallenar genommen hatten.

Vier Tage und Nächte lang grübelte Cradock darüber nach, was um alles in der Welt er nur tun könne. Er mußte sich mit hoher Wahrscheinlichkeit in eine Schlacht begeben, bei der keine Taktik, keine Strategie, keine List eine Chance haben konnte, gegen den durchtrainierten Verband des deutschen Vizeadmirals mit seinen fünf Kreuzern anzukämpfen – es sei denn, man würde die Londoner Fehlplanung korrigieren. Cradock vertrug die Vorstellung einfach nicht, daß sein ganzer Verband – und damit eine Streitmacht Seiner Majestät des Königs von Großbritannien – in einer durchaus vorhersehbaren Katastrophe vernichtet werden könnte.

Der »alte Hidalgo« versuchte das Allerletzte: Er bat die Schiffe entlang der Atlantikküste um Hilfe. Noch am 26. Oktober ersuchte er London um Genehmigung, die für ein Seegefecht unnütze *Canopus* allein lassen zu dürfen, als Eskorte für seine Kohlendampfer. Dafür solle sich bitte die *Defence* seiner Flotte anschließen dürfen, sozusagen als Gegengewicht gegen die *Scharnhorst*. Damit bestünde die Chance für ein gewisses Gleichgewicht.

»No!«

Das war die einzige Reaktion aus London. Die *Defence* hatte gefälligst an der Ostküste zu bleiben, Cradock habe »genug Schiffe zur Verfügung«.

Cradock war nicht der Mann, der sich eine Minute zu früh geschlagen gab. Er schickte den Hilfskreuzer *Otranto* zum chilenischen Eisenbahnendpunkt Puerto Montt, um von dort neueste Nachrichten zu erhalten und den Versuch zu wagen, nochmals mit London via Montevideo Kontakt aufzunehmen. Er befahl jetzt einfach die *Canopus* und die mitgeführten Kohlenschiffe in die Bucht von Vallenar. Wenn dann London nicht einlenkte, würde er ohne den Klotz *Canopus* am Bein kurzerhand abfahren.

Natürlich wußte er, daß er in jedem Falle der Schuldige sein werde, wenn die Sache zuungunsten Großbritanniens verliefe. Handelte er im beschriebenen Sinne, würde man ihn als den wissentlichen Verursacher der erwarteten Katastrophe bezeichnen. Wie konnte er nur auf die 30,5-cm-Geschütze der *Canopus* verzichten.

Nähme er jedoch diesen »Wurstwagen« (wie der Seemann zu sagen pflegt) tatsächlich mit, würde man nachher mit Fingern auf ihn zeigen, wie er mit einer Fußfessel die nötige Geschwindigkeiten für ein erfolgreiches Gefecht hätte erlangen sollen. Die *Canopus* konnte doch nur hindern und in keinem Falle zu etwas von Nutzen sein . . .

Der in Seekriegsgeschichte hochgebildete Sir Christopher Cradock verspürte wenig Neigung, nun gerade als Verursacher der ersten Niederlage in die Geschichte einzugehen, die Großbritannien seit Nelson widerfahren würde. Cradock fürchtete weder einen Tod noch ein gescheitertes persönliches Lebensglück. Er bangte um die Ehre Großbritanniens, wollte alles vermeiden, was später einmal die Geschichte seines Landes würde überschatten können.

Sir Cradock war tatsächlich eine Persönlichkeit, die eine antike Tragödie nicht bewegender hätte schildern können. Und vielleicht beneidete er seinen Kontrahenten Graf Spee, der dank der deutschen Auftragstaktik als Seebefehlshaber soviel Souveränität besaß, daß sich niemand anmaßte, über eine Entfernung von fast 20 000 Kilometern hinweg in seine vor Ort zu fällenden Entscheidungen einzugreifen.

Den Rest der Cradock-Tragödie erzählten nachher die glühenden Eisentrümmer, das verbrannte Holz, die 1700 Toten zweier vernichteter Panzerkreuzer.

Und die Briten verstanden zu sterben. Als alles auf der *Monmouth* in Trümmer geschossen war, funktionierten lediglich noch ein einzelner Scheinwerfer, der angeschaltet wurde, um das White Ensign anzustrahlen – die Kriegsflagge der Royal Navy mit dem roten Kreuz des heiligen Georg. Das war die letzte stumme und tapfere Antwort, die Captain Brandt geben konnte, um zu zeigen, daß er den Feind erkannt habe. Und da Kreuzer *Nürnberg* eine freiwillige Übergabe des schwerbeschädigten Schiffes nicht erwirken konnte, feuerte er wieder eine Salve. Die *Monmouth* machte eine Drehung und versank mit dem Scheinwerfer, der auf die britische Flagge gerichtet war. Und der Panzerkreuzer riß alle 800 Mann Besatzung mit in die Tiefe.

Der deutsche Geschwaderchef wußte zu dieser nächtlichen Stunde auf der Admiralsbrücke seines Flaggschiffs noch nicht mit letzter Gewißheit, ob sein Gegner Christopher Cradock noch am Leben war oder den Soldatentod gefunden hatte. Aber Cradocks Gesicht ließ ihn nicht wieder los. Er hatte es genauso vor sich wie damals in Tsingtau.

Spee wußte, daß er um diesen profilierten Gegner und nie zu vergessenden Menschen Christopher Cradock echte Trauer empfinden mußte, wenn sein Tod zur Gewißheit würde. Die ganze Tragik des britischen Geschwaders in dieser Schlacht lastete auf der Seele des deutschen Vizeadmirals. Seine Fairneß zwang den Grafen zu solchen Empfindungen. Und während er auf seiner Admiralsbrücke noch immer seinen Grübeleien nachhing, wurden an Bord der fünf Kreuzer die Spuren des Kampfes beseitigt. Längst waren die leeren Kartuschhülsen geborgen, war neue Bereitschaftsmunition an die Geschütze gemannt, waren die Nachtvisiere eingesetzt, die Kasematten und die Decks von übergekommenem Seewasser getrocknet. Die Mannschaft hatte verspätet ein Abendessen erhalten. Und nachdem befehlsgemäß überall volle Kriegswache aufgezogen war, dampften die abgeblendet, d. h. verdunkelt fahrenden Kreuzer in immer hellerem Mondschein durch die noch immer stürmische Nacht.

Am Morgen des 2. November war das stürmische Wetter wieder vorbeigezogen. Ein strahlend schöner Tag zog herauf, der so gar nicht zum Grauen des Vorabends passen wollte, der Tod und Vernichtung über so viele Menschen gebracht hatte. Sanft waren inzwischen die Bewegungen der fünf Kreuzer in der Dünung geworden. Die Luft war klar, die Fernsicht vorzüglich, bis hin zur chilenischen Küste. Weit und breit war nirgendwo ein Schiff zu sehen.

Die während der Nacht eingenommene Sicherungsformation der Kleinen Kreuzer wurde aufgehoben. Sie erhielten Order, sich in Kiellinie wieder an die beiden Panzerkreuzer anzuhängen. Bevor das aber geschah, zogen nacheinander die *Dresden*, *Nürnberg* und *Leipzig* in eigener Kiellinie an *Scharnhorst* und *Gneisenau* vorbei. Auf der Admiralsbrücke war die unverwechselbare Gestalt des Geschwaderchefs weithin zu sehen. Die Besatzung der Kleinen Kreuzer hatte Passieraufstellung genommen und brachte nun jeweils beim Vorbeidefilieren am Flaggschiff in ein dreifaches Hipphipphurra auf den Vizeadmiral aus. Man huldigte einem Führer, dem man vertraute.

Unter der Signalrah der *Scharnhorst* flatterten Flaggen, die einen längeren Signalspruch übermittelten. Graf Spee ließ ihn allen 2500 Mann zukommen. Sein Wortlaut war keine Blasphemie, sondern Anlehnung an ein historisches Zitat des Kaisers Wilhelm I. am Ende des Deutsch-Französischen Krieges im Jahre 1871. Spee signalisierte: »Mit Gottes Hilfe ein schöner Sieg, zu dem ich den Besatzungen meine Anerkennung und Glückwünsche ausspreche!«

Auch die *Dresden* verwandelte sich bald nach dem Einscheren in die gemeinsame Kiellinie des Quintetts in einen »Plünnenkreuzer«, wie Hein Seemann zu sagen pflegte: Deckwaschen, Geschützreinigen folgten Zeugwäsche und Aufhängen gewaschener »Plünnen« zum Trocknen. Das Schiff bot in diesem Aufzug einen recht unmilitärischen, auf jeden Fall recht friedfertigen Anblick. Alle fünf Kreuzer steuerten an diesem »Tag für Reinschiff und Zeugdienst« einen nördlichen Kurs.

Das Bordgesprächsthema Nummer eins drehte sich um die Frage, ob der Kreuzerverband nach Valparaiso einlaufen werde oder nicht. Manche meinten, daß Vizeadmiral von Spee auf gar keinen Fall eine Flucht in die Öffentlichkeit antreten dürfe, sondern weiter im Verborgenen operieren müsse. Andere vertraten die Auffassung, daß ihn der vor Coronel errungene Sieg geradezu zwinge, die Gelegenheit zur Demonstration wahrzunehmen. Die Verfechter der zweitgenannten These lagen durchaus richtig. Tatsache war, daß sich die Seeschlacht mit Windeseile herumzusprechen begann.

Der chilenische Zeitzeuge Lisandro Benavente V. aus Concepcion sagte darüber aus: »Am Abend des 1. Novembers 1914 befand sich, wie stets am Tage ›Allerheiligen‹, unser ganzer Ort auf dem Friedhof von Coronel. Er befindet sich auf einer Anhöhe, von der aus man die Hafenbucht und noch besser die vorgelagerte Insel Santa Maria überblicken kann. Auf dem Rückweg, gegen 19.30 Uhr, wurden wir Augenzeugen einer Begebenheit, die uns allen die Sprache verschlug: Draußen vor Santa Maria lieferten sich ganz offensichtlich zwei Flottenverbände eine Seeschlacht. Man hörte zwar den Kanonendonner nicht, aber man sah die Mündungsfeuer und auch Trefferbrände.

Als ich am folgenden Tag zur Arbeit ging, sah ich mit großer Verwunderung, daß der britische Kreuzer *Glasgow* in der Bucht geankert hatte. Er war ziemlich beschädigt aus der Schlacht geflohen, zusammen mit dem ebenfalls blessierten Hilfskreuzer *Otranto*. (Am Tag dieser Ereignisse war ich 19 Jahre alt und arbeitete bei Casa Franklin & Co., einem Großhändler, der sich mit Zollabfertigung von Schiffen und dem Verkauf von Bergbausprengmitteln befaßte.)«

Der 1897 geborene Chilene Hugo Zambeli Anziani aus Vina del Mar erinnerte sich:

»An jenem Wochende 1914 schloß ich mich einer Pfadfindergruppe an, die nach Talcahuano und Concepcion fuhr. Wir hatten durch die chilenische Marine Quartier auf einem ihrer Schiffe, das vor Talcahuano geankert hatte, nehmen dürfen. Am Sonntag, dem 1. November, waren wir früh an Bord zurückgekehrt und unterhielten uns gerade, als gegen 19.00 Uhr abends in der Bucht die Auswirkung einer großen Explosion zu spüren war. Wir liefen an die Reling um zu sehen, was passiert war. Aber wir konnten nur ganz weit draußen bei der Halbinsel Tumbes einen entfernten Lichtschein sehen, der den Himmel erleuchtete. Wir ahnten nicht, was das war. Auch die Seeleute der Marine schienen es nicht zu wissen. Tage später berichteten dann die Tageszeitungen über die Schlacht vor Coronel, die genau zu dieser Zeit zwischen britischen und deutschen Flotteneinheiten stattgefunden hatte.«

Als Autorin dieses Buches muß ich hinzufügen: Seitdem ich mehr weiß über die Seeschlacht vor Coronel, lassen mich die Ereignisse dieses 1. November 1914 nicht mehr los, bei denen 40 Meilen von unserer Küste entfernt 1700 englische Seeleute, zusammen mit ihrem Admiral, in ihren Kreuzern begraben wurden. Niemals, solange ich mich erinnern kann, haben die Briten oder sonst jemand diesen Männern, die recht heroisch für die Verteidigung der britischen Flagge starben, die Ehre erwiesen. Irgend jemand mußte sich doch ihrer erinnern, jemand, den ich vielleicht übersehen hatte. Ich stellte Untersuchungen und Nachforschungen an, befragte verschiedene Leute, Briten und Chilenen. Einige chilenische Marineangehörige antworteten mir, daß sie noch nie daran gedacht hatten, eine Gedenkfeier abzuhalten. Andere wiederum betonten, daß das ja keine chilenische Schlacht gewesen sei. Wenn es also jemand für nötig hielte, so etwas zu tun, dann doch wohl die Engländer – mit dem Hinweis darauf, daß dieses auf hoher See passiert sei, in internationalen Gewässern, außerhalb unserer Hoheitsgrenze.

Derek Wallis, Commander der Royal Navy von Großbritannien, war bis 1984 aktiv im Dienst. In seinem Haus in Emsworth/Hampshire, unweit von Portsmouth, unterhielten wir uns lange über diese Periode in der Geschichte seines Vaterlandes. Ich bat ihn um seine Meinung, worauf er es zurückführte, daß weder die Britische Kolonie noch die Britische Botschaft in Chile jemals erwogen hatten, den Opfern der Schlacht bei Coronel eine Gedenkfeier zu widmen. Der pensionierte Marineoffizier erwiderte mir:

»Eine der Eigenschaften von uns Engländern ist, daß wir sehr stolz sind. Dieses zeigt sich schon in der Zeit, als wir noch ein großes Empire besaßen. Aus diesem Grunde haben wir immer Erfolge gefeiert und offensichtlich versucht, unsere Fehlschläge zu vergessen. Die Schlacht bei Coronel war eine Niederlage und ein Schlag gegen unsere Eitelkeit. Verschlimmert wurde dies durch die Tatsache, daß wir mehr als ein Jahrhundert lang unsere Seeschlachten immer gewonnen hatten, so daß unsere Flotte uneingeschränkt Herrscher auf den Meeren war.«

»Aber scheint es nicht etwas unmenschlich, all die Menschen, die in der Schlacht bei Coronel so grausam ums Leben kamen, einfach zu vergessen?«

»Das glaube ich nicht. Man muß realistisch sein. Wir haben viele Kriege mitgemacht, und es gab viele Tote, in verschiedenen Teilen der Welt. Wir können nicht aller gedenken. Vielleicht können Sie es in Chile, weil Ihr Land keine ähnliche Geschichte durchlebt hat wie das unsere. Oder aber, weil Sie zu einer Familie von Seeleuten gehören und eine solche Sache für Sie etwas Mystisch-Romantisches an sich hat«, antwortete Commander Wallis.

Alistair Cuthbert, Senior Commander (retired) der Royal Navy (also pensionierter Fregattenkapitän), gab mir im Dezember 1986, auf der Durchreise in Santiago, ähnliche Antworten auf meine Fragen:

»Die Schlacht bei Coronel scheint zeitlich noch nicht weit genug zurückzuliegen, wenn man den Zweiten Weltkrieg mit all seinen Problemen miterlebt hat. Abgesehen davon ist es für uns nicht angenehm, sich an diese erniedrigende Episode zu erinnern. Wir lieben es, an Erfolge zu denken oder an Dinge, die unserem Land Ruhm verschafft haben. Für die meisten Briten dürfte dies daher nicht weiter verwunderlich sein.«

Zwei Realisten

Kapitän Fritz Lüdecke hatte eine recht groß geratene Nase, die von der Seite ein wenig an ein Stagsegel erinnerte. Diese vorspringende Nase galt bei der *Dresden*-Besatzung als eine Art Glücksbringer. Lüdecke stand in dem Ruf, immer den richtigen Riecher zu haben. Auf jeden Fall wurde sein immer wieder bewiesener Realismus allgemein geschätzt. Dieser Kommandant würde sich nie in Utopien verrennen.

Lüdecke schätzte an seinem Adjutanten Canaris genau dieselbe Eigenschaft. Er baute auf das treffsichere Urteil seines »Adlatus«.

Und so hatte der Kommandant einen besonderen Stil des Gedankenaustauschs eingeführt: Spaziergänge um die »Hütte«, um das Achterdeck seines Kreuzers, bei denen Canaris nebenher ging, um Rede und Antwort stehen zu können. Und solcher Gedankenaustausch lag immer dann an, wenn Lüdecke bestimmte Fragen bewegten, die nicht unbedingt gleich vor den Schiffsrat gehörten. Und so war es auch am Abend des 2. November. Lüdecke fragte Canaris unverblümt: »Wie sehen Sie die ganze Sache: Lorbeerkränze, Siegespalmen? Wie sehen Sie Coronel – haben wir Grund zum Triumph?«

»Noch wissen wir nicht alle Einzelheiten über das Schicksal der britischen Panzerkreuzer. Aber ich gehe davon aus, daß wir tatsächlich in dieser Seeschlacht die Sieger waren.

Die Auswirkungen sind in jedem Falle bedeutend. Aber nicht nur strategisch, im Moment eindeutig zugunsten unseres Geschwaders. Der Sieg gibt uns befristet Bewegungsfreiheit. Sie geht sicherlich so weit, daß wir unsere Kreuzer ohne Störung durch den Gegner neu versorgen können und die Grundlage für neue Operationen schaffen. Ich bin sogar der Auffassung, daß dieser Seesieg uns zunächst so viel Luft verschafft hat, daß wir – erstmals seit Kriegsausbruch – sogar imstande sind, mit einer deutschen Auslandsvertretung offiziell und direkt Verbindung aufnehmen zu können.«

»Sie glauben also, daß Graf Spee nach Valparaiso einlaufen wird?«

»Er wird es sogar tun müssen, Herr Kapitän. Nur so kann er frische Luft in die Gerüchteküche bringen. Die britische Propaganda wird alles daransetzen, um die Niederlage zu verschleiern. Graf Spee wird der Bevölkerung von Valparaiso zeigen müssen, daß das Ostasiatische Kreuzergeschwader ganz eindeutig noch vorhanden ist und kaum Schäden davontrug. Außerdem bedeutet das Einlaufen die Möglichkeit direkter Kontaktaufnahme mit unserer Admiralität über die diplomatischen Kanäle. Ja, Spee wird einlaufen!«

»Diese Ansicht teile ich auch. Und wie wird die Öffentlichkeit unseren Admiral empfangen?«

»Mit südamerikanischer Begeisterung. Man wird ihm Ovationen darbringen, bei denen sogar Schadenfreude mitschwingt. Unterschwellig gönnt man es den Briten, daß sie einmal ihren Meister gefunden haben, daß ihr durchaus empfundener Hochmut einen Dämpfer erlitt. Aber vor dem Jubel in Valparaiso habe ich Angst!«

Lüdecke sah seinen Adjutanten verwundert an: »Das müssen Sie mir näher erklären!«

»Er könnte uns den Blick dafür trüben, daß sich die Royal Navy die Niederlage von Coronel um keinen Preis der Welt gefallen lassen wird. Wer Großbritannien richtig einschätzt, kennt auch seinen Widerstandswillen, seine Zähigkeit und sogar seine Rachsucht aus verletztem Stolz!«

Lüdecke blieb wie angewurzelt stehen: »Canaris, genau das ist der Punkt. Die Sache kann zum Pyrrhussieg werden und sich bald ins Gegenteil verkehren. Wehe, wenn wir jetzt übermütig werden und die Sachlage verkennen. Wir müssen einen klaren Kopf behalten, dürfen uns nicht vom eigenen Erfolg blenden lassen, schon gar nicht von chilenischen und deutschen Beifallskundgebungen. Wir haben den britischen Löwen jetzt bis aufs Blut gereizt. Und wer etwas von Löwen versteht . . . England wird diesen Schlag niemals ungerächt hinnehmen!«

Canaris blickte seinem Kommandanten prüfend ins Gesicht. Die Übereinstimmung der Gedanken mit den seinigen wurde ihm unheimlich. Lüdecke hatte soeben fast wortgetreu das ausgesprochen, was auch er dachte.

Inzwischen war der Bordnachrichtenoffizier an die beiden »Achterschiff-Spaziergänger« herangetreten und verharrte in höflichem Abstand. Aber Lüdecke hatte ihn längst erblickt: »Na, Schenk, was gibt es?«

»Funktelegramm vom Geschwaderchef: *Scharnhorst*, *Gneisenau* und *Nürnberg* werden morgen für 24 Stunden Valparaiso anlaufen!«

Lüdecke gab seinem Adjutanten nach kurzem Nachdenken die Order: »Lassen Sie alle Freiwächter achteraus pfeifen zur Kommandantenmusterung!«

Lüdeckes Nase hatte mal wieder die richtige Witterung. Er mußte jetzt sofort zu seinen Männern sprechen und damit jedes dumme Gerücht, jeden Funken aufkeimenden Unmuts im Keim ersticken. Und die jungen Gesichter blickten nun erwartungsvoller denn je zu ihrem Kommandanten empor. Sie alle ahnten, daß es jetzt um das heiß diskutierte Thema Valaparaiso gehen würde.

Lüdecke kam sofort auf den Punkt:

»Meiner gesamten Besatzung spreche ich Dank und Anerkennung aus für den disziplinierten und engagierten Einsatz am gestrigen Abend.

Allzu gern hätte ich diesen Dank auch abgestattet in Form von Landurlaub in Valparaiso, den wohl jeder von uns ersehnt. Es ist Monate her, daß wir eine richtige und sogar friedensmäßig beleuchtete Stadt gesehen haben.

Leider wird unsere Geduld noch auf eine harte Probe gestellt. Wer weiß, wozu das alles gut ist. Aber die Kreuzer *Leipzig* und *Dresden* haben zunächst das Nachsehen: Das Völkerrecht schreibt bindend vor, daß niemals mehr als drei Kriegsschiffe einer kriegführenden Macht gleichzeitig den Hafen eines neutralen Landes anlaufen dürfen. Es sind zwingende, höherwertige Gründe, die den Verbandschef veranlassen, zunächst mit den beiden Panzerkreuzen *Scharnhorst* und *Gneisenau* sowie der *Nürnberg* für 24 Stunden nach Valparaiso zu gehen.

Wir werden inzwischen andere Aufgaben erfüllen müssen. Aber wie ich unseren Admiral kenne, werden auch unsere beiden Sachsenkreuzer* noch eine Chance bekommen, in dem chilenischen Hafen versorgt zu werden.«

Tja, das war's, was der Kommandant zu sagen hatte. Er bat nach kurzem Anlegen der Hand an den Mützenschirm den I. Offizier, die Besatzung in ihre Wohndecks wegtreten zu lassen.

* Dieser Spitzname »Sachsenkreuzer« hatte sich im Kreuzergeschwader herausgebildet.

Ovationen in Valparaiso

Die städtische Tageszeitung von Valparaiso, »El Mercurio«, wußte am 4. November zu berichten: »Gestern morgen etwa um 10.00 Uhr kündigte der Leuchtturm von Curaumilla dem Befehlshaber der Marine an, daß zwei Panzerkreuzer und ein Kleiner Kreuzer auf Valparaiso zusteuern. Eine Stunde später bestätigte sich diese Nachricht, als die deutschen Schiffe *Scharnhorst*, *Gneisenaus* und *Nürnberg* unter dem Kommando von Vizeadmiral Graf von Spee in die Bucht von Valaparaiso einliefen.

Nach den üblichen Salutschüssen ankerten sie an dem ihnen zugewiesenen Platz, und Augenblicke später kam unser Flottkapitän Don Luis A. Barrientos an Bord des Flaggschiffes *Scharnhorst*, um die Gäste im Namen der obersten Marinebehörden willkommen zu heißen. Kurz darauf betraten der deutsche Gesandte in Chile, Baron von Erckert, der extra mit dem Mittagszug aus Santiago gekommen war, der deutsche Generalkonsul in Valparaiso (Dr. Gumprecht) und einige prominente Mitglieder der deutschen Kolonie das Schiff. So schnell, wie die Kreuzer im Hafen eingelaufen waren, so schnell verbreitete sich auch die Neuigkeit in der Stadt und weckte reges Interesse. Man wußte, daß der besagte Flottenverband sich in unseren südlichen Gewässern eine heftige Schlacht mit einigen englischen Schiffen geliefert hatte, von denen eines versenkt worden war und andere schwer beschädigt wurden.

Um 14.30 Uhr ging der Vizeadmiral des deutschen Verbandes in Begleitung zweier Offiziere an Land, um den Obrigkeiten der Stadt einige Höflichkeitsbesuche abzustatten. Als ersten besuchte der deutsche Befehlshaber den Oberkommandierenden der Nationalen Streitkräfte, Vizeadmiral Don Luis A. Goni, mit dem er einige Momente plauderte und sich für die ihm entgegengebrachte Aufmerksamkeit durch den Chef der Marine bedankte. Bei der Gelegenheit erstattete er Bericht über die Schlacht vor der Insel Santa Maria, die letzten Sonntag stattgefunden hatte. Vom Hauptquartier der Streitkräfte begab sich Graf von Spee zum deutschen Konsulat von Valparaiso, wo er verschiedene unbekannte Punkte besprach. Danach begab er sich direkt zurück an Bord.«

Die Zeitung gab auch bekannt, daß die *Glasgow* und die *Otranto* schwerere Schäden erlitten hatten, aber ihren Verfolgern entkommen waren. Dann fuhr »El Mercurio« fort: »Im Laufe des gestrigen Tages und des heutigen Morgens wurden die (deutschen) Schiffe viel besucht. Immer wieder sah man zahlreiche Gruppen von deutschen Männern auf die Schiffe zusteuern. Einige wurden von ihren Familien begleitet. Die drei Kreuzer waren voll von Besuchern, die auf den Decks umherspazierten und sich angeregt mit ihren Landsleuten unterhielten.

Die Schiffe sind mit leichteren Schäden hier eingetroffen. Sie ließen während des kurzen Aufenthaltes in den Fabrikbetrieben des Hafens einige Reparaturen durchführen.

Am heutigen Morgen wurde das Flaggschiff von der Deutschen Schule in Valparaiso besucht, das Offizierkorps begrüßte sie sehr herzlich.

Gestern waren mehrere Offiziere und Besatzungsmitglieder zum Einkaufen in den verschiedenen deutschen Geschäften. Außerdem wurde reichlich Proviant an Bord genommen, der schon für die Schiffe vorbereitet war. Während der Nacht übernahmen die Kreuzer Kohlen. Heute vormittag, fünf Minuten vor elf Uhr, lichteten die Schiffe unter den begeisterten Hurra-Rufen von Mitgliedern der Deutschen Kolonie die Anker.«

Mit dem Einlaufen nach Valparaiso bezweckte Graf Spee, sich ein klares Bild über die gesamte Kriegslage sowie über die möglichen Ziele und Aussichten seiner weiteren Operationen zu verschaffen, wenn möglich, in Verbindung mit den heimischen Behörden zu treten und die Grundlagen für die weitere Versorgung des Geschwaders persönlich nachzuprüfen. Außerdem lag ihm daran, den Sieg für die Beeinflussung der Neutralen zugunsten der deutschen Kriegführung und Deutschlands im allgemeinen auszunutzen. Schließlich wollte der Geschwaderchef Nachrichten über das ihm noch unbekannte Schicksal der *Good Hope* einziehen und ihre Internierung bewirken, falls sie in schwer beschädigtem Zustande einen chilenischen Hafen anliefe. Vor allem aber ging es dem Verbandschef darum, der chilenischen Öffentlichkeit »ad oculos« zu demonstrieren, daß die drei deutschen Kreuzer noch »leibhaftig da waren«, sogar weitgehend unbeschädigt und offensichtlich voll gefechtsbereit.

Dieses Sichzeigen vor chilenischen Augen kam gerade im richtigen Augenblick, denn Winston Churchill leugnete die Schlacht von Coronel im Unterhaus zunächst rundweg ab, weil das Linienschiff *Canopus*, das doch zur Verstärkung des Cradock-Geschwaders hinausgeschickt worden sei, augenscheinlich am Kampf nicht teilgenommen habe!

Erst der augenscheinliche Beweis für das Vorhandensein der drei deutschen Kreuzer in Valparaiso und die inzwischen nicht mehr wegzuleugnende Tatsache der Seeschlacht von Coronel brachte den Ersten Lord der Admiralität dazu, das schier Unglaubliche zuzugeben, daß England in offener

Seeschlacht zwei Panzerkreuzer verloren hatte und einen Admiral. (Erst dadurch bekam letztlich auch das Geschwader Spee klare Kenntnisse vom Untergang auch der *Good Hope*.)

Aus Valparaiso berichtete Graf Spee dem Berliner Admiralstab telegrafisch in knappen zwölf Zeilen von seinem Seesieg. Sie schlossen mit der lakonischen Meldung: »Auf unserer Seite ohne Verlust, Beschädigungen unbedeutend.«

Gegen das Einlaufen der deutschen Kreuzer legte der britische Gesandte bei den chilenischen Behörden Verwahrung ein – mit der Begründung, das Geschwader habe erst vor kurzem bei der Osterinsel Proviant genommen. Diese Tatsache wies er durch Vorlage des Schecks nach, mit dem die Lieferung des britischen Repräsentanten der Firma Williamson, Balfour & Co. für das Geschwader auf der Osterinsel bezahlt worden war.

Zusammen mit der Privatpost der Kreuzerbesatzungen war der Scheck auf dem Dampfer *Göttingen* nach Valparaiso gelangt und ordnungsgemäß eingelöst worden. Es ist nicht überliefert, mit welchem Kraftausdruck der Gesandte von Großbritannien die Frischfleischversorgung des deutschen Geschwaders durch einen Untertanen der britischen Krone kommentiert hat. Nun galt es, wenigstens den Grafen Spee durch die Vorlage des Schecks zu provozieren. Aber mit solchen Manövern konnte der britische Diplomat bei einer Persönlichkeit von der Korrektheit des Grafen Spee allenfalls ein nachsichtiges Lächeln erreichen.

Spee wies den Protest auf Grund der Bestimmungen des Abkommens XIII der II. Haager Friedenskonferenz – betreffend die Rechte und Pflichten der Neutralen im Falle eines Seekrieges – konsequent zurück. Der deutsche Vizeadmiral unterstrich, daß nach dem 20. Artikel dieses Abkommens Kriegsschiffe von Kriegführenden in Häfen ein und derselben neutralen Macht *Brennstoff* nur alle drei Monate einmal einnehmen durften. Diese Beschränkung bezog sich jedoch *nicht* auf Vorräte an Proviant und Wasser.

Der britische Gesandte dürfte das sehr wohl genau gewußt haben. Und die Zurechtweisung durch den Deutschen war für ihn nicht sonderlich angenehm.

Überhaupt machten die Briten – denen man normale sportliche Fairneß und sogar die Kunst, gute Verlierer sein zu können, nachsagt – unter dem Schock von Coronel einige fast unverzeihliche Fehler, die ihnen erheblich geschadet haben. Im Britischen Club von Santiago versammelte man sich, nach Zerplatzen der Illusion, die Panzerkreuzer *Scharnhorst* und *Gneisenau* seien längst versenkt worden, törichterweise zu einer Art Siegesfeier. Man streute auch das Gerücht aus, daß ja wohl eindeutig zwei deutsche Kreuzer in den Grund gebohrt worden seien. Es könne ja jedermann mit eigenen Augen sehen, daß die *Dresden* und die *Leipzig* in dem Kreuzerverband fehlten! (Diese Torheit rächte sich wenige Tage später.)

Wenn heute Politiker sofort von einem »Bad in der Menge« zu sprechen pflegen, wenn ihnen irgendwo eine breitete Sympathie entgegenschlägt, dann hätte Graf Spee durchaus von einem Triumphzug durch Valparaiso sprechen können. Eine unübersehbare Menschenmenge, Chilenen wie Deutsche, brachten ihm regelrechte Ovationen dar, die im Gegensatz zu seiner innerlichen Grundhaltung standen. Und es sprach für den Admiral, daß er jede Form von Siegesfeiern und Übermut strikt ablehnte. Einer Einladung des Deutschen Vereins von Santiago für den Abend, auch für die Kommandanten und 25 Offiziere, sagte er nur mit der ausdrücklichen Bitte zu, die Feier ganz schlicht zu gestalten, frei von Pathos zu halten und nicht allzu lange auszudehnen.

Tatsächlich war Graf Spee Lobrednern und Phrasenschwingern zeitlebens immer aus dem Weg gegangen, bei gleichzeitiger Anerkennung der Leistung der anderen – auch seiner Gegner.

Der deutschstämmige chilenische Vizeadmiral Alfred Hoffmann erzählte der Autorin später in einem persönlichen Schreiben, daß er sich am 3. November 1914 als Seekadett an Bord des Kreuzers *Ministro Zenteno* im Hafen von Valparaiso befunden hatte. Er sagte aus: »Die Wirkung dieser Nachricht (vom Verlust der beiden britischen Panzerkreuzer) war unter Deutschen und deren Sympathisanten gleichermaßen überwältigend. Dies zeigte sich auch in den Straßen von Valparaiso. Ich befand mich an Deck, auf unserem chilenischen Kreuzer *Ministro Zenteno*, als langsam das Chefboot mit Admiral von Spee an uns vorbeizog. Er stand im Boot, begleitet von zwei Oberleutnanten*, die – wie ich später annahm – seine beiden einzigen Söhne waren, und anderen Offizieren. Nach dem Ausbooten stellte sich die Deutsche Schule in Formation entlang des Kais auf und feierte die Offiziere wie Sieger ... Am Abend gab die Deutsche Kolonie im Deutschen Verein zu Ehren der siegreichen Seeleute der drei Schiffe ein großes Gala-Dinner ... Später erzählte man, daß die beiden ›Oberleutnante‹ bis in die frühen Morgenstunden mit den hübschen und eleganten jungen Damen der deutschen Gesellschaft von Valparaiso getanzt hätten, zusammen mit anderen jungen Offizieren.«

* Tatsächlich handelte es sich um den Leutnant zur See Graf Otto und den Leutnant zur See Graf Heinrich von Spee, die auf *Nürnberg* und *Gneisenau* Dienst taten und ebenso wie ihr Vater in der Falkland-Schlacht gefallen sind.

Die beiden Gegner in der Seeschlacht von Coronel empfanden Hochachtung voreinander und fühlten sich freundschaftlich miteinander verbunden: Vizeadmiral Reichsgraf Maximilian von Spee (links) und Admiral Sir Cristopher Cradock (rechts). Sein Flaggschiff, der Panzerkreuzer *Good Hope* (unten), wurde mit der gesamten Besatzung vor Coronel vernichtet und wurde damit auch Cradocks Grab.

Der artilleristisch überlegene Kleine Kreuzer *Glasgow* (oben), Wasserverdrängung 4900 t und 26 Knoten schnell, wurde dreimal der Gefechtsgegner der *Dresden*. Vor Coronel steckte er *Dresden*-Treffer ein und verließ die Kampfstätte. Bei den Falkland-Inseln wie anschließend in Feuerland jagte er die *Dresden* vergeblich, aber vor Mas a Tierra/Juan Fernandez Archipel schoß er sie im Verein mit dem Panzerkreuzer *Kent* zusammen, so daß sie sich selbst versenken mußte. Bild unten: Hilfskreuzer *Otranto* halfen seine stärkeren Geschützkaliber nichts. Vor Coronel schoß ihm Kreuzer *Dresden* die Kommandobrüche in Trümmer. Er mußte schwer beschädigt das Weite suchen.

Voller Begeisterung und Wißbegier strömten die Kinder der Deutschen Schule Cerro Allegre an Bord des Kreuzers *Dresden*, als er sich zusammen mit dem Kreuzer *Leipzig* am 13. November 1914 für einen Tag demonstrativ in diesem neutralen Hafen zeigte.

Die Fallreeps-Ehrenwache des Kreuzers *Dresden* mit präsentiertem Gewehr. Sie ist zum Empfang ranghoher Persönlichkeiten bereit und posiert diesmal zusammen mit dem Vorstand des Deutschen Militärvereins.

Erstaunt wird die Bevölkerung von Valparaiso gewahr, daß auch die Kreuzer *Dresden* und *Leipzig* die Schlacht von Coronel heil überstanden haben, obwohl ausgestreute Propaganda sie als versenkt bezeichnet hatte. Für die *Dresden* (Foto) war das bereits ihre dritte behauptete Vernichtung!

Ein Bild wie in Friedenstagen und doch schon längst im Krieg: Kapitän zur See Lüdecke (Mite) und sein Adjutant Oberleutnant zur See Canaris (noch in der Tür) bei ihren Höflichkeitsbesuchen in Großer Uniform mit Galarock, Achselband und Epauletten, Großem Hut, Schärpe und Säbel. Rechts vorn Korvettenkapitän von Bötticher, Admiralstabsoffizier im Geschwaderstab des Grafen Spee.

Das letzte Foto vom deutschen Kreuzergeschwader bei seiner Fahrt in den Untergang, dem nachher nur die *Dresden* (im Vordergrund) entging. Vor dem Bug des als Schlußschiff laufenden Kreuzers sieht man die erbärmlich schlingernde *Leipzig* bei der Sturmreise von der St. Quentin Bay in Patagonien zum Kap Hoorn.

Der britische Vice Admiral Sir Doveton Sturdee wurde zum Sieger in der Falkland-Schlacht. Aber in London verzieh ihm sein gefürchteter Vorgesetzter, Admiral of the Fleet John Arbuthnot Fisher, nie, daß er die *Dresden* hatte entkommen lassen.

Rechts: Das Verhängnis war vorprogrammiert. Gegen die gewaltige Feuerkraft der 30-cm-Geschütze der britischen Super-Dreadnoughts hatten die deutschen Kreuzer keinerlei Chancen.

Erst am Vorabend war Admiral Sturdee nach einem Eilmarsch ohnegleichen aus England in Port Stanley/Falkland-Inseln angekommen. Die beiden 17600 t verdrängenden, 26,5 Knoten laufenden Super-Dreadnoughts *Invincible* (Sturdees Flaggschiff, im Bild) und *Inflexible* waren mit je acht 30,5-cm-, sechzehn 10,2-cm-Geschützen sowie fünf Torpedorohren bewaffnet.

In Punta Areans an der Magellanstraße erinnert diese zweisprachige Ehrentafel an die Kämpfe des Geschwaders Graf Spee. Bei der erwähnten »Seeschlacht von Santa Maria« handelt es sich um die ursprüngliche Bezeichnung der später so genannten Seeschlacht von Coronel. Rechts die Textplatte des Gedenksteins für das Spee-Geschwader im Garten des Deutschen Hospitals von Valaparaiso. Unten: Dieses unscharfe Bild hat hohen Dokumentarwert. Es dürfte das einzige Foto vom gewagten Aufenthalt der *Dresden* in Punta Arenas sein, wo der Kreuzer am 12. Dezember 1914 nach seinem Überleben der Falkland-Schlacht und vor seinem monatelangen Versteckspiel in den Feuerland-Kanälen« vom Frachtdampfer *Turpin* der Bremer Rolandlinie (Mast, Kommandobrücke und getoppte Ladebäume im Hintergrund) 750 t Briketts als Notbrennstoff übernahm, weil durch Intrigenspiel die Übernahme von 800 t Steinkohle aus dem dort liegenden amerikanischen Dampfer *Minnesotan* unmöglich gemacht wurde.

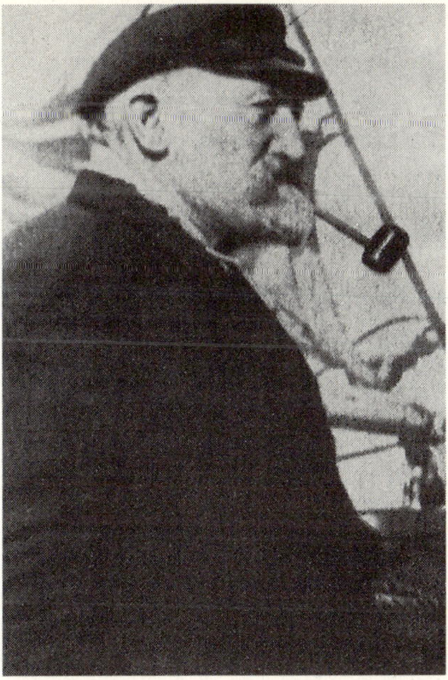

Der zur Legende gewordene deutsche Seehundjäger und Speziallotse für die »Kanäle« (Fjorde) von Feuerland und Patagonien Albert Pagels, der mit Hilfe seines Motorbootes *Elfriede*, zusammen mit dem Matrosen Schindig vom HAPAG-Dampfer *Amasis*, den Kreuzer *Dresden* rund zweieinhalb Monate lang in vier wechselnden Verstecken den Nachstellungen einer ganzen britischen Armada entzog. Der britische Geheimdienst hatte einen hohen Kopfpreis auf die beiden Deutschen ausgesetzt.

Die erhabene Schönheit der Bergwelt in den viermal gewechselten Verstecken nahm die Besatzung des Kreuzers *Dresden* nur bedingt wahr. Brennstoffmangel zwang zu unermüdlichem Holzfällen, Proviantnot zu halbierten Verpflegungssätzen, zum Räuchern oder Lufttrocknen von Muscheln und zum Einsalzen geschossener Wasservögel. Sicher war nur eins: Die britischen Kriegsschiffe lagen überall ringsum auf der Lauer. Diese Lage zerrte an den Nerven – und doch gelang der *Dresden* nachher ein neuer Ausbruch in den Pazifik. Rechts: Picton Island, der heimliche Bekohlungsplatz des Spee-Geschwaders vor der Falkland-Schlacht.

Eine Coronel-Nachlese

Nach dem Besuch der drei deutschen Kreuzer in Valparaiso schickten die chilenischen Streitkräfte den Transporter *Rancagua* und ein Erkundungsschiff zu jener Stelle, an der die Seeschlacht stattgefunden hatte. Sie sollten das Seegebiet zwischen den Inseln Santa Maria und Mocha sowie dem Kap Carranza gründlich nach etwaigen Schiffbrüchigen absuchen. Die Suche verlief negativ. Aber die Behörden erließen eine Bekanntmachung, daß die Bevölkerung etwa angespült werdende Gegenstände unbedingt zur Meldung bringen möge. Immerhin könne der Humboldtstrom auf den Driftweg etwaiger Trümmer oder Leichen bis zu 300 Kilometer weit einwirken.

Auf Kosten der britischen Regierung liefen am 7. November 1914 die beiden chilenischen Dampfer *Chiloe* und *Valdivia*, von der Firma S. A. Comercial Braun & Blanchard in Punta Arenas gechartert, von Valparaiso aus, um das Seegebiet der Schlacht ebenfalls zu untersuchen. Die vom britischen Generalkonsul unter Vertrag genommenen Schiffe setzten die Flagge des Roten Kreuzes und bemalten auch ihre Schornsteine mit dem RK-Emblem, um sich als Hospitalschiff zu deklarieren. Auf der *Chiloe* waren tatsächlich neben dem nötigen medizinischen Personal auch ein britischer Chirurg, eine Krankenschwester und ein anglikanischer Pfarrer an Bord. Man wollte für den Fall gerüstet sein, daß man doch noch irgendwo Boote mit Schiffbrüchigen und womöglich verwundeten Überlebenden der Tragödie von Coronel finden sollte. Aber auch diese Suche verlief völlig ergebnislos.

Inzwischen hatte der Hilfskreuzer *Prinz Eitel Friedrich* seine Aufgabe als »Funksimulaker« zur Verwirrung des Gegners erfüllt und erhielt vom Geschwaderchef die Genehmigung, am 4. November ebenfalls in Valparaiso einzulaufen und dort in Ruhe seine Vorräte zu ergänzen. Völkerrechtlich stand dem nichts mehr entgegen, nachdem die drei deutschen Kreuzer den Hafen wieder verlassen hatten.

Prinz Eitel Friedrich hatte übrigens auf Befehl des Grafen Spee versucht, in der Nacht vom 3. zum 4. November den britischen Dampfer *Oronsa* abzufangen. Das mißlang jedoch, weil dieses Schiff durch einen chilenischen Zerstörer geleitet wurde, in chilenischen Hoheitsgewässern fuhr und deshalb noch in der besagten Nacht ungefährdet in Valparaiso ankam. Es war nachher ein sonderbares Gefühl für die deutschen Hilfskreuzerleute, als vorheriger Jäger mit dem vergeblich gejagten Schiff ein Liegeplatznachbar in Valparaiso zu werden.

An Spees Triumphtag in Valparaiso, am 3. November morgens, hatte Kreuzer *Leipzig* die mit neuer Kohlenladung versehenen Troßschiffe *Amasis* und *Santa Isabel* zu einem Warteplatz beordert, der etwa 150 Seemeilen vor Valparaiso lag. Aber das Auffinden der beiden Frachter verzögerte sich infolge eines nautischen Besteckfehlers, den sich das Steuermannspersonal der *Leipzig* zunächst nicht erklären konnte. Schließlich kam man darauf, daß der Flüssigkeitskompaß/Steuerkompaß des Kreuzers »verrückt gespielt« hatte. Die Deviation oder Eigenablenkung durch die magnetische Masse des Schiffsrumpfes stimmte nicht mehr, seitdem die Artillerieeinsätze der *Leipzig* in der Schlacht bei

Coronel die Deviation ebenso verändert hatten wie der verringerte Munitionsbestand.

Auf Veranlassung des Kreuzers *Dresden* hatte die *Leipzig* auch die Verbindung zum wiederaufgefüllten Troßschiff *Titania* hergestellt und außerdem den neu bevorrateten Dampfer *Baden* der auf Position 29° 50' Süd und 76° 53' West beigedreht liegenden *Titania* zu Hilfe geschickt. Diese war mit ihrer maladen, nur noch 7 bis 8 Knoten Fahrt ermöglichenden Maschinenanlage außerstande, das norwegische Vollschiff *Helicon* gegen Wind und See weiterzuschleppen. Die Situation geriet zur Groteske, denn die *Titania* hatte ja diese Prise mit Hilfe ihres 6-cm-Bootsgeschützes am 1. November mit einer Ladung von 2600 t Cardiff-Kohle selbst aufgebracht. Aber als das deutsche Prisenkommando an Bord des Vollschiffes kam, war die Besatzung gerade erst dabei, die Segel festzumachen. Aber dann setzte eine derart heftige Regenbö ein, daß die *Helicon* mit unfreiwilliger Braßfahrt davonrauschte und die lahme *Titania* nicht mehr imstande war, dieses Tempo mitzuhalten. Dem Frachter blieb nachher nichts anderes übrig, als das Abfeuern eines erneuten Schusses vor den Bug des Seglers, um ihn zum besseren Festmachen der Segel und zur Fahrtreduzierung zu zwingen.

Nun nahm also das Beischiff *Baden* die norwegische Prise in Schlepp, mit der es in der Nacht vom 6. zum 7. November beim abermals vereinbarten nächsten Bekohlungspunkt Mas a Fuera eintraf. Aber die Reise verlief keineswegs glatt. Die Norweger hatten die maschinentechnischen Schwierigkeiten ihres »Kaperers« *Titania* ebenso mitgekriegt wie die militärische Schwäche des recht kleinen Prisenkommandos von einem Offizier und vier Mann. Die Norweger witterten Morgenluft und sannen nach Möglichkeiten, recht bald wieder nach eigenem Gutdünken weitersegeln zu können. Sie benahmen sich total aufmüpfig. Der Kapitän hetzte seine Besatzung ohne Unterlaß gegen die Handvoll Deutscher auf und machte dem Prisenkommando Schwierigkeiten, wo es nur ging. Erst das Erscheinen des Kreuzers *Dresden* am 4. November machte diesen unerfreulichen Zuständen ein Ende. Das Prisenkommando wurde von Besatzungsmitgliedern des Kreuzers verstärkt.

Endlich stieß die *Dresden* auch auf den schon lange erwarteten und bereits überfälligen amerikanischen Versorgungsdampfer *Sacramento*, der »laut Drehbuch« formgerecht »gekapert« werden mußte, um seinem Eigner politische Schwierigkeiten zu ersparen. Es handelte sich bei dem Schiff um die ehemalige *Alexandria* der HAPAG, die auf Betreiben der Etappe San Francisco von der Northern and Southern Steamship Co. angekauft worden war, um die Versorgungsaufgabe durchführen zu können.

In der Nacht vom 6. zum 7. traf Beischiff *Baden* mit der *Helicon* im Schlepptau vor Mas a Fuera ein, am Morgen des 8. November auch die *Dresden* mit ihrer »Formal-Prise« *Sacramento*.

Mas a Fuera rückte also erneut aus seiner Weltabgeschiedenheit heraus und wurde sozusagen erneut Schauplatz eines »Tages der Flotte«. Als nämlich die *Scharnhorst*, *Gneisenau* und *Nürnberg* von Valparaiso kommend am 6. November nachmittags an der Nordwestseite von Mas a Fuera vor Anker gingen, hatten sich dort bereits die *Leipzig* mit den Troßschiffen *Amasis* und *Santa Isabel*, die erbeutete Viermastbark *Valentine* und die *Titania* angefunden.

Nachdem nun auch noch die *Baden* mit der *Helicon* und die *Dresden* mit der *Sacramento* eintraf, war Mas a Fuera Versammlungsplatz von einem Dutzend Schiffen geworden. Damit war die »Situation Osterinsel« wiederhergestellt.

»Knopp aber, in früher Dämmerung, hat eine feine Beschäftigung!«, zitierte einer der Obermatrosen des Kreuzers *Dresden* den sonnigen »Volksphilosophen« Wilhelm Busch während des Frühstücks. Gemeint war das zum soundsovielten dutzendmal wieder bevorstehende Alle-Manns-Manöver der Kohlenübernahme. Ein anderer »Lord« an derselben Mannschaftsback fügte seufzend hinzu, daß man im späteren Leben sicherlich Entzugserscheinungen bekommen werde, wenn man nicht alle paar Tage von oben bis unten schwarz eingestaubt werde. Die Seelenverwandtschaft von Steinkohlenbergbau und Seemannsdasein auf einem kohlegefeuerten Kreuzer sei wirklich unverkennbar – und die Erkenntnis war nicht zu widerlegen, daß man dann ja doch besser gleich Ruhrkumpel geworden wäre – bei besserer Bezahlung.

Doch solche groben Scherze waren keineswegs so gemeint. Aber ein junger Matrose steuerte das Bonmot des Tages bei: »Ich habe erkannt, daß die Kaiserliche Marine einen schweren Strukturfehler hat. Den Kreuzern sollten nicht nur Kohlendampfer als Beischiffe hinzugestellt werden, sondern Mädchen-Dampfer voller Kohlenträgerinnen, deren Anwesenheit vielleicht auch sonst einige Annehmlichkeiten schaffen könnte!«

Plötzlich stand den Seeleuten das »lebende Fließband« der zumeist recht anmutigen Kohlenträgerinnen von Charlotte Amalie auf der Karibik-Insel Saint Thomas wieder vor Augen. Mein Himmel, wie lange war das alles schon wieder her.

»So ein Begleitschiff voller Kohlenträger-Mädchen wäre durchaus überlegenswert. Ich werde vom nächsten Hafen aus diesen Verbesserungsvorschlag beim Chef des Reichsmarineamtes einreichen!«

Aber nun war es vorbei mit der morgendlichen Frotzelei. Die Bootsmannspfeife gellte wieder durch die Decks, begleitet vom Singsang des Befehls »Pfeifen und Lunten aus! Besatzung sich klarmachen zur Kohlenübernahme.«

Dresden, *Leipzig* und *Gneisenau* kohlten aus dem erbeuteten französischen Segelschiff *Valentine*, das währenddessen stückweise abgetakelt wurde und eine Menge guten Tauwerks in Gestalt von »stehendem und laufendem Gut« hergab und sich überhaupt als ideale Nachschubbasis für Inventar und Material erwies.

Die Kohlenladung des Seglers *Helicon*, der keine Dampfwinden besaß, wurde mit Hilfe von deren Dampfladebäumen in die Dampfer *Baden* und *Amasis* umgeschlagen – bis auf eine Restmenge von 800 t, die auf Graf Spees ausdrücklichen Befehl im Schiff belassen wurde, um dessen Stabilität bei der Weiterreise zu gewährleisten.

Aus der *Sacramento* komplettierten *Scharnhorst* und *Nürnberg* ihre Kohlenvorräte, danach wurde die Ladung von *Baden* und *Santa Isabel* aus diesem Schiff wieder voll aufgefüllt.

Die »Kohlenschlacht von Mas a Fuera« erzeugte derartige, weithin sichtbare schwarze Staubwolken, daß man beinahe einen Dampferbrand annehmen konnte.

Dann aber ging es an die Ergänzung der Proviantvorräte und sonstiger Nachschubgüter heran, von denen die *Sacramento* immerhin 1000 t im Bauch hatte. Im Verein mit der Umladung der Kohlenvorräte auf die Troßdampfer nahmen diese Umschlagsarbeiten die ganze Zeit bis zum 15. November in Anspruch. Allerdings galt das nicht für die Kreuzer *Dresden* und *Leipzig*.

Es gab großes Hallo, als am Abend des 10. November in allen Decks der beiden Schiffe ausgepfiffen wurde, daß sie auf Befehl des Verbandschefs nach Valparaiso entlassen seien.

Über das ausgebrachte Steuerbordfallreep der *Dresden* stieg Korvettenkapitän von Bötticher an Bord, der II. Admiralstaboffizier des Kreuzergeschwaders. Er hatte Sonderaufgaben zu erledigen, die vom Geschwaderkommando eingeleitet worden waren und mit der weiteren Versorgung der fünf Kreuzer zusammenhingen.

Kapitän Lüdecke hingegen, der den Verband der beiden Schiffe als der dienstälteste (und ranghöhere) Kommandant führte, hatte außerdem den Auftrag, von der Etappe Nachrichten einzuholen, Gefechtsberichte und Telegramme aufzugeben.

Die Besatzungen der beiden Kreuzer hatten kaum noch daran geglaubt, daß auch sie noch das »Paradies-Tal« (Valparaiso) zu Gesicht bekommen würde. Aber das Anlaufen dieses Hafens war auch zum Durchkreuzen lancierter Lügenmeldungen erwünscht. Die britische Propaganda hatte tatsächlich verbreitet, daß *Dresden* und *Leipzig* vor Coronel versenkt worden seien. Nun sollten die Chilenen mit eigenen Augen sehen, was vom Wahrheitsgehalt solcher »Meldungen« tatsächlich zu halten war.

Am 11. und 12. November 1914 stand Kreuzer *Dresden* im Zeichen fieberhafter Arbeit. Eine regelrechte Reinschiff-Orgie ließ keinen Winkel von Decks und Aufbauten ungeschrubbt. Wo sich tatsächlich irgendwo eine kleine Rost-Träne zeigte, wurde sie fachgerecht beseitigt, die schadhafte Stelle geradezu liebevoll renoviert. Aber es war eine fröhliche Tätigkeit, voller Vorfreude auf den berühmtesten Hafen der südamerikanischen Pazifikküste.

Geradezu phänomenal war der Verbrauch an Messingputzmitteln an diesem Tag. Jede Kompaßhaube, jeder Maschinentelegrafenhebel und jeder Rahmen von Oberdecksfenstern und Bulleyes sahen wie vergoldet aus. Man glaubte am Ende dieser beiden »Hochglanztage«, die Kaiserjacht *Hohenzollern* vor sich zu haben und nicht einen heimatlosen Seezigeuner, der schon zehn Monate ruhelos unterwegs war.

Ja – Kreuzer *Dresden* war zum Schmuckkästchen geworden, hier und dort mit frisch gestrichenen Flächen.

Die unter Aufsicht ihrer Divisionsoffiziere und Zugführer arbeitenden Seeleute riefen übermütig durchs Sprachrohr in die Kesselräume: »Braucht ihr dort unten auch etwas Putzmittel, um den Kohlenstaub loszuwerden?«

»Sehr witzig!«, dröhnte es ihnen aus der Tiefe entgegen. Die dort werkelnden »Brüder in Zechen und Gruben« hatten nur bedingt Sinn für soviel Lebensfreude. Sie drohten mit einem Generalangriff von einigen Pützen voll Kohlenstaub auf die frische Ölfarbe. Die Seeleute und Heizer benahmen sich wie Kinder, denen plötzlich ein herrliches Spiel eingefallen war – und alles nur für die Verschönerung eines Schiffes, dem allenfalls 24 Stunden im neutralen Hafen vergönnt waren.

Am 13. November um 8.00 Uhr morgens war der große Augenblick gekommen. Bei strahlendem Frühsommerwetter (der Südhalbkugel) kam der Lotsendampfer in Sichtweite der Felsennase Punta Curaumilla bei *Dresden* und *Leipzig* längsseits. Auch diesmal wurde Salut geschossen und damit der Landesflagge von Chile die Reverenz erwiesen. Kapitänleutnant Burchardi hatte das vordere Steuerbordgeschütz zur Salutkanone bestimmt. Es war ein Bild zum Malen: Je weiter sich die Hafenbucht nun öffnete, desto mehr sah man von den im Sonnenschein leuchtenden, an den Hängen der umgebenden Hügel emporgestaffelten Häusern und von den dahinterliegenden Berge, die sich weiter landeinwärts bis zum Kamm der Westkordillere fortsetzen.

Dampfpfeifen und Sirenen sowie Takeluren (Nebelhörner) lärmten los. Überall ringsum wehte am Heck von Schiffen die schwarz-weiß-rote Nationalflagge Deutschlands. Nicht weniger als 24 deutsche Handelsschiffe hatte der Krieg in diesen neutralen Hafen gezwungen. Viele große Salpeter-Windjammer waren darunter. Allein die berühmte »Flying P-Line«, die Hamburger Reederei F. Laeisz, war auf der Salpeterreede von Valparaiso mit immerhin sechs großen Rahseglern vertreten. Da lagen sie alle wie zu einer Parade aufgereiht: Die berühmte Fünfmastbark

Potosi, die Viermastbarken *Peking*, *Petschili* und *Pommern* sowie die Vollschiffe *Pinnas* und *Pelikan*. In ihrer Begeisterung war die Besatzung teilweise ins »Rigg« aufgeentert, um mehr von dem Ereignis der Kreuzerankunft sehen zu können. Überall Winken und Mützenschwenken, Hurra-Rufe.

Bereits vor 7.00 Uhr war der Passagierkai voller Landsleute, unter ihnen die Schüler der Deutschen Schule vom Cerro Alegre.

In seiner Eigenschaft als Repräsentant der chilenischen Marine begrüßte Fregattenkapitän Salvador de la Piedra die beiden Kreuzer.

Bald traf in einem Dampfboot der deutschen Kosmos-Reederei auch der deutsche Gesandte ein, der erneut aus Santiago herbeigekommen war. Ebenso erschienen auch diesmal der deutsche Generalkonsul, außerdem Abordnungen aller Art. Und immer weitere begeisterte Menschen trafen auf dem Wasserwege oder zu Lande beim Passagierkai ein, der bald von der Polizei gesperrt werden mußte, damit der Versorgungsverkehr zu den beiden Schiffen überhaupt aufrechterhalten werden konnte. Man schuf ein Absperrungssystem, das bestimmte Zufahrtsgassen offenhielt. Kapitän zur See Lüdecke, ranghöher als sein Kollege Fregattenkapitän Haun von der *Leipzig*, begab sich mit seinem Adjutanten auf das chilenische Flottenflaggschiff *O'Higgins*, um dort dem chilenischen Flottenchef, Konteradmiral Francisco Nef, seine Aufwartung zu machen.

Obwohl es das seit Kriegsausbruch eigentlich offiziell nicht mehr gab, trugen diese Seeoffiziere Große Uniform mit Galarock, Achselband und Epauletten, blaue Beinkleider mit Goldstreifen, großen Hut, Schärpe, Säbel und große Ordensschnalle. Sie wurden damit dem international üblichen wie auch dem diplomatischen Protokoll gerecht. Und tatsächlich fielen die Besuche der fünf deutschen Kreuzer in Valparaiso aus jedem Rahmen. Es waren die einzigen Auslandsbesuche deutscher Kriegsschiffe im Weltkrieg 1914–1918!

Kapitän Lüdecke und Oberleutnant Canaris besuchten nachher an Land den Marinegouverneur, den Oberbürgermeister und den Oberbefehlshaber der chilenischen Marine, Vizeadmiral Luis A. Goñi, um dann im deutschen Generalkonsulat die Besuchsrunde zu beenden. Ähnlich wie das schon bei Vizeadmiral Graf Spee geschehen war, folgte ihnen eine große Menschenmenge über die Plaza Sotomayor und entlang des gesamten Weges. Abends gab es eine Einladung für Besatzungsmitglieder der beiden Kreuzer zum Abendessen und einen Ball im Deutschen Verein von Valparaiso.

Die Seeleute der beiden Kreuzer, sofern sie nicht gerade zu einem Arbeitskommando eingeteilt und mit einer Übernahme beschäftigt waren, trugen »Erste Garnitur Weiß« mit blauer Mütze. Für hohe Besucher standen Fallreepsgasten sowie eine Ehrenwache unter Gewehr bereit. Auch die Bordkapellen legten sich natürlich ins Zeug, denn die Kreuzer *Dresden* und *Leipzig* waren längst für »Besuch in beschränktem Umfang« freigegeben. Aber das war letztlich reine Theorie. Es drängten immer neue Menschen auf die Schiffe. Es war ein unentwegtes Händeschütteln, Schulterklopfen, Charmieren und Flirten. Und fast überall umstanden Trauben von Chilenen und Deutschen die Seeleute, um ihnen »Löcher in den Bauch zu fragen«.

Überall hörte man Mädchenstimmen und helles Lachen. Mehr als einer von den weiß uniformierten »Lords« bekam unversehens einen enthusiastischen Freundschaftskuß auf die Wange. Die Decks der Kreuzer glichen recht bald eher einem Bazar, denn immer höhere Berge von Liebesgaben türmten sich empor, ebenso wie Blumensträuße, mitgebracht aus Valparaiso, Santiago und Vina del Mar.

Welche Schiffsbesatzung irgendeiner Nation der Welt

wäre an diesem 13. November 1914 wohl weniger stolz gewesen auf ihr Schiff und ihr Land als die Männer auf den Kreuzern *Dresden* und *Leipzig* ...

Am meisten berührte sie der echte Patriotismus der Schiffsoffiziere und Matrosen der im Hafen liegenden deutschen Handelsschiffe. Viele wollten sich nützlich machen, anstatt untätig auf der Reede eines neutralen Hafens herumzuliegen. Sie bestürmten die Offiziere der *Dresden*, man möge sie doch auf der Stelle als Freiwillige in die Besatzung einreihen. Sie wollten sich unbedingt »nützlich machen für das Vaterland«.

Der I. Offizier kam sich bald vor wie in einem Rekrutierungsbüro. Die Schlangen der Fragesteller und Einstellungswilligen wurden immer länger. Damit wiederholte sich das, was schon die drei Kreuzer *Scharnhorst, Gneisenau* und *Nürnberg* in Valparaiso erlebt hatten. Auch sie hatten zwar den Großteil der Bittsteller abwimmeln müssen, aber immerhin doch 127 Kriegsfreiwillige eingekleidet und unter ihre Besatzung eingereiht – als Ersatz für Krankheitsausfälle und Verstorbene oder aber zur Auffüllung besonders überstrapazierter Dienstbereiche – was insbesondere für die Kesselräume galt. Noch ahnte natürlich niemand, daß die meisten dieser jungen Enthusiasten einem furchtbaren Tod entgegenfuhren. Nur eine Handvoll von ihnen hat nachher die Schlacht bei den Falkland-Inseln überlebt.

Auch Kreuzer *Dresden* hatte einige Neuzugänge, die nach genauer Erfassung von Personalien und Werdegang einschließlich des militärischen Status eingekleidet und (später) in feierlicher Form vereidigt wurden.

Nachrichtenmäßig waren die Besuche des *Dresden*-Kommandanten von größtem Wert. Erst beim deutschen Generalkonsulat sowie bei den Schiffahrtsagenturen wurde Kapitän Lüdecke zum ersten Male klar, was das Auftreten des Kreuzers *Dresden* seit Monaten tatsächlich bewirkt hatte.

Nicht spektakuläre Versenkungserfolge machten die Hauptwirkung des Kleinen Kreuzers aus, sondern die indirekte Wirkung eines einzelnen Schiffes in der Rolle einer »Fleet in Being«.

Lüdecke hätte es nicht zu glauben gewagt: Sein Schiff hatte monatelang ganze Verkehrsrouten lahmgelegt, besonders an der Westküste von Südamerika. Bereits Ende September und während der ersten Oktoberhälfte hatte die gesamte britische Schiffahrt wegen des Auftauchens der *Dresden* in chilenischen, schließlich auch der *Leipzig* in peruanischen Gewässern still gelegen. Der Hilfskreuzer *Prinz Eitel Friedrich* kam bald als Störfaktor hinzu. Die Nachricht vom deutschen Seesieg bei Coronel bewirkte die endgültige Einstellung des gesamten britischen Schiffsverkehrs zwischen dem Panamakanal und Punta Arenas. Diese Lähmung des gesamten Übersee- und Küstenverkehrs blieb auch nach der Abfahrt der Spee-Kreuzer aus Valparaiso bestehen. Sogar für Verschiffungen von Peru nach New York stiegen die Versicherungsprämien beträchtlich. Und nun war überall die Unruhe vorhanden, das deutsche Kreuzergeschwader könnte einen Angriff auf den La-Plata-Schiffsverkehr im Schilde führen. In Verbindung mit neuen Nachrichten über die Tätigkeit der *Karlsruhe* ließ diese Situation die britischen Schiffskapitäne ein Ersuchen an die Londoner Admiralität in Erwägung ziehen, daß nun endlich zweimal im Monat Kriegsschiffgeleit für die britische La-Plata-Handelsschiffahrt gestellt werden müsse.

Lüdecke vertiefte sich noch einmal in die soeben erhaltenen Aufzeichnungen der Experten: Zwischen Valparaiso und den südlichen Häfen bis hinunter nach Punta Arenas wurden weiterhin alle britischen Schiffe festgehalten. Sogar die auf den Küstenverkehr spezialisierte Pacific Steam Navigation Co. ließ ihre zwischen Chile und Peru verkehrenden Dampfer nicht mehr ausfahren. Sieben große Schiffe dieser

Linie und fünf ihrer Küstendampfer lagen untätig an der Westküste auf. Die bereits in diesem Buch erwähnte *Ortega* unterbrach sicherheitshalber in Montevideo ihre neue Anfahrt nach Südchile. Und vom britischen Schiffsraum wurden 100 000 Brutto-Registertonnen unmittelbar in Mitleidenschaft gezogen!

Der eigentliche Erfolg dieser »Sklerose« lag in der fast völligen Einstellung der Ausfuhr: Kupfer, Kupfererz und Zinn, vor allem aber auch Salpeter, konnten nicht mehr nach Großbritannien gelangen.

Allerdings wurde das auch für die Volkswirtschaft von Chile katastrophal: Von 134 Caliche-Siedereien, die im Juli 1914 noch in Betrieb gewesen waren, arbeiteten nur noch 43. Die verminderte Kaufkraft des Landes, vor allem durch Fortfall des Deutschlandhandels, und die Einstellung der britischen Schiffahrt beschränkten wiederum die für das Land bedeutsamen Einfuhren.

Niemand weiß, wie sich das plötzliche Aufkommen von Gerüchten erklären läßt. Auf der vom Volksmund so bezeichneten Küstenklatsch-Welle wurde plötzlich behauptet, die Kreuzer *Nürnberg* und *Leipzig* hätten vor der Küste von Oregon (!) ein Gefecht gegen die britischen Kreuzer *Montcalm* und *Rainbow* durchgefochten, was wiederum zahlreiche Britenfrachter selbst in nordpazifischen Häfen festhielte.

Mehrfach fiel bei den Gesprächen in Valparaiso wieder der Name des Kreuzers *Karlsruhe.* Kapitän Lüdecke mußte oft an diesen Kreuzer denken, dessen Kommandant er ja monatelang gewesen war und den er nach Mittelamerika herausgebracht hatte. Und noch immer stand Lüdecke ganz lebendig das Bild seines Kameraden Erich Köhler vor Augen. Dieser schnurr- und spitzbärtige Seeoffizier mit den wachsam forschenden Augen mußte seine Sache hervorragend machen. Man hörte und sah nichts von ihm, aber die Verlustliste der Gegnerschiffe wurde immer länger.

Was Kapitän Lüdecke freilich nicht wissen konnte, als er in Valparaiso seine Besuche machte: Kapitän Köhler weilte seit zehn Tagen nicht mehr unter den Lebenden, die *Karlsruhe* war nördlich von Niederländisch-Guyana auf den Grund des Atlantik gesunken. Eine schwere Explosion unterhalb der Wasserlinie, vermutlich in der neuartigen Ölfeuerungsanlage, hatte am 4. November das Vorderschiff mitsamt Kommandobrücke und Mannschaftsräumen abgerissen. Das Schiff sank so rasch, daß es den Kommandanten und 262 Mann mit in die Tiefe nahm. Die restliche Besatzung von 17 Offizieren und 122 Mann konnte vom Begleitdampfer *Rio Negro* aufgenommen werden, der als erster Blockadebrecher die Dänemarkstraße zwischen Island und Grönland für den Durchbruch in die Heimat wählte. Das unter Führung des Hamburg-Süd-Kapitäns Karl Tepfer stehende Schiff kam am 6. Dezember wohlbehalten in Kiel an. Erst dann wurde der deutschen Admiralität der Verlust der *Karlsruhe* bekannt, der britischen Admiralität noch nicht. Sie suchte noch wochenlang vergeblich nach einem gefährlichen Phantom. Ein britischer Chronist hat den Kleinen Kreuzer *Karlsruhe* als die »Raubkatze mit den Samtpfoten« bezeichnet. Dem Fregattenkapitän Köhler war die Meisterleistung einer völlig lautlosen Kriegführung gelungen. Er konnte die gesamte Brennstoffversorgung seines Kreuzers mit einer Ausnahme aus Beuteschiffen sicherstellen. Mit insgesamt 17 aufgebrachten Dampfern mit einer Gesamttonnage von 76000 BRT stand die *Karlsruhe* ihrer weltberühmt gewordenen »Kollegin« *Emden* hinsichtlich des versenkten Schiffsraums nicht nach. Aber populär wurde nur der Kreuzer *Emden,* weil seine Aktionen in Madras und Penang von vielen tausend Menschen beobachtet wurden und das Schiff sogar ins Sagengut von Indien einging. Die »Raubkatze auf Samtpfötchen« sah niemand, sie blieb stets unauffindbar, schlug aber jeweils mit gleicher Heftigkeit zu.

Den Kommandanten Erich Köhler, der ja zuvor die *Dresden* in den Wirren des mexikanischen Bürgerkrieges geführt hatte, charakterisierte der damalige Heizer Christian Stöckler und spätere Mitautor des Buches »Kaperfahrt nach Quiriquina«, literarisch gestaltet von dem dänischen Schriftsteller Chr. P. Christensen, aus der Sicht eines Mannschaftsmitgliedes der *Dresden*:

»Obwohl er ein strenger Mann war, hatten wir immer gefühlt, daß die *Dresden* bei ihm in guten Händen war. Der schlanke, freundlich aussehende Seeoffizier, der uns während der Übungen so unbarmherzig schliff und der die Besatzung oft bis zum Umfallen schuften ließ, war ein Mann, der seinen Kram verstand. Nun hatte er das Kommando auf einem der allerneuesten Kreuzer bekommen, und wir fühlten, daß er es verdient hatte. Hätten wir gewußt, wie es uns und der *Karlsruhe* mit unserem alten Chef ergehen sollte, hätten wir dem schönen Kreuzer vielleicht noch etwas länger nachgesehen, als er aus dem Hafen hinausfuhr. Wir waren die letzte deutsche Kriegsschiffbesatzung, welche die *Karlsruhe* zu sehen bekam.«

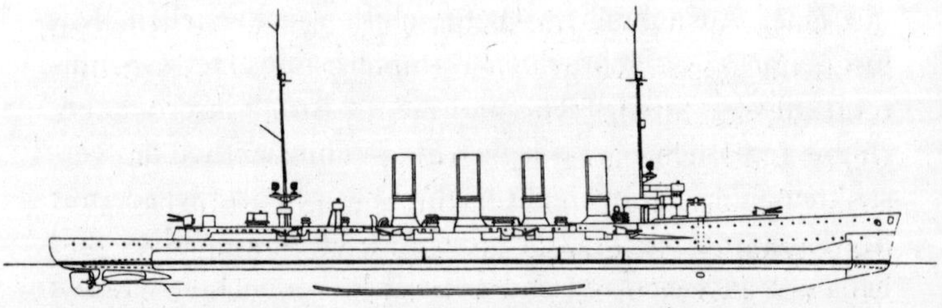

Kleiner Kreuzer *Karlsruhe*, 1911–1914 gebaut von der Germaniawerft, Kiel, Maximalverdrängung 6191 t, Turbinenschiff, 37 885 Wellen-PS, Höchstfahrt 28,5 Knoten.

Mal wieder Prisenalarm auf der *Dresden*

Was Kapitän Lüdecke nach seiner Rückkehr an Bord ebenso in den Bann schlug wie seine gesamte Besatzung, das war die festliche abendliche Illumination des gesamten Schiffes. Alle Decks und sämtliche Bulleyes waren hell erleuchtet. Zum ersten Mal seit Kriegsausbruch war keinerlei Vorsicht vonnöten, denn man befand sich in einer friedlichen Stadt.

Das Kommen und Gehen der Besucher an den Gangways nahm bis Mitternacht überhaupt kein Ende. Punkt 24.00 Uhr aber war der Lichtzauber vorbei. Von den guten Wünschen vieler, die bis zur Abfahrt auf dem Kai oder sogar in dümpelnden Booten ausgeharrt hatten, wurde das Auslaufen von *Dresden* und *Leipzig* begleitet, die bald wieder »abgeblendet« dem Krieg entgegenfuhren.

Keineswegs hatten alle Besatzungsmitglieder der beiden Schiffe in Valparaiso an Land gehen können. Das war umschichtig nur für die Offiziere und Deckoffiziere möglich, wegen zahlreicher noch notwendiger Übernahmen nur für einen Teil der durch Los bestimmten Unteroffiziere und Mannschaften, sofern sie überhaupt abkömmlich waren. Aber jeder von den Seeleuten hatte diese Notwendigkeiten eingesehen, schließlich befand man sich nicht auf einer »Gesellschaftsreise«, wie man dazumal die Kreuzfahrten zu nennen pflegte. Und man war glücklich darüber, daß das

Schiff nun wieder gründlich mit Lebensmitteln, Verbrauchsgütern, Trinkwasser für lange Zeit ausgerüstet war. Vor allem hatte die ewige Konservenesserei ein Ende, es waren Frischproviant einschließlich Gemüse und Obst in Hülle und Fülle an Bord gekommen.

Die Glückspilze, die tatsächlich an Land gehen durften, gerieten in einen Wirbel von Eindrücken. Zu ihnen gehörte auch Leutnant Böker, der freilich noch seinen Gehgips trug. Er erlebte, wie er von einer jungen Deutsch-Chilenin umhergeführt wurde, die auch als Dolmetscherin fungierte. Anschließend lernte der Offizier eine Familie kennen, die aus einem Ehepaar mit einer einzigen Tochter bestand. Diese äußerst freundlichen Gastgeber wollten dem Deutschen seinen Aufenthalt so angenehm wie möglich machen. Und es war eine Freundschaft auf Gegenseitigkeit, denn Böker lud seine Gastgeber zuerst auf seinen Kreuzer ein, auf dem man sie gründlich herumführte. Dann zeigten ihm die neuen Freunde Stadt und Umgebung und luden ihn zu sich nach Hause ein. Dazu Böker: »Ich war im März 20 Jahre alt geworden, die Tochter 16 Jahre. Ich weiß nicht, ob sie wirklich schön war oder ob ich sie nur so sah. Man sollte wohl konstatieren, daß sie süß, hübsch und letztlich unerreichbar war. Sie war in Chile geboren und hatte diese exotische Anmut, wenn sie deutsch und selbstverständlich auch spanisch sprach. Ihre natürliche Freude schien vom Klima ihres Landes herzustammen und ihre Fraulichkeit von der latinischen Atmosphäre. Ich glaube, daß ich mich ein wenig in sie verliebte – oder vielleicht auch sehr.

Sie hat es nie erfahren, denn es war keine Zeit dafür. So etwas war immer das Schicksal von Männern, die sich dem Meer verschrieben hatten, keineswegs nur in Zeiten des alles verändernden Krieges.

Mit dem Heranrücken des Auslauftermins löste sich dieser zarte Zauber einer Beziehung zwischen zwei jungen

Menschen für immer auf. Der schlimmste Augenblick im Leben eines Seemanns ist immer wieder jener, wenn im Schiff ausgepfiffen wird: ›Besucher von Bord – Schiff macht seeklar!‹

Als die junge Dame sich verabschiedete, holte sie plötzlich einen Ring von ihrem Finger und gab ihn mir als Andenken mit. Das war doch aber gar nicht nötig, ich würde sie ja ohnehin nicht vergessen.

Sie hatte Tränen in den Augen. Ich richtete meinen Blick in die Ferne, denn viel anders ging es auch mir nicht.

Als später wieder totale Dunkelheit den Kreuzer *Dresden* umhüllte und schließlich das Schiff allmählich Fahrt aufnahm, sah ich nicht ohne Wehmut zum Cerro Allegre, dem ›Fröhlichen Hügel‹ hinauf, wo die kleine Freundin wohnte. Die Lichter in dem Haus dort oben schienen noch heller als vorher zu leuchten. Oder waren es nur die Sterne in der klaren Nacht?

Bald spürte ich wieder das ruhige Meer unter meinen Füßen, den Komplizen unserer weiteren Fahrbewegungen und Aktionen. Wir setzten unser Vagabundenleben auf See fort. Schemenhaft blieb das alles hinter uns zurück: Fragende Mädchenaugen, herrliche chilenische Frauen, reichhaltiges Meeresfrüchteessen, feuriger südamerikanischer Wein – alles, was das Herz begehrte.

Nein, wir waren keine Supermänner, sondern ganz einfach Menschen. Wie alle anderen konnten wir lieben, hassen und weinen. Wir waren traurig durch Abschiedsschmerz, wie wir es vorher oft genug durch Heimweh waren. Und in wie vielen Nächten waren wir in unseren Hängematten und Kojen mit unseren Grübeleien einsamer, als man sich vorstellen kann. Über Ängste und Empfindungen sprach man ja nicht. Das Wichtigste, was wir Valparaiso zu verdanken hatten, war die Post aus der Heimat. Schon die zuerst eingelaufenen drei Kreuzer hatten sie mitgebracht. Die Etappe Valparaiso hatte das Kunststück fertiggekriegt, der Dienststelle des Befehlshabers der Aufklärungsstreitkräfte eine getarnte und damit unverfängliche Agenturadresse in Valparaiso zu übermitteln, so daß die benachrichtigten Angehörigen aller 2500 Männer des Kreuzergeschwaders dorthin schreiben konnten – und sogar mit Erfolg. Und nun hatten *Dresden* und *Leipzig* sogar noch Nachzüglerpost für alle fünf Kreuzer übergeben bekommen.

Mit hoher Fahrt dampften wir nach dem Verlassen von Valparaiso zunächst nach Westen, um dann weit draußen ungesehen nach Südwesten abzudrehen. Wir wollten uns wieder mit dem Kreuzergeschwader vereinigen, das am 15. November den Juan-Fernandez-Archipel mit Kurs auf die St.-Quentin-Bucht im chilenischen Teil von Patagonien zu verlassen vorhatte.

Der in der Nacht vom 12. und 13. November mit Vorräten, vor allem Maschinenersatzteilen und Maschinenverbrauchsstoffen aus Valparaiso ausgelaufene HAPAG-Dampfer *Rhakotis,* unter Führung von Kapitän Reimers, hatte ebenfalls das Kreuzergeschwader zum Ziel. Er bekam einen russischen Segler in Sicht, der offensichtlich mit Bestimmungshafen Valparaiso unterwegs war. Reimers verständigte die beiden Kleinen Kreuzer, die sofort in geöffneter Suchformation losmarschierten, den Russen jedoch nicht fanden, weil er sicherlich nach der Sichtung durch die *Rhakotis* abrupt den Kurs geändert hatte.

Am Morgen des 16. November gellten dafür jedoch die Alarmglocken durch die Decks der *Dresden:* Prisenalarm.

Etwa 200 Seemeilen von der Küste entfernt war ein Dampfer in Sicht gekommen, den der Kreuzer zum Stoppen zwang – bei gleichzeitig übermitteltem Verbot, die Funkstation zu benutzen.

Das Prisenkommando setzte über. Und bald konnte der

Signalgast des Prisenkommandos zur *Dresden* winkern, daß es sich um den 3316 BRT großen britischen Dampfer *North Wales* handelte, der ganz eindeutig dem britischen Kreuzergeschwader als Hilfsschiff diente. Er hatte noch keine Kenntnis von der Coronel-Schlacht und wollte nun die Falkland-Inseln ansteuern. Er hatte tatsächlich beste Cardiff-Kohle an Bord, aber leider nur noch 700 t. Da jedoch der Dampfer leider nur acht Knoten lief, eine Kohlenübernahme auf dieser Seeposition beim besten Willen unmöglich war, blieb nur das Trennen von einem solchen Klotz am Bein übrig. Nach Vonbordnahme aller brauchbaren Gegenstände, vor allem aber seiner Seekarten und Logbücher, ließ Kapitän Lüdecke auf der Prise die Sprengpatronen anschlagen und den Frachter damit versenken.

Das war nun schon das zweite Mal, daß die *Dresden* aus zwingenden Gründen einen Frachter versenkte, der Kohlen geladen hatte – ausgerechnet Kohlen, von denen man nie genug bekommen hatte. Aber es gab auch hier keine andere Wahl.

Was der Hilfsleutnant Fetzer als Prisenoffizier mit auf die *Dresden* brachte, war für Lüdecke von unschätzbarem Wert. Die Aufzeichnungen des britischen Kapitäns ließen jede Vorsicht vermissen. Sie waren so penibel geführt, daß Lüdecke, bald darauf auch der Geschwaderchef, lückenlos wußten, wie oft und an welchen Punkten die *Dresden*-Gegner *Good Hope, Monmouth, Glasgow* und *Canopus* jeweils wieviel Brennstoff übernommen hatten und welche chilenischen Küstenplätze (natürlich unter Mißachtung der chilenischen Neutralität) von ihnen als Stützpunkte benutzt worden waren. Nun sollte noch einmal ein Brite einen Protest wegen ähnlicher Aktivitäten der Deutschen einlegen wollen: Hier hatte man es schwarz auf weiß. Der chilenischen Regierung konnten die Beweismittel lückenlos vorgelegt werden.

Von besonderem Wert war also die genau Kenntnis aller britischen Stützpunkte und Bekohlungsplätze.

Die Besatzung des versenkten Schiffes wurde zunächst auf der *Dresden* untergebracht und am 18. November an die *Rhakotis* abgegeben, nachdem diese mit dem Kreuzer zusammengetroffen war. Und noch am gleichen Tage vereinigten sich die beiden Schiffe mit dem übrigen Kreuzergeschwader. Das geschah auf der Position 42° 30' Süd und 79° 45' West. Die Troßdampfer *Baden, Santa Isabel* und *Amasis* befanden sich im Gefolge des Geschwaders, während die *Sacramento* und die *Helicon* nach dem völligen oder weitmöglichen Leerwerden nach Valparaiso entlassen werden konnten. Der abgetakelte und vollständig ausgeleerte französische Segler *Valentine* (dessen Besatzung auf der *Sacramento* eingeschifft wurde) und der wegen seiner schadhaften Maschine, geringen Geschwindigkeit und Seefähigkeit nutzlos – und nach Abgabe aller Kohlenrestvorräte – leer gewordene Dampfer *Titania* wurden am 19. November unweit Mas a Fuera durch Aufdrehen der Bodenventile außerhalb der Hoheitsgrenze von Chile versenkt. Diese Aktion übernahm der vor Mas a Fuera zurückgelassene Hilfskreuzer *Prinz Eitel Friedrich,* der erneut als Funksimulaker dienen mußte. Bis in die erste Dezemberwoche hinein sollte er durch planmäßigen Verkehr seiner beiden Funkstationen vortäuschen, daß das Geschwader sich noch in diesem Seegebiet befände, also vor der Westküste von Chile und nicht schon längst auf dem Weg in den Südatlantik. Nach Beendigung dieser Sonderaufgabe wurden dem Kommandanten die Fortsetzung des Kreuzerkriegs nach eigenem Gutdünken und der eventuelle Durchbruch in die heimatlichen Gewässer freigestellt.

Die Versenkung des Troßschiffes *Titania* rührte den Kommandanten des Hilfskreuzers, Korvettenkapitän Max Thierichens, stark ans Gemüt. Dieser wackere alte Kämpe

Titania (Baujahr 1895) war im März 1910 als ständiges Begleitschiff für das Ostasiatische Kreuzergeschwader angekauft worden und war seitdem in Tsingtau stationiert. Das Schiff hatte sämtliche Friedensreisen des Geschwaders mitgemacht und war damit in Ostasien sowie in der Südsee bekannt geworden wie der »Bunte Hund«. Er hatte im August 1910 außerdem eine Regierungsexpedition von Herbertshöhe im Bismarck-Archipel zu den Admiralitäts-Inseln befördert, damit dort das Anlegen einer Station vorbereitet werden konnte. Den großen Marsch durch den gesamten Pazifik von Tsingtau bis nach Mas a Fuera hatte die *Titania* außerdem mitgemacht, so daß sich Max Thierichens sehr wohl in die Gefühle ihres Kommandanten Kaleu d. R. Vogt hineinversetzen konnte, der nun die Versenkung seines Schiffes durch eigene Hand mit ansehen mußte.

Am 21. November lief das wiedervereinigte Kreuzergeschwader bei unsichtigem Wetter in die von bewaldeten Bergen mit Gletschern umgebene St.-Quentin-Bucht in der Nordostecke des Penas-Golfes. Dieser liegt am Ende des ersten Drittels der Distanz von Puerto Montt zum Kap Hoorn. Die gut ausgesuchte, gegen Wind und See völlig geschützte und vor fremden Blicken bestens verborgene St.-Quentin-Bucht liegt auf etwa 47° südlicher Breite und damit nur wenig südlicher als das auf der argentinischen Seite fast gegenüber liegende Comodoro Rivadavia. Vor dem endgültigen Verlassen der südamerikanischen Westküste sollten hier sämtliche Kreuzer noch einmal Kohlen und neue Vorräte übernehmen. In der Bucht lag bereits der 8000 BRT große Lloyd-Dampfer *Seydlitz* unter Führung von Kapitän Leuß wartend vor Anker. Das Schiff hatte sich bei Kriegsausbruch noch rechtzeitig von Australien absetzen können und war quer durch den Pazifik nach Valparaiso gelaufen und dort mit 4150 t Kohlen sowie Vorräten an Trinkwasser, Proviant und sonstigem Material schon am

20. Oktober wieder in See gegangen. Quertreibereien der britischen und französischen Gesandtschaften, die natürlich den Braten rochen, wer als Auftraggeber dieser Beladung in Frage kam, hatten die weitere Ausrüstung verhindert.

Am 25. Oktober fuhr die *Seydlitz* in der St.-Quentin-Bucht ein und traf dort den schon wartenden Dampfer *Ramses* (Kosmos-Austral Linie) unter Führung von Kapitän Bielenberg an. Dieses Schiff hatte schon am 12. Oktober Valparaiso mit Kohlen und Material für den Kreuzer *Dresden* verlassen, war jedoch selbst mit Proviant nur noch für eine kurze Zeitspanne ausgerüstet. Deshalb hatte man gut daran getan, in rund siebentägiger Arbeit auf eigene Initiative 2000 t Kohlen und Material von der *Ramses* auf die *Seydlitz* umzuladen, damit die *Ramses* wieder nach »Valpo« zurücklaufen konnte. Man konnte mal wieder den Hut ziehen vor der durchdachten und gut organisierten Arbeit hinter den Kulissen, die von der Etappe Valparaiso geleistet worden war: Fast zugleich mit dem Kreuzergeschwader erschien auch Kosmos-Kapitän Ebeling mit der *Memphis* auf der Bildfläche, der in der Nacht zum 19. November unbemerkt aus Punta Arenas entwischt war, um den Kreuzern 2400 t Kohle entgegenzubringen. Das Schiff war durch den nautisch so schwierigen Smyth-Kanal zum Penas-Golf gekommen.

Aber das war noch nicht alles: Am 23. November traf auch der Kosmos-Dampfer *Luxor* (Kapitän Walther) ein, der in der Nacht vom 18. zum 19. November, ebenfalls unbemerkt, Coronel verlassen hatte, mit weiteren 3600 t Kohlen an Bord. Dieser und die *Amasis* wurden von den beiden Großen Kreuzern sowie vom Beischiff *Baden* leergemacht, während die drei Kleinen Kreuzer ihre Vorräte aus der *Memphis* wieder auffüllten.

Auf Anordnung des Geschwaderstabes nahmen die in ihrem Fahrbereich begrenzten Kleinen Kreuzer zusätzlich eine ungewöhnlich große Decklast von Kohlen in Säcken* an Bord, da ja die Kohlennachschubverhältnisse an der Ostküste Südamerikas noch ungewiß waren, während leider ein sehr weiter Marsch des Geschwaders unausweichliche Gewißheit war. Außerdem fand zwischen *Scharnhorst* und *Gneisenau* ein Ausgleich der Munitionsbestände statt, weil das Flaggschiff vor Coronel erheblich mehr Munition hatte verfeuern müssen als das sogenannte Treffenschiff *Gneisenau*.

Aber noch etwas fand in der St.-Quentin-Bucht statt, was neu war und einige Rückschlüsse zuließ: Auf Anordnung von Graf Spee wurde der Dampfer *Seydlitz* (der ja über Fahrgasteinrichtungen verfügte) neben seiner Bestimmung als Kohlen- und Vorratsschiff zum Hilfslazarettschiff umgerüstet.

Der Geschwaderchef wußte sehr wohl, daß seine fünf Kreuzer vor Coronel einen »Mordsdusel« gehabt haben. Ein solches Glück würde sich, was das Ausbleiben eigener Verluste anbetraf, kaum jemals wiederholen. Spee drückte deshalb der Gedanke, bei einer neuen Gefechtsberührung plötzlich mit einer größeren Anzahl Verwundeter fertig werden zu müssen. Dazu waren die Voraussetzungen auf den Kampfschiffen mit ihren beengten Verhältnissen nur bedingt gegeben.

Der Schornstein der *Seydlitz* wurde weiß angemalt und mit beiderseitigen, weithin sichtbaren Roten Kreuzen verziert. Die Leitung des schwimmenden Lazarettes wurde dem Heeres-Assistenzarzt der Reserve Dr. Lange übertragen, dem zwei weitere Schiffsärzte von den anderen Troßdampfern zur Unterstützung beigegeben wurden.

* Die Kohlensäcke hatte man sich aus den Segeln der abgetakelten Viermastbark *Valentine* in provisorisch eingerichteten Taklerwerkstätten selbst geschneidert.

Die Tage in der St.-Quentin-Bucht waren nicht nur mit Arbeit ausgefüllt, sondern dienten auf ausdrückliche Anweisung des Geschwaderstabes auch der Erholung der Besatzungen. Monatelanges Bordleben ohne jeden oder fast ohne Landgang mit Auslaufmöglichkeit sind weder für den Kreislauf noch für den Geist förderlich. In der Natur konnte man sich durchaus ein bißchen regenerieren. Auch die Angler kamen wieder zu ihrem Recht. Außerdem sorgten auf allen fünf Kreuzern mal wieder die Bordkapellen für den nötigen »Schmiß«. Die Stimmung war also durchaus gut – nur beim Geschwaderchef nicht. Er stand erkennbar unter einer äußerst starken seelischen Anspannung.

Seitdem Viezadmiral von Spee den Kreuzer *Dresden* in sein Geschwader aufgenommen hatte, mithin seit der Osterinsel, hatte er noch nie seinen Fuß auf den Kleinen Kreuzer setzen können. Am 21. November aber meldete der Bootsmannsmaat der Wache dem Offizier vom Dienst recht aufgeregt: »Boot ahoi – Chefboot Admiral kommt längsseits!«

Man konnte gerade noch schnell genug eine Fallreepswache zur Aufstellung bringen, als der Verbandschef sichtlich aufgeregt die Treppe hinaufstieg, mit einer gewissen Geistesabwesenheit die Meldung des rasch herbeigeholten Kommandanten entgegennahm und sich von diesem in seine Kajüte führen ließ. Es ist heute nicht mehr rekonstruierbar, warum Graf Spee dort das Gespräch mit Kapitän Lüdecke und den Herren seiner Schiffsleitung, bald auch mit dem Bordnachrichten- sowie dem Dechiffrieroffizier gesucht hatte. Denkbar ist, daß Spee verärgert oder sogar gereizt auf das plötzlich an Bord der Kreuzer aufgekommene Gerücht reagierte, demzufolge angeblich japanische Panzerkreuzer vor Valparaiso erschienen seien – was natürlich unnötige Nervosität erzeugte. Es konnte also sein, daß Spee auf jedem einzelnen Schiff der Quelle dieser unsinnigen Behauptungen nachgehen wollte.

Freilich könnte es auch eine zweite Erklärung für das Verstörtsein des Geschwaderchefs geben: Bei seinem Besuch in Valparaiso hatte er zu seinem Entsetzen keinerlei Darlegungen des Berliner Admiralstabes vorgefunden. Er hatte erwartet, daß bei der deutschen Gesandtschaft in Santiago eine exakte Lageanalyse über die Seekriegslage in der Heimat und über die Möglichkeiten künftiger Operationen eingegangen wäre. Wenn er konkrete Entschlüsse über seine weitere Kriegsführung fassen sollte, benötigte er ein verläßliches Geflecht von Nachrichten und Empfehlungen. Und ein Seebefehlshaber in derart exponierter Situation wie Spee konnte sicherlich eine andere Gangart bei der ständigen Unterrichtung aller überhaupt erreichbaren Etappen und diplomatischen Vertretungen erwarten.

Natürlich wußte Spee über die Schwierigkeiten der Nachrichtenübermittlung Bescheid. Er war sich wohl auch darüber im klaren, daß hier und dort die Zustellung von Nachrichten sabotiert worden sein konnte.

Was Spee aber besonders an die Nieren ging, das war ein am 3. November aus New York eingegangenes Telegramm, das einen Auszug aus einem leider nirgendwo angekommenen Schreiben des Admiralsstabes enthielt. Es war eine Horrorvision, was dem Geschwaderchef darin offenbart wurde: Alle sogenannten Treffenlinien, auf denen Kohlendampfer außerhalb neutraler Gewässer auf die deutschen Kreuzer warten wollten, seien kompromittiert. Aus welchen Gründen auch immer, waren sie demnach zur Kenntnis des Gegners gelangt. Außerdem sprach man von starker Bewachung sämtlicher Verkehrsstraßen. Der mit ausführlichen Angaben versehene Brief aus Berlin war schon am 29. September abgegangen. Er habe auch eine Reihe von konkreten Nachrichten für die Etappen über die Kohlebeschaffung enthalten.

Dieser für Spee äußerst wichtige Brief war also nicht eingegangen. Mußte man irgendwo Verrat wittern, hatte der Gegner ihn abgefangen?

Aber es kam noch schlimmer: Ein weiteres Schreiben des Admiralstabes vom 10. Oktober war ebenfalls nicht angekommen, obwohl dessen Eintreffen in New York der Etappe Santiago schon am 7. November mitgeteilt wurde und von dem Graf Spee spätestens beim Zusammentreffen mit der *Dresden* am 18. November Kenntnis erlangt haben mußte. Aber auch das war noch nicht alles: Die *Dresden* mußte dem Geschwaderchef am 18. November noch ein weiteres New Yorker Telegramm ausgehändigt haben, das in Valparaiso am 12. November angekommen war. Es war der *Dresden* bei deren Eintreffen in diesem Hafen am nächsten Tag unverzüglich übergeben worden. Daraus ging hervor, daß die Abschrift des Briefes vom 10. Oktober nach San Francisco und Buenos Aires gesandt worden sei und alle weiteren Einzelheiten über Kohlenversorgung im Atlantischen Ozean, allgemeine Dislokation des Gegners, verfügbare deutsche Funkentelegrafiestationen und Anrufe, d. h. über den Rufzeichencode, enthielt.

Der Gedanke muß für Spee furchtbar gewesen sein, daß ausgerechnet er keinerlei Kenntnis von diesem für ihn lebenswichtigen Schreiben hatte, aber womöglich der Gegner über dessen Inhalt bestens informiert war. Brauchte man schon für all diese Nackenschläge starke Nerven, so war die nächste Hiobsbotschaft nun wirklich nicht mehr auszuhalten: Noch am Tage des Valparaiso-Aufenthaltes von *Dresden* und *Leipzig* war in »Valpo« über San Francisco ein weiteres Telegramm eingegangen und der *Dresden* mitgegeben worden. »Hier eingetroffen wichtiges Schreiben des Admiralstabes der Marine über englische Handelsbewachung im Atlantischen Ozean, enthaltend ferner Angaben, wichtig für Durchbruch nach Nordsee. Telegrafieren Inhalt sobald als möglich im Auszuge.«

Inzwischen war auch ruchbar geworden, daß der Inhalt dieses hochbrisanten Briefes zwischen dem 15. und 18. November von San Francisco nach Valparaiso ausführlich telegrafiert worden sei, was natürlich über Kabel geschah. Die funktelegrafische Übermittlung wäre viel zu riskant gewesen. Aber nun kam das totale Dilemma: Die Abfahrt der letzten aus »Valpo« für die Kreuzer bestimmten Dampfer *Luxor* und *Memphis* war auf Drängen des Geschwaderkommandos derart überraschend vor sich gegangen, daß diese hochkarätige Nachricht die Schiffsabgänge verpaßte. Was aber sollte Spee nun tun? Die Übermittlung eines so umfangreichen Telegramms war nur in Briefform möglich, aber eine Zustellung dieses Briefes war infolge der Kürze der noch verfügbaren Zeit nicht realisierbar. Das buchstäblich schicksalhafte Schreiben konnte jetzt dem eigentlichen Empfänger Graf Spee allenfalls an der Ostküste Südamerikas irgendwo zugestellt werden. Es traf am 17. November tatsächlich bei der Etappe La Plata in Buenos Aires ein. Aber damit war es noch längst nicht in den Händen des Vizeadmirals, dem es allenfalls bei einer späteren Kohlenversorgung vor Argentinien zugestellt werden konnte!

Spees Groll gegen die unzulängliche Nachrichtenversorgung schien also doch ungerechtfertigt gewesen zu sein, denn nun ergab das Puzzlespiel der Nachforschungen und Querbezüge aller eingegangenen Nachrichten, daß dieses alles entscheidende Schreiben vom 10. Oktober, das nicht angekommen war, sicherheitshalber in den wichtigsten Punkten in dieser neuen, ebenfalls nicht an den Adressaten gelangten Benachrichtigung wiederholt worden sei.

Wenn der bei Coronel so einsam zugrunde gegangene Sir Cradock ein Schicksal erlitt, das einer antiken Tragödie alle Ehre machte, dann zeichnete sich nun mit immer schrecklicherer Gewißheit ab, daß Cradocks Besieger nun der Nächste war, dem der Weg ins Verhängnis beschieden war. Zu verwundern war es also nicht, daß Spees psychologische Verfassung bei seinem unangemeldeten Besuch auf der *Dresden* schon fast den Charakter eines plötzlich eingetretenen Persönlichkeitswandels hatte – wenn auch nur vorübergehend. Auf der *Dresden* erlebte man den normalerweise in sich ruhenden Mann, wie ihn sonst wohl keiner vorher erlebt hatte, vor allem auch nach der Sitzung in Lüdeckes Kajüte. Er nahm nur »eine kurze und kalte Besichtigung der Formation vor, die gerade an Deck stand« und zog sich dann sofort wieder in sein wartendes Chefboot zurück. Es enttäuschte, nach bekundeten Aussagen von Augenzeugen, die *Dresden*-Männer verständlicherweise sehr, daß ihr verehrter Befehlshaber keinerlei Ansprache gehalten hatte – wie kurz sie auch hätte sein mögen. Er guckte sozusagen durch die Seeleute des Kreuzers hindurch, als seien sie Glasfiguren.

Aber niemand mochte dem seelisch schwer beladenen Mann einen Vorwurf machen. Die Männer seines Verbandes verstanden schon jetzt – und in den nächsten Tagen immer besser –, welche Last der Verantwortung und welche Besorgnis einem solchen Manne aufgebürdet waren.

Übrigens hatte Kreuzer *Dresden* aus Valparaiso die Nachricht mitgebracht, daß Kaiser Wilhelm II. dem Vizeadmiral Graf Spee für seinen Sieg vor Coronel das Eiserne Kreuz I. und II. Klasse verliehen habe und den Besatzungen der fünf Kreuzer weitere 300 Eiserne Kreuze II. Klasse. Solche Auszeichnungen ehren zwar einen Kriegsschiffverband. Aber sie stellen alle Disziplinarvorgesetzten vor dasselbe Problem einer gerechten Verteilung. Im Gefecht hatten sie alle bestmöglich ihre Pflicht getan. Keiner war mehr in Gefahr als der andere. Man konnte also nur besondere, herausragende Leistungen einzelner Geschützführer, E-Meß-Leute, Ausguckposten, Signal- und Funkgasten und bestimmte Führungsleistungen von Vorgesetzten honorieren.

Aber damit hatte das EK II seinen Sinn als eigentliche Tapferkeitsauszeichnung verfehlt.

Ein nicht geringes Problem bestand nun darin, 300 Auszeichnungen zu verleihen, die in Wirklichkeit gar nicht vorhanden waren. Sie lagen irgendwo im fernen Deutschland versandbereit, damit waren sie noch längst nicht in der Bucht von St. Quentin. Half da vielleicht die ganze Findigkeit, zu der handwerklich versierte Angehörige des Maschinenpersonals der Marine imstande sind? Als die *Dresden* die Nachricht von der Verleihung mitbrachte, erklärte der Geschwaderingenieur sofort: »Das kriegen wir wohl hin. Wer ganze Lagerschalen gießen kann, der kriegt auch noch Eiserne Kreuze zustande. Wenn man nur eine Vorlage in die Hand bekäme – die Gußform ist dann kein Problem.« Alle verfügbaren Lexika und Bücher wurden nach Ordenstafeln durchgewälzt. Aber das war dann doch nutzlos, weil die Abbildungen zu ungenau waren und keine Größenangaben enthielten. Und ein Eisernes Kreuz vom Deutsch-Französischen Krieg 1870/1871 hatte nun wirklich niemand dabei. Aber so etwas einfach »über den Daumen« zu peilen, das war nicht nach der Art des korrekten Geschwaderchefs. Selbst die bloße Ausgabe eigens geschneiderter Ordensbänder löste das Problem nicht, weil dann ja die Träger des Eisernen Kreuzes Erster Klasse leer ausgegangen wären. Graf Spee hätte den Männern, die zur Verleihung der Auszeichnungen vorgesehen waren, gern die Freude einer wirklichen Verleihung bereitet. Aber es half alles nichts. Er konnte die Schreibstuben aller Schiffe beauftragen, nach einheitlichem Muster eine Verleihungsurkunde zu improvisieren und diese dann, noch während des Aufenthaltes in der Nordwest-Ecke des Penas-Golfs, am 26. November den vorgesehenen Ordensträgern nur »mit einem feuchten Händedruck« aushändigen lassen.

Die fünf Kreuzer sowie die Troßschiffe *Baden, Santa Isa-*

bel und *Seydlitz* – mit zusammen 17000 t Kohlen im Bauch – waren nun bereit zum Abmarsch. *Memphis* und *Luxor* konnten als ausgeleerte Schiffe mit Dank wieder entlassen werden, während *Rhakotis* vorsorglich erst später mit der von *Dresden* übernommenen Besatzung der versenkten *North Wales* nach Callao/Peru in See gehen sollte. Es mußte unbedingt für einen zeitlichen Sicherheitsabstand gesorgt werden, damit die Royal Navy nicht zu früh aus der Anlandung der gefangengenommenen britischen Seeleute Rückschlüsse auf den Verbleib des Geschwaders ziehen konnte.

Die *Amasis* aber, mit dem Oberleutnant a. D. Helle als Supercargo an Bord, erhielt die Anweisung, auf keinen Fall vor dem 6. Dezember in Punta Arenas einzulaufen. Dort sollte sie dann eine neue Kohlenladung aus dem am 11. November eingetroffenen, von der Etappe San Francisco dorthin in Marsch gesetzten amerikanischen Dampfer *Minnesotan* übernehmen. Er habe 7300 t davon an Bord. Nach der Wiederbeladung sollte dann die *Amasis* einen Punkt an der Kreuzung der geografischen Koordinaten 40° Süd und 50° West ansteuern. Der liegt rund 400 Seemeilen südöstlich der La-Plata-Mündung. Dort solle dann *Amasis* sofort funktelegrafisch Kontakt mit dem Geschwader aufnehmen. In der St.-Quentin-Bucht war das Wasser so wohltuend ruhig gewesen wie in einem Dorfteich. Die Kohlenübernahmen waren daher besonders zügig von der Hand gegangen. Unangenehm war nur eine diesmal besonders schlimme Staubentwicklung der weitgehend ausgetrockneten Kohle. Die Schiffsärzte mußten das Aufsetzen der Rauchschutzbrillen anordnen, damit sich die Augen der Männer nicht entzündeten. Das war sehr wesentlich für Leute, bei denen die Augen ganz besonders wichtig waren: Geschützführer, Entfernungsmesser, Signalpersonal.

Kapitänleutnant Nieden machte nach dem Verlassen der Bucht nochmals eine »Ronde« durch seinen Kreuzer. Er und der Artillerieoffizier hatten streng darauf geachtet, daß die überall als Deckslast aufgetürmten Kohlensäcke nirgendwo das Schußfeld der Geschütze und den Sicherheitsbereich irgendwelcher Feuerleitoptiken einengten. Er prüfte noch einmal, gemeinsam mit dem Bootsmann, die fachgerechte, seefeste Verzurrung der Kohlensäcke. Aber wirklich gewöhnt hatten sich die beiden seemännisch für den Zustand des gesamten Außenschiffs und seiner Decks verantwortlichen Männer noch immer nicht an den Anblick dieser »Galamonsterfuhre«, die sie sich da aufgesackt hatten: Beide Seiten des Mitteldecks waren restlos vollgepackt mit Kohlensäcken. Die Last war so groß, daß an einigen Stellen Durchbiegungsgefahr bestand. Man mußte vorsorglich zu Abstützmaßnahmen greifen.

Das war kein Kreuzer mehr, sondern eine überladene Kohlenzille. Wirklich hatte man auch auf dem Aufbaudeck keinen Winkel von Kohlensäcken verschont gelassen. Über den Sauberkeitsgrad des Schiffes hatte man sich sowieso alle weiteren Gedanken abgewöhnt. Schwarzer Staub und naßschwarzer Dreck, wohin man auch blickte und faßte. Wie sollte man zwischen diesen aberhundert Kohlensäcken auch noch ein Gefecht führen können ... Deren Inhalt mußte also als erstes unter die Feuer, darüber herrschte Einvernehmen zwischen den Ressorts Deck und Maschine. Und im übrigen mußten ein ordnungsliebender I. Offizier und sein ebenso veranlagter Bootsmann den ungewöhnlichen Zustand schlucken. Sie wußten allzu gut, daß die *Dresden* noch einen verdammt weiten Weg vor sich haben dürfte, bis es irgendwo auf dem Atlantik endlich wieder neue Kohlen geben würde.

Hoffentlich gab es sie tatsächlich ...

Die Gletscherlandschaft der stillen St.-Quentins-Bucht hatte beim Abschied zum Malen schön in der Abendsonne gefunkelt. Mancher sah gebannt hinüber. Und hätte es damals schon Farbfotografie gegeben, wäre wohl jeder Kamerabesitzer losgetrabt, um dieses Motiv zu erhaschen.

Kapitän Lüdecke kam dieser Farbenzauber um einige Grade zu unnatürlich vor. Die Wettermeldungen waren allzu spärlich, weil es in diesem weiten, weitgehend menschenleeren Raum noch keine meteorologischen Beobachtungsstationen gab. Das Barometer benahm sich merkwürdig indifferent. Aber Lüdeckes ausgeprägte Nase hatte auch diesmal die richtige Witterung: Das geht nicht gut. Kreuzer *Dresden* kriegt heute nacht »eins auf die Mütze«.

Auch Kaleu Nieden, der zum Kommandanten auf die Brücke kam, hatte ein ungutes Gefühl: »Herr Kapitän, wenn wir bloß unsere Kohlensäcke heil bis zum Kap Hoorn durchkriegen!«

Kaum hatten die Kreuzer ihre Nasen aus dem Penas-Golf hinausgesteckt in den freien Pazifik, da begannen sie alle im aufgekommenen steifen und bald stürmischen Südwest Rumba zu tanzen. Und die Kleinen Kreuzer, die relativ mehr Deckslast tragen mußten als ihre größeren gepanzerten Kollegen, begannen am stärksten zu schlingern.

Am ersten Abend hatte man in den Mannschaftsdecks und Messen noch einigermaßen reibungslos das Abendessen einnehmen können – dank der überall aufgestellen Schlingerleisten auf den »Backen« oder Tischen. Eine Flasche konnte man schon nirgendwo mehr hinstellen. Wenn man wenigstens beim Teetrinken seine große Muck (Keramiktasse) fest in der Hand behielt, konnte man mit einigem Amüsement zusehen, wie der Flüssigkeitsspiegel in einem Winkel bis zu 45 % zwischen den beiden extremen Hartlagen des Schiffes hin und her pendelte.

Aber bald amüsierte sich niemand mehr über irgend etwas. Die Weiterreise mit Kurs Kap Hoorn wurde eine einzige Zumutung für alle Beteiligten.

Hans Pochhammer schrieb darüber in seinem bereits erwähnten Buch: »Mit einem guten Schiff ein Unwetter abzutun, ist ein Genuß. Ringsum das aufgeregte Element, das von Sturm gepeitschte Meer ist so ganz Natur. Nichts Künstliches ist darauf als eben dieses Schiff, auf dem wir stehen . . . Man fühlt sich so frei und sieghaft . . .«

Wahrscheinlich muß man so schreiben, wenn man den Auftrag hat, eine Marinebegeisterung zu wecken. Fest steht auch, daß der I. Offizier der *Gneisenau,* eben jener Autor, auf seinem Großen Kreuzer nicht halb so schlimm dran war wie die Besatzungen der Kleinen Kreuzer. Aber man schmälert die Persönlichkeit Pochhammers sicherlich nicht, wenn man nüchtern konstatiert, daß ihm die Männer der *Dresden* sicherlich die Augen ausgekratzt hätten, wenn er ihnen einen solchen Schmarren vorgelesen hätte.

Arno Dohm schrieb wenigstens: »Der brausende Sturm wächst mehr und mehr, die aus Südwesten anstehende See läuft höher und höher. Die drei Kleinen Kreuzer schlingern abscheulich und tauchen ihr Vorschiff oft bis über die Relings in die graugrünen Fluten.« Nun stehen – wie das Sprichwort sagt – die besten Seeleute immer an Land. Sehen wir lieber, was die *Dresden*-Männer selbst beobachtet und empfunden haben:

»Auch die Zeit hatte uns jetzt den Krieg erklärt. Die Stunden rasten vorbei und die Wellen sowie ein Wirbelsturm peitschten das Schiff und suchten in Masten, Bootsdavits und beigeklappten Fallreeps Teile wegzuzerren, ließen den Kreuzer bis in die letzten Spanten ächzen und stöhnen. Es war ein seltsames Konzert aus Donnern, Sturm und Meer. Es kam der Augenblick, wo wir uns fragten, was mit der Decksladung geschehen solle. Es war aber allen verboten, überhaupt noch an Deck zu gehen, wenn es nicht unbedingt notwendig war. Aber dann gab es doch keinen anderen Ausweg, wir mußten es tun. Der Erste Offizier selbst ging, angetan mit Ölzeug und Südwester, voran. Wir bildeten eine Kette mit den Händen, und zwar im besonders festen Feuerwehrgriff, damit uns die Brecher nicht über Bord rissen. Überall stieg »Grüne See« ein, schwallte Wasser entlang und überschüttete die *Dresden* dermaßen, daß selbst oben in den Nocken der Kommandobrücke das Wasser bisweilen bis zu 30 Zentimeter hoch stand.

Unter Deck sah es nur um Nuancen besser aus: Diejenigen, denen es überhaupt noch gelungen war sich hinzulegen, mußten in ihren kalten, feuchten Kojen und den schaukelnden Hängematten versuchen, auf irgendeine Weise etwas Wärme zu finden. Aber sie waren wenigstens in Sicherheit! Um 4.00 Uhr morgens wurde die ›Hundewache‹ abgelöst, die Morgenwache begann.

Die Wache hatte also gewechselt, leider aber das Wetter nicht ebenfalls. Die Sache war äußerst bedrohlich geworden. Die Mehrheit der Kohlensäcke war losgerissen und schleuderte gefährlich von einer Seite zur anderen, während sogar die Spanten und Decksbalken des Schiffes ächzten und stöhnten.

In manchen Augenblicken sammelte sich die verrutschte Deckslast derart auf einer Seite, daß wir um unsere Kenterstabilität fürchten mußten.

Aber die Gegenwehr war voll im Gange, schließlich besaßen wir noch einigen Selbsterhaltungstrieb. Während schwallendes Seewasser, darin umherschießende treibende Gegenstände, die sich losgelöst hatten, und immer neuer aufquellender Kohlendreck samt Lawinen hin und her schießender Kohlensäcke ein lebensbedrohendes Chaos produziert hatten, kämpften wir uns, bis zum Gürtel im Wasser stehend, durch das alles hindurch.

Wir hatten nur ein einziges Ziel, und möglicherweise sogar nur diese einzige Chance: Wir mußten die Stabilität der *Dresden* wiederherstellen.

In verständliches Deutsch übersetzt bedeutete das: Wir

mußten ohne jede Rücksicht auf uns selbst schnellstmöglich mindestens 100 t Deckslast-Kohle über Bord werfen. Es war wirklich zum Haareausraufen: Eben dieselben Kohlensäcke, die mühsam in Handarbeit angefertigt und in unendlicher Plackerei übernommen, sackweise aufgeschichtet werden mußten, von denen vielleicht auch das Hingelangen bis zum nächsten Bekohlungspunkt abhängen konnte, mußten jetzt so schnell wie möglich über Bord geworfen werden, wenn die *Dresden* durchkommen sollte!

Mehr als einmal gellte schrill der Ruf ›Wahrschau‹ durch den Sturm – an Land würde man ›Vorsicht‹ rufen. Und es war fast ein Wunder, daß es in allen Fällen gelang, den in Schußfahrt herbeijagenden Kohlensäcken ebenso auszuweichen wie dem nächsten einsteigenden Brecher. Wir haben es tatsächlich geschafft, ohne jeden Knochenbruch, wenn auch unter Inkaufnahme vieler blauer Flecken, besagte hundert Tonnen Kohle in den Pazifik zu werfen. Wir wußten alle, worum es ging.

Aber nachdenken durften wir über solchen Wahnsinn nicht: Warfen wir nicht das über Bord, was uns vielleicht nachher das Überleben sichern konnte?

Aber überlebt werden mußte zuallererst jetzt. Über das, was danach kam, würde man neu befinden müssen.« (Aussagen Arnold Böker und Martin Dumbries.)

Aber von dem »Genuß, mit einem guten Schiff ein Unwetter abzutun«, hatte man auf dem Kleinen Kreuzer *Dresden* jedenfalls ganz und gar nichts bemerkt. Sogar der immer beherrscht wirkende, niemals jähzornige oder sonstwie aus der Rolle fallende Erste Offizier Kurt Nieden rieb sich am Ende eine gestauchte Hand, goß aus seinem linken Seestiefel einen ganzen Eimer Wasser, wrang sein klatschnasses Handtuch, mit dem er den Kragenausschnitt seiner Öljacke halbwegs abgedichtet hatte, mit Hilfe eines Obermaaten aus (weil die gestauchte Hand nicht mehr mittun wollte) und sagte etwas noch nie von ihm Gehörtes: »Wenn ich noch einmal auf die Welt kommen sollte, werde ich Berufsoffizier bei der Armee, möglichst in der Lüneburger Heide.«

Erst nach 24 weiteren Stunden war der Sturm vorbei, am Ende schien sogar die Sonne, beinahe ein wenig verschämt, über einer wieder sanfter werdenden blauen Dünung. Die Wolken verkleinerten sich, Albatrosse segelten heran an die *Dresden,* die endlich wieder ihre »Vordermänner« in der Kiellinie der Schiffe sehen konnte. Dafür sank die Temperatur immer weiter, während das Geschwader bereits östlichen Kurs steuerte, um das berüchtigte Kap Hoorn umrunden zu können, das am 2. Dezember bei leichter achterlicher Dünung tatsächlich an Backbord in Sicht kam. Wohl jeder, der abkömmlich war, um mal eben an Deck zu kommen, betrachtete diese Felsformation, in der die Anden-Kette ausläuft.

»Eisberg Steuerbord voraus!«, meldeten bald darauf die Ausguckposten. Das war natürlich eine Sensation. Einer der Entfernungsmeßspezialisten nahm Maß und kam auf rund 500 m Länge, bei einer geschätzten Höhe von etwa 50 m. Und wohl keinem an Bord war sonderlich wohl bei dem Gedanken, daß eine etwaige Begegnung mit diesem Ungetüm bei Nacht recht böse hätte ausgehen können. Aber ein bald an alle ausgegebener Kap-Hoorn-Punsch aus französischem Beute-Rotwein der bei Mas a Fuera versenkten Viermastbark *Valentine* verscheuchte solche Gedanken bald.

Dafür betrat bald jemand die Kommandobrücke, dem Kapitän Lüdecke seinen Kummer schon von weitem ansah. Es war mal wieder der Leitende Ingenieur Wilhelm Stein: »Bitte gehorsamst, Sie mal unter vier Augen sprechen zu dürfen!«

Lüdecke wußte sehr wohl, was das zu bedeuten hatte. Er war auf alles gefaßt.

Stein kam sofort zur Sache. Der Kohleneinsparungseffekt

durch Schiebewind und mitlaufende See sei leider reichlich wettgemacht worden durch das schwere Arbeiten des Schiffes bei Sturm. Der größte Kohlenfresser namens *Dresden,* das einzige Turbinenschiff des Geschwaders, habe mal wieder einen derartigen Kohlenappetit entwickelt, daß er, Wilhelm Stein, entsetzt sei. Er wollte es selbst kaum glauben, habe in seiner Kammer mehrfach mit dem Rechenschieber hin und her kalkuliert. Er könne es drehen und wenden, wie er wolle: Der Brennstoff reichte mit Sicherheit nicht bis hinauf zum Kap Dos Bahias, das als nächste Bekohlungsposition genannt worden sei. Der Verlust der geopferten Deckslastkohle gebe ihm diese Gewißheit erst recht.

Lüdecke, seit Monaten ohne Unterlaß von immer neuen Kohlensorgen gebeutelt, zwang sich zur Ruhe, obwohl schon das Aussprechen des Wortes Kohle unterschwellig eine Art Aggressionslust in ihm aufbaute. Diesen Brennstoff hatte wirklich der Teufel erfunden. »Stein – leider wissen Sie genau wie ich, was uns die schon auf dem Marsch von Mexiko zum Pazifik gemachten Erfahrungen gelehrt haben: Eine Bekohlung auf See vor Argentinien werden wir wohl ›vergessen‹ müssen. Wenn nochmals nachzubunkern ist, dann kann das nur hier unten in der Kap-Hoorn-Region geschehen.«

Der Kommandant der *Dresden* ließ einen Winkspruch »WdL« (Weitergeben durch die Linie) abgeben. Er begann mit der Abkürzung »K an A«, Kommandant an Admiral, und enthielt die Bitte um Brennstoffergänzung vor Eintritt in den Atlantik.

Graf Spee ließ zurückwinkern, daß das wohl möglich sein werde. Auch ihm hatte der Geschwaderingenieur Klein schon in den Ohren gelegen, zumal ja auch die anderen Kleinen Kreuzer Deckslast hatten abwerfen müssen und ohnehin allesamt unzulänglichen Aktionsradius hatten.

Da traf es sich doppelt gut, daß ein aufmerksamer Offizier vom Fleckerstand der *Gneisenau* aus kaum wahrnehmbare, hauchfeine Striche über der Kimm entdeckte. Kreuzer *Leipzig* wurde detachiert, um die Nationalität des gesichteten Segelschiffes festzustellen. Es handelte sich um den kanadischen Rahsegler *Drummuir,* der mangels Funkanlage nichts von der verhängten Fahrtsperre für britische Handelsschiffe auf dieser Route wußte. Das Schiff hatte wunderbarerweise Cardiff-Kohle geladen und wurde nun als Prise von der *Leipzig* in Schlepp genommen.

Jetzt war man sich auf dem Flaggschiff einig, daß dieser Wink des Himmels wahrgenommen werden müsse.

Die *Scharnhorst* signalisierte, daß die Insel Picton anzulaufen sei, die nördlich der Kap-Hoorn-Insel den Ausgang des Beaglekanals markiert. Diese Meerenge zwischen der Großinsel Navarino und dem feuerländischen Festland wurde nach dem Forschungsschiff *Beagle* benannt, auf dem Charles Darwin seine Weltreise unternommen hatte.

Es war bereits helle subantarktische Frühsommernacht, als die Kreuzer in den Beaglekanal einsteuerten und schließlich um 5.00 Uhr morgens in einer schützenden Bucht auf der Ostseite von Picton auf 60 m Wassertiefe zu Anker ging. Erschrocken flüchtete eine ganze Schar Robben mit Kopfsprung von den Felsplatten der Bucht, als das Gepolter der Ankerketten, mit lange nachhallendem Echo, die stille Landschaft durchdrang. Die *Drummuir* wurde zum möglichst raschen, völligen Leermachen zwischen die Beischiffe *Baden* und *Santa Isabel* gelegt. Zwischendurch kohlten reihum die Kleinen Kreuzer aus der *Seydlitz.* Immerhin wurden 3000 t Kohle aus der *Drummuir* herausgeholt, die man zuletzt in tiefem Wasser außerhalb der Dreimeilenzone versenkte.

Es wurden noch einmal friedlich-ruhige Tage vor Picton. Jäger durften an Land gehen und mit ausgeborgten Gewehren in den Buschwald eindringen. Abends sangen die

Mannschaften an Deck, besuchten sich die Offiziere von Schiff zu Schiff gegenseitig in ihren jeweiligen Messen.

Man hatte endlich wieder Zeit für einen richtigen Klönschnack. Man hob das Glas auf glückhafte Weiterfahrt und sang gemeinsam zur Laute.

Niemand ahnte, wie verhängnisvoll gerade die vor Picton verlorenen Tage werden sollten – sie entschieden über das Schicksal des Ostasiatischen Kreuzergeschwaders!

Sogar Graf Spee ging mehrfach an Land. Er holte mal den einen oder anderen Kreuzerkommandanten ab, um mit ihm zusammen Robben zu belauschen, durch den Busch zu streifen und vielleicht abends noch eine Partie Bridge mit ihm zu spielen. Graf Spee war wieder, wie es auch Kapitän Lüdecke schien, ganz der Alte geworden.

Er strahlte Ruhe und Zuversicht aus, obwohl 10000 Seemeilen Kriegsmarsch ins Ungewisse bevorstanden – falls es wirklich gelingen sollte, die Heimat zu erreichen.

Der letzte Bekohlungstag vor Picton war ein Sonntag. Und nach dem Bordgottesdienst auf allen Kreuzern setzte die *Scharnhorst* das Flaggensignal: »Kommandantensitzung!« Es wurde die dramatischste Sitzung dieser Art in der Geschichte des Kreuzergeschwaders. Sie geriet bis an die äußerste Grenze dessen, was nach dem Gesetz von Befehl und Gehorsam möglich war, um nicht in regelrechte Auflehnung einzelner Kommandanten umzuschlagen.

Es war drei Stunden vor dem Auslaufen. Zunächst begann alles ganz ruhig damit, daß der Chef des Stabes, Kapitän Fielitz, einige Grundinformationen gab, soweit das Geschwader sie überhaupt besaß. Konkret wußte man nur, daß die Etappen New York und La Plata vom Admiralstab beauftragt waren, die Kohlenversorgung des Geschwaders vorzubereiten. Aus Valparaiso hatte die *Dresden* ein am 9. November aus Buenos Aires eingegangenes Telegramm mitgebracht: »Unterrichten Sie das Kreuzergeschwader, daß

Kohlenversorgung durch Dampfer aus Häfen von Argentinien und Brasilien nicht möglich sei, nur von Nordamerika aus, man solle deshalb einen möglichst großen Troß eigener Kohlendampfer mitbringen.

Die Etappe Westafrika hatte nach Valparaiso gemeldet, daß auf der Kanarischen Insel Palma ein Dampfer mit 4000 t Kohle bereit läge, vor Teneriffa weitere vier Dampfer mit zusammen 8000 t.

Hinter den Kulissen war noch mehr geschehen, was freilich der Geschwaderstab nicht wissen konnte. Die Etappe New York hatte neutrale Dampfer mit 40 000 t und zwei deutsche mit weiteren 11 000 t Kohle gechartert. Im Bereich der portugiesischen Inseln Kapverden, Azoren, Madeira versuchte man ähnliches.

Auf jeden Fall hatte man beim Admiralstab richtigerweise eine (dem Grafen Spee mangels Benachrichtigung nicht bekannt gewordene) Treffenlinie westlich von Island aufgebaut und sah tatsächlich die Dänemarkstraße für den Durchbruch zur Nordsee vor. Und man hatte hinzugefügt, daß nach Angabe von Kennern sogar das Kohlen in Lee der Grönland-Eisbarriere möglich sei.

Sogar die Entsendung eines Munitionsdampfers war vorgesehen, damit das Kreuzergeschwader auf jeden Fall für ein weiteres großes Gefecht gewappnet sei. Seit Coronel hatten die beiden Großen Kreuzer einen halbierten Munitionsvorrat: Jeder nur noch 445 Schuß für die schwere und 1100 Schuß für die mittlere Artillerie. Und noch eine Information gab Spee den Kommandanten bekannt: Der Leiter der Etappe New York hatte beim Admiralstab angeregt, dem Geschwader einen Panzerkreuzer der schnellen *Von-der-Tann-Klasse* ins Durchbruchsgebiet entgegenzuschikken.

Viel war es nicht, was Graf an Informationen bieten konnte. Das Ganze blieb eine äußerst vage »Fahrt ins

Blaue«. Und die Kommandanten waren keineswegs einhellig der Meinung, ob es sinnvoll sei, das Geschwader bei dem gesamten Weitermarsch zur Nordsee auch weiterhin kompakt zusammenzuhalten. Die Schiffe seien weniger zu tarnen und nur unter größten Schwierigkeiten zu versorgen. Fünf einzeln operierende Kreuzer als Handelsstörer hätten größere Chancen, sich aus Prisen mit neuer Kohle zu versorgen, außerdem wäre die große Diversionswirkung beim Gegner ein strategischer Vorteil.

Aber in diesem Punkt biß jeder auf Granit, der Spee vom Gedanken der massierten Schlagkraft des vereinten Geschwaders abhalten wollte. Coronel habe ja gerade bewiesen, wie richtig die Taktik auch im Pazifik gewesen sei. Es hatte also keinen Zweck, diese Frage ein weiteres Mal anzuschneiden.

Was nun aber kam, verschlug den anwesenden Kommandanten glatt die Sprache. Sie glaubten, nicht richtig gehört zu haben:

»Nach dem Abmarsch von Picton wird der Verband sich in Richtung Falkland-Inseln begeben. In der Nacht vom 6. auf den 7. Dezember übernehmen *Gneisenau* und *Nürnberg* die Vorhut. Um 8.00 Uhr am 8. Dezember müssen sie an der Einfahrt von Port Stanley sein, ihre Landungskorps ausschiffen, die Telegrafenstation zerstören, das dortige große Kohlenlager der britischen Flotte in Brand setzen und den britischen Gouverneur gefangennehmen.«

Es entstand bedrückende Stille. Um Himmels willen, in welche Sache hatte sich der Admiral da verrannt! Ganz abgesehen davon, daß soeben der bis dahin so erfolgreich gewesene Kreuzer *Emden* am 9. November bei einem ähnlichen Handstreich – beim Zerstören der britischen Kabelstation auf den australischen Cocos Islands – zugrunde gegangen war.

Nach kurzem Nachdenken äußerten sich die Befürworter

des Plans: Es waren der Chef des Stabes und der Kommandant der *Nürnberg*. Sie beschworen Schneid, Entschlußfreudigkeit und Überraschungstaktik als Tugenden der Kreuzerkriegführung. Alle anderen Kommandanten sahen die beiden Fürsprecher ungläubig an, denn schon in Fähnrichstagen hatte man ihnen eingeschärft, daß gesicherte Aufklärung das oberste Gebot jeder Kreuzertaktik zu bleiben habe. Vor allem Kapitän Lüdecke erinnerte sich seiner stets mit Hilfe der Beischiffe gefahrenen Aufklärungsstreifen. Er würde allenfalls eins der Troßschiffe, getarnt mit der argentinischen oder brasilianischen Flagge, mal nachprüfen lassen, ob das Nest leer ist oder Gefahr droht. Solange er das aber nicht wisse, würde er an Spees Stelle seine Kreuzer schön weit entfernt halten, außer Sichtweite der Falkland-Inseln.

Graf Spee, der eine Viertelstunde vorher noch kurz die Feindlage gestreift und eine bestimmte Anzahl von Gegnerschiffen in diesem Seegebiet für wahrscheinlich erklärt hatte, erklärte jetzt zum Erschrecken der meisten Sitzungsteilnehmer: »Wir werden leichtes Spiel haben. Die Reede von Port Stanley wird ungeschützt sein, allenfalls mit Ausnahme der *Canopus,* die dort vielleicht als schwimmende Batterie dient. Bereits in Valparaiso habe ich ein Telegramm erhalten, demzufolge eine Schiffsfunkmeldung bestätigt habe, daß der Flottenstützpunkt Port Stanley leer sei. Die feindliche Flotte ist offensichtlich in Richtung Südafrika abgefahren, um einen neuen Burenaufstand niederzuschlagen.«

Jetzt wurde die Stille geradezu lähmend. Dieses Telegramm stammte von einem britischen Frachter, das war allen bekannt!

Fregattenkapitän Haun versuchte sich zu beherrschen: »Bei allem Respekt, Herr Admiral, erlaube ich mir gehorsamst Ihnen zu sagen, daß das Telegramm falsch ist. Die Engländer versuchen, uns in eine Falle zu locken.«

Darauf erwiderte Spee: »Ich gebe zu, es besteht eine gewisse Gefahr. Aber was riskieren wir schon gegen die Kräfte von Admiral Stoddard? Die *Defence* ist der einzige wirkliche Gegner für uns. Die *Carnarvon* ist vom ähnlichen, die *Cornwall* sogar vom gleichen Typ wie die von uns versenkte *Monmouth*. Die *Glasgow* und die *Bristol* zählen nicht, die *Canopus* ist alt und morsch. Ich denke, meine Herren, daß eine solche Macht dem Sieger von Coronel nicht lange widerstehen kann.«

Also doch eine Art Übermut oder sogar Hybris, wagte Lüdecke zu denken. Aber schon meldete sich der Kommandant der *Gneisenau* zu Wort, der den Angriff auf Port Stanley leiten sollte, Kapitän zur See Gustav Otto Maerker: »Darf ich mir gehorsamst erlauben, Sie zu fragen, Herr Admiral, ob Sie immer noch beabsichtigen, am südlichen Rio de la Plata Proviant für die Weiterreise nach Deutschland zu nehmen? Es wäre doch logisch, daß man uns eben diese Absicht unterstellt und uns in Port Stanley erwartet. Warum sollten wir den Gegner dort angreifen?«

»Einfach deshalb, weil wir dem Feind damit eine Nachschubbasis und eine Telegrafenstation wegnehmen. Aber auch, um den Angriff der australischen Flotte zu rächen, die Samoa überfiel und sich des dortigen kaiserlichen Gouverneurs bemächtigt hat.«

Maerker ließ nicht locker: »Wenn wir die Falkland-Inseln angreifen, werden die Briten, selbst wenn wir Erfolg haben, über Telegrafie unsere Position verbreiten. Wir verlieren das Geheimnis unserer Bewegungen. An der argentinischen Küste können wir keine Kohlen bunkern, weil alle in Alarmbereitschaft sind. Wie werden wir dann nach Hause kommen?«

»Noch weitere Meldungen, meine Herren?« fragte der Geschwaderchef, nun schon etwas kurz angebunden.

»Herr Admiral, ich stimme voll mit den Ausführungen

des Herrn Maerker überein«, sagte Fritz Lüdecke, Kommandant der *Dresden.*

Fregattenkapitän Haun hielt es einfach nicht mehr ohne nochmalige Wortmeldung aus: »Gehorsamst, Herr Admiral, aber wenn ich die Ehre hätte, den Flottenverband zu befehligen, würde ich hundert Seemeilen weit an den Falkland-Inseln vorbeifahren und jedes Gesichtetwerden tunlichst vermeiden ...«

Das grenzte bereits an Insubordination. Befehl und Gehorsam gerieten aus dem Lot. Der Vizeadmiral hatte seine Entscheidung tausendmal überlegt. Schließlich verkündete er kategorisch: »Meine Herren, die Engländer zögern immer mit ihren Entscheidungen. Einen erneuten Angriff werden sie zweifellos beantworten, aber erst später. Ich mache keinen Kaperkrieg, mein Flottenverband ist hier, um zu kämpfen. Wir können unsere Positionen nicht bis nach Deutschland geheimhalten. Früher oder später werden wir kämpfen müssen – und ich bin der Meinung: je früher, desto besser. Ich werde die Kreuzer, die mir Seine Majestät anvertraut hat, nicht für die Lappalie riskieren, Handelsschiffe zu verfolgen, um später in irgendeinem neutralen Hafen jämmerlich interniert zu werden. Übermorgen früh um 8.00 Uhr werden wir Port Stanley angreifen!«

Lüdecke durchfuhr es, daß er irgendwo mal etwas von germanischer Todessehnsucht gelesen hatte. Er spürte das Verhängnis beinahe körperlich. Er und Haun, neben Maerker die beiden Hauptopponenten gegen Spees tatsächlich unsinnigen Plan, wechselten noch einmal tiefe Blicke miteinander, bevor sie wieder ihre Dampfboote bestiegen und auseinandergingen – für immer, wie sich bald herausstellen sollte.

Es war tatsächlich programmiert, was nun kommen mußte. Unheilvollerweise erreichten zwei Telegramme das Geschwader nicht mehr. Das eine hatte die Etappe San

Francisco am 23. November nach Valparaiso übermittelt: »Nach Pressenachrichten englisches Geschwader, bestehend aus 10 Schiffen, 300 Seemeilen von Montevideo gesichtet; mit allen Mitteln Kreuzergeschwader warnen, Punta Arenas benachrichtigen!«

Was niemand wußte: Admiral Stoddard hatte schon am 26. November die Gewißheit erhalten, daß der Kern des gemeldeten Geschwaders, das mit einem Gefolge von acht Kohlendampfern herbeieilte und außerdem in Port Stanley über weitere große Vorräte verfügte, aus den modernsten britischen Schlachtkreuzern *Invincible* und *Inflexible* bestehen werde. Gegen die insgesamt 16 Geschütze Kaliber 30,5 cm war kein Kraut gewachsen. Dagegen wären die 21-cm-Geschütze der beiden Großen Kreuzer *Scharnhorst* und *Gneisenau* machtlos, hätte die gesamte Artillerie der drei Kleinen Kreuzer nicht einmal symbolischen Nutzen.

Bei schönem klarem Wetter liefen die fünf Kreuzer des Grafen Spee an der Südküste Feuerlands entlang und weiter an der langgestreckten Insel Staten Island vorbei in den Atlantischen Ozean. Die Männer auf der *Dresden* erinnerten sich des schweren Sturms, den ihr damals leckendes Schiff vor mehr als zweieinhalb Monaten hatte durchstehen müssen.

Morituri te salutant

In London war über Nacht alles anders geworden, als die unfaßbare Nachricht von der Vernichtung der Panzerkreuzer *Good Hope* und *Monmouth* eingetroffen war. Jetzt war der Jähzorn des gereizten britischen Löwen geweckt. John Arbuthnot Fisher, Admiral of the Fleet (Großadmiral) der Royal Navy und Erster Lord der britischen Admiralität, geistiger Vater auch der Großkampfschiffe vom Typ Super-Dreadnought (zu dem *Invincible* und *Inflexible* gehörten), übernahm zwei Tage nach der Schlacht von Coronel eine brisante neue Aufgabe – im Alter von 73 Jahren. Sie lautete schlicht, Coronel zu rächen.

Fisher, in der Admiralität wegen seines tyrannischen Auftretens gefürchtet, gehörte zu den Seestrategen großen Formats. Als der Marineminister Winston Churchill ihn fragte, was er an der Stelle des Grafen Spee tun würde, erklärte er lakonisch: »Ich würde alle deutschen Reservisten in Chile einziehen, an der Küste der Falkland-Inseln jede Menge Artillerie aufstellen und aus dem Archipel ein zweites Helgoland machen. Damit hätte ich den Schlüssel zum Pazifik und zum Atlantik in den Händen. Ich würde die Getreide- und Fleischlieferungen vom La Plata nach Großbritannien unterbinden und die weitere Salpeterzufuhr aus Chile stoppen. Dann würde ich den Südatlantik überqueren, Botha (den südafrikanischen General) in Walvis Bay überwältigen und mit Hilfe der nicht britenfreundlichen Buren Südafrika zum Verbündeten Deutschlands machen. Auch würde ich meinen Kreuzerverband in fünf Gruppen aufteilen und den Verkehr der Entente zerschlagen.«

Fishers Ansicht über Coronel war erbarmungslos: »Dort hat Spee nicht gewonnen – *wir* haben verloren. Wir haben ihm einen vorgekochten und vorgekauten Sieg geliefert.«

Rücksichtslos geißelte Fisher all die gemachten Kardinalfehler und Stümpereien, die schon Cradock beim Namen genannt hatte und denen er zum Opfer gefallen war.

Jetzt hatte sich an der Themse plötzlich so einiges verändert. Vizeadmiral Sir Doveton Sturdee, bislang Chef des Admiralstabs, der auch zu denen gehörte, die nicht auf Cradock hatten hören wollen, wurde zum Oberkommandierenden der Flotte des Atlantiks und des Pazifiks ernannt und mit den Worten in Marsch gesetzt: »In einer Stunde geht Ihr Zug nach Davenport. Dorthin werde ich jetzt sofort die *Invincible* schicken, die Sie als Flaggschiff übernehmen werden. Außerdem bekommen Sie die *Inflexible* mit. Sie haben ausreichende Befehlsgewalt, um dem Chef des Marinearsenals die sofortige Abfahrt zu befehlen, damit sie spätestens am 11. November kampfbereit sind. Mit der Abenddämmerung dieses Tages legen Sie ab mit Kurs Südatlantik. Ihr Ziel sind die Falkland-Inseln, die Sie vor dem deutschen Kreuzerverband erreichen werden. Zerstören Sie diesen Verband und kehren Sie binnen sechs Wochen zurück. Der einzige, der dieses Ziel kennen darf, sind Sie selbst. Sie werden schriftliche Anweisungen erhalten.

Sie werden auf der Reise nur zweimal Station machen, jeweils nicht mehr als 12 Stunden, um Kohlen zu übernehmen – einmal in San Vincente, das andere Mal in Abrolhols/ Brasilien, wo die Flotte von Admiral Stoddard ihre Basis hat. Diese wird Sie begleiten. Bei Ihren Aktionen haben Sie freie Hand. Sie werden jene Kreuzer benennen, die eine direkte funktelegrafische Verbindung aufrechterhalten. Gute Reise – möge das Glück Sie begleiten.«

Wie hatte doch Spee vor Picton Island seinen Kommandanten gesagt: »Wir werden leichtes Spiel haben ... die Engländer zögern immer mit ihren Entscheidungen ...«

Hätte er das wirklich auch gesagt, wenn ihm zu Ohren gekommen wäre, daß die beiden Schwergewichtler Fisher und Sturdee jetzt den Machtwechsel vollzogen hatten?

Der neue Wind, der an der Themse wehte, wurde bald allen Beteiligten klar. Als nämlich der Chef der Marinebasis Portsmouth stolz nach London telegrafierte, daß die Schiffe am 13. November um Mitternacht klar zum Ablegen seien, kam der telegrafische Nasenstüber in Portsmouth an: »Kreuzer legen Mittwoch 11. ab. Wenn unfertig, Arbeiter mitfahren lassen. Rückkehr wann möglich. Sie haften für Ausführung des Befehls. Erwarte Empfangsbestätigung. Fisher.«

So einfach war das alles: Am Mittwoch, dem 11. November, um 16.45 Uhr verließen die beiden 17600-Tonnen-Riesen nach hastigem, nochmaligem Eindocken und Proviantübernahme mit 20 Knoten den Hafen von Davenport. Sie kamen eine Stunde zu früh in Port Stanley an!

Am 7. Dezember gegen 22.30 Uhr standen die beiden Super-Dreadnoughts vor der Hafeneinfahrt von Port Stanley, in deren Fahrrinne die alte *Canopus* als schwimmende Batterie verankert lag, um den Hafen nicht ganz ohne Schutz zu lassen.

In Puerto Guillelmo ging das große Aufgebot im Schutz einer Hafenminensperre vor Anker – die drei Schlachtschiffe, die Panzerkreuzer *Carnavon, Kent* und *Cornwall* sowie die Kleinen Kreuzer *Glasgow* und *Bristol.*

Die Karten waren gemischt für das furchtbare Spiel.

Die Nacht zum 8. Dezember glitten die deutschen Kreuzer durch die ruhigen Gewässer der Falkland-Inseln, die bereits als dunkle Flecke in Sicht gekommen waren. Die Nacht atmete nicht, sogar der Wind war verschwunden. Es war dunkel in diesen südlichen Gegenden, obwohl es Sommer war. Die Sterne leuchteten wie Monde und spiegelten sich im Meer wieder. Bald wollte es scheinen, als seien Himmel und Meer in eins verschmolzen. Die Atmosphäre war ein bißchen stickig. Es war ziemlich warm, es roch ringsum sonderbar nach Algen. Irgendwo blies ein Wal.

Kreuzer *Dresden* lief zwei Seemeilen vor dem Geschwader her, als Kundschafter. Die Abendwache war ruhig und konnte um Mitternacht mit der Meldung »Keine besonderen Vorkommnisse« an die ablösende Hundewache übergeben werden.

Schon gegen 2.00 Uhr hellte sich der Himmel dank der noch immer hohen Südbreite merklich auf. Man konnte es in den Nachtgläsern schon ganz deutlich erkennen, daß um 2.30 Uhr auf der hinter Kreuzer *Dresden* herlaufenden *Scharnhorst* die Flaggen der Unterscheidungssignale von *Gneisenau* und *Nürnberg* gesetzt wurden. Das bedeutete laut Befehl: »Sich von der Formation lösen!«

Kapitän Maerker, der erklärte Skeptiker hinsichtlich dieses Unternehmens, schor mit der *Gneisenau* und der *Nürnberg* aus und nahm 14 Knoten Fahrt auf, um sich allmählich 16 Meilen vor die Verbandsspitze setzen zu können.

Aber diese Vorgänge blieben den meisten Männern auf den übrigen Schiffen verborgen, denn sie ruhten sich alle weitmöglich aus. Sie würden es an diesem Tag sicherlich noch brauchen können.

Um 6.00 Uhr machten sich auf *Gneisenau* und *Nürnberg* die Landungskorps fertig. Sie übernahmen Gewehre, Patronentaschen, Munition, Handgranaten, Sprengpatronen und tragbare Werkzeuge. Auch stellten sie die Bootskanonen klar. Bald war alles vorbereitet, die für das Landungsunternehmen vorgesehenen Beiboote brauchten nur noch weggefiert zu werden.

Die Sonne war längst aufgegangen, die Morgenröte hatte ungewöhnlich blutrot ausgesehen.

Gegen 7.00 Uhr rückten die menschenleeren Hügelketten der Malvinas oder Falkland-Inseln immer deutlicher ins Bild. Aufmerksam beobachteten die Offiziere mit ihren Gläsern die Küste. Das Steuermannspersonal nahm immer neue Peilungen vor und übertrug die wechselnden Positionen laufend in die Karte, um den schon vorher ausgesuchten Landepunkt besser berechnen zu können. Der Navigationsoffizier der *Gneisenau* hatte sich hinter ein Entfernungsmeßgerät mit 32facher Vergrößerung geklemmt.

»Was sehen Sie, Born?« fragte Kapitän Maerker mit sichtlicher Anspannung.

Zunächst war da noch gar nichts. Aber dann rief Kapitänleutnant Born plötzlich: »Jetzt kann man den Leuchtturm sehen!«

»Der steht am äußeren Ende von Kap Pembroke. Schauen Sie nach links, vielleicht kann man Port Stanley erkennen!«

»Nein, Herr Kapitän, noch verdecken die Hügel die Sicht auf die Bucht. Bislang sehe ich nur einen Mast, mit Sicherheit eine Funkantenne.«

»Keine Flaggen zu sehen?«

»Nein, keine. Moment mal – jetzt kann ich einige Masten erkennen, die etwas höher sind als der umliegende Landstreifen. Sie sind wegen des Rauches nicht so gut zu sehen.«

Maerkers Gesicht verfärbte sich: »Rauch, was denn für Rauch?«

»Viel Rauch, eine ganze Wolke, Herr Kapitän. Soweit ich sehen kann, bewegt sich alles nach links. Ja, und jetzt kann ich auch die Beflaggung sehen!«

Mit einem Sprung war Maerker am Entfernungsmesser: »Wollen Sie mir sagen, daß dort alles in Flammen steht? Sie haben ihre Kohlevorräte gezündet – was ja eigentlich *wir* machen wollten!«

Maerker preßte seine Augen ans Okular. Staunen ringsum, denn der Kommandant fing an zu zählen: »Eins ... zwei ... drei – verflucht noch mal: Eine ganze Flotte!«

Mit einem Satz war er am Mikrofon der Wachdienstanlage (Bordlautsprechernetz) und befahl laut und deutlich: »Landungsvorgang abbrechen. Boote unter den Davits festmachen! Klar Schiff zum Gefecht!«

Und rief seinem Navigationsoffizier zu: »Born, nehmen Sie wieder den Entfernungsmesser, Signalmeister, geben Sie an die *Nürnberg* durch, daß wir gleich Zunder kriegen!«

Dann ging er sofort auf die Brücke zurück und befahl, das Flaggschiff durch Morsescheinwerfer zu verständigen: »Kriegsschiffe in Port Stanley. Ich meine, die *Canopus,* die *Kent,* die *Glasgow* sowie ein oder zwei andere zu erkennen. Ich bereite alles für den Angriff vor!«

Jetzt rief wieder Kaleu Born von seinem E-Meß-Gerät dem Kommandanten zu: »Die Schornsteine werden hinter den Hügeln sichtbar ...« Und dann brüllte er aufgeregt laut: »Es sind Dreibeinmasten dabei!«

»Wie bitte, sind Sie verrückt geworden? Gucken Sie ganz genau hin!«

Maerker wußte natürlich ebenso wie jeder andere Seeoffizier, daß Dreibeinmasten nur bei britischen Großkampfschiffen der Dreadnought-Klasse üblich waren. Wenn solche Pötte im Hafen lägen, würde das dem Todesurteil für das Ostasiatische Kreuzergeschwader gleichkommen. Dann aber rief Maerker: »Ich brauche kein Fernglas mehr um zu sehen, daß jetzt die *Kent* beim Auslaufen ist. Ich werde sie angreifen, bevor sie noch den Hafen verläßt. Signalisieren Sie an *Nürnberg:* Fahrt 17 Knoten!«

Plötzlich wurden Backbord voraus Wassersäulen sichtbar. Da stoben vor der *Gneisenau* riesige Wasserfontänen aus dem Meer und fielen in Millionen glitzernden Wassertropfen wieder in sich zurück. Das sah in der Sonne geradezu schön aus, aber es war ganz und gar nicht schön: Granataufschläge schwerer Kaliber!

Nun wurde auch lang rollender Geschützdonner vernehmbar. Geschulten Ohren wurde dasselbe klar, was schon die Größe der Aufschlagfontänen erkennen ließen: Das mußten 30,5-cm-Geschosse sein.

Maerker gab sofort neue Ruderkommandos und schlängelte die *Gneisenau* bestmöglich aus der Einschlagzone. Aber die Granaten kamen gar nicht von den Super-Dreadnought-Großkampfschiffen, sondern von dem antiquierten Veteranen *Canopus,* der seine Salven mit maximaler Rohrsteigung schoß.

Gneisenau und *Nürnberg* entfernten sich aus ihrer Reichweite, so gut es nur ging. Dann drehten beide Schiffe rasch nach Backbord, um die auslaufende *Kent* anzugreifen, die in den nächsten Minuten den Flaschenhals der engen Einfahrtrinne passieren mußte. Nun aber blinkte die *Scharnhorst* von weitem den Befehl: »Gefecht abbrechen, mit voller Kraft Kurs Osten ablaufen!«

Einige Minuten später signalisierte das Flaggschiff: »Aufs Geschwader sammeln!«

Kapitän Lüdecke stand schon seit der ersten fahlen Morgendämmerung auf der Kommandobrücke der *Dresden.* Er betrachtete seit Stunden aufmerksam und mißtrauisch die Umgebung. Seine berühmte Nase witterte das prophezeite Unheil. Es war schon zum Greifen nahe. Als Canaris um 4.00 Uhr die Wache übernahm, sahen sich Kommandant und Adjutant wortlos, aber in Übereinstimmung an: Das geht auf keinen Fall gut. Das Geschwader läuft in ein offenes Messer. Und als nachher der erste Geschützdonner über die See rollte, sagte Lüdecke außer Hörweite anderer Untergebener leise: »Da haben wir das *leere* Port Stanley!«

Und nun sahen es auch Lüdecke und Canaris durch ihre Gläser in schlimmer Unverkennbarkeit: Da waren Dreibeinmasten sichtbar! Vorboten des Todes ...

Die erst am späten Vorabend aus England eingetroffenen Schlachtkreuzer hatten sofort in der Nacht ihre Kohlenübernahme begonnen und waren noch immer damit beschäftigt, als die beiden deutschen Kreuzer vor der Hafeneinfahrt erschienen, sozusagen zur Unzeit. Admiral Sturdee ließ überall durchgeben: »Kohlenübernahme abbrechen, klarmachen zum Ablegen!« Dasselbe signalisierte die *Invincible* an alle anderen Einheiten im Hafen von Port Stanley.

Aber so etwas ist bei kohlegefeuerten Dampfschiffen leichter gesagt als getan. Nur die *Kent,* die an diesem Tage mit der Bereitschaftswache dran war, konnte bereits um 8.45 Uhr ablegen. Die lahme *Canopus* konnte erst um 9.20 Uhr die Feuer zünden, die *Glasgow* den Hafen dann um 9.40 Uhr verlassen. Aber die Schlachtschiffe mit ihrer Großanlage taten sich am schwersten, bis sie vollen Druck auf allen Kesseln hatten und gefechtsbereit waren. Vom ersten Alarm bis zum Hochfahren der Kessel vergingen zwei Stunden und zehn Minuten bis zum Verlassen des Hafens – unabänderliche Gegebenheiten.

»Bei dem Wetter findet uns auch ein Blinder!« murmelte Kapitän Lüdecke dem Navigationsoffizier zu. Das Wetter war klar, die Sicht sogar ausgezeichnet. Die Briten mochten endlich aus ihrem Mauseloch herauskommen, wann sie wollten: Für eine Flucht hatten die Deutschen bei solcher Wetterlage keinerlei Chance. Man sah auch die kleinste Stenge auf einem Schiffsmast sofort, bevor noch das Schiff selbst über dem Horizont emporwuchs.

Prompt entdeckte die zuerst zum Aufklären in See gegangene *Glasgow,* die ihre Coronel-Gefechtsschäden in Albrohols repariert bekommen hatte, um 10.30 Uhr in 15 Seemeilen Entfernung die Mastspitzen der eilends davongedampften Deutschen. Sie blieb als Fühlungshalter dran, denn es war kein Entrinnen möglich. Die schließlich doch ausgelaufenen Schlachtschiffe jagten mit vollen 26,5 Knoten Höchstgeschwindigkeit der *Glasgow* nach, aber die Rauchentwicklung wurde so lästig, daß Sturdee die Fahrt auf 24 Knoten drosseln ließ. Das reichte immer noch »dicke« aus. Tatsächlich kamen die Silhouetten der deutschen Schiffe eine halbe Stunde später an der Kimm in Sicht. Jetzt konnte Admiral Sturdee sogar auf 20 Knoten heruntergehen und auf den Rest seines Verbandes warten. Die deutschen Kreuzer fuhren mit aller Kraft, die gemeinsam herauszuholen war. Und auf allen fünf Kreuzerkommandobrücken erkannte man die markanten Dreibeinmasten mit ihren beiden Gefechtsständen auf den Salings. Sie verkörperten das drohende Unheil deutlich genug.

Dem deutschen Geschwaderchef war es längst klar, daß der gefürchtete Tag da war. Er mußte nun bis zum unweigerlichen bitteren Ende durchgestanden werden. Überall war »Klarschiff zum Gefecht!« geschlagen worden. Man war bereit zum tödlichen Turnier. Mittlerweile war es 11.00 Uhr. Admiral Sturdee konnte mit der Gelassenheit des weit Überlegenen anordnen: »Geben Sie allen Besatzungen gutes Essen!«

Sie aßen, wuschen sich, kämmten sich, reinigten sich die Fingernägel vom Kohlenstaub. Mit ordentlichen Uniformen und frischer Wäsche fühlten sie sich wohl und zum Kampf gestärkt.

Eins hatten die Seeschlachten von Coronel und Falkland miteinander gemein – das geradezu gespenstisch lange Vorspiel. Eine ganze weitere Stunde lang fiel noch immer kein Schuß, weil der Abstand noch zu groß war.

Die Briten hatten ihre Schiffe verteilt. Die *Glasgow* fuhr noch immer voraus, dahinter folgten die *Invincible* und *Inflexible.* Vier Meilen dahinter marschierten die *Kent* und in etwa gleichem Abstand die *Cornwall.* Die *Carnarvon* lag noch zwei Meilen weiter zurück. Die Deutschen bewegten sich sicherlich in besserer Formation vorwärts. Die *Scharnhorst, Gneisenau, Nürnberg* und *Dresden* fuhren in exakter Kiellinie, deren Schlußlicht mit zwei Meilen Abstand die *Leipzig* war.

Auch in dieser Hinsicht glichen sich die Anfangsstadien der Schlachten von Coronel und Falkland: Beide Flottenverbände fuhren parallel und mit südöstlichem Kurs.

Kapitänleutnant Burchardi, der Artillerieoffizier der *Dresden,* sah es im Zielgeber ebenso klar wie die Entfernungsmesser: Auf den beiden Super-Dreadnoughts quoll ein ganz besonderer brauner Qualm empor. Sie hatten die Ölbrenner gezündet, denn ihre Spitzengeschwindigkeit erzielten sie mit zusätzlichen ölgefeuerten Kesseln, wie das ja auch beim Kleinen Kreuzer *Karlsruhe* der Fall gewesen war.

Lüdecke hatte die *Karlsruhe* lange genug gefahren. Er war mit der Besonderheit von Höchstfahrtölkesseln vertraut und konnte sofort bekanntgeben: »Jetzt geht es gleich los! Klarschiff zum Gefecht!«

Er hatte sich nicht getäuscht. Um 12.55 Uhr war der Nachhut-Kreuzer *Leipzig* nur noch 6000 Yards (rund 5484 m) von den britischen Großkampfschiffen entfernt, als Sturdee das Flaggensignal »Open Fire!« setzen ließ. Und recht bald stiegen in nächster Nähe der kleinen *Leipzig* 30–40 m hohe Wassersäulen empor. Der Kreuzer lag bald in einem Wald solcher aufspringenden Geisire, während die beiden Super-Dreadnoughts mit 26,5 Knoten Höchstfahrt heranjagten. Die Entfernung zwischen den Schiffen wurde immer geringer, die *Leipzig* von immer dichter liegenden

Salven eingegabelt. Wehe, wenn auch nur einer von diesen jeweils 380 Kilo schweren »Koffern« bei diesem steilen Einfallswinkel den Kleinen Kreuzer träfe. Es würde das sofortige Ende der *Leipzig* bedeuten. Und es grenzte an ein Wunder, daß das volle 20 Minuten lang nicht passierte.

Der Geschwaderchef, Graf Spee, ebenso ruhig wie seinerzeit bei Coronel, wußte genau, welche Stunde geschlagen hatte – unentrinnbar. Er hatte in der einen Stunde der Coronel-Schlacht 650 schwere Granaten verschießen lassen müssen. Einen Kampf bis zum Abend konnte er mit dem geringen Bestand an restlichen 21-cm-Granaten nicht durchstehen – selbst dann nicht, wenn seine Schiffe von Treffern verschont bleiben würden. Nur die schwere Artillerie hatte hier noch eine Chance, wenigstens Teilerfolge zu erzielen. Aber was sind schon 21 cm gegen 30,5 cm beim Gegner – die britischen Granaten hatten das dreifache Geschoßgewicht!

Vollständig sinnlos aber war das Opfer der von vornherein chancenlosen Kleinen Kreuzer. Was wollten 10,5-cm-Kanonen gegen Schlachtschiffe ausrichten . . .

Spee ließ signalisieren: »Kleine Kreuzer entlassen. Zu entkommen versuchen!«

Gewiß war auch die taktische Überlegung mit im Spiel, daß der Gegner ja durch deren Absetzung zu einer Teilung seines Geschwaders gezwungen werde und in jedem Falle einen Zeitverlust erleiden mußte. Und wenn wenigstens einer von den Kleinen Kreuzern tatsächlich entkommen könnte, würde das ja wieder eine Störung des gegnerischen Seeverkehrs bedeuten.

Admiral Sturdee hatte jedoch schon bei der Kommandantensitzung in Port Stanley, während des Hochfahrens der Kessel, einen solchen Gefechtsfall in seine Überlegungen einkalkuliert. Auf ein vereinbartes Signal hin begannen die Panzerkreuzer *Kent* und *Cornwall* sofort mit der Verfolgung der drei Kleinen Kreuzer. Bald darauf wurde auch die *Glasgow* ins Rennen geschickt, die als einzige imstande war, den schnellsten deutschen Kreuzer, das Turbinenschiff *Dresden,* noch vor Dunkelwerden einzuholen.

Das Drama von Falkland ist rasch zu Ende erzählt, obwohl sich der Todeskampf der vier dabei vernichteten deutschen Kreuzer noch bis zum Abend hinziehen sollte:

Zehn Minuten nach Entlassung der Kleinen Kreuzer zwang Spee durch eine Drehung nach Nordosten den Gegner zum »laufenden Gefecht«. Nur so konnte er Breitseiten feuern. Bis dahin hatte er sich nur mit den hinteren Türmen wehren können. Natürlich würde nun auch Sturdee alle Türme zum Tragen bringen – acht Türme mit 16 Geschützen 30,5 cm . . .

Auf 140 Hektometer antworteten die beiden deutschen Panzerkreuzer mit Vollsalven, außerdem drängte Spee so dicht an den Gegner heran, daß auch die 15-cm-Geschütze eingreifen konnten – was freilich infolge der starken britischen Seitenpanzer völlig wirkungslos blieb. Schon mit der dritten 21-cm-Salve erzielte die *Gneisenau* auf dem Flaggschiff *Invincible* einen Treffer. Sturdee fiel daraufhin zwei Strich vom Gegner ab. Er konnte es sich leisten, auf Nummer Sicher zu gehen, sich den Gefechtsabstand nach Belieben wählen. Spee konnte ihm nicht mehr entkommen. Die beiden Großen Kreuzer der Deutschen lagen im Hagel der überschweren britischen Granaten.

Von 15.00 Uhr an schlugen, um mit Arno Dohm zu sprechen, »die Riesengeschosse, steil einfallend, durch die Panzerdecks in den Schiffsleib«, sie zerrissen »in Knall und Qualm die Gefechtskraft und die Menschen . . . An den Backbordseiten der Panzerkreuzer wurden mehrere Kasematten durch Volltreffer zusammengedrückt, die Kanonenrohre zertrümmert, die Geschützmannschaften getötet . . . Die Masten hingen zerbrochen nieder, der dritte Schornstein wurde weggeschossen ... Das Vorderschiff wurde ein Brandherd, aus dem schon die Flammen zu züngeln begannen.«

Spee hatte die innere Größe besessen, bei Beginn dieses aussichtslosen Gefechts dem Kapitän Maerker auf der *Gneisenau* signalisieren zu lassen: »Sie hatten recht, Maerker, sie *waren* bei den Falkland-Inseln!«

Jetzt versuchte Spee sich mit der bereits waidwund geschossenen *Scharnhorst* als Winkelried, um die *Gneisenau* zu entlasten. Er drehte erneut auf die Schlachtschiffe zu, um wenigstens noch seine Torpedowaffe einsetzen zu können.

In diesem Augenblick geschah etwas Unwirkliches, was keiner der Augenzeugen je vergessen sollte: Ein Vollschiff, mit weißem Portenband auf dem schwarzen Rumpf, zog wie ein Geisterbild völlig ahnungslos seine Bahn zwischen den beiden kämpfenden Gegnern, unter den gewölbten Flugbahnen der schweren Geschosse hindurch. Graziös und mit weißen Segeln durchpflügte es das Schlachtfeld. Die *Invincible* und *Inflexible* mußten notgedrungen einen Haken schlagen, um den unbeteiligten Windjammer nicht zu treffen. Dann aber deckten sie wieder das deutsche Flaggschiff ein, das der *Gneisenau* zublinken ließ: »Falls Ihre Maschinen noch intakt, versuchen Sie zu entkommen!«

Dann drehte die *Scharnhorst* rechtwinklig auf die Gegner zu, verheerend eingedeckt von den Granaten der Schlachtschiffe. Die Ruderanlage war bereits zerschossen, man steuerte mit dem Notruder. Überall wüteten Brände im gesamten Schiff. Schwere Wassereinbrüche waren die Ursache dafür, daß der vordere Geschützturm nur noch zwei Meter über Wasser lag, als er seine letzte Salve feuerte. Die *Scharnhorst* legte sich nach Backbord über. Bald drehten sich die Schrauben in der Luft. Dann glitt das verwüstete Schiff schräg nach vorn in die Tiefe. Es nahm seine gesamte Besatzung mit, einschließlich Admiral und Geschwaderstab. Eine hohe Wolke, gemischt mit Qualm und Kohlenstaub, blieb noch eine Weile masthoch über dem Wellengrab von 795 Mann stehen.

Nun hatte die *Gneisenau*, deren Davonkommen völlig illusorisch war, die beiden Schlachtschiffe und als drittes Schiff noch einen Panzerkreuzer gegen sich. Es war 16.24 Uhr. Einer der Geschütztürme war bereits zerstört, einer der Kesselräume überschwemmt. Die *Gneisenau* lief nur noch 16 Knoten. Um 16.45 Uhr wurde die gesamte Steuerbordseite des Vorschiffs zerstört. Trümmer und Tote häuften sich überall. Ein wütender Brand hatte auch hier die Ruderleitung ausgeschaltet. Kapitän Maerker ließ mit Notsteuerung näher an den Feind heransteuern. Aber schon füllte sich eine Abteilung des Unterwasserschiffes nach der anderen mit eingedrungenem Wasser, Gegenfluten half nur noch wenig. Um 17.15 Uhr detonierten zwei weitere Granaten im Heizraum I, eine dritte löschte alle Mann in der dritten Steuerbordkasematte aus. Bald war kaum noch jemand bei irgendeinem Geschütz am Leben, die *Gneisenau* wurde waffenlos. Nur der vordere Turm schoß noch eine allerletzte Salve, die tatsächlich noch einen Treffer auf der *Invincible* erzielte. Dann wurde auch dieser Turm durch Volltreffer zerschmettert.

Um 17.20 Uhr wurde dem Kommandanten der Ausfall aller Geschütze gemeldet. Der Leitende Ingenieur gab durch: »Kein Dampf mehr«, der Lecksicherungsingenieur meldete dem I. Offizier und dieser dem Kommandanten: »Lenzmittel versagen überall!«

»Klarmachen zur Selbstversenkung!«, ordnete nun Kapitän Maerker als letzte verbliebene Möglichkeit an. Die Seeventile wurden geöffnet, Sprengpatronen angeschlagen.

Mit dem letzten noch gesammelten Dampf wurden die Propeller auf Rückwärtsfahrt gedreht, damit das sinkende Schiff mit seinen Strudeln nicht noch weitere Opfer forderte. »Alle Mann aus dem Schiff und von Bord!« gellten die letzten Befehle. Wer keine Rettungsgürtel umlegen konnte, nahm sich gezurrte Hängematten als temporäre Schwimmhilfe mit, griff nach Holzspieren oder anderen schwimmenden Gegenständen, bevor er absprang.

Das Schiff kenterte schnell und kehrte, ebenfalls in einer Wolke von Qualm und Dampf, seinen Kiel nach oben. Dann tauchte das Heck ein. Das Schiff stellte sich senkrecht, den Bug nach oben, und verschwand.

Kurz vor 18.00 Uhr trieben die Überlebenden in dem nur drei Grad »warmen« Wasser. Viel Zeit für ihre Rettung war nicht mehr gegeben. Die britischen Schlachtschiffe preschten deshalb mit 20 Knoten Fahrt herbei. Zuerst traf die *Inflexible* an der Untergangsstelle ein und setzte Boote aus. Wenig später beteiligten sich auch die *Invincible* und die *Carnarvon* an der Rettungsaktion. Es gelang, 187 Überlebende aufzunehmen.

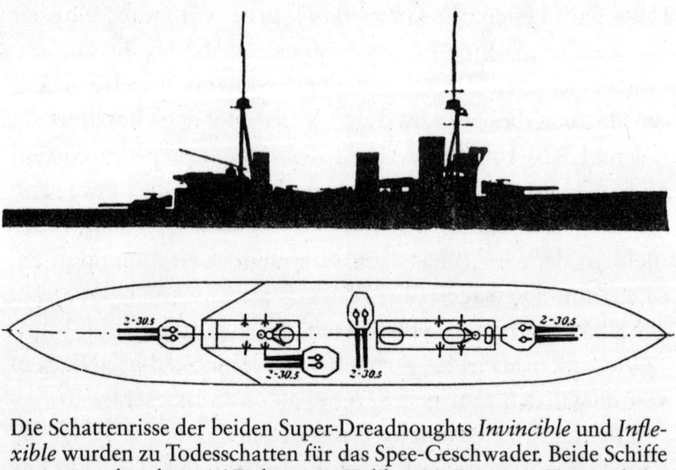

Die Schattenrisse der beiden Super-Dreadnoughts *Invincible* und *Inflexible* wurden zu Todesschatten für das Spee-Geschwader. Beide Schiffe zusammen brachten 16 Rohre vom Kaliber 30,5 cm zum Tragen, beim Breitseitengefecht nach Steuerbord alle gleichzeitig, beim sog. Bug- oder Heckfeuer immerhin ein Dutzend.

Wieder allein auf weiter Flur

Die Kleinen Kreuzer hatten sich gegen 13.20 Uhr weisungsgemäß mit westlichem Kurs abgesetzt. Bald hatten sie die Kreuzer *Cornwall, Kent* und *Glasgow* auf den Fersen. Noch hatten sie freilich ein Dutzend Seemeilen Vorsprung. Aber die schnelle *Glasgow* setzte mit höherer Fahrt hinterher und eröffnete mit ihren 15-cm-Geschützen das Feuer auf die als »Schlußlicht« laufende, sich heftig wehrende *Leipzig.* Commander Luce setzte die Kreuzer *Glasgow* und *Cornwall* gemeinsam auf die *Leipzig* an, die *Kent* hingegen auf die *Nürnberg.*

Die drei Kleinen Kreuzer reagierten richtig, indem sie in drei verschiedenen Richtungen auseinanderliefen: Die *Nürnberg* nach Südosten, mit der *Kent* im Nacken. Die *Leipzig* steuerte nach Süden, verfolgt von den beiden anderen Briten-Kreuzern.

Leipzig, die den schweren Granaten der Schlachtschiffe entkommen war, empfing erst nach zwei Stunden Verfolgung den ersten Treffer von der *Glasgow.* Aber das gut liegende Feuer der *Leipzig* zwang diese, erst einmal abzudrehen, bis auch die *Cornwall* eingreifen konnte. Dann aber gab es kein Entrinnen mehr, zumal auch die *Kent* zunächst von der *Nürnberg* abließ, so daß nun 30 Rohre vom überlegenen Kaliber 15 cm auf die immer langsamer werdende *Leipzig* einhämmerten. Sie verteidigte sich mit nur zehn

Rohren vom Kaliber 10,5 cm, nach beiden Seiten schießend. Schon vorher waren Brände aufgeflackert. Der schlimmste von ihnen, im Achterschiff, ließ sich nicht mehr löschen. Überall wirbelten Trümmerstücke infolge neuer Treffer umher. Bald knickte der am Fuß getroffene Vormast ein. Ein Heizraum wurde durch Volltreffer unter Wasser gesetzt. Aber die unentwegt von Geschoßhagel eingedeckte *Leipzig* traf auch beim Gegner – achtzehnmal allein auf der *Cornwall.* Aber wieder rächte sich die Unterarmierung der Kleinen Kreuzer Deutschlands: Viel bewirkten die Treffer auf dem Panzerkreuzer nicht. Die *Glasgow* litt schon mehr darunter.

Zuletzt feuerten noch drei *Leipzig*-Geschütze, bis ihr Geschoßvorrat zu Ende ging. Entsetzlich war der Kreuzer verwüstet. Das Feuer fraß sich immer weiter durch das längst zum Wrack gewordene Schiff, das 1800 Granaten verschossen hatte.

Nachdem das letzte Geschoß verfeuert war, versuchte Fregattenkapitän Haun noch, die Torpedos in den Kampf zu bringen. Aber die »Aale« liefen vorbei. Um 19.17 Uhr war die *Leipzig* völlig wehrlos und kaum noch bewegungsfähig. Haun mußte die Sprengung anordnen, während das brennende Achterschiff schon in Weißglut übergegangen war. Dann sackte das Schiff tiefer, aber es starb langsam. Erst um 21.23 Uhr bäumte sich das Heck auf. Sehr schnell sackte der Kreuzer weg. Es gab nur 18 Überlebende.

Das später in Hunderttausenden von Farbdrucken verbreitete patriotische Gemälde von Hans Bohrdt »Der letzte Mann der *Leipzig*« entsprang künstlerischer Phantasie. (Vier Mann sollen aber auf dem Kiel der gekenterten *Nürnberg* trotzig eine Bootsflagge hochgehalten haben.)

Die *Nürnberg* wurde nach dreieinhalb Stunden Verfolgungsjagd vom artilleristisch weit überlegenen Panzerkreuzer *Kent* gestellt und ganz furchtbar zusammenge-

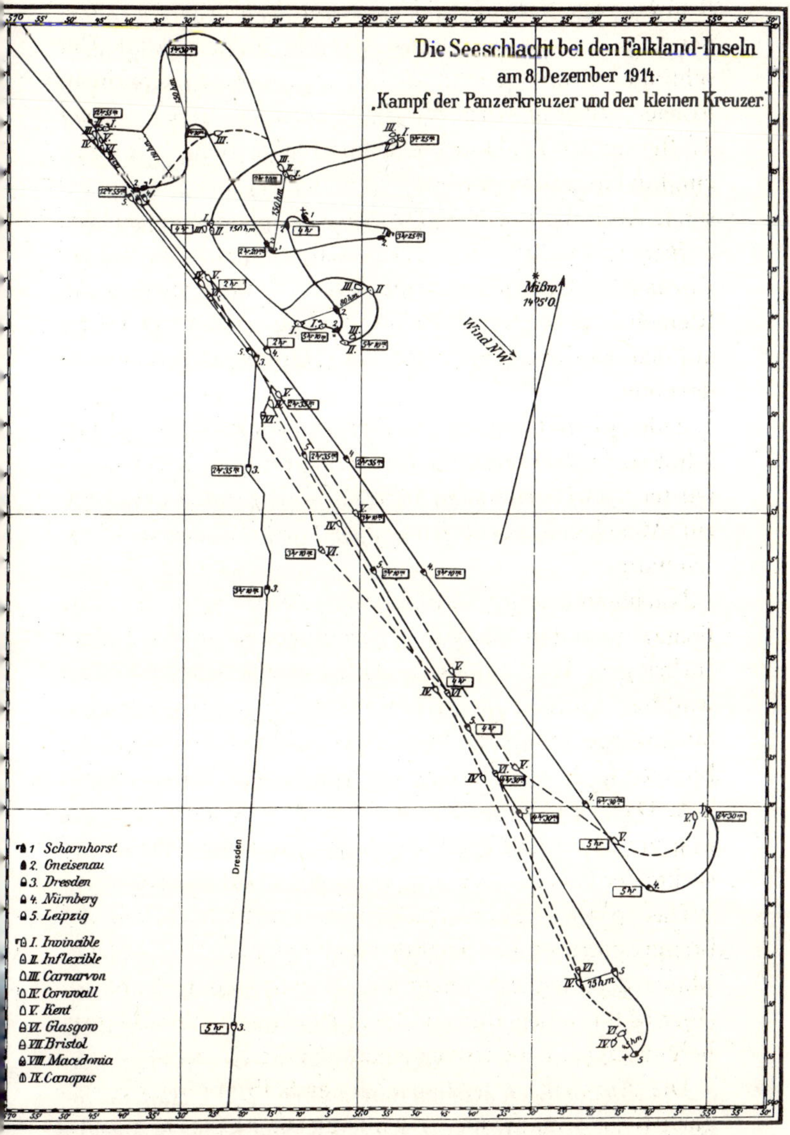

Der fast genau nach Süden führende Kurs der Absatzbewegung von Kreuzer *Dresden* wurde zweimal sichtlich nach Osten verändert, um zwecks Entlastung der *Leipzig* dichter an die feuernden Gegnerschiffe heranzukommen. Die horrende artilleristische Überlegenheit der Briten machte den Erfolg illusorisch.

schossen. Nach 40 Minuten mörderischen Feuers wendete Kapitän von Schönberg den Kreuzer rechtwinklig nach Backbord, um das schlimm verwüstete Achterschiff zu entlasten und fünf von den zehn Geschützen (10,5 cm) der *Nürnberg* zum Abfeuern von Breitseiten zu bringen. Tatsächlich hagelten 40 Treffer in die bald ziemlich zerzauste *Kent,* obwohl deren stärkere Panzerung die Folgen beträchtlich milderte. Die *Nürnberg* aber wurde buchstäblich zerfleischt, dennoch drängte sie zum Nahkampf heran – zuletzt auf nur noch 27 Hektometer, also 2700 Meter. Schönbergs ebenfalls versuchter Torpedoangriff schlug fehl. Der Panzerkreuzer entzog sich mit seiner höheren Geschwindigkeit und verwandelte die *Nürnberg* mit seinem weiteren Hagel von 15-cm-Granaten in einen schwimmenden, brennenden Trümmerhaufen. Schließlich feuerten nur noch zwei Geschütze zurück. Auch der Vormast wurde getroffen und brach zusammen. Nach Ausschaltung seiner beiden letzten Geschütze durch den Gegner ließ von Schönberg auch die *Nürnberg* zur Sprengung vorbereiten, während nochmals fünf Minuten lang Lydditgranaten der *Kent* aus nächster Nähe ein grausiges Gemetzel veranstalteten. Von innen rot leuchtend von Bränden, dampf- und qualmumwabert, kenterte der Kreuzer langsam. Um 19.27 Uhr war der Todeskampf zu Ende, dem weitere 320 Mann des Spee-Geschwaders zum Opfer fielen. Nur sieben Mann konnten schließlich von der *Kent* gerettet werden.

Auf dem britischen Panzerkreuzer hatte es nur vier Gefallene und zwölf Verwundete gegeben, auf den übrigen britischen Schiffen weitere acht Gefallene und 20 Verwundete und Schäden, die in der Werft von Abrolhos repariert werden mußten. Die Deutschen hatten über 2200 Gefallene. Sie verloren zwei Panzerkreuzer, zwei Kleine Kreuzer und die im Gefecht selbstversenkten Beischiffe *Baden* und *Santa*

Isabel. Nur das Lazarettschiff *Seydlitz* entkam in die Internierung nach Argentinien. Die britische Flotte hatte Coronel blutig gerächt.

Völlig unversehrt war nur der Kreuzer *Dresden* geblieben.

Kapitän Lüdecke hatte das ganze Debakel beinahe bis ins kleinste kommen sehen. Er hatte kein Hehl aus seinen Ansichten gemacht. Und als auf der *Invincible* das Flaggensignal »Open Fire!« emporgestiegen war, schien dem nüchternen Realisten Lüdecke der Ausgang der Schlacht gewiß.

Daß der todgeweihte Graf Spee die Kleinen Kreuzer ausdrücklich entließ, erschien Lüdecke folgerichtig. Und daß sich die drei Schiffe mit verschiedenen Kursen auseinanderzogen, um ihre Verfolger aufzuspalten, war eine kluge, ja es war die einzige überhaupt noch verbliebene Maßnahme, die halbwegs Erfolg versprechen konnte.

Kapitän Lüdecke wußte genau, daß die Briten schließlich die *Glasgow* als den schnellsten ihrer Kreuzer auf das einzige Turbinenschiff des Spee-Geschwaders ansetzen würden. Darum verstand Lüdecke nicht, warum sich die *Glasgow* überhaupt mit der *Leipzig* aufhielt. Sie wäre ja den Panzerkreuzern *Kent* und *Cornwall* von allein zum Opfer gefallen.

Auf der mit fast genau südlichen Kurs davonjagenden *Dresden* wurde der Kommandant sehr bald gewahr, in welche Bedrängnis die *Leipzig* geriet. Um sie zu entlasten, änderte Lüdecke den Kurs zeitweilig nach Südosten ab, um dichter an die feuernden Kreuzer *Kent* und *Glasgow* heranzukommen. Da aber auch die *Cornwall* heftig auf die *Leipzig* feuerte, brachte Lüdeckes Manöver für diese keinerlei Entlastung. Es zeigte sich sehr bald, daß es reiner Selbstmord ohne jedes Resultat gewesen wäre, diesen Entlastungsversuch fortzusetzen: Die Briten blieben wohlweislich außerhalb der Reichweite von Lüdeckes unzulänglichen Geschützen. Aber sie gabelten aus sicherem Abstand den deutschen Turbinenkreuzer ein, der bald Mühe hatte, ihren Granataufschlägen zu entgehen. Zu allem Überfluß hatte auch eins der britischen Schlachtschiffe inzwischen die *Dresden* als lohnende Zielscheibe erkannt. Und jetzt schossen die masthohen Aufschläge von 30,5-cm-Granaten aus der See empor.

Die *Dresden* hatte einen Kommandanten, der stets bemüht war, die Grenzen des Machbaren zu erkennen. Sein Schiff zusammenschießen zu lassen, ohne daß der geringste Sinn darin liegen konnte, entsprach nicht der Denkweise eines verantwortungsbewußten Mannes. Mit einer Zwille in der Hand stürmte man nicht gegen Maschinengewehre. Für die *Leipzig* gab es keine Rettung mehr – auch dann nicht, wenn die *Dresden* ebenso heroisch wie nutzlos ihr Schicksal teilen würde.

Wenn jetzt überhaupt noch irgend etwas zur Entlastung der beiden bedrängten Kleinen Kreuzer beitragen konnte, dann bestand die schmale Chance darin, wenigstens einen von deren Verfolgern ganz auf die *Dresden* zu ziehen. Irgendwann mußte der *Glasgow*-Kommandant doch seine taktische Fehlleistung begreifen, wenn er tatsächlich die *Dresden* würde entkommen lassen. Außerdem schätzte Lüdecke den Admiral Sturdee richtig ein, wenn er ihm unterstellte, daß der alles daransetzen werde, das Entkommen der *Dresden* zu verhindern.

Da die *Glasgow* immerhin bereits mit einem Teil ihrer Artillerie auf die *Dresden* schoß, müßte ihr Abziehen von der Verfolgung des Kreuzers *Leipzig* am ehesten klappen, wenn Lüdecke auf südlichen Kurs zurückdrehte und wieder aus dem Schußbereich des feuernden Briten sowie des zum Glück schlecht schießenden Schlachtschiffes zu kommen versuchte. Er kam sich närrisch genug vor, nicht zurückfeuern zu können, aber seine »Zwille« langte beim besten Willen nicht hin. Das artilleristische Einmaleins war unerbittlich.

Also wieder Kurs Süd. Die Einschläge hörten schließlich auf und die Rechnung schien aufzugehen: Nach geraumer Zeit konnte die F. T.-Station der *Dresden* beim aufmerksamen Abhören der gegnerischen Funkfrequenzen ein Rundtelegramm des Flaggschiffs *Invincible* enträtseln. Es wurde bald wiederholt, lautete im Klartext: »Wo ist die *Dresden*?«

Sie zog mit Höchstfahrt davon. Aber nun war es für Senior Commander Bruce mit seiner *Glasgow* zu spät, seinen Fehler wettzumachen. Gegen 16.30 Uhr sah man auf der Kommandobrücke des »vermißten« Kleinen Kreuzers, daß sich der Himmel zunehmend bezog. Das Wetter wurde bald unsichtig, zumal gegen 17.00 Uhr eine Regenböe einsetzte, in der die immer noch Höchstfahrt laufende *Dresden* verschwand.

Schließlich wurden die Funkfragen immer bohrender: »Und die *Dresden*? Wo ist die *Dresden*?«

Admiral Sturdee befahl wenig später ausdrücklich: »Alle Schiffe in diesem Gebiet sollen uns sofort Nachricht über die *Dresden* geben!«

Lüdecke und seine Offiziere wußten genau, daß die Royal Navy niemals Ruhe geben würde, bevor nicht endlich auch ihr Kleiner Kreuzer gefaßt werden konnte.

Lüdecke ließ die ganze Nacht über volle Kriegswache durchgehen und konnte nur hoffen, daß bei der noch immer unverminderten Maximalfahrt durch unsichtige Beinahedunkelheit die *Dresden* nicht mit voller Wucht einen Kap-Hoorn-Segler traf und in den Grund bohrte. Was er nicht wissen konnte, war die Reaktion der Londoner Admiralität auf den Funkspruch des Vice Admirals Sir Doveton Sturdee, der noch in derselben Nacht den großen Erfolg seines Geschwaders verkündete, den wenig später der König von Großbritannien mit den Worten seines Glückwunschtelegramms betitelte als »a most opportune victory«.

Sturdee wurde mit Orden und Ehrungen überschüttet und sogar als »Viscount of Falkland Islands« in den Grafenstand erhoben. Aber es war eine Peinlichkeit bei der ganzen Sache, denn Sturdees Vorgesetzter, Admiral of the Fleet Lord Fisher, gratulierte *nicht*. Er stellte einen Satz in den Raum, der wie ein kalter Guß wirken mußte: »Die *Dresden* hätten Sie fassen sollen!«

Groß genug für ein solches Vorgehen war Sturdees Streitmacht in der Tat.

Das Überleben der *Dresden* war eine haarige Sache für die Briten, es sollte sie noch monatelange gewaltige Anstrengungen kosten und damit genau den von Lüdecke, im Grunde zuletzt auch von Spee erhofften Zweck erfüllen.

Es war eine gespenstische Situation. Man hatte keinen Treffer erhalten, man lebte und steuerte ins Ungewisse – immer noch mit Höchstfahrt.

Bei der Fahrt unter Volldampf verbrauchte Kreuzer *Dresden* in 48 Stunden dieselbe Menge Kohle wie sonst in zehn Tagen. Augenzeuge Stöckler schilderte die damit verbundene Schwerstarbeit: »Die Heizräume glichen ganz genau dem Bild, das man sich gewöhnlich von der Hölle macht. Wie verlorene Seelen schufteten die armen Heizer, um das riesige Feuer unter den Kesseln zu halten. Dort war Sydfeld dabei, ein Feuerloch zu reinigen. Der Unteroffizier trieb ihn mit Zurufen an. Das Feuerloch auf, den Schürhaken hinein – so, nun saß er fest – faß an – wer Zeit hat. Jetzt standen zwei Mann an dem Haken, dieser langen Eisenstange, mit der man die Schlacken herausbricht. Sie wurde hineingejagt und wieder herausgeholt mit einer Kaskade glühender Schlacken. Die dicke Eisenstange war weiß-glühend, und vom Ende sprangen nach allen Seiten Feuerfunken wie kleine Sterne. Die beiden Männer hatten den Haken fallen lassen und schnauften, aber gleich war der Unteroffizier da. Es gab keine Gnade, keine Ruhepause, keine Unterbrechung. Der Dampf mußte gehalten werden, koste es, was es wolle ...

Ich konnte es nicht begreifen, wie diese Leute dieses furchtbare Arbeiten in der siedenden Hitze aushielten. Große Haufen glühender Schlacken lagen auf dem Boden und verbreiteten eine fast unerträgliche Hitze.

Der halbdunkle Heizraum wurde durch sie hell erleuchtet, und die Gestalten der schuftenden, gebeugten Heizer zeichneten phantastische Schatten an die Wände. Dann wurde Wasser auf die Schlacken gegossen, die unter heftigem Brausen, Zischen und Funken verlöschten. Die Wasserdämpfe stiegen wie Opferfeuer gerade in die Luft ... Nun wurden die Schlacken mit großen Hämmern in Stücke geschlagen und die Aschenpumpe in Betrieb gesetzt. Sie beförderte mit unglaublicher Schnelligkeit die großen Asche- und Schlackenhaufen über Bord. Alles ging schnell – das Arbeitstempo war unglaublich. Ich hatte nie etwas Ähnliches gesehen. Die todmüden Leute warfen sich wie wilde Tiere über ihre Arbeit.«

Heizer Stöckler war derzeit zum Trimmen in die Kohlenbunker gesteckt worden: »Überall krachten die Schaufeln in die Kohlen, und die Laufkatzen sausten hin und her, um eine Ladung nach der anderen an die Kessel zu bringen. In den Bunkern stöhnten wir vor Hitze ... Ab und zu fiel wieder ein Mann um ... Wir hatten das Gefühl, daß etwas Dunkles und Bedrohliches hinter uns her wäre.«

Kurz vor Mitternacht versammelten sich Lüdecke, Wieblitz, Canaris sowie die beiden Steuerleute um die Seekarte, die als »Übersegler« das Gesamtgebiet Feuerland einschließlich Magellanstraße, Le Maire-Straße, Beaglekanal und Kap Hoorn darstellte:

»Meine Herren, schon als Fähnriche haben wir auf der Marineschule den Satz eingehämmert bekommen, daß die Grundlage aller Taktik die Fähigkeit sei, sich exakt in den

Gegner hineinversetzen zu können. Für Sturdees Geschwader war absolut klar, daß die *Dresden* nur Kurs auf das Gewirr der feuerländischen Gewässer genommen haben konnte. Zwar haben wir dank unserer immer noch durchhaltenden Turbinen einen beträchtlichen Vorsprung. Aber wir würden einen tödlichen Fehler begehen, etwa direkt die Magellanstraße anzusteuern. Dort suchen sie uns am ehesten. Ich habe aber auch meine zunächst gehegte Absicht fallengelassen, erneut Picton Island aufzusuchen, denn den Beaglekanal werden die uns nachsetzenden britischen Schiffe ebenso folgerichtig absuchen wie die Magellanstraße. Ich erinnere mich unseres damaligen guten Unterschlupfes in der Orange Bay, werde aber auch diese nicht wählen, weil sie inzwischen ebenso kompromittiert wurde. Immerhin wurden wir von Indianern gesehen. Wir müssen uns einen gänzlich neuen Schlupfwinkel ausdenken.«

»Läufer Brücke!«

Sofort erschien der wachhabende Brückenmatrose in der Kartenhaustür. Der Kommandant gab ihm Order: »Ich lasse den Hilfsleutnant Fetzer auf die Brücke bitten!«

Der Angesprochene erschien bald darauf und wurde nun als der beste Kenner der Provinz Magellanes unter der gesamten Besatzung um seinen Rat gebeten. »Uns hatte die *Santa Isabel* aus Punta Arenas zwar alles überhaupt verfügbare Kartenmaterial von Feuerland und Patagonien mitgebracht. Aber die hydrografische Vermessung der Gewässer ist immer noch nicht weit genug fortgeschritten. Es gibt da ein paar Ecken, die einfach noch gar nicht in den Karten verzeichnet sind. Ich denke da an den Ankerplatz Port Sholl in der Morris Bay, anzusteuern über den Cockburn-Kanal.«

Also ging es ein weiteres Mal ums Kap Hoorn, das man vorsichtshalber mit einem Sicherheitsabstand von 50 Seemeilen umfuhr. Ganz in der Ferne kam es am Nachmittag des folgenden Tages in Sicht. Kurz darauf kroch dichter, schwerer Nebel heran, der das Schiff zwar endgültig den immer noch hinterherjagenden Verfolgern entzog, der aber die Navigation auf keinen Fall erleichterte. Bald kam dazu Dunkelheit auf, schließlich auch wieder stürmisches Wetter. Das wurde in diesem Fall zum Glück, weil es endlich die Nebelschwaden wieder auseinander blies. Inzwischen hatte sich Wieblitz anderntags bis auf zehn Seemeilen an die Küste herangetastet, so daß die Ausguckposten am Morgen dieses 10. Dezembers tatsächlich unweit der Lion Rocks und der West Furies eine schmale Einfahrtpassage entdeckten. Der Zugang zum Cockburnkanal war erreicht.

Die weitere Navigation mußte äußerst behutsam vorgenommen werden. Mit langsamer Fahrt, teilweise sogar geringster Fahrt, schob sich der Kreuzer durch die nicht ungefährlichen Gewässer erst des Cockburn-, dann des Magdalenenkanals. Einer der Offiziere saß oben im Fleckerstand und meldete über das Artillerietelefon jedes gesichtete Unterwasserriff in den schmalen Passagen. Schließlich glitt die *Dresden* an steilen, wuchtigen Felsen vorbei in ein diesmal wirklich gänzlich unbewohntes Paradies mit Wildgänsen, Seehunden, Gletscherbächen. Schneebedeckt ragte der imponierende Mount Lizzie über der nun erreichten Sholl Bay empor. Und genau unterhalb dieses Bergriesen rasselte um 16.00 Uhr der Anker in die Tiefe.

Kapitän Lüdecke mußte dem Hilfsleutnant Fetzer attestieren, daß dieses Versteck vorzüglich ausgesucht worden sei, denn hier gab es alles, was die *Dresden* nun brauchen werde: Jede Menge klares Gebirgswasser in Gletscherbächen und Wasserfällen, vor allem aber jede Menge Holz.

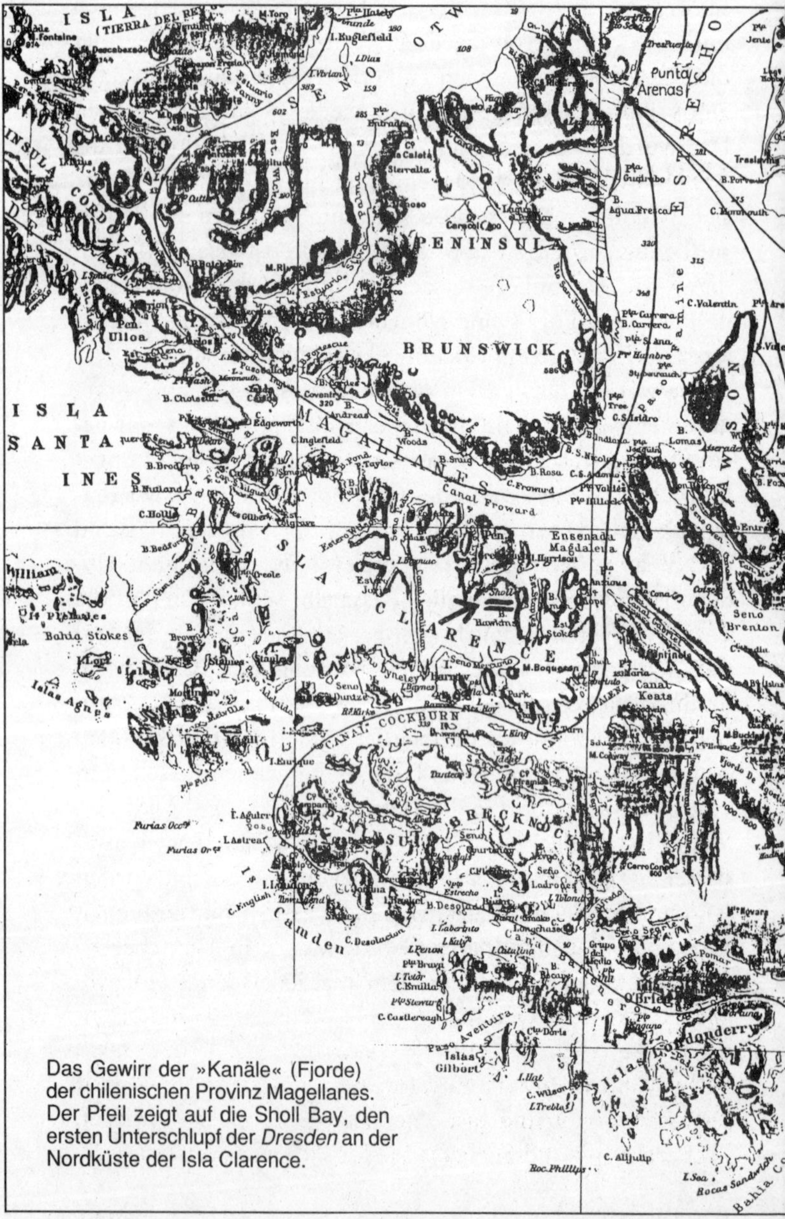

Das Gewirr der »Kanäle« (Fjorde) der chilenischen Provinz Magellanes. Der Pfeil zeigt auf die Sholl Bay, den ersten Unterschlupf der *Dresden* an der Nordküste der Isla Clarence.

»Marine-Waldschrate – sich klarmachen!«

Aber zunächst wurde deutlich, daß die seit dem Morgengrauen vor der Falkland-Schlacht total überstrapazierte Besatzung vor Müdigkeit kaum noch das Abendessen überstand, ohne schon dabei einzuschlafen. Der I. Offizier ließ sofort danach das Klarmachen der Hängematten anordnen, so daß der Bootsmaat der Wache schon am frühen Abend »Ruhe im Schiff!« auspfeifen konnte.

Es war ein bleierner Schlaf, vor allem für die Männer des Maschinenpersonals, ganz besonders die Heizer und Trimmer, die bei der forcierten Fahrt des Schiffes von Port Stanley bis zum Kap Hoorn übermenschliche Leistungen vollbringen mußten, um das Entkommen der *Dresden* tatsächlich zu ermöglichen.

Auch Kapitän Lüdecke und der Leitende Ingenieur Stein hatten das, was man »kleine Augen« zu nennen pflegt. Sie konnten sich beide kaum noch auf den Beinen halten. Aber Lüdecke hatte den Chief dennoch gleich jetzt kommen lassen, um wenigstens später vor seinen Hiobsbotschaften sicher zu sein. Und das war wirklich schlimm genug, was der »Leitende« seinem Kommandanten beichten mußte: »Wir haben nach dieser Hetzjagd gerade noch 160 t Kohle im Schiff. Auch unsere Trink- und Kesselspeisewasservorräte sind fast erschöpft, denn ich hatte gleich nach der Falkland-Schlacht vorsorglich die Seewasserverdampfer stillgelegt, um wenigstens deren Kohleverbrauch aufzuhalten. Jetzt sind wir ratzekahl ausverkauft, Herr Kapitän!«

Lüdecke wies mit dem Daumen auf den Baumbestand an den Felsen unterhalb des Mount Lizzie: »Meinen Sie, daß wir mit Holzfeuerung weitermachen können?«

»Zunächst wird uns gar nichts anderes übrig bleiben, zumindest um die schmalen Restreserven Kohlen damit zu strecken. Und für die Übernahme kristallklaren Trinkwassers sehe ich überhaupt keine Probleme.«

Kreuzer *Dresden* war mit halbstocks gesetzter Flagge in die verschwiegene Bucht eingelaufen, um die Trauer für die gefallenen Kameraden der Falkland-Schlacht zu bezeigen.

Noch wußte man an Bord der wieder einsam gewordenen *Dresden* keine Einzelheiten über den tatsächlichen Verlauf der Falkland-Schlacht und über die Höhe der Verluste. Einen Gedenkgottesdienst wollten Schiffsleitung und Bordpfarrer erst ansetzen, wenn nähere Informationen über die Höhe der Verlustziffern sowie über das Schicksal des Geschwaderchefs vorliegen würden. Fest stand jedoch, daß nach aufgefangenen Notrufen auf der Seenotwelle der Handelsschiffahrt die beiden besonders lange mit der *Dresden* verbunden gewesenen treuen Beischiffe *Baden* und *Santa Isabel* ebenfalls ein Opfer der schlimm verlaufenen Seeschlacht bei den Falkland-Inseln geworden waren. Noch war ungeklärt, was aus ihren Besatzungen geworden war.

Nach der ruhigen »Bauernnacht« in der Sholl Bay, in der nur die allernötigsten Wachgänger stundenweise ohne Schlaf geblieben waren, sah die Welt schon wieder heller aus. Das Überstandene wirkte als schwerer Traum nach. Man begriff immer deutlicher, daß die *Dresden* unfaßbares Glück gehabt hatte und daß man nun schon irgendwie weiterkommen werde. Zwar wußte noch niemand, wie es mit weiterem Nachschub bestellt sei, denn die beiden gewohnten Versorgungsschiffe ruhten ja auf dem Grund des Atlantiks.

Und zunächst war selbst dem Kommandanten unklar, wie er die Verbindung mit Punta Arenas und der Etappe Santiago herstellen sollte, ohne durch Funksignale den Verbleib der *Dresden* zu verraten. Aber allen Ungewißheiten zum Trotz siegte doch die Lebensfreude, weil man noch einmal davongekommen war.

Unterschwellig blieb freilich das Unfaßbare bestehen, daß man all die Männer, mit denen man so viele Wochen oder sogar Monate zusammen war, niemals wiedersehen werde – und auch keins der Schiffe, auf die man eben noch so stolz gewesen war. Vielleicht war ein Widerstreit der Gefühle das, was die psychologische Situation der *Dresden*-Männer am treffendsten beschrieb. Dazu gehörte aber auch eine Art Schadenfreude, daß man endlich einmal der Plakkerei einer neuen Kohlenübernahme entronnen war, obwohl natürlich jeder wußte, was gerade davon abhing. Statt dessen regierte ein gewisser Galgenhumor: Der Bootsmaat der Wache pfiff nach dem Frühstück den nicht ganz ernstgemeinten Befehl: »Marine-Waldschrate sich klarmachen zum Ausbooten!« Oberleutnant zur See von Koppelow meldete sich beim Kommandanten als »Marine-Oberforstinspektor der Provinz Magellanes« gehorsamst von Bord. Es war in der Tat ein seltsamer Aufzug, den Offizier mit umgehängter Bügelsäge und »längsseits« genommener Holzfälleraxt vor Kapitän Lüdecke stehen zu sehen, der prompt konterte: »Das nächste Mal aber besser auf die Anzugfrage achten, Koppelow – ich erwarte grüne Förstermütze und grün unterlegte Ärmelstreifen.«

Canaris mußte daraufhin auch noch ein Bonmot loswerden: »Das ist sicherlich nur ein Racheakt der Marine dafür, daß ausgerechnet ein Oberförster die Schiffsschraube hatte erfinden müssen!«

Jeder wußte natürlich, daß Canaris damit auf Joseph Ressel (1793–1857) anspielte, der im damals österreichischen Triest allen Ernstes »Kaiserlicher Waldmeister« war und dabei zum Marine-Subintendanten aufrückte. Tatsächlich brauchten die Marinewerften in der Zeit der Segelkriegsschiffe Forstfachleute zum Aussuchen der bestgeeigneten Bäume zur Herstellung von Schiffsmasten!

Nun also zogen *Dresden*-Seeleute mit Äxten und Sägen ins Grüne, um Bäume zu fällen und für die Kessel ihres Kreuzers »Holz zu machen«. Es war nur ein Glück, daß der Prisenoffizier stets darauf geachtet hatte, daß von allen versenkten Schiffen stets sämtliches Werkzeug abgeborgen wurde. Sägen und Kappäxte hatten Frachter zumeist in größerer Stückzahl an Bord, um Hölzer zum Seefestschalken der Seefrachtgüter und zum Garnierlegen zurechtschneiden zu können. Auch hatte man konsequent überall die Zimmermannswerkstatt der Prisen ausgeräumt und sich sogar noch von der abgetakelten und versenkten Prise *Drummuir* weitere Kappäxte geben lassen. Und so tobten sich die an Land gesetzten jungen Männer beim Holzeinschlag gründlich aus. Die zumeist mit halbhohen Bäumen bestandenen Felssäume machten diese Arbeit leicht. Die entzweigten Stämme wurden in Stücke von etwa einem Meter Länge geschnitten, an den Strand gerollt und in die Boote verladen. Die »Wassersucher« hingegen nahmen alles an Windsäcken und Saugschläuchen sowie leeren Fässern mit, was die *Dresden* nur hergeben konnte.

Die Kombüse zauberte auf offenem Lagerfeuer eine deftige Holzfällersuppe hervor, die beim Picknick ausgegeben wurde. An Bord aber wurde es mal wieder ziemlich kalt, weil die Ingenieure nur noch einen Kessel für die Notstromversorgung in Betrieb hielten und im gesamten Schiff die Heizungen abgestellt hatten.

Am Abend des denkwürdigen Holzfällertages, der eine

beachtliche Festmetermenge erbracht hatte und zum anderen viele Tonnen Frischwasser, fuhr Kapitän Lüdecke der Schreck in die Glieder, als ihm der Offizier der Wache »Boot ahoi!« meldete. Eine Dampfpinasse mit sechs Seeleuten näherte sich dem Fallreep. Sie führte chilenische Flagge, woraus sich das Anbordsein eines Offiziers ergab. Sie stammte vom chilenischen Torpedobootszerstörer *Almirante Condell,* der beim Abpatrouillieren der Gewässer in der Nachbarbucht zu Anker gegangen war.

Der an Bord der *Dresden* steigende Komplimentieroffizier wurde sofort in die Kommandantenkajüte gebracht, in der wenig später auch Canaris als Dolmetscher eintraf. Nach Austausch der üblichen Höflichkeitsfloskeln kam der Chilene zur Sache: »Sie befinden sich in chilenischen Hoheitsgewässern. Ihr Aufenthalt darf 24 Stunden nicht überschreiten!«

Lüdecke gab zu verstehen, daß dieses hier beim besten Willen keine Kohlenübernahme und keinerlei Proviantergänzung sei. Er habe die Bucht buchstäblich als Nothafen angelaufen und wollte hier nur behelfsmäßiges Feuermaterial übernehmen, um dann die Fahrt nach Punta Arenas fortzusetzen und erst dort einen richtigen Versorgungsaufenthalt einlegen.

Der chilenische Offizier hatte in seinem ganzen Leben so etwas noch nicht gesehen, daß ein Kreuzer seine Kessel mit selbstgeschlagenem Feuerholz unterhalten mußte. Die Lage war aber so eindeutig, daß er sie als Notstand anerkannte und der *Dresden* in dieser Bucht noch weitere 24 Stunden Aufenthalt einräumte. Dann allerdings müsse der Kreuzer unverzüglich und ohne jeden weiteren Aufenthalt direkt nach Punta Arenas laufen, wo man das Schiff anmelden werde.

Nun war die Sache heraus, einen anderen Ausweg gab es nicht. Freilich war die Gefahr recht groß, daß die Briten mit ihrem vorzüglich organisierten Nachrichtendienst Kenntnis von diesem nächsten Reiseziel des Schiffes erhalten könnten.

An Bord schwirrten sofort Gerüchte durch alle Decks. Sicherlich werde die *Dresden* nun für Kriegsdauer interniert. Aber die Männer kannten das diplomatische Geschick ihres Kommandanten und vor allem die Verhandlungsmethoden ihres Adjutanten noch immer nicht richtig. Als der Chilene nach einer Stunde wieder zum Vorschein kam, vom Leutnant der Wache an der Fallreepspforte höflich verabschiedet und mit Seite-Pfeifen des Bootsmaaten der Wache wieder zu seiner wartenden Pinasse geleitet wurde, war alles überstanden.

Also noch einen Tag Holzfällerleben. Entenjäger durften sich betätigen, sogar mit Erfolg. Auch die Wassertrupps gingen wieder ans Werk.

Am 12. Dezember um 09.00 Uhr morgens ging der Kreuzer ankerauf und verließ mit »ökonomischer Fahrt« sein Versteck, um möglichst wenig Brennstoff zu verbrauchen. Die *Dresden* trödelte durch den Magdalenenkanal und näherte sich der Brunswick-Halbinsel, dem südlichsten Ausläufer Kontinentalamerikas. Auf dem Kap Froward sahen sie das »Kreuz der Meere«, das man auf diesem südlichsten Festlandspunkt errichtet hatte. Damit lief der Kreuzer *Dresden* erstmals in die berühmte Magellanstraße ein und lief dicht unter der Brunswick-Küste nach Norden weiter. Man mußte höllisch aufpassen, weil man jeden Augenblick auf lauernde britische Schiffe stoßen konnte.

Panzerkreuzer *Kent*, seit Monaten auf Jagd nach der *Dresden*, Schwesterschiff des bei Coronel vernichteten Panzerkreuzers *Monmouth*, lauerte in einer Nebelbank der an dieser Stelle vermuteten *Dresden* auf. In einer haarigen Verfolgungsjagd entkam der deutsche Kreuzer ein weiteres Mal. Unten: Ihm blieb mit defekten Kesselgebläsen und ramponierter Antriebsanlage nur die Zuflucht in der neutralen Cumberland Bay der Juan-Fernandez-Insel Mas a Tierra übrig. Vor dieser Robinson-Insel, die zum Territorium von Chile gehört, wurde der Kreuzer mit nur noch einem unter Dampf gehaltenen Notbetriebs-Kessel ankernd aufgelegt. Die beiden seewärts gerichteten achteren 10,5-cm-Decksgeschütze sowie die beiden achteren Kasemattgeschütze gleichen Kalibers wurden vorsorglich gefechtsbereit gehalten. Am Heck sieht man die bereitliegende Trosse, mit der im Gefechtsfalle die Dampfpinasse versuchen sollte, das Heck herumzuziehen, so daß auch weitere Geschütze zum Tragen gebracht werden könnten. Aber dieser Versuch scheiterte nachher.

Kreuzer *Dresden* mit brennendem Achterschiff kurz vor dem Ende. Dichter Rauch quillt auch aus den beiden vorderen Schornsteinen. Außerdem haben britische Treffer an Land Bäume in Brand gesetzt.

Der Untergang der *Dresden* nach Zünden der Sprengladungen. (Der vordere Schornstein ist von Rauch verhüllt.)

Britische Dampfbeiboote bei Aufnahme der Trefferschäden auf der beschädigten chilenischen Goleta *Argentina*.

Die Schwerverwundeten der *Dresden* werden, in Transporthängematten auf dem Kajütdach einer britischen Dampfbarkasse liegend, zum Hilfskreuzer *Orama* gebracht, der sie ins Deutsche Hospital Valparaiso überführt.

Der chilenische Kreuzer *Esmeralda* übernimmt in der Cumberland Bay alle nicht schwerverwundeten Schiffbrüchigen der *Dresden*, um sie nach Valparaiso zu bringen.

Auf der *Esmeralda* entstehen freundschaftliche Kontakte zwischen den Besatzungen – hier zwischen den Maschinisten und Obermaschinisten der *Dresden* (mit dunklem Samtkragen auf den Jacketts) und ihren chilenischen Kollegen. Drei von den Deutschen tragen chilenische Mützen, weil sie ihre eigenen beim Untergang ihres Schiffes eingebüßt haben.

Auf der *Esmeralda* entstehen freundschaftliche Kontakte zwischen den Besatzungen – hier zwischen den Maschinisten und Obermaschinisten der *Dresden* (mit dunklem Samtkragen auf den Jacketts) und ihren chilenischen Kollegen. Drei von den Deutschen tragen chilenische Mützen, weil sie ihre eigenen beim Untergang ihres Schiffes eingebüßt haben.

Noch immer recht unterschiedlich »kostümiert« stellen sich Männer der *Dresden*-Besatzung auf dem Kreuzer *Blanco Encalada* nach der Fahrt zur Insel Quiriquina mit ihren chilenischen Kameraden zum Gruppenbild.

Dresden-Offiziere auf der Insel Quiriquina. Von links nach rechts: Fleischer, v. Koppelow, Wieblitz (in Zivil, nach Beinamputation), Schmidt (mit Kopfverband), Richarz, Böker und Barth.

Die Dampfpinasse und die Ruderbarkasse der *Dresden* wurden mit nach Quiriquina gebracht und versehen als Schleppzug den Urlauberverkehr von der Insel zum Festland.

Ein chilenischer Schlepper setzt die *Dresden*-Besatzung schubweise von den Kreuzern *Esmeralda* und *Encalada* zur Insel Quiriquina über.

Luftaufnahme der etwa sieben Kilometer langen Internierungs-Insel Quiriquina bei Talcahuano.

Der »Autowagenführer« Matrose Geisten mit seinem Ochsengespann samt Arbeitskommando beim Versorgungstransport vom Dampferanleger zur Unterkunft.

Herumgegammelt wird nicht, Kreativität ist alles! Unentwegt wurde auf der Insel Quiriquina gewerkelt. Hier sind *Dresden*-Seeleute beim Wegebau. Die meisten tragen noch die nach Verlust ihrer Kleidung von der chilenischen Marine erhaltenen blauen Pullover-Strickjacken.

Blick in eine der Mannschaftsunterkünfte in der zunächst zweckentfremdeten Escuela de Grumetes (Matrosenschule) auf der Insel. Gegessen wurde wie an Bord an wegklappbaren »Backen«, d. h. Tischen.

Unteroffiziere in ihrer Unterkunft auf Quiriquina. Vorn sitzt ein Signalmaat. Auch von den Maaten und Obermaaten tragen noch mehrere die chilenischen Marine-Strickjacken.

Von der eigenen Schneiderei wieder mit blauen Uniformen und von der chilenischen Armee mit neuen Musikinstrumenten ausgestattet, musiziert die Bordkapelle der *Dresden* wieder – unter der Leitung von Oberhoboistenmaat Wilhelm Stransfeld (vorn links).

Offiziers-Gruppenbild. Von links nach rechts, vorn: Schenk, Fetzer, Lüdecke, Wieblitz und Siegemund. Hinten: Abraham, Fleischer, v. Koppelow, Böker und Schmidt.

Hobbyförderung jeder Art: Mit Begeisterung legen die Amateur-Ausgräber des »Arbeitskreises Archäologie« Gräber eines Steinzeit-Indiostammes frei und stellen die gefundenen Werkzeuge aus.

Eine der seemännischen Divisionen, geführt von Kaleu Wieblitz (weiße Mütze), wieder tadellos uniformiert. Die eigene Schneiderei hat den von Chile-Deutschen gespendeten blauen Stoff verarbeitet.

»Des Kaisers südlichste Schrebergärtner«: Zwei *Dresden*-Seelords als stolze Laubenbesitzer.

Obermaschinist Kunow legte unter Mithilfe eines freiwilligen Arbeitskommandos den Erholungs- und Zierpark »Kunowtal« mit zwei Teichen, Kanälen, Brükken, Ruhebänken und Blumenbeeten an.

Auch dieser Obermatrose, vorn im weißen Zeug, hat sich seinen Traum erfüllt. Er ist Besitzer eines »Fundo« geworden, einer Hütte mit angeschlossener Tierzucht. Er spezialisiert sich auf Kaninchen.

An der Landungsbrücke von Mas a Tierra erinnern zwei Krupp-Revolverkanonen vom Kaliber 5,2 cm an die Ereignisse des Jahres 1915 (oben rechts).

Oben links: Auf dem Friedhof der kleinen Fischergemeinde Mas a Tierra, der Robinson-Insel, wird das Grab der dort beigesetzten *Dresden*-Gefallenen Wilhelm Lerche, Georg Hunger und Franz Reuter noch immer liebevoll von der Bevölkerung gepflegt. Fünf weitere Todesopfer versanken mit dem Schiff. Die acht Toten von Mas a Tierra sind die am weitesten von der Heimat entfernt Gefallenen des Weltkrieges 1914 – 1918. Unten: Froschmänner der chilenischen Marine tauchen Erinnerungsstücke aus dem Wrack des Kreuzers empor – wie diesen soeben geborgenen Funkantennen-Isolator.

Seeklar trotz Fieber

Noch wußte niemand auf dem einsamen Schiff, was sich am 6. Dezember – zwei Tage vor dem Falkland-Drama – in Punta Arenas zugetragen hatte. Der seit vielen Jahren dort ansässige deutsche Seehundjäger und Speziallotse für die Feuerlandkanäle, Albert Pagels, lag in seinem kleinen Fischerhaus mit Fieber im Bett, als recht aufgeregt ans Fenster geklopft wurde. Es erschien gleich eine ganze Kommission mit einem höchst dringlichen Anliegen. Es standen der deutsche Konsul von Punta Arenas, Rudolf Stubenrauch, der Leiter der Kosmos-Agentur, Walther Kunze, einer der Schiffsoffiziere des HAPAG-Frachters *Amasis* und der Oberleutnant a. D. zur Helle, Supercargo dieses als Versorger des Spee-Geschwaders eingesetzten Schiffes, vor dem Krankenbett des Seebären Albert Pagels. Sie beschworen ihn, allerschnellstens mit seinem Motorboot *Elfriede* loszufahren und die versteckt in der Hewett Bay liegende *Amasis* zu erreichen und von dort aus Funkverbindung mit dem Spee-Geschwader aufzunehmen. Es ginge darum, das Leben von vielleicht 2500 deutschen Seeleuten zu retten. Der deutsche Geschwaderchef müsse unbedingt gewarnt werden.

Auf dem deutschen Konsulat war nämlich soeben jenes Telegramm von der Etappe Santiago eingetroffen, von dem buchstäblich das weitere Schicksal der deutschen Kreuzer abhing. Es handelte sich um das bereits zitierte Telegramm, das die Etappe San Francisco nach Santiago gekabelt hatte: »Nach Pressenachrichten englisches Geschwader, bestehend aus 10 Schiffen, 300 Seemeilen von Montevideo gesichtet; mit allen Mitteln Kreuzergeschwader warnen, Punta Arenas benachrichtigen!«

Die Funkstation Punta Arenas konnte auf keinen Fall benutzt werden, da ihr Leiter ein Brite war. Es kam tatsächlich allein die Benutzung der *Amasis*-Funkstation in Frage, wenn Spee an der Fahrt ins Verderben gehindert werden sollte.

Albert Pagels war noch äußerst wackelig auf den Beinen, aber er sagte sofort zu. Um ganz sicher zu gehen, wechselte er unter einem Vorwand den chilenischen Matrosen seines Motorbootes gegen den Matrosen Schindig von der *Amasis* aus. Pagels und Schindig wurden auf dem deutschen Konsulat vereidigt und als zivile Sonderbeauftragte in den Dienst der Kaiserlichen Marine übernommen. Die beiden Männer waren übrigens reichsdeutsche Staatsangehörige und keine Deutsch-Chilenen.

In aller Eile und dennoch mit gebotener Sorgfalt wurde die *Elfriede* seeklar gemacht.

Der mittlerweile verstorbene Richard Pfütze aus Bad Kreuznach, der 1936–1940 die Deutsche Schule in Punta Arenas geleitet hatte und oft im Fischerhaus des Albert Pagels zu Gast war, schrieb darüber: »Es schien, als hätte sich der Himmel mit den Engländern verbündet. Es wütete ein besonders starker Sturm. Zweimal lief der Kutter voll Wasser und mußte an geschützter Stelle ausgeschöpft werden. Dann gefährdete ein großer Pottwal das kleine Boot, bis ihm der jagdkundige Albert Pagels den Garaus machte.

Pagels nutzte alle Abkürzungskanäle aus und kämpfte sich schließlich bis zur Südseite Feuerlands in die Nähe der Brecknock-Halbinsel durch und sichtete auf einmal einen Kreuzer, den er sofort als deutschen erkannte. Doch der

Versuch mit der *Elfriede,* die voller Wasser war, heranzukommen, mißlang . . . (Es war die *Dresden*!, d. Verf.)

Völlig erschöpft kamen Pagels und Schindig am 9. Dezember (!) abends bei der *Amasis* an. Als der Funker verzweifelt die Verbindung zum Graf-Spee-Geschwader suchte, erhielt er keine Antwort. Er versuchte es immer und immer wieder. Endlich mußte er annehmen, daß das Geschwader gar nicht mehr existierte – was ja leider Gottes auch der Fall war.

Pagels gestand mir, daß ihn bei dieser Erkenntnis ein schwerer Weinkrampf erfaßte. Er mußte nun doch erkennen, daß seine Fahrt umsonst gewesen war. Über 2500 deutsche Seeleute hatten inzwischen den Tod gefunden.

Hätte das orkanartige Unwetter nicht getobt und hätte er die *Amasis* in 24 Stunden erreichen können, wäre die Nachricht vielleicht rechtzeitig eingetroffen. So kam sie 48 Stunden zu spät.

Pagels und Schindig kehrten am folgenden Tag nach Punta Arenas zurück und erfuhren dort, daß die *Dresden* schon dort gewesen war.«

Es sollte nicht lange dauern, bis sich der Name Pagels ganz fest mit dem weiteren Schicksal der *Dresden* verband.

Auf der Fahrt nach Punta Arenas war Kapitän Lüdecke ständig darauf gefaßt, in der Magellanstraße auf britische Seestreitkräfte zu stoßen. Aber die hatten nach der Falkland-Schlacht erst ihre stark dezimierten Kohlenvorräte in Port Stanley ergänzen müssen. Die *Dresden* hatte also noch einen Vorsprung.

Um 16.00 Uhr nachmittags (12. Dezember 1914) ankerte die *Dresden* auf der Reede von Punta Arenas. Umgehend machte Kapitän Lüdecke mit seinem Adjutanten und Dolmetscher dem Chef der Marinestation Magellanstraße, dem chilenischen Admiral Arturo Cuevas, seine Aufwartung. Die beiden deutschen Offiziere hatten den deutschen Konsul Rudolf Stubenrauch mitgenommen und baten offiziell um Aufenthaltserlaubnis. Der chilenische Stationschef erwies sich als fair und kulant. Ihm war klar, daß nach der Coronel-Schlacht dem beschädigten britischen Hilfskreuzer *Otranto* in Punta Arenas eine Ausnahmegenehmigung für 51 Stunden Aufenthalt erteilt worden war. Deshalb billigte er nun auch dem deutschen Kreuzer *Dresden* dieselbe 51-Stunden-Frist zu. Diese Genehmigung wurde am Abend des Ankunftstages um 22.00 Uhr erteilt.

Inzwischen hatte es sich natürlich wie ein Lauffeuer herumgesprochen, daß die *Dresden* eingetroffen war, offensichtlich das einzige übriggebliebene Schiff des Spee-Geschwaders! Und so drängten immer wieder Deutsche, Deutsch-Chilenen und auch sehr viele Chilenen an Bord. Bald türmten sich abermals große Mengen Liebesgaben auf dem Schiff.

Leider verbot aus Neutralitätsgründen die chilenische Regierung die Übernahme von 800 t Kohlen aus dem in Punta Arenas liegenden amerikanischen Frachter *Minnesotan.* Statt dessen mußte die *Dresden* längsseits des im Hafen liegenden Dampfers *Turpin* der Bremer Roland-Linie gehen und von ihm 750 t Briketts übernehmen.

Natürlich war das kein vollwertiger Ersatz für ein Bunkern von Steinkohle, denn der Heizwert der Briketts dürfte um ein Drittel geringer gewesen sein. Aber in der Not fraß der Teufel Fliegen.

Nun eilten Besatzungsmitglieder von den im Hafen liegenden deutschen Dampfern herbei, um kräftig mit anzupacken. Für sie war es eine Ehrensache, den überbeanspruchten *Dresden*-Männern nach Kräften zu helfen, so daß das Bunkern diesmal fast so angenehm wurde wie weiland in Charlotte Amelie.

Kapitän Lüdecke freute sich natürlich von Herzen über soviel Hilfsbereitschaft, aber er war voller Unruhe. Seine berühmte Nase signalisierte eine Gefahr. Er nutzte die ihm gewährte Frist von 51 Stunden nicht voll aus, weil unweigerlich mit dem baldigen Eintreffen britischer Kreuzer zu rechnen war. Deshalb verließ die *Dresden* nach nur 32 Stunden Aufenthalt am Abend des 13. Dezember um 23.00 Uhr den gastlichen Hafen wieder, nachdem auch noch der Proviantvorrat hatte weitmöglich ergänzt werden können. Mit dem ehemaligen Oberleutnant zur Helle und Mitgliedern der Deutschen Kolonie wurden Vereinbarungen über die Art des künftigen Nachrichtenaustauschs getroffen. Vor allem wollte man versuchen, doch noch die Zustimmung für das Umladen der Kohlen des Dampfers *Minnesotan* in die kürzlich durch Bebunkerung des Spee-Geschwaders leer gewordene *Amasis* zu erwirken (was leider infolge britischen Drucks mißlang). An die Etappen Valparaiso und La Plata waren außerdem aus Punta Arenas Kabel-Telegramme abgeschickt worden, daß Kreuzer *Dresden* spätestens in drei Wochen einen Kohlendampfer benötigte. Der Dampfer solle sofort nach Einfahrt in den Smythkanal die Verbindung mit der *Dresden* suchen.

Die Offiziere der *Dresden* waren wirklich mehr und mehr davon überzeugt, daß die markante Nase ihres Kommandanten magische Eigenschaften haben müsse. Lüdeckes Witterung hatte ein weiteres Mal nicht getrogen, denn schon in der Nacht vom 13. zum 14. Dezember zirpten immer lautere Morsesignale durch den Äther. Sie verrieten die unmittelbare Nähe britischer Kriegsschiffe, die jedoch wegen der herrschenden Dunkelheit die *Dresden* nicht bemerken konnten. Und aus Punta Arenas war man keinen Tag zu früh wieder ausgelaufen, denn bereits am nächsten Tage (14. Dezember) liefen die britischen Kreuzer *Glasgow* und *Bristol* Punta Arenas an.

Es war derselbe Tag, an dem die *Dresden* in die Hewett Bay einlief, um dort vereinbarungsgemäß Nachrichten über den Erfolg der Bemühungen beider südamerikanischer Etappen abzuwarten, Kohlen für den Kreuzer zu beschaffen. Die außerdem gehegte Hoffnung auf irgendwelche Befehle oder Nachrichten aus Berlin trog allerdings. Aber die Nachrichtenübermittlung aus Punta Arenas klappte um so besser. Kreuzer *Dresden* erfuhr, daß sich schon wenig später fast alle »alten Bekannten« der Gegenseite wieder versammelt hatten, um die Hatz auf den entwischten deutschen Kreuzer einzuleiten: Neben der *Glasgow* und *Bristol* waren bald auch die Panzerkreuzer *Carnarvon* und (nach Vornahme der notwendigsten Reparaturen) *Kent* eingetroffen, außerdem der Hilfskreuzer *Orama*. Die geschickt operierenden deutschen Nachrichtenbeschaffer konnten sogar melden, daß am 15. Dezember auch das Schlachtschiff *Inflexible* in der Le Maire-Straße gesichtet worden sei. Es war also genau das Erwartete eingetreten: Lord Fisher werde nicht rasten und ruhen, bis endlich auch die *Dresden* zur Strecke gebracht werden konnte.

Die Kreuzer *Glasgow* und *Kent* wurden als Dauerbeschatter der fieberhaft gesuchten *Dresden* abgeteilt. Fortan kreuzten sie unentwegt vor den Küsten Feuerlands umher und liefen jede Woche einmal zur Nachrichtenergänzung Punta Arenas an.

In der Hewett Bay lag Kreuzer *Dresden* dicht bei der ebenfalls dort ankernden *Amasis,* die diesen Standort für F. T.-Dienste zugunsten des Spee-Geschwaders angewiesen bekommen hatte.

Am 19. Dezember erhielten die beiden Schiffe Besuch. Zum zweiten Mal hatte sich Albert Pagels mit seiner *Elfriede* dorthin durchgeschlagen, diesmal mit dem Auftrag der Etappe, die *Amasis* zur Bekohlung aus der *Minnesotan* nach Punta Arenas zu schicken – was nachher mißlang, weil vermutlich der amerikanische Kapitän von den Briten bestochen wurde. Statt dessen erlaubte sich eine untergeordnete chilenische Dienststelle den Übergriff, den Hochdruckzylinderdeckel von der Kolbendampfmaschine der *Amasis* zu entfernen und das Schiff damit fahrunklar zu machen, was schließlich durch den geharnischten Protest des Konsuls Stubenrauch rückgängig gemacht wurde.

Es wurde sehr einsam um die *Dresden* mit ihren immer noch unfreundlichen kalten Wohnräumen. Der Chief geizte verständlicherweise mit jedem Brikett. Aber an Arbeit herrschte kein Mangel: Gleich am 16. Dezember hatte Lüdecke seinen Kreuzer am Ankerplatz »umpönen« lassen. Er erhielt bei diesem Ummalen einen dunkleren Grauton, der sich weniger vom Hintergrund der Landschaft abhob und obendrein mehr der Farbe chilenischer Kriegsschiffe angeglichen war. Das Bäumefällen ging auch hier weiter, denn der Brikettvorrat konnte gar nicht lange genug gestreckt werden.

Lüdecke war sich durchaus darüber im klaren, daß auch die weitere Proviantversorgung keineswegs gesichert sei. Vorsorglich ließ er an Land Räucheröfen bauen und reihenweise Muscheln räuchern, die in der Bucht in großer Zahl geerntet werden konnten. Zwei einstige Berufsfischer befaßten sich außerdem systematisch mit dem Fangen von Fischen, die teils ebenfalls geräuchert, teils als Klippfisch luftgetrocknet oder auch eingesalzen wurden. Die meiste Arbeit gab es wieder mal in der Maschinenanlage, die durch ein ganzes Jahr Seezigeunerei, vor allem aber durch die allzu lange Höchstfahrt-Überbeanspruchung beim Davoneilen vom Falkland-Schlachtfeld gefährliche Schäden erlitten hatte.

Wieder mußte für die Ventilationsmaschine Nr. 2, die einen »Brandenburger« (Heißläufer) hatte, ein Lager neu gegossen und mit einer Toleranz von zwei Hundertstel Millimetern »touchiert« werden. Durchgebrannte Kesselroste waren abermals durch seinerzeit von der *Santa Isabel* aus

Punta Arenas mitgebrachte neugegossene zu ersetzen. Lekkende Wasserrohre in den abgesetzten Kesseln mußten repariert und neu verankert werden. Auch waren neue Schamottausmauerungen fällig.

Die Seeleute der seemännischen Divisionen quälten sich derweilen damit ab, die längst über Gebühr mit Muscheln und Seepocken bewachsene Außenhaut unterhalb der Wasserlinie weitmöglich von diesem fahrthemmenden Bewuchs zu säubern, was durch leichtes Umtrimmen und Krängen des Kreuzers erleichtert wurde.

In der Funkstation wuchs immer wieder die Lautstärke von Morsezeichen britischer Kriegsschiffstationen in den Kopfhörern an. An der Intensität der Suche nach Kreuzer *Dresden* bestand überhaupt kein Zweifel.

Albert Pagels hatte bei seinem Eintreffen am 19. Dezember noch weiteres Kartenmaterial und sogar noch einige hochwertige Lebensmittel aus Punta Arenas mitgebracht. Er konnte auch berichten, daß die Engländer inzwischen hohe Geldprämien für das Aufspüren der *Dresden* ausgesetzt hätten. Der Beweis dafür ließ nicht lange auf sich warten.

Der Heilige Abend in der Hewett Bay wurde still und traurig. Der Kreuzer war von aller Welt abgeschnitten, längst auch wieder von jeglicher Post aus der Heimat. Es nagte die Ungewißheit über das tatsächliche Schicksal des Spee-Geschwaders auf den Männern. Die Verlustziffern waren noch immer offen. Einige Leute hatten von Land grüne Zweige geholt, mit denen die Messen und Mannschaftsdecks geschmückt wurden. Kapitänleutnant Wieblitz verlas das Weihnachts-Evangelium, das Musikkorps begann bei diesem Alle-Mann-Achteraus-Appell, ein Weihnachtslied zu spielen, das erst die Offiziere und schließlich fast alle *Dresden*-Männer mitsangen. Aber echte Weihnachtsstimmung kam nicht auf.

Um 20.15 Uhr meldete die Brückenwache, daß von der

Adelaide-Passage her ein motorisierter Segelschoner näher käme. Man konnte seinen Namen schließlich als *Galileo* entziffern. Und dieser Schoner benahm sich »recht unweihnachtlich«. Als er nämlich die *Dresden* ausgemacht hatte, begann er zu entfliehen. Die auf Kapitän Lüdeckes Anweisung stets fahrklar bereitliegende Dampfpinasse setzte hinterher und brachte das mysteriöse Schiff zur *Dresden.* Seine »Besatzung« bestand aus einem Franzosen und einem Russen. Der Schiffsführer machte recht unglaubwürdige, ja verworrene Angaben über Zweck und Ziel seiner Fahrt.

Der in Rechtsfragen eher allzu korrekte Kapitän Lüdecke wußte natürlich, daß er diese beiden Verdächtigen nicht einfach einsperren konnte. Er akzeptierte sozusagen ihre Erklärung, daß sie neutral seien und auf der Suche nach einem geeigneten Platz für den Aufbau einer Schafzucht in diese Bucht geraten seien. Aber allzu logisch war diese Erklärung gerade in dieser Gegend nun wirklich nicht. Die beiden Männer verhedderten sich in mehrere Widersprüche. Zuletzt erklärten sie, nach Punta Arenas weiterfahren zu wollen, wählten dann aber eine entgegengesetzte Fahrtroute. Es war wohl kein Zufall, daß gerade an diesem Abend auffällig lauter F. T.-Verkehr die unliebsame Nähe von *Carnarvon, Glasgow* und *Bristol* verriet.

Am 26. Dezember erschien die angeblich weitergesegelte *Galileo* abermals in unmittelbarer Nähe der *Dresden.* Nun bestand kein Zweifel mehr, daß sie Spionage trieb.

Zur Verschleierung seines Aufenthaltes und der weiteren Absichten ließ Lüdecke am 25. Dezember von Punta Arenas aus die Nachricht verbreiten, die *Dresden* sei am Kap de las Virgines an der Ostseite der Magellanstraße gesichtet worden, einen nördlichen Kurs steuernd. Aber die garantiert an die Briten gemeldete Sichtung der *Dresden* durch die beiden Agenten in der Hewett Bay machte den Erfolg dieser falschen Fährte illusorisch.

Albert Pagels hatte für den Fall solcher Kompromittierung des Liegeplatzes baldmöglichen Wechsel in eine Bucht des Gonzales-Kanals empfohlen, die auf den Seekarten versehentlich als unvermessenes Land angegeben war. Dort würde die *Dresden* nun wirklich niemand suchen.

Für den Fall einer solchen Verlegung wurde vereinbart, in der Hewett Bay an bestimmter Stelle eine Nachricht für Pagels zu hinterlegen, der bald mit seiner *Elfriede* wiederkommen wollte.

Am 27. Dezember hatte Lüdecke wieder Dampf genug aufmachen lassen, um die dreistündige Verlegungsfahrt in das von Pagels empfohlene neue Versteck antreten zu können.

Die Dampfpinaß mit dem Navigationsoffizier Kaleu Wieblitz und dem als Handelsschiffsnautiker erfahrenen Leutnant zur See der Reserve Karl Richarz lief voraus. Die beiden Offiziere nahmen Lotungen vor, ebenso bestimmte Peilungen. Die beiden Offiziere stellten dabei fest, daß der Gonzalez-Kanal für einen dortigen Verbleib nicht tief genug war. Sie entschieden sich darum lieber für die Bucht von Sepulveda, um zunächst dort zu ankern. Anderntags wurde die *Dresden* in eine andere, bestens versteckt gelegene Bucht verholt, die Wieblitz und Richarz vorher weitgehend ausgelotet und vermessen hatten. Dort würde man auch bei Sturm ganz ruhig liegen können. Und nachdem die *Dresden* dort bestens verankert war, kehrte die Dampfpinasse um und versteckte in der Hewett Bay am vereinbarten Platz eine Dose mit der Lageskizze des neuen Unterschlupfes.

Die neue Ankerbucht war sogar noch besser als die vorherige. An Quellwasser herrschte auch hier kein Mangel, das Holz aber ließ sich aufgrund seines anderen Wuchses noch besser einschlagen. Und die immer mal mit an Land übergesetzte Bordkapelle hatte längst die »Bayerischen Holzhackerbuam« im ständigen Repertoire. Und Lüdecke konnte sich das Schmunzeln nicht verkneifen, wenn er seine Mannen mit geschulterten Kappäxten davonziehen sah. Es fehlten nur noch die Lederhosen und die Hüte mit Gamsbart.

Der Kohlenverbrauch war durch das ständige Holzbeimischen auf 1,2 bis höchstens 2 Tonnen pro Tag reduziert worden. Aber nun ließ Lüdecke als vorsichtiger Mann auch den Verpflegungssatz auf die Hälfte reduzieren. Zum Glück waren die Fisch- und Muschelbestände in dieser aus unerfindlichen Gründen »Christmas Bay« getauften Bucht noch besser als zuvor. Auch die neuen Räucheröfen nahmen bald den Betrieb auf und verdoppelten schon am dritten Tag ihre Tagesproduktion. Da es außerdem ziemlich viele Entenvögel gab, wurde Entenjagd zur Pflichtübung. Die erlegten Tiere wurden gerupft und eingepökelt oder sogar ebenfalls geräuchert. Und als einer der Offiziere in einem Bergbach sogar einen Reichtum an dort vorkommenden Forellen entdeckte, erfreuten sich Kombüse und Räucherei einer neuen Zufuhr.

Ausgesprochen schlimm war es für die meisten Besatzungsmitglieder, daß der Tabak rationiert werden mußte und schließlich ganz aufgebraucht war. Die Weihnachts-Liebesgaben der Chile-Deutschen waren in der Falkland-Schlacht mit der *Baden* und der *Santa Isabel* untergegangen.

Bald war Albert Pagels wieder mit seiner *Elfriede* zur *Dresden* unterwegs. Seine Nußschale war knappe neun Meter lang. Sie hatte achtern eine notdürftige Unterkunft aus Segeltuch. Ihr Petroleummotor leistete nur wenige PS, so daß Pagels am liebsten segelte. Wenn er mal mit dem Motor »gegenanbolzen« mußte, kam seine Arche äußerst schlecht vorwärts. Und nun hatte Pagels schon in Punta Arenas eine beunruhigende Entdeckung gemacht: Angebliche Bergleute hatten dort einen Hochseeschlepper namens

Eduardo gechartert, um damit »zum Goldsuchen« zu fahren. Vollgestopft mit Fackeln, Schaufeln und Stangen bereitete sich das Schiff erkennbar auf eine lange Expedition vor. Der Schlepper hatte ein Stützsegel, auf dem das scharfe Seemannsauge von Pagels die Initialen R. N. entdeckte – Royal Navy!

Das waren also ebenfalls getarnte britische Agenten. Sie würden ganz bestimmt in Richtung Hewett Bay ablegen, wo die *Galileo* den deutschen Kreuzer entdeckt hatte. Pagels fackelte nicht lange, machte seine *Elfriede* sofort auslaufklar und folgte dem Kielwasser der *Eduardo*. Davon offensichtlich irritiert, drehte deren Besatzung die Maschine voll auf und steuerte zur Irreführung mal nach Backbord, mal nach Steuerbord. Die *Elfriede* ließ sich jedoch nicht abschütteln und folgte dem höchst verdächtigen »Goldsucherschiff« bis zum Barbarakanal. Dort zwang Pagels sie, nach Süden abzudrehen, wenn sie den hartnäckigen Verfolger endlich los werden wollten.

Bei seiner Rückkehr nach Punta Arenas stellte Albert Pagels zu seinem Schrecken fest, daß die Zylinderwand seines Motors zwei Löcher aufwies. Auf keinen Fall durfte aber die Verbindung mit der *Dresden* abreißen. Nur die *Elfriede* konnte sie aufrechterhalten. Und da Not erfinderisch macht, kam der Ingenieur Wiese vom HAPAG-Dampfer *Tukuman* auf den rettenden Einfall, die Löcher mit Hartgummi zu dichten. Fortan hieß Pagels Boot nur noch der »Gummidampfer«. Die Behebung des Schadens geschah zur rechten Zeit, der *Elfriede* standen ebenso aufregende wie wichtige Aufgaben bevor.

Der britische Nachrichtendienst hatte längst spitzgekriegt, daß der beneidenswert gut über die Feuerlandgewässer informierte Lotse Albert Pagels ganz bestimmt mit der *Dresden* unter einer Decke zu stecken schien, was durch die *Eduardo*-Verfolgung erhärtet wurde. Nun arbeitete der britische Geheimdienst nach der bewährten Methode »Zuckerbrot und Peitsche«. Der Lotse erhielt Bestechungsangebote bis zu 2500 Pfund Sterling, wenn er sich neutral verhalten würde, außerdem versprach man ihm eine gute Nachkriegskarriere. Da jedoch Pagels als erklärter Patriot absolut unbestechlich war und erst recht keinen Verrat begehen würde, schaltete man auf Psychoterror um: Sein Boot sei jetzt steckbrieflich bekannt gemacht worden. Würden Pagels und sein Kamerad Schindig von den Briten erwischt, werde man sie als Kriegsspione dem Henker übergeben. Sollte das nicht möglich sein, würde man ihn ganz einfach über den Haufen schießen. Von da an schlief Albert Pagels nur noch mit seinem Gewehr in der Hand.

Der Etappe La Plata war es inzwischen gelungen, den 8226 BRT großen Lloyd-Dampfer *Sierra Cordoba* – zuvor Beischiff des Hilfskreuzers *Kronprinz Wilhelm* – mit 1600 t Kohlen, Proviant und Bekleidung am 18. Dezember von Montevideo aus zur *Dresden* in Marsch zu setzen. Es gelang dem großen Schiff, am Heiligen Abend ungesehen an den drei britischen Kriegsschiffen vorbeizuschleichen, die den Eingang zur Magellanstraße bewachten. Sein Kapitän Schaeffer mußte einen Schutzengel dabeigehabt haben, denn in Unkenntnis des Reviers hatte er mit seinem Schiff ahnungslos die eigentlich unbefahrbare Orange-Barre bei Gezeitenhöchstwasserstand unbeschadet überquert. Die britischen Bewacher konnten überhaupt nicht damit rechnen, daß an dieser Stelle einem großen Lloyd-Dampfer das Hineinschlüpfen in die Magellanstraße gelingen könnte. Um so größer war das Aufsehen, das die Ankunft der *Sierra Cordoba* in Punta Arenas erregte. Dem B. E. (Bevollmächtigten der Etappe) gelang es, den chilenischen Hafenkapitän zur Überbringung eines Briefes an Kapitän Schaeffer zu veranlassen. Er enthielt die Anweisung, unverzüglich zur Snug Bay weiterzudampfen und dort, beim Kap Froward, weitere Befehle abzuwarten. Die Briten witterten sofort Unrat. Der kurz nach Antritt der Weiterreise des Lloyd-Dampfers in Punta Arenas eingetroffene Panzerkreuzer *Kent* setzte der *Sierra Cordoba* sofort hinterher. Nach zwei Stunden holte der Brite den Dampfer ein und schickte ein Prisenkommando zur Durchsuchung an Bord. Diese Kriegshandlung in neutralen Gewässern war fraglos ein gravierender Verstoß gegen das geltende Kriegsvölkerrecht im Sinne der Haager Bestimmungen. Aber die Wut der Royal Navy über das Entkommen der *Dresden* trübte wohl alle Sinne. Der Supercargo, Kapitänleutnant der Reserve Warmbold, konnte gerade noch rechtzeitig die Geheimsachen über Bord werfen.

In Punta Arenas hatte zur Helle, der deutsche B. E., den chilenischen Admiral Cuevas veranlassen können, den Torpedozerstörer *Almirante Condell* zur Snug Bay zu beordern, um ein unrechtmäßiges Aufbringen der *Sierra Cordoba* zu verhindern. Das chilenische Kriegsschiff forderte die *Kent* mit Nachdruck auf, diesen Neutralitätsbruch zu unterlassen und das Prisenkommando wieder abzuziehen. Höchst widerwillig fuhr die *Kent* danach gen Westen weiter. Aber der chilenische Kommandant vertrat dieselbe Auffassung wie der deutsche Supercargo: Die *Kent* werde vor nichts zurückschrecken und die *Sierra Cordoba* rigoros versenken, wenn er sie später noch immer in der Snug Bay anträfe. Es war darum eine kluge Vorsichtsmaßnahme, daß Konsul Stubenrauch der *Sierra Cordoba* einen gecharterten Schlepper mit dem Feuerland-Lotsen Kapitän Harry Rothemburg hinterherschickte. Rothemburg vollbrachte das Kunststück, den Lloyd-Dampfer ebenso spurlos verschwinden zu lassen wie die *Dresden*. Er lotste ihn nach Einbruch der Dunkelheit nach Martinez und von dort durch den völlig unbefeuerten, nautisch schwierigen Magdalenenkanal nach Keats. Die Briten waren außer sich, als sie feststellen mußten, daß ihnen neben der *Dresden* nun auch noch ihr offensichtlicher Versorger *Sierra Cordoba* durch die Lappen gegangen war.

Inzwischen war auch das Motorboot *Elfriede* des Lotsen Albert Pagels wieder fahrklar, es schlug sich in einer Nachtfahrt zur *Dresden* durch. Er fand den neuen Ankerplatz und konnte nun berichten, daß die *Sierra Cordoba* mit allen wichtigen Hilfsgütern ganz in der Nähe war. Aber Pagels mußte dem Kommandanten der *Dresden* nahelegen, auf keinen Fall überstürzt zu handeln. Der Lloyd-Dampfer müsse ein Weilchen den »toten Maikäfer« spielen, denn die Briten lauerten nur darauf, ihn beim Wiederauslaufen aus seinem Versteck zu ertappen und dann dank seiner Fährte auf die *Dresden* zu stoßen.

Diese Warnung war voll und ganz angebracht, denn inzwischen hatten die Briten die Suche nach der *Dresden* bis an den Rand des Leichtsinns forciert. Sie durchstreiften nun auch das Innere von Feuerlandkanälen, wobei sich Kreuzer *Bristol* prompt einen Schaden am Ruder und an den Propellern zuzog. Er war auf eine Untiefe geraten.

Um solche Risiken zu vermeiden, charterte Senior Commander Luce, Kommandant der *Glasgow,* einen Schlepper, um mit dieser kleineren und damit flexibleren Einheit weitere Gewässer erkunden zu können. Vorsorglich dehnte dieses Aufklärungsfahrzeug seine Suche bis weit hinauf nach Patagonien aus, weil sich der *Glasgow*-Kommandant einfach nicht vorstellen konnte, daß die *Dresden* überhaupt noch in der Nähe weilen könnte. Er fiel natürlich den falschen Seekarten zum Opfer, die Land anzeigten, wo in Wirklichkeit ein guter Ankerplatz den deutschen Kreuzer aufgenommen hatte. So geisterte der britisch gecharterte Schlepper im gesamten Gewässergewirr zwischen der Bucht Ultima Esperanza und dem Whitekanal herum. Das alles waren Ecken, wo die *Dresden* niemals hingekommen ist.

Albert Pagels hatte sich auf Wegen, die nur er überhaupt kannte, mit seiner *Elfriede* erst zur *Sierra Cordoba* durchgeschlagen, um ihr den neuen Aufenthaltsort der *Dresden* bekanntzugeben und sich dann zurück nach Punta Arenas begeben. Natürlich hatte der britische Geheimdienst die Abwesenheit des Motorbootes bemerkt. Er beschattete Pagels rund um die Uhr. Der aber fand immer neue Wege, seine Überwacher auszutricksen. Ihm stand jetzt eine besonders heikle Aufgabe bevor: Er mußte neue Schlüsselunterlagen (Dechiffriertafeln) und Signalbücher für die *Sierra Cordoba* besorgen, da die alten in der Snug Bay hatten versenkt werden müssen.

Pagels hatte die Codebücher sicherheitshalber in Wachs eingegossen und das Ganze in eine Kassette eingelötet, das Paket mit einer Leine samt Schwimmer versehen. Er wußte genau, daß ihm die Briten auf den Fersen waren und fortan jede Bewegung seines Motorbootes überwachen würden.

In der Morgendämmerung fuhr er in den Magdalenensund ein. Bis zu diesem Punkt wähnte er sich unbeobachtet, nun mußte er die gestellte Falle erkennen: Er hatte die Rauchwolken der Panzerkreuzer *Kent* und *Carnarvon* vor sich. Sicherlich hatte man ihn mit scharfen Ferngläsern der Brückenwache längst entdeckt. Ohne seine Fahrt zu verringern machte er einen unauffälligen, nicht allzu hastigen »Schlenker« und warf im Sichtschutz einer Felsnase das mit einem Gewicht beschwerte Codepaket ins Wasser. Sekunden später war das Motorboot *Elfriede* wieder zu sehen und hielt ganz arglos seinen Kurs durch. Pagels wußte, daß jetzt nur noch Frechheit weiterhelfen konnte. Er fuhr so dicht wie möglich an die beiden britischen Kriegsschiffe heran und begann in aller Gemütsruhe, nach Abstellen des Motors, auf Wasservögel zu schießen. Als versierter Jäger hatte er natürlich das nötige Glück. Um aber dieser Glanznummer von Kaltblütigkeit noch die absolute Krone aufzusetzen, legte er nun, mit der brennenden Tabakpfeife im Mund, genau zwischen den beiden Panzerkreuzern Fischnetze aus.

Die Briten ließen sich nicht täuschen. Sie hätten Pagels und seinen »Macker« schon jetzt ganz einfach festnehmen können – welcher Hahn hätte wohl danach gekräht. Aber sie dachten weiter.

Richard Pfütze schilderte die Vorgänge in der deutschsprachigen Zeitung »Condor« vom 21. März 1981, erschienen in Santiago de Chile: »Sehr wahrscheinlich ließen sie ihn in Ruhe, da sie ihn und sein Boot kannten und annahmen, daß er zu einem der gesuchten Schiffe unterwegs sei. Die Kreuzer lichteten ihre Anker und fuhren – der eine südwärts, der andere nordwärts – kehrten dann aber zu ihrem alten Ankerplatz zurück. Wie das folgende belegt, hatten sie auch andere englische Schiffe über Pagels Anwesenheit im Magdalenensund unterrichtet.

Pagels hielt einige Zeit Ausschau, holte das Codepaket aus dem Wasser und entschloß sich, erst die *Dresden* aufzusuchen und nicht erst die *Sierra Cordoba,* da deren Entdekkung wahrscheinlicher gewesen wäre.

Zum Glück war schon die Dunkelheit angebrochen, als Pagels plötzlich die *Glasgow* auf sich zukommen sah, die ohne Zweifel Jagd auf ihn machte. Die Nähe kleiner Wasserarme waren Pagels Glück, dazu die anbrechende Nacht.

Es bewährte sich der von Ingenieur Wiese erfundene primitive Geräuschdämpfer und Funkenschlucker am Auspuffrohr der *Elfriede.*

Am nächsten Mittag erreichte Pagels die *Dresden.* Kapitän Lüdecke wußte nun, wo seine Gegner auf der Lauer lagen.

Die Rückfahrt wurde wieder einmal zur Sturmfahrt, besonders im südlichen Cockburnkanal. Das Boot schlug voll Wasser und mußte leergepumpt werden. Aber der Sturm und tiefliegende Wolken ermöglichten es, die Blockade der drei feindlichen Kreuzer zu durchbrechen und die *Sierra Cordoba* zu erreichen. Pagels und sein Kamerad Schindig waren fast am Ende ihrer Kräfte. Er schrieb später darüber: ›Wir sahen wie die Neger aus, vollkommen ruß- und ölverschmiert, unrasiert und verwahrlost. Kapitän Schaeffer sah uns entsetzt an, als ich ihm die versiegelte Order überreichte.‹

Befehl des Kommandanten Lüdecke: ›Am 18. Januar 1915 Maschine klarmachen und die *Sierra Cordoba* durch Pagels zur *Dresden* lotsen lassen‹.«

Pagels hatte das Gefühl, daß nach der Sturmnacht gut fischen sein würde, legte mit Schindig trotz großer Müdigkeit Netze aus, und mit Hilfe von Matrosen wurden 1000 kg Brassen an Bord gebracht. Dann genossen die beiden ein heißes Bad und ein sauberes Bett. Die Briten fühlten sich düpiert und höchst beunruhigt, nachdem sie die Fühlung mit der ins Nachtdunkel verschwundenen *Elfriede* verloren hatten. Und sie fühlten sich noch mehr alarmiert, als das Boot auch nicht nach Punta Arenas zurückkehrte. Sie standen nicht nur vor einem Rätsel, sondern waren geradezu beleidigt: Da hatte Großbritannien, größte Seemacht der Welt, nun schon mehr als einen Monat mit einer ganzen Armada von Kreuzern jeder Art und Größe sämtliche Zufahrten zu den Feuerlandkanälen blockiert, nach und nach alle überhaupt in der Karte auffindbaren Wasserstraßen durchstreift und weder die *Dresden* noch die nun ebenfalls spurlos verschwundene *Sierra Cordoba* irgendwo entdecken können.

Am schlimmsten aber waren die immer ungeduldigeren funktelegrafischen Anfragen der Londoner Admiralität, wo denn nur zum Teufel dieser »goddam German cruiser« wohl stecke. Auch die Admiralstabsoffiziere an der Themse wagten kaum noch, dem bärbeißigen Admirals of the Fleet

Lord Fisher bei den Lagebesprechungen gegenüber zu treten. Er warf nur noch mit Kraftausdrücken um sich. Das war nun dieselbe Royal Navy, die einen Nelson hervorgebracht hatte und nicht einmal einen Kleinen Kreuzer wiederfand. Das war doch hanebüchen lächerlich – man wird doch wohl ein Schiff wiederfinden können, noch dazu mit Hilfe des britischen Nachrichtendienstes!

Aber auch Lord Fishers Zorn änderte nichts am weiteren Mißerfolg. Die britische Gesandtschaft, die auch bereits einen Rüffel aus London abbekommen hatte, pokerte immer höher, Geld spielte überhaupt keine Rolle mehr. Dieser »goddam German raider« mußte wiedergefunden werden, der nach wie vor durch seine bloße Anwesenheit die britische Schiffahrt an der südamerikanischen Westküste verunsicherte. Man schätzte Kapitän zur See Lüdecke durchaus richtig ein, wenn man mit seinem baldigen Wiederauftauchen auf der Schiffahrtsroute rechnete.

Inzwischen war die Stimmung auf der *Dresden* der halbierten Proviantration angemessen. Auch die Räuchermuscheln konnte man allmählich nicht mehr sehen. Den ganzen Tag wurachte man beim Holzfällen herum. Und wenn man abends an Bord zurückkam, dann fror man in einem ungeheizten, total verdunkelten Schiff, aus dem kein Lichtschein nach außen dringen durfte. Nur ein Kessel war für die Kombüse, die Warmwasserzubereitung und für die Versorgung des Dampfkolbengenerators in Betrieb, der die Notstromversorgung versah.

Der miserable subantarktische »Hochsommermonat« Januar drückte mit seinen fast auf der Wasserfläche aufliegenden dunkelgrauen Wolken, bald auch mit dichtem Nebel oder immer neuem Schneeflockenwirbel aufs Gemüt. Kein Nachschub, keine Post, neuerdings auch noch das Verbot von Konzerten der Bordkapelle mit voller Besetzung unter freiem Himmel. Die weithin hallende Blasmusik war dem

Kommandanten doch zu riskant geworden. Es wurden nur noch leise Töne erlaubt. Dabei erfand man bereits die gestopfte Trompete! In den Maschinen- und Kesselräumen werkelten sie tagtäglich herum, weil die überstrapazierte Anlage immer weiteren Reparaturbedarf erkennen ließ. Eine Werftliegezeit war mehr als überfällig. Aber nun lag man am Ende dieser Welt vor Anker und mußte das Ausbleiben von Ersatzteilen mit immer neuen Improvisationskünsten wettmachen.

Kapitän Lüdecke war viel zu sehr Menschenkenner, um den Stimmungsumschwung seiner Besatzung nicht zu bemerken. Er ließ bald wenigstens eins der Wohndecks zu einer Art Wärmestube herrichten und so mit Licht beliefern, daß die Leseratten wenigstens mal wieder eines der längst zerfledderten Exemplare der Mannschaftsbücherei zur Hand nehmen konnten, die seinerzeit beim Stapellauf der *Dresden* von der Patenschaft finanziert und immer mal in den Beständen ergänzt oder ersetzt worden war. Auch der Shantychor fand wieder zusammen. Außerdem ließ Kapitän Lüdecke wieder Divisionsunterricht abhalten, dem Weiterbildungsabende in der Offiziersmesse vorausgingen. Man richtete sogar spanische und englische Fremdsprachenkurse für Anfänger ein. Canaris fand damit einen gewissen Zulauf. Die Kapitänleutnante Nieden und Wieblitz hielten Vorträge über die Geografie und Geschichte von Patagonien sowie Feuerland. Jemand las sogar aus Darwins Buch von seiner Weltumseglung mit der *Beagle* vor.

Aber die Besatzung witterte allmählich darin nur noch Ablenkungsmanöver. Fest stand für die Männer, daß sie zwar bei Falkland noch einmal »von der Schippe gesprungen« waren, wie sie es auszudrücken beliebten. Aber sie hatten es alle im Nacken, daß sich gerade das die Briten nie und nimmer gefallen lassen würden. Sie kamen sich vor wie ein entwichener, steckbrieflich gesuchter Missetäter. Sie wußten genau, daß man überall nach ihnen suchte, daß alle Ausgänge aus diesem Labyrinth bewacht waren und daß sich jeder an den fünf Fingern abzählen konnte, daß man sie irgendwann doch entdecken mußte.

Man ließ die Männer zwar alle wieder in ihren Hängematten schlafen. Aber ihr erzwungenes Festliegen in dieser verwunschenen Gegend nervte sie sehr.

Natürlich hatten sie gesehen, daß da dieser merkwürdige Seehundjäger mit seiner *Elfriede* erschienen war und auch wieder verschwand. Man hatte ihnen auch gesagt, daß ein Nachschubdampfer ganz in der Nähe sei. Aber seit dieser euphorischen Ankündigung waren nun schon wieder drei Wochen verstrichen. Weder dieser angekündigte Dampfer kam, noch ließ sich der Seehundjäger wieder blicken. Wahrscheinlich hatte man alle beide längst geschnappt. Nein, nein, aus dieser Mausefalle kamen sie kaum wieder heraus. Viele Hunde waren nun mal des Hasen Tod.

In der Funkstation durfte seit dem Entkommen vom Falkland-Schlachtfeld keine Morsetaste mehr angerührt werden. Um so gespannter lauschten die wachhabenden Funker in den Äther.

Wenn sie überhaupt etwas hörten, dann immer öfter die Morsezeichen suchender britischer Kriegsschiffe. Ihr Gezirpe riß überhaupt nicht mehr ab. Es wurde wieder ganz bedrohlich laut.

Genau neben der Weihnachtsbucht, die als Versteck der *Dresden* diente, lag eine zweite, die man auf den Namen »Silvesterbucht« taufte. Tatsächlich hatte man ja in dem Ankerversteck auch den Silvesterabend des Jahres 1914 gefeiert und recht bedrückt auf das neue Jahr 1915 angestoßen. Pfannkuchen wie im Vorjahr hatte es nicht wieder geben können, dafür in gerechter Verteilung die letzten aus Punta Arenas mitgebrachten Liebesgaben, dazu ein letztes

Glas Punsch für jeden – aus dem erbeuteten Rotwein der Prise *Drummuir.*

Kapitänleutnant Wieblitz und Leutnant Richarz hatten sich bald nach dem Eintreffen in der neuen Umgebung darangemacht, die Weihnachts- und die Silvesterbucht ganz genau auszuloten, systematisch zu vermessen und kartografisch zu erfassen. Sie löschten damit einen »weißen Fleck« in den Seekarten dieser Region aus – und wer weiß, wie gut man die Ergebnisse dieser nautischen Fleißarbeit eines Tages gebrauchen könnte. Vielleicht käme ja doch noch ein Nachschubdampfer heran . . . Aber vorerst ging es der *Dresden* und der *Sierra Cordoba* wie den beiden Königskindern: »Sie konnten zusammen nicht kommen.«

Bis zum 18. Januar dauerte dieser Zustand noch an. Und bis zu diesem Tage fahndeten alle gedungenen Späher und Agenten des britischen Nachrichtendienstes nach diesem gefährlichen Kerl namens Albert Pagels, auf den man hohes Kopfgeld ausgesetzt hatte. Wo war nur das Motorboot *Elfriede* geblieben?

Am 18. Januar lag es überhaupt nicht mehr im Wasser. Kapitän Schaeffer hatte es vorsichtig mit dem Ladebaum angehoben und an Deck seiner *Sierra Cordoba* setzen lassen, nachdem der Schiffszimmermann dafür erst Barringe angefertigt hatte – genau der Kielform angepaßte Lagergestelle zum schadlosen Absetzen des Bootsrumpfes auf das ebene Deck.

In der Abenddämmerung des 18. Januar war es soweit. Der auf Anraten von Pagels in den Schornstein der *Sierra Cordoba* eingesetzte siebartige Funkenfänger mußte sich bewähren, als der Lloyd-Dampfer seine Kessel hochfuhr. Dann fegten neue Schneeböen heran, die immer heftiger wurden.

Gespannt sah Kapitän Schaeffer seinen Feuerland-Lotsen an. Sein Vorgänger Kapitän Rothemburg hatte ihm ja schon eine Kostprobe des Könnens solcher Männer geliefert – aber dieser Albert Pagels wollte doch nicht im Ernst in diesen Schneesturm hineinfahren?

Pagels wollte. Er ließ sogar mit besonderer Eile das Ankeraufgehen anordnen. Jetzt oder nie, war für ihn die Parole. Der Funker der *Sierra Cordoba* hatte nämlich Morsezeichen eines britischen Kreuzers aufgenommen, der ganz in der Nähe lauerte. Wenn man tatsächlich an dem vorbeikommen wollte, half nur ein derartiges Sauwetter. Pagels kannte in diesen Gewässern jedes Riff und jeden einzelnen Findling. Er traute es sich durchaus zu, in Blindfahrt mit nur 100 Meter Sicht durch dieses Labyrinth hindurchzufinden. Er koppelte genau nach der Stoppuhr und tastete sich durch seine metergenauen Berechnungen »wie ein Blinder mit Krückstock« durch den Cockburnkanal. Und diese Schneesturmnachtfahrt mit völlig verdunkeltem Schiff hatte zum Ergebnis, daß der Lloyd-Dampfer tatsächlich ungesehen in weniger als vier Meilen Abstand an dem in der Morris Bay lauernden Kreuzer vorbeischleichen konnte.

Kapitän Schaeffer fühlte unterwegs mehrfach gewisse Veränderungen seines Adrenalinspiegels. Worauf hatte er sich da einlassen müssen, was sollte werden, wenn sich dieser komische Seehundjäger verschätzte? Es war ja doch ein kleiner Unterschied, ob einer die Nußschale *Elfriede* hier entlangdirigierte oder einen ausgewachsenen Ozeandampfer!

Aber bald mußte er sich eingestehen, daß dieser Lotse wohl doch ein Genie war. Am Morgen des 19. Januar erreichte er tatsächlich die in der Christmas Bay ankernde *Dresden,* am 37. Tag nach deren Auslaufen von Punta Arenas – unbemerkt, obwohl inzwischen die gesamte Provinz Magellanes mit all ihren Inseln, Fjorden, Kanälen und Buchten vom engmaschigsten Beobachtungsdienst und Agentennetz überzogen worden waren, das es in dieser Einöde je gegeben haben dürfte.

Am Ende seines nautischen Husarenrittes durchs Schneegestöber war Albert Pagels todmüde. Nun konnte ja nichts mehr passieren, die *Dresden* war gesichtet. Kapitän Schaeffer entließ seinen wackeren Lotsen mit herzlichem Dank ins wohlverdiente Bett. Der Lloyd-Kapitän war sich seiner Sache sicher. Er manövrierte noch eine Weile hin und her, um seinen Dampfer noch dichter an den ankernden Kreuzer *Dresden* heranzubringen, damit die Kohlen- und Proviantabgabe noch besser vor sich gehen würde. Aber plötzlich gab es ein scheußliches Geräusch – das schlimmste, das einem Kapitän in seinem Dasein widerfahren konnte: Die *Sierra Cordoba* war »aufgebrummt«. Und das bei diesem Felsengrund!

Pagels war natürlich sofort wieder auf den Beinen. Er stürmte auf die Brücke und sagte nur. »*Ganz* ruhig bleiben! Es passiert überhaupt nichts. An dieser Stelle kann es sich nur um einen einzelnen Stein handeln. Ich garantiere das. Backbordmaschine voll zurücklaufen lassen!«

Pagels hatte tatsächlich recht. Es knirschte noch einmal recht unangenehm, aber dann war das Schiff wieder frei. Es hatte, wie ein *Dresden*-Taucher bald feststellen konnte, nur eine unbedeutende Schramme abbekommen. Nirgendwo war eine Bodenplatte ernsthaft eingedrückt oder gar gebrochen. Auf die *Dresden*-Besatzung wirkte die im Geiste längst abgeschriebene Ankunft des Versorgers wie eine Pervitinspritze. Die Männer waren allesamt wie verwandelt. Und was nun geschah, hätten sie selbst nicht für möglich gehalten: Plötzlich machte ihnen sogar eine Kohlenübernahme Freude!

Übermäßig lange würden natürlich auch die von der *Sierra Cordoba* mitgebrachten 1600 t von dem begehrten Brennstoff nicht ausreichen, aber dank intensiver Schonung der Brikettbestände infolge ständiger Streckung mit Feuerholz mochte das doch für einen Ausbruch in den Pazifik genügen. Weniger schön war freilich die Tatsache, daß der angelieferte Proviant nur für etwa zehn Tage ausreichen konnte.

Albert Pagels wußte, daß er nun auf seine Weise bestmöglich Abhilfe schaffen mußte. Kaum hatte er wieder ausgeschlafen, ließ er die *Elfriede* wieder aussetzen und unternahm einen neuen Fischzug, der eine reichliche Fischmahlzeit für alle Mann bescherte. Und dann ging er mit Rat und Tat ans Werk, um auch den Räucheröfen weiteres Rohmaterial zuzuführen. Auch verriet er einen Trick, wie man Muscheln schadlos lufttrocknen konnte, so daß sie wie Backobst die Räuchermuschelvorräte ergänzen konnten. Auch gab er Tips, welche Wasservögel über die Wildgänse und Enten hinaus vorzügliche Lieferanten von Geflügelfleisch sein konnten. Kapitän Lüdecke schrieb daraufhin einen Jagdwettbewerb aus. Und so wurde die erlegte »Strecke« an Wasservögeln beträchtlich. Ihr eingesalzenes Fleisch war nachher doch ganz brauchbar.

In den Wochen des Versecktbleibens der *Dresden* waren dem Konsul Stubenrauch und dem Etappenbevollmächtigten zur Helle unerwartete Verbündete zugefallen. Bei aller gebotenen Vorsicht gegenüber chilenischen Marinebehörden und in realistischer Einschätzung des politischen Drucks der Briten erfuhren sie Hilfe durch die Hafenbehörden, bei denen man Sympathie und Verständnis fand. Es gelang tatsächlich, einen von den Engländern unbemerkten Coup zu landen: Eine chilenische Marinefunkstelle konnte insgeheim zur Verabredung eines Codes gewonnen werden. Er enthielt spanische Sätze, die sich auf Seezeichen bezogen, die der Etappenbevollmächtigte Punta Arenas im Einverständnis mit Admiral Cuevas an das chilenische Vermessungsschiff *Meteoro* richten sollte. Dessen Arbeitsfeld lag so weit von Punta Arenas entfernt, daß es mit seinem unzulänglichen Empfänger diese unverdächtigen Funksprüche gar nicht abnehmen konnte. Dafür waren sie auch gar nicht gedacht, ihr wirklicher Vermittler hieß – Albert Pagels. Und die wirklichen Adressaten saßen in der Funkstation der *Dresden*!

Endlich war eine Kommunikationsmöglichkeit für wichtige Nachrichten gegeben, ohne daß eine Morsetaste des Kreuzers angerührt werden mußte. Freilich setzte dieser neue Nachrichtenstrang von Punta Arenas zur *Dresden* voraus, daß dem Kreuzer die neue Verbindung samt Code mitgeteilt wurde. Wieder mußte sich Albert Pagels auf den Weg machen.

Nach seinem Wiederauftauchen in Punta Arenas, im Anschluß an die Zuführung der *Sierra Cordoba* zur *Dresden,* hatten sich sofort wieder britische Geheimdienstler an Pagels herangemacht. Sie scheuten nicht mehr vor direkter Bestechung zurück: Man bot ihm gleich 2800 Pounds Sterling, 56000 Goldmark entsprechend, auf die Hand, wenn er endlich die Hände aus dem Spiel ließe. Pagels soll geantwortet haben: »Sagen Sie Ihrem König, daß ganz England nicht soviel Geld besitzt, um einen Pagels zu kaufen.«

Der britische Offizier salutierte wortlos und verschwand, um noch am gleichen Abend wiederzukommen. Er pokerte nun höher: Pagels werde neben der genannten Geldsumme einen Landsitz auf den Falkland-Inseln, lebenslängliche Pension und die britische Staatsangehörigkeit erhalten. Pagels knappe Antwort: »Mein lieber Mister, darüber sprechen wir nach dem Krieg.«

Nun war der britische Geheimdienst in eine Zwickmühle geraten. Den deutschen Lotsen einfach »umzulegen«, konnte man sich in Punta Arenas auf keinen Fall leisten, weil er auch bei der Mehrheit der Chilenen in Punta Arenas längst eine stadtbekannte Persönlichkeit war. Man mußte ihm anders beikommen – unterwegs, bei einer seiner heimlichen Fahrten. Der Kommandant der *Glasgow,* dem Pagels bei seiner Rückkehr von der *Sierra Cordoba* ein weiteres Mal entwischt war, brachte es auf den Punkt: »Wir werfen ihn über Bord, damit er ersäuft – oder ich schicke ihn nach London in den Tower, da wird er nie wieder herauskommen.«

Albert Pagels machte sich keine Illusionen, wie man mit ihm umgehen würde, falls er den Briten tatsächlich in die Hände fiele. Die Nachrichtenverbindung mit der *Dresden* mußte jedoch schnellstens aufgebaut werden. Also mußte diesmal die allzu bekannte *Elfriede* in Punta Arenas bleiben. Pagels nahm statt dessen den Hafenschlepper der Kosmos-Linie, den ihm Walther Kunze bereitwillig überließ. Die Sache drängte so, daß Pagels sogar das Risiko in Kauf nahm, mit der chilenischen Besatzung des Schleppers zu fahren, die nun ja sehen würde, wo die *Dresden* tatsächlich lag. Am 26. Januar traf der Schlepper im Gonzalezkanal ein. Die Funkbrücke war aufgebaut.

Inzwischen hatte sich die Lage der *Dresden* verschlechtert. Die nunmehr aus Punta Arenas eingehenden chiffrierten Funkmeldungen zeigten an, daß die Briten ihre Suchaktionen abermals zu verstärken wußten und daß nunmehr sogar eine chilenische Torpedobootsdivision den Befehl erhalten hatte, zwecks Beteiligung an solchen Maßnahmen zur Magellanstraße zu verlegen. Punta Arenas mahnte zur äußersten Vorsicht und empfahl rechtzeitigen Wechsel des Verstecks. (Siehe dazu Karte S. 489)

Inzwischen war es dem deutschen Bevollmächtigten der Etappe und dem deutschen Konsul gelungen, den österreichischen Konsul Josef Pasinovic für eine Überlassung seines Dampfers *Explorador* zu gewinnen. Dieses Schiff müsse unbedingt Proviant zur *Dresden* bringen. Die Beladung müsse jedoch derart diskret geschehen, daß die Briten sie in keinerlei Zusammenhang mit einer *Dresden*-Versorgung bringen konnten.

An Einfallsreichtum fehlte es den Beteiligten an dieser Sache nicht. Der Lotse Harry Rothemburg, der den Durchbruch zur *Dresden* vollbringen sollte, besaß glücklicherweise eine kleine Mine am Smythkanal. Da ihr Kupferabbau infolge der kriegsbedingten Ausfuhrstockung aufgelassen worden war, erregte es keinerlei Verdacht, daß man die *Explorador* nunmehr dorthin beorderte, um die Anlagen zu demontieren und die Grube zu schließen. Auch dieser Dampfer hatte eine chilenische Besatzung, außerdem reiste zur Aufsicht ein Zollbeamter mit. Da brauchte nun wirklich niemand Böses zu vermuten. Wie aber konnte man sich den Argusaugen dieses chilenischen Zöllners entziehen?

Man fuhr tatsächlich zum Smythkanal, zeigte ihm die abzubauende Anlage und lud allerhand Geräte aus. Längst hatte man durchblicken lassen, daß die ganze Aktion durchaus einige Tage dauern und daß das eine recht langweilige Angelegenheit werde, noch dazu bei diesem scheußlichen Wetter, also keineswegs angenehm. Und damit gewann der Zollbeamte dem freundlichen Angebot durchaus Geschmack ab, sich doch dann lieber solange auf der Hacienda des österreichischen Konsuls in Almirante Trasco die Zeit etwas gemütlicher zu vertreiben. Man werde ihn nach Beendigung der Auflassungsarbeiten wieder abholen. Der Beamte ging zum Glück darauf ein.

Albert Pagels hatte über die neue Funkverbindung auf der *Dresden* die Nachricht vom Versuch der Proviantversorgung mit Hilfe der *Explorador* bekommen. Er blieb deshalb mit seinem Schlepper in der Weihnachtsbucht liegen – was den Vorteil hatte, daß die chilenische Besatzung in Punta Arenas nicht vorzeitig irgend etwas ausplaudern konnte.

Vom unsichtigen Wetter begünstigt schaffte es die *Explorador,* unbemerkt zur Bedford Bay an der zerklüfteten Ostküste der Insel Santa Ines zu gelangen. Sie liegt im Süden des

Barbara-Kanals. Und so war es möglich, den Proviant ganz unauffällig mit dem wartenden Pagels in Verbindung zu bringen.

Bevor der jedoch zur Bedford Bay abdampfen konnte, um die *Explorador* zu übernehmen und durch den Gonzalezkanal zu lotsen, wurde ausgerechnet in diesem Kanal von der Aufklärung fahrenden Dampfpinasse der *Dresden* ein Segelboot gesichtet, das in Richtung *Dresden*-Versteck fuhr. Das war natürlich höchst verdächtig. Jetzt gab es nur einen Ausweg: »Die Pinasse holte das Segelboot an die *Dresden* heran.« Seine Besatzung bestand aus dem chilenischen Skipper, mehreren Indianern mit Weibern und Hunden und dem Bayern Anton Gutjahr, der angab, auf Otternjagd zu sein. Kapitän Lüdecke ließ die Segel zur Reparatur an Bord nehmen. Gutjahr machte gute Miene zum bösen Spiel.

Am gleichen Tag, dem 28. Januar, wurde Pagels zur Bedford Bay gesandt. Am 31. Januar traf er mit der *Explorador* in der Weihnachtsbucht ein. Der Dampfer brachte für vier Wochen Proviant, hatte aber keine Maschinenteile bringen können. Außerdem brachte er die geheime Nachricht des B. E. mit, daß eine weitere Zuführung von Proviant unmöglich sein würde«, schilderte Richard Pfütze den Weitergang der Dinge.

Immerhin hatte die *Dresden*-Besatzung wieder für vier Wochen Proviant. Das war aber auch alles. »Eingebracht« hatte diese Versorgung vor allem die zwingende Notwendigkeit, die *Dresden* erneut spurlos verschwinden zu lassen. Die Christmas Bay war nun endgültig kompromittiert, weil sie beiden chilenischen Besatzungen der dorthin gelangten Fahrzeuge ebenso bekannt geworden war wie den undefinierbaren Insassen des Gutjahr-Segelbootes.

Kapitän Lüdecke, Kaleu Wieblitz sowie die beiden Lotsen Rothemburg und Pagels hielten Kriegsrat. Sie verfielen auf die Glanzidee, die chilenische Besatzung der *Explora-*

dor in ganz netter Gastfreundschaft auf die *Dresden* einzuladen und ihnen sogar eine Nacht Ruhe auf dem Kreuzer zu gönnen. Inzwischen legte die *Explorador* unter Führung von Rothemburg und bemannt von Offizieren sowie Besatzungsmitgliedern der *Dresden* unbemerkt ab, um ein neues Versteck auszukundschaften. Man hatte das Glück, abermals einen Ankerplatz in einem laut Seekarte als Land bezeichneten Seitenarm der Wakefieldpassage (Insel Santa Ines) zu finden.

Kaleu Wieblitz war mit von der Partie. Er traute sich das Verlegen der *Dresden* in das neue Versteck ohne Lotsenhilfe zu. So konnten der Dampfer *Explorador,* der Kunze-Schlepper und das Gutjahr-Segelboot am 4. Februar nach Punta Arenas entlassen werden. Mochten sie getrost ausplaudern, daß die *Dresden* in der Christmas Bay läge.

Pagels nahm wichtige Nachrichten für die Etappe mit nach Punta Arenas, während Rothemburg in aller Harmlosigkeit den Zollbeamten wieder von der Hacienda des österreichischen Konsuls abholen konnte. Er hatte wirklich angenehme Tage verlebt und war des Lobes voll über die Freigebigkeit seines österreichischen Gastgebers, der die herrlichsten Asado-Essen auftafeln ließ und wahrhaftig nicht mit edlen chilenischen und sogar österreichischen Weinen gegeizt hatte. Und es ist bis heute unerfindlich, ob die chilenische Besatzung der *Explorador* ihm gegenüber dicht hielt oder nicht. Falls nein, dann schadete das nun auch niemandem mehr.

Noch am 4. Februar hatte die *Dresden* mit einem Teil der Kesselanlage genug Dampf gemacht, um zusammen mit der *Sierra Cordoba* zur Wakefield-Passage zu fahren und dort wieder zu ankern. Einen Tag später entdeckte Wieblitz eine noch besser dafür geeignete Nachbarbucht, so daß nun alles wieder von vorn beginnen konnte: Vonbordgehen der Holzfäller-Kommandos, der Enten- und Wildgänse-Jäger, der

Fallensteller, Fischer, Centolla- sowie Muschelsammler und Räucherer.

Die Verproviantierung für volle vier Wochen war zwar gegeben, aber Lüdecke blieb bei der »halben Ration«. Es war eine äußerst angebrachte Vorsorge.

Die Etappe New York hatte schon Anfang Dezember den neutralen Dampfer *Gladstone* mit 6000 t Kohlen von der amerikanischen Ostküste über Port Limon/Costa Rica und Pernambuco zur Hewett Bay in Marsch gesetzt, damit er dort oder – nach späterer Weisung der *Dresden* – an einem anderen Platz die Brennstoffergänzung des Kreuzers vornehmen könnte. Aber in Pernambuco brach eine Meuterei an Bord des Dampfers aus, so daß die brasilianischen Behörden einschritten und Ende Januar 1915 das Wiederauslaufen der *Gladstone* verhinderten.

Die Etappe La Plata entsandte am 31. Dezember den neutralen Dampfer *Josephina*, der schon Anfang Dezember zur etwaigen Versorgung des Kreuzergeschwaders nach Port Santa Elena geleitet worden war, mit 1500 t Kohlen von Montevideo zur *Dresden*. Leider wurde er am 6. Januar 1915 vom Panzerkreuzer *Carnarvon* nach den Falkland-Inseln aufgebracht, während am gleichen Tage die *Eleonore Woermann*, die ebenfalls in Port Santa Elena für das Spee-Geschwader bereit gelegen hatte, vom britischen Linienschiff *Australia* versenkt wurde.

Aber die Etappen-»Zauberkünstler« waren unermüdlich dabei, immer weitere Möglichkeiten auszutüfteln, um »dem armen Lüdecke« wieder auf die Beine zu helfen.

Die Etappe New York schickte den neutralen Dampfer *Bangor* am 3. Februar mit 8000 t Kohlen und Proviant von Baltimore ab. Er verließ Montevideo nach kurzem Aufenthalt am 7. März, um auf seiner Reise nach Corral/Chile die *Dresden* auf einem vereinbarten Warteplatz im Schnittpunkt der Koordinaten 37° Süd und 80° West zu treffen.

Last not least verließ, nach Überwindung großer Schwierigkeiten, am 20. Februar der Lloyd-Dampfer *Gotha* mit 3000 t Kohlen und (endlich auch!) Maschinenmaterial den Hafen von Montevideo. Die Etappe La Plata hatte es fertiggebracht, das zunächst in Buenos Aires aufliegende Schiff nach Montevideo »versegeln« und erst dort ausrüsten zu lassen, nachdem britische Informanten in der argentinischen Hauptstadt allzu mißtrauisch geworden waren. Aber nun »bastelte« man am La Plata bereits an einem weiteren Versuch, den tatsächlich der Roland-Linie, Bremen, gehörenden, britischen (!) Frachter *Alda* mit 2000 t Kohlen mit viel Eulenspiegelei und harmlos erscheinenden Orders für die *Dresden* nutzbar zu machen. Aber dieser Geniestreich kam nicht mehr zur Ausführung.

Lüdecke erfuhr über die aufgebaute Funkbrücke aus Punta Arenas, daß ein Kabeltelegramm des Admiralstabes in Punta Arenas eingegangen war, adressiert an die *Dresden:* »Sicherster Heimweg ist Segelschiffsweg. Deutscher Dampfer hat auf Heimreise vom Südatlantik 1. November kein Schiff angetroffen.«

»Äußerst aktuell«, registrierte der Kommandant des einsamen Kreuzers diese nun fast ein Vierteljahr alte und damit völlig wertlose Nachricht. Er berief mal wieder den Schiffsrat ein, um die Ansichten seiner Ressortschefs zu hören und seine eigene darzulegen. Und während auch diese Sitzung in der Kommandantenkajüte mit einem stilvollen Violinsolo des Navigationsoffizier beendet wurde, stand für Kapitän Lüdecke fest, wie er die Antwort formulieren würde, die Pagels bei seiner Rückkehr nach Punta Arenas bringen sollte, zwecks Weiterleitung nach Berlin: »Die Heimreise durch den Atlantik war aus folgenden Gründen unmöglich:

1. Die Kohlenversorgung für die weite Reise war nicht sichergestellt. Der vom Admiralstab in Aussicht gestellte Dampfer unter dem Äquator konnte nur wenig nützen, da

Dresden bis dorthin nicht genügend Kohlen hatte und aufs Geratewohl die Reise nicht antreten konnte, zumal nach bisherigen Erfahrungen mit den mobilmachungsmäßigen Kohlendampfern nicht mehr zu rechnen war.

2. Der Zustand der Maschinen war derartig, daß die Reise nur hätte durchgeführt werden können, wenn Aussicht bestand, unterwegs Überholungen an sicheren Ausrüstungsplätzen durchzuführen. Wie schon früher ausgeführt, waren in dieser Beziehung die Verhältnisse im Atlantischen Ozean sehr ungünstig. Zudem mußte jetzt mit der erfolgten Kompromittierung von Santa Elena, Rocas und Trinidada gerechnet werden.

3. Der verminderte Aktionsradius gestattete nicht einmal ohne weiteres die Reise von Feuerland zu den patagonischen Ausrüstungsplätzen.

4. Beim Passieren des nördlichen Atlantischen Ozeans und der Nordsee hätte die *Dresden* eine größere Höchstgeschwindigkeit benötigt, als ihr zur Verfügung stand.

5. Zusammengefaßt verfügte das Schiff nur noch über eine geringe Lebensdauer. Deshalb kam ich zu dem Entschluß, solange es noch eben ging, den Kreuzerkrieg in einer für das Schiff günstigen Gegend weiterzuführen. Hierfür kam(en) nur der Stille Ozean und die Südsee in Frage.«

Als Lüdecke dem einberufenen Schiffsrat gegenüber erstmals die Katze aus dem Sack gelassen hatte, daß er im Pazifik weiterhin Kreuzerkrieg führen und womöglich in die Südsee vorstoßen wollte, da entstand zunächst eine ähnlich lähmende Stille wie zwei Monate zuvor bei der letzten Kommandantensitzung auf der *Scharnhorst*, als Graf Spee bekanntgegeben hatte, Port Stanley angreifen zu wollen.

Minutenlang stieg nur der blaue Rauch der letzten Liebesgabenzigarren aus Valparaiso auf. Und der tüchtige, aus dem Mannschaftsstand hervorgegangene Leitende Ingenieur Stein erklärte in etwas ungewöhnlicher Form: »Also wissen Sie, Herr Kapitän – nichts für ungut, aber jetzt brauche ich erst einmal einen starken Schnaps.«

Schließlich war allen sechs Offizieren an diesem Tisch danach zumute. Und jeder von den Ressortchefs dachte insgeheim dasselbe: »Totzukriegen ist der Alte ja wirklich nicht – dessen Nerven müßte man haben!

Dem »Chief« Wilhelm Stein war bei dem Wort »Südsee« vor Schreck die Zigarre ausgegangen. Und er begründete seine Skepsis: »Unsere Maschinenanlage ist jetzt mit dem Wort Bruchladen am besten beschrieben. Wir kommen mit dem ewigen Reparieren kaum noch gegenan. Wenn Sie einen Schrotthändler wissen, Herr Kapitän, ich verscherbele sie sofort!«

Das war es, was Fritz Lüdecke an seinen Offizieren schätzte. Sie machten aus ihrem Herzen niemals eine Mördergrube. Und er fügte hinzu: »Ich werde Pagels bitten, sich mal in Punta Arenas umzuhören. Und wenn wir den ganzen Laden verkloppt haben, fahren wir alle mit der Eisenbahn nach Hause!«

Der Bann war gebrochen, man lachte wieder. Und so war es bezeichnend genug, daß derselbe Wilhelm Stein, der sich schon scherzhaft als »den potzböbersten aller Antriebsklempner« bezeichnet hatte, plötzlich zu verstehen gab: »Ist mir nur so herausgerutscht. Ohne die dringend angeforderten Ersatzteile sehen wir wirklich ganz alt aus. Aber an uns da unten soll es dennoch nicht liegen – wenn Sie uns aus diesem ringsum bewachten Fuchsbau tatsächlich wieder ungesehen auf die freie See zurückbringen, gebe ich Ihnen letzten Endes recht: Wenn wir überhaupt noch irgendwo eine schmale Chance haben, dann tatsächlich in der Südsee mit ihren unzähligen Verstecken. Es soll, wie Herr Nieden mir erklärt hat, 22 000 Inseln in der Südsee geben, die niemand alle absuchen kann. Und Kohlenfrachter wird man auch dort erbeuten können.«

Und so, wie zunächst die Leitenden Offiziere der *Dresden* reagiert hatten, um wenig später doch innerlich zuzustimmen, dürften zunächst auch die Herren des Admiralstabs in Berlin reagiert haben. Entsetzen schlug bald in eine Art Bewunderung für die Unverdrossenheit des *Dresden*-Kommandanten um, der ein am 9. Februar 1915 in Berlin eingetroffenes Telegramm übermittelt hatte:

»Am 3. Februar werde ich Durchbruch versuchen mit *Sierra Cordoba* nach Südamerika-Westküste. Habe die Absicht, den Kreuzerkrieg zu verlegen nach Ostindien, falls Heranziehung ausreichender Kohlen gelingt. Reiseweg: Osterinsel – Australinseln – Ellice Islands – Salomon Islands – Offakhafen (Insel Waigeau). Kohlenschiff zu Mitte April nach Peleng Island schicken.«

Dieser Lüdecke mußte wahnsinnig geworden sein – oder er war restlos zu bewundern. Die See war leergefegt. Alle deutschen Auslandskreuzer hatte irgendwann ihr Schicksal ereilt: Die *Karlsruhe* ebenso wie die *Emden*, die *Königsberg* war unentrinnbar im Rufidji-Delta von Deutsch-Ostafrika blockiert, und vier Kreuzer des Grafen Spee hatten vor Falkland ihr Ende gefunden.

Und nun hält man sieben Monate nach Kriegsausbruch ein Telegramm in den Händen, daß dieser verrückte Kerl, der Kapitän zur See Lüdecke, nicht nur in der Südsee weitermachen wolle, sondern womöglich auch noch in Ostindien!

Aber das Kopfschütteln in Berlin war verfrüht. Schon Ende Januar war Lüdecke klar geworden, daß er sich damit zuviel vorgenommen hatte. Für eine derart weite Reise würde der Kohlennachschub nie und nimmer realisierbar sein. Außerdem war die ramponierte Maschinenanlage ohne Ersatzteile oder Werftüberholung den Anforderungen einer derart weiten Reise keinesfalls mehr gewachsen. Da half es auch nichts, daß man in Anbetracht der vielen Inseln mit ihren Versteckmöglichkeiten häufige Chancen für Reparaturen bekommen würde.

Am 10. Februar traf in Punta Arenas ein Telegramm des Admiralstabes ein, das Antwort war auf das erstaunliche Lüdecke-Telegramm, das am Vortage eingegangen war und alle Absichtserklärungen samt Begründungen enthielt. Man blieb in Berlin hartnäckig und drahtete nach Chile: »Weitere Kohlenzufuhr nach Stillem und Indischem Ozean unmöglich. Es empfiehlt sich Heimreise durch Atlantischen Ozean auf Segelschiffsweg. Kohlenschiff wartet auf 5° Süd und 36° West.«

Das war schon mehr als eine Empfehlung, es glich eher einem Befehl. Aber Lüdecke wußte, als man ihm den Inhalt des Telegramms zufunkte, daß er auf gar keinen Fall in den Atlantik gehen werde. Er konnte das allzu konkret begründen. Und er hatte nun den Entschluß gefaßt, Mitte Februar in den Pazifik auszubrechen. Und wenn er sich schon die Südsee oder gar Ostindien hatte aus dem Kopf schlagen müssen: Auf jeden Fall wollte er vor der chilenischen Küste den Schiffahrtstrack Australien – Südamerika erreichen und dort kreuzen, um möglichst ein Kohlenschiff aufzubringen. Mit dessen Hilfe würde es dann schon weitergehen, man könnte ja vielleicht in Richtung Panamakanal vorstoßen. Nein, totzukriegen war dieser *Dresden*-Kommandant wirklich nicht.

Ende Januar schlug das notorisch schlechte Wetter des subantarktischen Hochsommers vorübergehend um. Es wurde windstill und fast ein bißchen heiß, auf jeden Fall erstmals im Freien richtig angenehm, wenn kein Wind wehte. Es war alles wie ein Atemholen nach der wochenlangen Anspannung und dem seelischen Tief infolge der auf allen lastenden Ungewißheit. Auf einmal hatte die Besatzung doch wieder ein Auge für die Schönheit der Umgebung. Der Kommandant gab dem I. Offizier freie Hand, die kurze

Schönwetterphase zu nutzen, um dem abkömmlichen Teil der Besatzung ein bißchen mehr von der Landschaft zu zeigen. Die ohnehin nur noch mit Holz gefeuerte Dampfpinasse nahm einen Kutter in Schlepp und fuhr durch die benachbarten Kanäle, für deren Szenerie man vorher kein Auge gehabt hatte. Und nun bemerkte man plötzlich das Spiel der Robben und der rosafarbenen Flamingos, das Kreisen der Kondore und das Segeln von Albatrossen. Nach Herzenslust durften die Männer durch die Wildnis streifen. Am glücklichsten darüber war natürlich Hexe, der Bordhund des Kreuzers *Dresden*. Ein möglicherweise nicht ganz rassereiner Foxterrier, der schon im Balkankrieg dabei war, in Mexiko und auf allen anschließenden Kriegsfahrten. Er war schon kläffend über die Osterinsel getobt und genoß jeden einzelnen Landgang auf seine Weise.

Nach wie vor durfte mit kleinkalibrigen, nicht allzu lauten Gewehren auf Wildenten und Wildgänse geschossen werden, die gebraten ganz gut schmeckten. Einige weigerten sich trotz der halbierten Proviantration, sie zu essen. Sie behaupteten hartnäckig, daß ihr Fleisch tranig schmeckte. Aber das paßte eigentlich nicht zusammen, weil sie ja Pflanzenfresser waren. Andere Vögel waren leider erheblich trockener und nicht so geschmackvoll, aber dennoch eßbar. Gegen die immer wieder »auf die Back gestellten« Nothauptnahrungsmittel Fisch und Muscheln wuchs die Aversion – und nach dem erzwungenen Wechsel des Ankerplatzes konnte anstelle des kristallklaren Gebirgswassers der Christmas Bay nur noch ein nicht gerade appetitliches bräunlich gefärbtes Wasser von der Insel Santa Ines übernommen werden, das aus einem Torfmoor kam und zudem durch die Wurzeln der Zimtbäume verfärbt wurde. Um Vorurteile abzubauen und ängstliche Gemüter zu beruhigen, kochte die Kombüse das für die Mahlzeiten verwendete Wasser demonstrativ ab.

Das sommerlich schöne Wetter währte nicht lange. Bald zogen die inzwischen gewohnten blauschwarzen Wolken auf, die eher Schwermut verbreiten konnten. Aber auch diese blieben nicht. Es wurde extrem wetterwendisch, weil starkem Wind und heftigen Regengüssen dann nochmals Sonnenschein und absolute Flaute folgten. Bisweilen erlebte die Besatzung der *Dresden* innerhalb von 24 Stunden alle vier Jahreszeiten. Und Kapitän Lüdecke war es nur allzu recht, als endlich wieder das alte Schlechtwetter dominierte und neues Schneetreiben die *Dresden* verschluckte. Genau so ein Wetter benötigte der Kreuzer, wenn er tatsächlich den Ausbruch in den Pazifik schaffen wollte. Und Lüdecke wußte, daß der Ausbruch die einzige Chance bot, sich wieder irgendwo Brennstoff zu besorgen. Weitere Zufuhr von Kohlen ins Ankerversteck war illusorisch. Ausbruch also Mitte Februar. An dem Entschluß wurde nicht mehr gerüttelt. Und es wuchs die Chance, daß draußen im Pazifik sogar das Zusammentreffen mit dem dorthin beorderten Lloyd-Dampfer *Gotha* klappen könnte, später (wenn auch nicht vor Anfang März) das Eintreffen auch des Dampfers *Bangor.*

Aber noch ein weiteres Mal mußte Albert Pagels in Erscheinung treten. Punta Arenas kündigte sein Erscheinen für den 14. Februar an. Und nun wagte sich Pagels tatsächlich wieder mit seinem so argwöhnisch beobachteten »Gummidampfer« *Elfriede* auf die Reise, bei der die *Glasgow* mehrfach hinter ihm her war. Aber er ging an Land, wann immer es ihm paßte und demonstrierte abermals Gelassenheit.

Hören wir dazu noch einmal Richard Pfütze: »Eines Tages stach ihn der Hafer, und er kehrte am hellichten Tag zu seiner *Elfriede* zurück, um weiterzufahren. Die Briten stellten ihn: ›Wo gehen Sie hin?‹ – ›Ich geh auf See!‹ – ›Auf dieser Fahrt werden wir Sie kriegen!‹ Wie Pagels richtig vermutet hatte, wurde die in der Sholl Bay liegende *Glasgow* durch den britischen Chef der öffentlichen Küstenfunkstelle Punta Arenas sofort vom Auslaufen der *Elfriede* unterrichtet.« Aber es war nur der Wunsch Vater des Gedankens, Pagels nun endlich greifen zu können. Er schlug sich abermals seitwärts in die Büsche. Er verschwand in einem Labyrinth unbefahrener Seitenarme, in das ihm die *Glasgow* unmöglich folgen konnte. Er kam tatsächlich ungeschoren zur *Dresden* durch.

Pagels hatte einerseits die wichtige Aufgabe, neue Nachrichten von Lüdecke an die Etappe und den Admiralstab mitzunehmen. Unter anderem bat er darum, Kohlendampfer, deren Entsendung etwa doch noch glücken sollte – in erster Linie die *Gotha* – bis zum 5. März nach einem Warteplatz auf 37° Süd und 80° West zu dirigieren. Für den Fall, daß ihm das Kapern eines Kohlendampfers gelänge, werde er einen Kohlennachschub erst Ende März benötigen. Tatsächlich konnte ein Telegramm entsprechenden Inhalts von Punta Arenas an die Etappen La Plata und Valparaiso sowie nach Berlin abgesandt werden, wo es am 21. Februar anlangte.

Inzwischen wußte man in Punta Arenas ebenso wie auf der *Dresden*, daß sich die Briten in Feuerland und Patagonien sozusagen häuslich niedergelassen hatten. Ungeniert und bestimmt nicht ohne Wissen chilenischer Dienststellen nahmen sie regelmäßig Kohlen und Proviant in der Sholl Bay über, ein Kreuzer nach dem anderen. Und niemand fragte diese britischen Kriegsschiffe jemals nach der 24-Stunden-Frist eines Aufenthaltes in neutralen Gewässern. Darum bestand die Hauptaufgabe von Albert Pagels in der nächsten Zeit darin, die Briten so lange wie möglich darüber hinwegzutäuschen, daß Kreuzer *Dresden* und sein Beischiff *Sierra Cordoba* die südchilenischen Fjorde bereits wieder verlassen hatten. Je länger sie weiterhin wähnten, die deutschen Schiffe dort eingekerkert zu wissen, desto besser.

Ohnehin war wohl die Suche der britischen Seestreitkräfte nach einem einzelnen Schiff noch nie so zeitraubend und ärgerlich gewesen wie diese monatelange verbissene und doch fruchtlose Anstrengung, die *Dresden* nun endlich an den Kanthaken zu kriegen. Mochte das noch möglichst lange so weitergehen – einschließlich der zunehmend schlechten Laune von Lord Fisher im fernen London, dessen Gesicht bei Nennung des Namens *Dresden* unnachahmlich versteinerte. Allmählich wurden Zweifel über die Leistungsfähigkeit der Royal Navy nicht nur lauter, sondern anscheinend sogar berechtigt. Insgesamt haben Albert Pagels und Karl Schindig sechsmal auf gefahrvollen Wegen die *Dresden* aufgesucht und ihr tatsächlich zum neuen Ausbruch in den Pazifik verhelfen können. (Nachträglich erhielten diese beiden Deutschen das Eiserne Kreuz II. Klasse verliehen und Pagels – als einziger Zivilist, dem das im Weltkrieg 1914 bis 1918 zuteil wurde – das Eiserne Kreuz I. Klasse dazu.)

Kreuzer *Dresden* glich einem Bienenhaus. Schon am Abend des 13. Februar hatte der Kommandant »Alle Mann achteraus!« befohlen und bei dieser Musterung bekanntgegeben, daß nun die Zeit des Wartens und der Passivität vorbei sei. Morgen früh würden alle erforderlichen Kessel gezündet. Und sobald das Motorboot *Elfriede* ein letztes Mal längsseits gekommen sein würde, ging die *Dresden* wieder in See!

Der tatsächlich am nächsten Tag an Bord gekommene »Kurier des Zaren« Albert Pagels versuchte zwar, Kapitän Lüdecke den allzu gewagten Durchbruch in den Stillen Ozean auszureden. Aber das fruchtete wenig. Die Besatzung baute voller Vertrauen darauf, daß Lüdeckes Nase auch diesmal den richtigen Weg finden werde. Es wurde ein langer herzlicher Händedruck, den Kapitän Lüdecke und Kaleu Wieblitz mit den beiden unermüdlichen Helfern austauschten. Dann gingen die beiden meistgesuchten Männer der Provinz Magallanes wieder von Bord.

Längst waren die Maschinentelegrafen auf »Maschine Achtung!« gelegt. Kaum hatte die *Elfriede* vom Seefallreep der *Dresden* abgelegt, ließ Kapitän Lüdecke an die »Manöverstation Back« den Befehl zum Einhieven des Ankers durchgeben. Und sobald vom Vorschiff »Kette zeigt auf und nieder« zur Brücke gemeldet wurde, legte man die Hebel der Maschinentelegrafen auf »Geringste Fahrt voraus«. Behutsam, schon eher behäbig, drehte Kreuzer *Dresden* einen Kringel durch ihr letztes Ankerversteck an der Küste der Insel Santa Ines – durch jene Bucht, die bis zum heutigen Tage als *Dresden Inlet* in den chilenischen Seekarten steht.

Aus der Brückennock erwiderte der Kommandant noch einmal das Winken der beiden *Elfriede*-Insassen, bevor die *Dresden* in einem Gebräu von Regen und Schneeflockenwirbel ins Ungewisse verschwand. Es war genau das Wetter, das sich Lüdecke für diese verwegenste Fahrt im Dasein seines Schiffes insgeheim gewünscht hatte. Der Navigationsoffizier und das gesamte Steuermannspersonal waren mit Stoppuhren und Ferngläsern an der Arbeit. Beide Kriegswachen waren aufgezogen und beide Scheinwerferpodeste besetzt. Sogar der inzwischen von seinem Knöchelbruch genesene Leutnant Böker war wieder zu seinem Fleckerstand aufgeentert, sozusagen als die »höchstgestellte Persönlichkeit an Bord«.

Geradezu knisternde Spannung herrschte überall, nicht zuletzt in der F. T.-Station. Man wußte zwei britische Kreuzer in der Nähe, einen aufgrund seiner fast schon penetranten Morsezeichenlautstärke buchstäblich zum Greifen nahe.

Um 17.30 Uhr war die *Dresden* ankerauf gegangen, um

eben noch bei Tageslicht das Gewirr von Inseln und Felsen bis zur Ausfahrt in die freie See durchsteuern zu können. Aber was heißt schon Tageslicht! Schon kurze Zeit später heulte ein frühherbstlicher Schneesturm los, der den seit Wochen nicht mehr satt gewordenen Ausguckposten auf den Scheinwerferpodesten und auf der Back durch die Rippen schnitt. Sozusagen meterweise schlich der Kreuzer vorwärts, mit eben so viel Fahrt, daß er seine Steuermacht behielt. Wieblitz hatte genau den Verlauf der Strömungen erforscht, die in diesem mehrfach gewundenen, unbezeichneten Fahrwasser zu erwarten waren. Pagels hatte ihm aus Punta Arenas eine Gezeitentabelle für die nahe Magellanstraße mitgebracht, so daß man nun Rückschlüsse auf den an Ort und Stelle zu erwartenden Gezeitenstrom ziehen konnte.

Mancher der Männer hörte sozusagen das eigene Herz klopfen, denn es ging Stunde um Stunde fast oder sogar ganz ohne Sicht nur nach gekoppelten Kursen und halblaut gerufenen Ruderkommandos durch ein offiziell unvermessenes und von Unterwasserklippen starrendes, im Dämmerlicht allenfalls zu ahnendes Gewässer. Es war eine Meisterleistung der Navigation. Und die Brückenbesatzung sah nur die angespannt nach vorn gereckte Nase ihres Kommandanten, ihre berühmte Witterung würde sicherlich auch diesmal nicht trügen.

Am Heck der *Dresden* hatte man als einzige Positionslaterne das Hecklicht angeschaltet, damit es der ebenfalls auf Katzenpfoten hinterher steuernden *Sierra Cordoba* als Richtlicht dienen konnte. Alles konnte sich die *Dresden* in dieser »Waschküche« erlauben, nur keine Kollision mit dem eigenen Beischiff!

Kapitän Lüdecke ertappte sich bei dem Gedanken, welche Situationskomik jedoch der Zusammenstoß mit einem der lauernden Britenkreuzer mit sich bringen würde.

Tatsächlich passierten die beiden Schiffe, wie die späteren Rekonstruktionen des britischen Marinehistorikers Millington-Drake ergaben, den Panzerkreuzer *Carnarvon* in nur wenigen hundert Yards Abstand.

Am Bug der beiden deutschen Schiffe spähten besondere Kelp-Beobachter angespannt ins Wasser. In diesen Gewässern hat aufschwimmender gelbbrauner Seetang (Kelp) die vorteilhafte Eigenschaft, das Vorhandensein darunter liegender Unterwasserfelsen anzuzeigen. Aber es ging tatsächlich alles klar.

Lüdeckes Hauptsorge war das plötzliche Aufreißen der Schneewolken zur unpassenden Zeit. Jeden Augenblick konnte die *Dresden* direkt vor den Torpedorohren eines lauernden Briten liegen. Aber der Wettergott spielte tatsächlich am gesamten Abend des 14. Februar 1915 als wohlwollender Verbündeter mit.

Im allerletzten Büchsenlicht, zwischen Millionen tanzender Schneeflocken, veränderte die *Dresden* geradezu abrupt ihr Verhalten. Zum ersten Mal seit zwei Monaten bewegte sich der Rumpf des Kreuzers wieder im Seegang!

Der Navigationsoffizier eilte noch einmal an die Karte und sprach dann das erlösende Wort: »Herr Kapitän, wir sind *durch*!«

Im Handumdrehen hatte diese Freudenbotschaft sämtliche Kriegswachstationen und Betriebspunkte des Schiffes erreicht. Und sogar vor den Kesseln spürte man es sofort, daß die Pazifikdünung wieder die *Dresden* wiegte. Man schlug sich überall gegenseitig auf die Schulter, denn lautes Hurra-Gebrüll hatte der I. Offizier aus naheliegenden Gründen ausdrücklich verboten.

Jetzt fuhr man wieder zur See. Man war kein Gefangener mehr, sondern endlich wieder Herr eigener Entschlüsse – jedenfalls soweit es die immerwährende Misere des Kohlennachschubs und die Proviantnot zuließen.

Auf der freien See steuerte die *Dresden* mit ökonomischer Fahrt zunächst westlichen Kurs, um dann auf dem etwa 200 Seemeilen von der Küste entfernten Segelschiffsweg zu kreuzen. Die *Sierra Cordoba* fungierte nach bewährter Lüdecke-Methode als Spähkreuzer. Sie lief 100 Seemeilen vor der *Dresden* her, um nach Handelsschiffen auszuspähen und sie nach einem mit dem Funker des Lloyd-Dampfers verabredeten codierten Kurzsignal zu melden. Zum Zweck der Brennstoffersparnis ließen sich die Schiffe etwa 200 bis 250 Meilen südlich der Insel Mas a Tierra treiben. Aber es war auch diesmal wie verhext, es kam und kam nichts in Sicht. Canaris hatte wohl recht, als er das Bonmot prägte: »Wir sind mal wieder unser eigenes Opfer.«

Tatsächlich waren auch diesmal die Schiffahrtstracks vor der chilenischen Küste aus Furcht vor der irgendwo lauernden *Dresden* verwaist, die längst den Spitznamen »Gespensterkreuzer« bekommen hatte.

Etappenweise »zottelten« die *Dresden* und ihr Beischiff weiter nach Norden. Sie erreichten am 19. Februar tatsächlich den Track von Valparaiso nach Australien.

Zwar wurde auch hier die Geduld noch weitere acht Tage lang auf eine harte Probe gestellt, aber dann ertönte endlich »Musik« in den Ohren aller *Dresden*-Männer: Prisen-Alarm!

Hilfsleutnant Fetzer und seine martialisch bewaffneten Männer konnten es kaum erwarten, ausgebootet und übergesetzt zu werden. Man hatte auf der Position 37° 21' Süd und 81° 58' West endlich wieder eine Prise erwischt. Zwar ging Lüdeckes Herzenswunsch nicht in Erfüllung: Eine Kohlenladung war leider nicht an Bord. Aber es handelte sich um das britische Vollschiff *Conway Castle* mit 2400 t Gerste in den Laderäumen. Das Schiff war soeben erst von Valparaiso ausgelaufen und war für eine lange Reise nach Queenstown ausreichend verproviantiert. Das half schon wieder ein Weilchen weiter. Ein Arbeitskommando wurde übergesetzt, um alle Provianträume des Windjammers auszuräumen und auch sonst alles »mitgehen zu heißen«, was man an Werkzeugen, Gerät, Segeltuch und Reservetauwerk gebrauchen konnte.

Natürlich hatte Kapitän Lüdecke auch in der Zeit des Versteckspiels in bestimmten Abständen Gefechtsdienst angesetzt, damit keine von den erlernten Fähigkeiten schneller und richtiger Reaktionen im Falle von Feindberührungen einrosten konnte. Und nach dem Erreichen der freien See hatte er das sogenannte Rollenexerzieren, die Artillerierichtübungen, das Zusammenwirken der einzelnen Waffenabschnitte untereinander und mit der Leckwehr wieder verstärkt geübt. Und so war endlich auch wieder eine Schießübung fällig. Zwar wendete man auch Sprengpatronen zur Versenkung der *Conway Castle* an, um Munition zu sparen. Allzu gern fuhr man aber einen gefechtsmäßigen Anlauf zum Einsatz der eigenen Artillerie, die mangels Reichweite bei den Falkland-Inseln hatte schweigen müssen.

Die Besatzung des Seglers wurde vorher auf den Kreuzer *Dresden* geholt. Dort konnte man sie besser bewachen, als das auf dem Handelsschiff *Sierra Cordoba* jemals möglich gewesen wäre.

Dresden und ihr »Spähkreuzer« blieben weiterhin auf dem Austral-Track. Sie ließen sich fast immer treiben. Endlich gellte eine Woche später wieder die Alarmglocke. Abermals bekam man einen Segler zu fassen. Und wie es bislang immer das Schicksal der *Dresden* gewesen war: Auch diesmal folgte auf den »Losgewinn« wieder eine »Niete«. Das Prisenkommando mußte leider signalisieren, daß es sich um den peruanischen und damit neutralen Windjammer *Lorton* handelte. Und doch war das Schiff für Kapitän Lüdecke willkommen, denn es war unterwegs nach Valparaiso. Man konnte ihm die Besatzung der versenkten *Conway Castle* mitgeben! Der deutschfreundliche peruanische Kapitän erklärte sich gern dazu bereit. Und so schieden die bisherigen Gefangenen und ihre vormaligen Bewacher, die sich nahezu miteinander angefreundet hatten, mit viel Hallo voneinander.

Die *Sierra Cordoba* mußte am nächsten Tage die Erschöpfung ihrer Vorräte ankündigen. Jetzt entschloß sich Kapitän Lüdecke, sie unverzüglich nach Peru zu entlassen, zuvor aber jede für diese relativ kurze Reise entbehrliche Tonne Kohle und jede noch abzugebende Proviantkiste von Bord zu holen. Das Wetter, die See war ruhig. Und so konnte die Übernahme reibungslos mit Hilfe der ausgesetzten Beiboote vor sich gehen.

Am 3. März traf die *Sierra Cordoba* in Callao ein, als ob sie kein Wässerchen trüben konnte. Aus unerfindlichen Gründen wurde der britische Nachrichtendienst nicht mißtrauisch. Irgendein Kommunikationsfehler mußte vorgelegen haben, sonst hätte man gewußt, daß eben dieses Schiff im Bereich der Provinz Magallanes spurlos verschwunden war, mitsamt der *Dresden.*

Die Etappe hatte so gut gefälschte Konnossemente und Auftragsbestätigungen vorbereitet, daß der Lloyd-Dampfer in aller Gemütsruhe wieder 1200 t Kohlen an Bord nehmen konnte. Man hatte »einen unverfänglichen Bestimmungsort«.

Die *Sierra Cordoba* hatte ein vom 24. Februar datiertes Telegramm von Kapitän Lüdecke mitgebracht, das von Etappe sofort nach Berlin weitergeleitet wurde: »Durchbruch ist geglückt, Heimreise unmöglich wegen Zustandes Maschinenanlage. Erwarte Kohlenschiff von Buenos Aires nach Südamerika Westküste.«

Der 7. März 1915 wurde für den *Dresden*-Kommandanten ein schöner Tag. Der F. T.-Station des Kreuzers war die funktelegrafische Verbindung mit der *Gotha* geglückt, die auf ihrer in Montevideo angetretenen Reise soeben den Stillen Ozean erreicht hatte, also im Anmarsch war. Und von der *Sierra Cordoba* kam die Nachricht, daß sie mit 1200 t Kohlen wieder in See gegangen war. Na bitte! Lüdecke war so aufgeräumt, daß es abermals ein Oberdeckskonzert der Bordkapelle und einen Messeabend mit kleinem Klönschnack und einem Violinspiel von Kaleu Wieblitz geben durfte. Nun war man wohl aus dem Gröbsten heraus . . .

Am 8. März herrschte, wie man in der Seefahrt sagt, pottendicker Nebel. Die *Dresden* »steckte darin wie in einer Watteschachtel«. Nach Berechnungen des Navigationsoffiziers hatte man inzwischen die vereinbarte Position für das Zusammentreffen mit der *Gotha* erreicht. Man ließ sich dampfsparend treiben, man hatte ja Zeit. Und der Nebel war so drückend dicht, daß die Besatzung des Kreuzers den Eindruck hatte, sie sei ganz allein auf der Welt. Schön wäre es gewesen!

War es ganz einfach nur die Urangst, die jedem Seemann vor dem Ungewissen befällt, sobald sich solche Watteschleier geradezu lähmend über die Aufbauten legen oder war es wieder mal Lüdeckes berühmte Nase? Im Grunde wußte er selbst nicht, warum er im Laufe des Vormittags zweimal durchgeben ließ: »An alle Stellen! Ganz besonders gut Ausguck halten.«

Es war ein bißchen sonderbar, denn es gab ja überhaupt nichts zu sehen. Außerdem verstand sich die Aufmerksamkeit der Ausgucks auf diesem Kreuzer von selbst.

Aber Lüdecke spürte ganz genau, daß hinter diesen Schwaden irgendein Verhängnis lauerte. Er sollte leider recht behalten: Kapitänleutnant Wieblitz hatte gerade laut ins Kartenhaus hineingerufen: »Es klart auf!«

Es war gegen 14.00 Uhr. Die Nebelschleier lichteten sich immer weiter. Sie rissen schon so weit auseinander, daß in einer Nebellücke ein Kriegsschiff mit drei Schornsteinen ausgemacht werden konnte. Drei Mann gleichzeitig brüllten die Sichtmeldung zur Brücke. Lüdecke sprang sofort an den Alarmgeber: »Klarschiff zum Gefecht!«

Eine schöne Bescherung – die *Dresden* hatte kaum Dampf auf den Kesseln. Und nun jagten die Heizer Schaufel um Schaufel Kohlen unter alle zwölf Kessel, sie werkelten wie die Teufel vor einem Höllenfeuer, um den Druck so schnell wie möglich hochzufahren. Aber so rasch ging das nun mal nicht. Das gesichtete Schiff konnte man bald ziemlich klar erkennen, es war eindeutig der britische Panzerkreuzer *Kent,* den sie inzwischen wieder repariert hatten, um die vierzig Treffer des Kreuzers *Nürnberg* »wegzuretuschieren«.

Da Kreuzer *Dresden* noch nicht tief genug Dampf auf den Kesseln hatte, kam die *Kent* bis auf 120 Hektometer heran.

Lüdecke wußte sehr wohl, was das bedeutete: 14 Geschütze vom Kaliber 15 cm sowie eine starke Panzerung machten seinen unterarmierten Kreuzer weitgehend chancenlos. Aber warum eröffnete die *Kent* noch immer nicht das Feuer?

Es konnte zwei verschiedene Erklärungen dafür geben: Zunächst wurden die Männer an den Zielgebern und E-Meßgeräten der *Kent* zu stark geblendet, denn die aufgescheuchte *Dresden* fuhr genau in Richtung Sonne. Man wollte also besseres Licht abwarten. Und wie sollte die *Dresden* der *Kent* wirklich entkommen können, immerhin lief auch der britische Panzerkreuzer 24 Knoten.

Die *Dresden* hatte er nun in den Krallen, nachdem es der britischen Funkaufklärung gelungen war, durch Einbruch in den Code die Position herauszubekommen, wo der Kreuzer die *Gotha* erwarten wollte. Und doch war es ein Fehler, daß die *Kent* ihrer Sache zu sicher war: Wilhelm Steins wakkeren Heizern war es tatsächlich gelungen, in Rekordzeit alle Kessel hochzufahren und dem Pferd namens *Dresden* die Sporen zu geben. Immer schneller zog der deutsche Kreuzer davon, dem nicht mal der eigene Kommandant, geschweige denn der Leitende Ingenieur zugetraut hatten, was er nun fertigbrachte: Die mit 24 Knoten Höchstfahrt heranstiebende *Kent* wurde allmählich immer kleiner, weil der »schnelle Hirsch«, den sie zu stellen gedachte, noch immer fast anderthalb Knoten schneller war.

Fünf volle Stunden dauerte die Hetzjagd, bei der tatsächlich die *Dresden* Sieger blieb: Bei Einbruch der Dunkelheit waren nur noch die Schornsteine und Masten des Verfolgers über der Kimm zu sehen. Als die Finsternis jede weitere Sicht verdeckte, war der Verfolger abgeschüttelt.

Da nun der Standpunkt der *Dresden* ohnehin bekannt war, durften die Funker der *Dresden* nach Monaten erstmals wieder ihre Morsetaste anrühren. Noch während der Verfolgungsjagd verständigten sie den Lloyd-Dampfer *Gotha,* daß sie von einem englischen Panzerkreuzer verfolgt werden und daß die *Gotha* deshalb einen neutralen Hafen anlaufen solle. Aber dessen Kapitän Hillmann und sein Supercargo, Leutnant zur See der Seewehr Klocke, verständigten sich, vorsichtshalber dort erst einmal in See zu bleiben, wenn auch mit veränderter Position. Man konnte nicht wissen, wann man sie dort dringend benötigen werde.

Kreuzer *Dresden* lief auch die halbe Nacht hindurch mit allen Pferdestärken weiter, die überhaupt noch aus der gequälten Maschinenanlage herauszuholen waren. Aber infolge der totalen Überanstrengung der Turbinen und Kessel lief das Schiff ungeachtet allen verzweifelten Bemühungen des Kesselraum- und des Maschinenpersonals nachher nur noch 20 Knoten. Abe es lief wenigstens *diese.*

Kapitän Lüdecke, sein Navigationsoffizier und sein Adjutant waren sich sofort einig, daß es nur noch eine schmale Chance gab – die Flucht in neutrale Gewässer zur Internierung. Das ernste Gespräch mit dem Leitenden Ingenieur war im Ergebnis erbarmungslos. Es führte kein Weg mehr an dieser Lösung vorbei. Schiff und Besatzung hatten alles überhaupt Mögliche getan. Aber wo war ein neutraler Hafen?

Es gab nur einen einzigen, der bis zum Morgengrauen erreicht werden konnte – ein Hafen, der in Wirklichkeit gar keiner war. Die *Dresden* nahm Kurs auf die Cumberland Bay der Robinson-Insel Mas a Tierra im Juan-Fernandez-Archipel, vor dessen unbewohnter Nachbarinsel Mas a Fuera die Besatzung ja schon zweimal recht heiße Kohlenschlachten geschlagen hatte.

Menschenleer war die Robinson-Insel nicht mehr. Das kleine, nach Johannes dem Täufer benannte Dörfchen Juan Batista an der Cumberland Bay zählte damals 300 Einwohner, zumeist Langustenfischer.

Natürlich stand die gesamte abkömmliche Besatzung der *Dresden* an Deck, als der Kreuzer am sonnigen Morgen des 9. März 1915 in die fast kreisrunde Naturhafenbucht einlief, die unverkennbar ein aufgebrochener »ertrunkener« Vulkankrater ist. Unmittelbar hinter dem Dorf steigen die teilweise bewaldeten Berge empor. Eine hübsche Bucht, mit einer imposanten Szenerie dahinter!

Natürlich lief auch die gesamte Dorfbevölkerung zusammen, als gegen 8.30 Uhr die Ankerkette der *Dresden* aus der Klüse rasselte – rund 400 Meter vom Ufer entfernt.

Bald löste sich ein kleines Dampfboot vom Ufer. Es erschien der chilenische Hafenkapitän, der Kapitän Lüdecke begrüßte und ihm erklärte, daß er natürlich nach dem Ablauf von 24 Stunden den Hafen wieder verlassen müsse. Andernfalls würde der Kreuzer in diesem neutralen Hafen interniert.

Der Chilene staunte nicht schlecht, als ihm der als Dolmetscher fungierende Canaris erklärte, genau um letzteres handele es sich. Das Schiff könne nicht mehr als voll gefechtsfähig angesehen werden, das Kommando vom S. M. S. *Dresden* bäte darum um Internierung.

Der Chilene überzeugte sich, daß hier tatsächlich kein Trick im Spiel war, obwohl er natürlich wußte, daß dieses mysteriöse Schiff ja seit Monaten überall gesucht wurde. Nun aber war eine ganze Anzahl der Kesselfeuerungen und Ventilationsmaschinen zusammengebrochen. Kesselrohre leckten zu Dutzenden, außerdem befanden sich nur noch 80 t Kohlen an Bord. Der Fall schien klar: Kreuzer *Dresden* war ein Invalide geworden, er hatte sich bei seinem letzten Wettlauf um Leben und Tod wohl fürs erste ramponiert.

Der Hafenkapitän erhob die Forderung, die Fahrbereitschaft des Kreuzers durch Vonbordgabe von Maschinenteilen aufzuheben. Aber Kapitän Lüdecke lehnte dies unter Hinweis auf Artikel 17* des Abkommens XIII, betreffend die Rechte und Pflichten der Neutralen im Falle eines Seekrieges, datiert vom 18. Oktober 1907, mit der Begründung ab, daß der Aufenthalt der *Dresden* zwecks Herstellung seiner Seefähigkeit – sofern dies überhaupt gelang – durch etwa acht Tage Zeit erfordernde Maschinenreparaturen bedingt sei.

Kapitän Lüdecke forderte den Hafenkapitän auf, die Maschinen- und Kesselanlage durch einen Sachverständigen besichtigen zu lassen.

Den gab es in diesem Dorf gewiß nicht, man würde ihn vom etwa 330 Seemeilen (610 km) entfernten chilenischen Festland kommen lassen müssen.

Nach einigem Überlegen bestand der Capitan de Puerto

* Der Artikel 17 dieses Haager Abkommens lautet: »Innerhalb neutraler Häfen und Reeden dürfen Kriegsschiffe von Kriegsführenden nur in dem für die Sicherheit ihrer Schiffahrt unerläßlichen Maß ausbessern, nicht aber in irgendwelcher Weise ihre militärische Kraft erhöhen. Die neutrale Behörde hat die Art der vorzunehmenden Ausbesserungen festzustellen, die so schnell wie möglich auszuführen sind.«

infolge des deutlichen Hinweises von Kapitän Lüdecke nicht mehr auf der sofortigen Internierung. Er erklärte vielmehr, Instruktionen einholen zu müssen und dann die Ankunft chilenischer Kriegsschiffe abzuwarten. Der Kommandant der *Dresden* konnte sich verständlicherweise mit der Internierung erst dann einverstanden erklären, sobald die chilenische Regierung durch Entsendung von Kriegsschiffen eine Garantie für die Sicherheit der *Dresden* gegen Angriffs- oder sogar Kaperungsversuche feindlicher Kriegsschiffe übernahm.

Es traf sich günstig, daß noch am gleichen Abend ein Segler nach Valparaiso abging, der einen Brief an den deutschen Gesandten in Chile übermittelte. Ihm wurde darin das Anlaufen der Cumberland Bay als Nothafen infolge Maschinenschadens und nun wohl nicht mehr behebbaren Kohlemangels mitgeteilt. Der Brief kam in der Nacht vom 13. zum 14. März beim deutschen Generalkonsul in Valparaiso an.

Der Hafenkapitän benutzte denselben Segler als Kurier, um dem chilenischen Flottenkommando den Sachverhalt mitzuteilen und um Entsendung von Kriegsschiffen nach Mas a Tierra zu bitten. Eine andere Möglichkeit zur Nachrichtenübermittlung gab es noch nicht, denn Mas a Tierra hatte immer noch weder einen Seekabelanschluß noch eine fertige Funkstation.

Kapitän Lüdecke bot dem Hafenkapitän sofort die Benutzung der F. T.-Station des Kreuzers zur Kontaktaufnahme mit dem chilenischen Flottenkommando an. Aber der Chilene besaß keine Schlüsselunterlagen für den militärischen Funkverkehr. Ein offener Funkspruch erschien ihm jedoch zu riskant.

Deutsche Handelsschiffsfunker mußten den Morseverkehr der *Dresden* mit der *Gotha* aufgefangen und der Etappe Valparaiso zur Kenntnis gebracht haben. Die

Etappe reagierte immerhin richtig und gab eine entsprechende Lagemeldung nach Berlin durch. Jedenfalls kam in der Nacht vom 9. zum 10. März 1915 via Überseefunkstation Nauen und eine angeschlossene Relaisstation die Nachricht auf der *Dresden* an: »Seine Majestät der Kaiser stellt Ihnen frei aufzulegen.«

Nun wurde alles nicht viel anders als es in der Christmas Bay und vor Santa Ines der Fall war: Zur Schonung der restlichen Kesselvorräte wurden alle Kessel bis auf einen außer Betrieb gesetzt. Zum Glück war das Klima wärmer als unten in der Provinz Magallanes, so daß es wenigstens mit dem Frieren in den unbeheizten Räumen ein Ende hatte.

Kapitän Lüdecke und seine Offiziere waren sich natürlich darüber im klaren, was das Inbetriebhalten nur eines einzigen Kessels in dieser von See aus einzusehenden, offenen Bucht in der Praxis bedeuten mußte: Beim Erscheinen gegnerischer Schiffe war es unmöglich, schnell genug Dampf aufzumachen, um außerhalb der chilenischen Hoheitsgrenze ein Gefecht aufzunehmen! Es war also ein riskanter Drahtseilakt, die Zeit bis zum Eintreffen der chilenischen Kriegsschiffe zu überstehen.

Natürlich hatte der Kommandant der *Dresden* damit gerechnet, daß der Panzerkreuzer *Kent* gleich am 9. März in der Cumberland Bay erscheinen würde. Es gehörte ja nicht viel Phantasie dazu, den Aufenthaltsort der ein weiteres Mal entkommenen *Dresden* zu erraten. Was Lüdecke natürlich nicht wissen konnte: Auch die *Kent* hatte bei der Verfolgungsjagd derart viel Kohle verbraucht, daß sie erst einmal nach Coronel zurückzulaufen hatte, um dort wieder zu bunkern.

Die folgenden Tage wurden recht friedlich. Die Sonne schien, die Langustenfischer fuhren zum Fang hinaus, und ein großer Teil der Besatzung durfte sich nach den wochenlangen Überanstrengungen endlich mal wieder die Beine vertreten, diesmal sogar in einer bewohnten Gegend. Der Anfängerkurs für Spanisch zahlte sich aus, der eine oder andere *Dresden*-Seemann kam doch leidlich mit den freundlichen Dorfbewohnern ins Gespräch, die beinahe stolz darauf waren, ein so berühmtes Schiff bei sich zu wissen. Und jeden Abend gab die Bordkapelle im Dorf ein Platzkonzert.

Aber der Kommandant traute dem Frieden nicht. Er wußte, daß jeden Augenblick Kriegsschiffe der Royal Navy in der Cumberland Bay auftauchen konnten. Es galt, ein Mindestmaß von Abwehrbereitschaft sicherzustellen. Die von Wind und Strom verursachte Lage des ankernden Schiffes, mit dem Bug landeinwärts, führte dazu, daß bei einem etwaigen Überfall auf die *Dresden* nur die vier 10,5 cm-Geschütze des Achterschiffes zum Einsatz kommen konnten. Lüdecke sorgte deshalb dafür, daß ständig die Dampfpinasse mit vollem Kesseldruck klargehalten wurde, um mit Hilfe einer großen, an Deck bereitgelegten Manilatrosse das Heck des Kreuzers so herumzuziehen, daß auch andere Geschütze zum Schuß kommen konnten und im Idealfalle sogar Breitseiten des Kreuzers möglich sein würden.

Aber diese Maßnahme genügte keineswegs. Der Lüdecke im Blut liegende Grundgedanke, für das Fahren von Sicherung und Aufklärung zu sorgen – die bereits vor dem Falkland-Debakel beschworene Tugend eines erfahrenen Kreuzerführers – veranlaßte Lüdecke, regelmäßig die Dampfpinaß an den Ausgang der Bucht zu entsenden, damit sie durch Blinkspruch die etwaige Annäherung verdächtiger Schiffe melden konnte. Außerdem befahl der Kommandant, sämtliche Beiboote der *Dresden* auszusetzen. Auch über den Landurlauberverkehr hinaus sollte Bootsraum vorgehalten werden, damit im Falle eines gegnerischen Beschusses alle nicht unbedingt benötigten Besatzungsmitglieder in Sicherheit gebracht werden konnten. Lüdecke sah in keiner Weise ein, warum er zum Beispiel das nicht benötigte

Maschinenpersonal der Antriebsanlage und die Heizer aller stillgelegten Kessel unnötig einem Beschuß aussetzen und dadurch in Lebensgefahr bringen sollte.

Während immer weitere »Lords« der *Dresden* das kleine Dorf durchstreiften, versonnen mit Kindern spielten oder auch einmal einen Flirt mit den Dorfschönen wagten, während der Foxterrier Hexe mit lautem Gebell über die Dorfstraße fegte und die umherstelzenden Hühner erschrocken zum Auffliegen brachte, also das ungewohnte Leben eines »Dorfköters« genoß, versuchten sich einige Seeleute, ebenso wie damals auf der Osterinsel, ein Pferd oder einen Esel auszuleihen und damit den steilen Saumpfad hinauf in die Berge zu bewältigen. Natürlich war die Robinson-Höhle ihr eigentliches Reitziel. Sie wollten selbst einmal an der Stelle stehen, wo weiland der ausgesetzte Matrose Alexander Selkirk Tag für Tag vor seiner Wohnhöhle gehockt und sehnsüchtig Ausschau nach einem rettenden Schiff gehalten hatte. Der Ausblick von diesem »Robinson Lookout« ist großartig, aber auch schon der vom Saumpfad und vom alten Kraterrand hinunter auf die Cumberland Bay. Als sei es aus kleinen Spielzeughäusern zusammengestellt, lag das Dorf zwischen dem grünen Waldsaum und der saphirblauen Meeresbucht, in der die ankernde *Dresden* wie ein kleines Schiffsmodell zu sehen war.

Marine-Oberzahlmeister Siegemund und Zweiter Zahlmeister Wilhelm Barth verhandelten mit Hilfe des dolmetschenden Adjutanten mit dem Vormann der Fischereigenossenschaft von Juan Batista über den Ankauf einer großen Menge frisch gefangener Langusten. Sie waren auf dieser einsamen Insel äußerst preiswert zu haben, so daß man »Hein Seemann« diesen Genuß schon einmal gönnen sollte. Und man kaufte Hühner, Eier und Fische – es war nur wenig davon übrig für die vielen *Dresden*-Leute.

Aber für solche Dinge oder auch nur einen Landgang

hatte der einsame Mann keine Zeit, dem die Verantwortung für den Kreuzer *Dresden* aufgebürdet war. Er hatte bald nach dem Ankern in der Cumberland Bay seine schon fast zum Ritus gewordenen Achterdeckspaziergänge mit Wilhelm Canaris wieder aufgenommen. Der Dialog mit seinem Adjutanten gab dem Kapitän zur See immer wieder viel, er wirkte wie ein Korrektiv seiner eigenen Gedanken – dieser Austausch diente der kritischen Überprüfung von irgendwelchen Ideen.

Albert Pagels hatte vor dem Ausbruch aus dem Versteck von Santa Ines gewarnt, weil er zu riskant sei. Er hatte stattdessen für einen Überraschungsschlag gegen den nächstgelegenen Bewachungskreuzer plädiert, dem man mit plötzlichem Hervorbrechen Torpedos in den Leib jagen und obendrein mit einem Feuerüberfall überschütten sollte.

Ohne Frage wäre das ein probates Mittel gewesen, sogar ein kalibermäßig weit überlegenes Gegnerschiff auszuschalten. Aber Lüdecke lehnte einen solchen Gedanken strikt ab, weil eine derartige Kampfhandlung innerhalb der chilenischen Hoheitsgewässer einen schweren Bruch der chilenischen Neutralität bedeutet und seinem Vaterland schlimmen außenpolitischen Schaden zugefügt hätte. Pagels hatte daraufhin nachdenklich gesagt, er hoffe, daß der Kommandant der *Dresden* diese Korrektheit hoffentlich niemals bereuen müsse. Aber Lüdecke ging nicht davon ab, daß er richtig gehandelt habe. Auch das Respektieren des Völkerrechts war für ihn unabdingbar und damit ein Stück Kultur. Sein ausgeprägter Gerechtigkeitssinn verbot jede andere Handlungsweise.

Aber nun drückte Lüdecke seit dem Ankern immer dieselbe Frage, die er an Canaris loswerden mußte: »Was werden die Briten tun? Werden sie ebenso denken oder sich keinen Pfifferling um juristische Paragraphen kümmern?«

»Ich weiß nicht recht, Herr Kapitän. Diese Prognose ist

schwierig. Man kann die Briten nicht über einen Kamm scheren. Aber der Status ihrer Weltmacht gibt ihrem Selbstbewußtsein ein ganz anderes Gewicht. Auch können sie darauf bauen, daß ihre Regierung sie immer politisch dekken wird, wenn sie eine Inkorrektheit begehen. Wir müssen uns tatsächlich damit abfinden, daß sie mit der Devise erzogen worden sind: ›Right or wrong – my country‹.«

Die beiden Realisten kamen überein, daß vor der Ankunft eines chilenischen Kriegsschiffes, die noch tagelang auf sich warten lassen werde, durchaus die Gefahr eines Überfalls auf die *Dresden* bestünde, die auf keinen Fall dem Gegner in die Hand fallen dürfe.

Alle überhaupt verwendbaren Geschütze sollten ebenso schußklar sein wie die zur Nahkampfnotwehr wichtige Torpedowaffe. Aber auch die Selbstversenkung des Schiffes war ins Auge zu fassen. Die Leckwehr und die Pumpenmeisterei sowie die Feuerwerker hätten sehr rasch in diesem Sinne zu handeln. Sprengpatronen müßten auf alle Fälle griffbereit gehalten werden, »denn viel Zeit würde nachher nicht bleiben«.

Kapitän Lüdecke hatte schon am zweiten Tag nach dem Ankern auf der Reede von Juan Batista den Schiffsrat einberufen und seine Gedanken dargelegt. Und er stellte eindringlich heraus, daß dieses Schiff nur noch äußerst beschränkt verwendungsfähig sei. Er hatte sich durch Augenschein auf jeder einzelnen Station davon überzeugt und vor allem den beklagenswerten Zustand der Maschinen- und Kesselanlage zur Kenntnis genommen. Dennoch waren die Leitenden Offiziere der *Dresden* überrascht, daß sich ihr Kommandant sogar zu dem Entschluß durchgerungen hatte, nicht unbedingt weiterhin benötigten Offizieren das Aussteigen und Übersetzen zum chilenischen Festland zu gestatten, damit sie von dort aus versuchen konnten, in die Heimat durchzubrechen und nachher auch dem Admiralstab in Berlin detailliert Bericht erstatten zu können. (Allerdings sollten sie auch insgeheim versuchen, die *Sierra Cordoba* zu alarmieren.)

Am 12. März ging wieder ein Segler von Juan Batista nach Valparaiso ab. Nach einem letzten Umtrunk und einem Violinständchen zum Abschied, mit allen guten Wünschen für eine hoffentlich glückliche Heimkehr, gingen der I. Offizier Kapitänleutnant Nieden, der I. Artillerieoffizier Kapitänleutnant Burchardi, der Torpedooffizier Oberleutnant zur See Hartwig und der Assistenzsarzt der Reserve Dr. Glaser von Bord, um von der zu erwartenden Internierung ausgeschlossen zu werden. (Sie gelangten nach Überwindung großer Schwierigkeiten tatsächlich alle nach Europa, um dann auf anderen Kriegsschauplätzen Verwendung zu finden.)

Im Einvernehmen mit der Gemeindeverwaltung durften auch wieder Holzfällertrupps ans Werk gehen, um für Feuerungsmaterial zu sorgen. Ansonsten gingen die Bordroutine und das Leben auf dem invaliden Kreuzer *Dresden* ihren gewohnten Gang. Noch immer war das »Halbwrack«, wie der zum neuen I. Offizier aufgerückte Navigationsoffizier Kaleu Wieblitz unter vier Augen zum Kommandanten sagte, ein intakter Mikrokosmos, der seinen jungen Bewohnern eine gewohnte Umgebung und einen seelischen Halt gab. Das Schiff hielt sie auch in diesem Zustand doch noch alle zusammen. Am Abend des 13. März wurde ganz besonders lebhafter Funkverkehr in nächster Nähe von der F. T.-Station der *Dresden* beobachtet. Irgend etwas schienen die Briten im Schilde zu führen. Die Dampfpinasse fuhr sofort zur abermaligen Aufklärung hinaus auf See, konnte jedoch nichts Verdächtiges entdecken. Aber man fühlte sich weiterhin gewarnt.

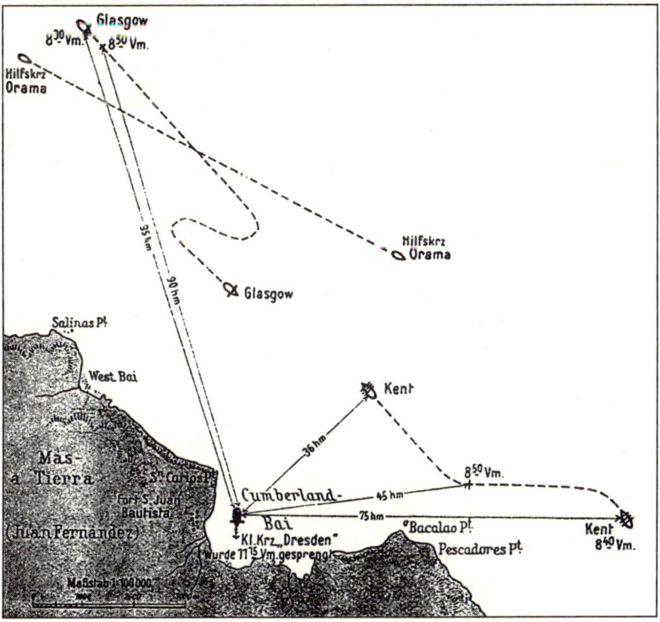

Der beigefügte Entfernungsmaßstab zeigt, auf welch geringe Entfernung der Panzerkreuzer *Kent,* der Kreuzer *Glasgow* und der Hilfskreuzer *Orama* die Cumberland Bay abschnürten und schließlich das Feuer auf die *Dresden* eröffneten, deren Ankerplatz links neben dem Namen der Bucht zu sehen ist, mit dem Buchstaben »D« bezeichnet.

Das Drama in der Cumberland Bay

Es wurde am 14. März 1915 ein so stimmungsvoller Sonntagmorgen, daß der Pfarrer den Gottesdienst diesmal an Oberdeck abzuhalten beschloß. Aber vorher wurde, pünktlich um 08.00 Uhr, die Besatzung zur Sonntagsmusterung auf dem Achterdeck herausgepfiffen.

Der nunmehrige I. Offizier, Kapitänleutnant Wieblitz, hatte gleich nach Hellwerden die alle zwei Stunden durchzuführenden Aufklärungsfahrten mit der Dampfpinasse wieder aufnehmen lassen. Und schon von der zweiten Fahrt, während der Musterung – also kurz nach 08.00 Uhr –, kam das Boot mit der Meldung zurück, daß sich ein britischer Panzerkreuzer der Berwick-Klasse aus westlicher Richtung der Bucht näherte.

Kapitän Lüdecke ließ sofort die Sonntagsmusterung abbrechen und ohne viel Federlesens »Klarschiff zum Gefecht« schlagen. Er gab sogleich mit dem Dampfheuler des Kreuzers das Alarmsignal, um auch fahrende Boote zu warnen. Der Kommandant ließ sofort auf einem zweiten Kessel Dampf aufmachen, damit auf jeden Fall die Bedienung aller Hilfsmaschinen und ausreichende E-Versorgung sichergestellt war. Dann eilte er über die Decks und ordnete an, daß trotz des Gefechtsalarms keines der Geschütze auf den Gegner gerichtet werden dürfe. Sie blieben in der sogenannten Zurrstellung. Die Geschützmannschaften traten auch so an

Oberdeck an, daß das Nichtbesetzen der Geschütze deutlich war. Der Gegner sollte in jedem Fall erkennen, daß die *Dresden* keine feindselige Handlung vornehmen werde.

Lüdecke hielt immer noch einen Angriff der Briten für unwahrscheinlich. Dennoch ließ er überall unmißverständlich ausrufen und durch Sprechrohre, Megafone sowie Telefone verbreiten: »Alle nicht benötigten Besatzungsmitglieder von Bord!«

Jeder wußte, wer gemeint war. Das galt nun auch für das Personal von Schreibstuben, Bordverwaltung, Musik und Küche, vor allem für den Großteil des Maschinen- und Kesselraumpersonals.

Der Offizier, der eben mit der Dampfpinasse Aufklärung gefahren und die Meldung über das Sichten eines Panzerkreuzers überbracht hatte, war Leutnant Böker, der nun sofort wieder zu seinem in luftiger Höhe befindlichen Fleckerstand aufenterte. Er erkannte nun ganz klar, daß es sich um den Panzerkreuzer *Kent* handelte, dem man Tage vorher davongelaufen war. Um 08.40 Uhr hatte er sich auf 75 Hektometer Entfernung angenähert und steuerte nun in Richtung Cumberland Bay.

Zehn Minuten später sah Böker in 90 Hektometer Entfernung auch die *Glasgow* herbeikommen, während sich die Entfernung zur *Kent* bereits auf 45 Hektometer verringert hatte. Und nun kam auch noch der Hilfskreuzer *Orama* dazu.

Der chilenische Hafenkapitän sah sich veranlaßt, sofort mit seinem Boot zum Kreuzer *Glasgow* hinauszufahren, mit großer Chile-Flagge, und unter Hinweis auf den Neutralitätsstatus der Cumberland Bay dessen Absichten zu erfahren. Als das Boot gerade erst 50 Meter vom Heck der *Dresden* entfernt war, eröffneten die britischen Schiffe das Feuer und brachten auch den Hafenkapitän in größte Bedrängnis.

Leutnant Böker hatte gerade noch telefonisch Alarm

schlagen können: »Gegner setzt Toppflaggen und greift an!« Und schon krachten ringsum die Einschläge. Die bislang absichtlich beiseite gestellten Geschützbedienungen sprangen an ihre Kanonen und erwiderten nun in Notwehr das Feuer, das keineswegs nur die *Dresden* traf.

Die meisten Granaten detonierten am Ufer, sie »schraubten sich durch die Luft wie ein Chor von Höllengersten, und an Land ließen sie richtige Springbrunnen aus Feuer und Erde steigen, vom Strand bis ganz hinauf in den Wald«. Und die Granaten krepierten sogar mitten in dem Fischerdorf, dessen Bewohner entsetzt in die Berge flüchteten.

Eine Granate schlug auf der chilenischen Goleta (Galeasse) *Argentina* ein, die in der Hafenbucht ankerte, und zerstörte das Ankerspill.

Der zweite Geschoßhagel der Briten war schon besser gezielt. Reihenweise »schlugen die Granaten im Hinterschiff der *Dresden* ein, zerhackten die einzigen richtungsmäßig einsetzbaren Geschütze (die erst 14 Schuß hatten abfeuern können) und verwandelten das Achterschiff in einen formlosen Trümmerhaufen«, erinnerte sich später der Bordnachrichtenoffizier Otto Schenk. Dann erschütterte Schlag auf Schlag die *Dresden:* Granaten zerfetzten die Bordwände und »explodierten mit einem Laut wie unterirdischer Donner« (erinnerte sich ein anderer Augenzeuge), im Hinterschiff züngelten Flammen empor, in den Munitionskammern II und III auch.

In dem Buch »Canaris« von Heinz Höhne lesen wir: »Vergebens trieb Lüdecke die Männer auf der Dampfpinasse an, das Heck der *Dresden* herumzuziehen. Sie schafften es nicht; die Strömung war zu stark, das Schiff ließ sich nicht mehr bewegen. Der Kommandant konnte jetzt auch keine Order mehr geben, denn die Feuerleitanlage war ausgefallen, die Sprachrohrleitung zerstört. Stück um Stück zerbrach das Schiff, die Kriegsflagge stürzte herab.«

Jetzt setzten die beiden hinteren Kasemattgeschütze die Abwehrversuche fort, was jedoch infolge des beengten Schußwinkels ziemlich sinnlos war und bald durch Volltreffer in diesem Teil der *Dresden* ein abruptes Ende fand.

Als die ersten Granaten auf der *Dresden* eingeschlagen waren, sprangen die zur Ausbootung vorgesehenen überzähligen Besatzungsmitglieder – sofern sie noch nicht mit einem Boot hatten ablegen können – über Bord und schwammen an Land.

Infolge des nur noch geringen Tiefgangs mangels Kohlenvorrat bot auch der nunmehr ganz über der Wasserlinie liegende Seitenpanzer keinen Schutz mehr. Seine Unterkante ragte schon aus dem Wasser. So konnte eine Granate oberhalb der Wasserlinie einschlagen, aber dennoch unterhalb des Panzers in den Torpedoraum eindringen und dort große Verwüstungen anrichten.

Kreuzer *Dresden* war zum rauchenden, brennenden und vielfach zerfetzten Trümmerhaufen geworden, in dem die auf ihren Stationen verbliebenen Besatzungsmitglieder mit zusammengebissenen Zähnen durchhielten, um die ausgebrochenen Brände zu bekämpfen, die getroffenen Munitionskammern zu fluten und die Verwundeten zu bergen. Zugleich waren schnellstmöglich das Sprengen und die Selbstversenkung der *Dresden* vorzubereiten, die gegenüber feindlichen Enterversuchen immer wehrloser wurde. Aber die Selbstversenkung konnte nur dann kontrolliert funktionieren, wenn das Sprengkommando genügend Bordventile öffnen und die Sprengladung an den richtigen Stellen anbringen und zündklar machen konnte. Dazu mußten aber erst einige von den Bränden niedergekämpft werden!

»Wir brauchen noch Zeit!« brüllte Pumpenmeister Krükkeberg dem Kommandanten entgegen, »wir schaffen das sonst nicht!«

Da durchzuckte Lüdecke ein Gedanke, der schon fast

abenteuerlich, auf jeden Fall in der deutschen Marinegeschichte ohne Beispiel war: Er ließ das Flaggensignal setzen: »Werde einen Unterhändler schicken!«

Der Gegner reagierte zunächst überhaupt nicht und feuerte weiter. Oberleutnant Canaris, der als Parlamentär vorgesehen war, sprang in die Motorjolle und ließ ablegen, unbekümmert um die ringsum einschlagenden Granaten. Alles hing jetzt tatsächlich davon ab, Zeit zu gewinnen. Und so lief das Beiboot aus der Cumberland Bay aus, vorbei am längst stillgelegten Fort San Juan Batista, und steuerte direkt auf die *Glasgow* zu, die nun erst ihr Feuer einstellte.

Canaris jagten die Gedanken durch den Kopf. Da schoß also der einzige aktive Kreuzer, der bei Coronel entkommen war, den einzigen aktiven Kreuzer, der bei den Falklands entkommen war, zusammen. Welch ein schicksalhaftes Zusammentreffen! Reagierte der Kommandant nun seine besondere Wut ab, weil er die bei Coronel erhaltenen Treffer noch nicht vergessen hatte, oder wegen der eingefangenen Vorwürfe, daß er die *Dresden* vor den Falklands hatte entkommen lassen und dann monatelang nicht wiederfand? Die Briten fierten nach Beginn der Feuerpause das Fallreep der *Glasgow* herab, und Canaris bestieg das gegnerische Schiff, sozusagen mitten im Gefecht, was auch beispiellos gewesen sein dürfte. Er wurde auf die Brücke der *Glasgow* geleitet und stand bald darauf dem Senior Commander Luce gegenüber, der diesen Verband befehligte. Er brachte eine Protesterklärung vor: Der Angriff britischer Seestreitkräfte auf Seiner Majestät Schiff *Dresden* sei ein eklatanter Bruch des Völkerrechts, weil sich der Kreuzer auf dem Hoheitsgebiet des neutralen Staates Chile befände und mithin den Schutz der chilenischen Neutralität genieße. Zudem seien Besatzung und Schiff vorläufig interniert.

Sen. Commander Luce hatte einen Gesichtsausdruck, der mit dem Begriff »kalte Geringschätzung« am besten zu bezeichnen war. Das britische Admiralstabswerk erläuterte später, daß die Antwort des *Glasgow*-Kommandanten der Tradition der Navy entsprach und besagte, er könne auf keiner anderen Basis verhandeln als auf jener der bedingungslosen Kapitulation. Canaris wandte daraufhin nochmals ein, das britische Verhalten widerspreche allen Regeln des Völkerrechts, Chile sei ein neutraler Staat. Aber mit schneidender Schärfe erwiderte der Senior Commander Luce, daß er die *Dresden* erbarmungslos zusammenschießen werde, wenn sie nicht sofort bedingungslos kapituliere. Canaris wies darauf hin, daß sein Schiff samt Besatzung als interniert zu betrachten sei. Noch einige Grade kälter erwiderte Luce: »Ich habe den Befehl, die *Dresden* zu vernichten, wo immer ich sie treffe. Andere Fragen kümmern mich nicht, sie müssen nachher durch die Diplomatie* erledigt werden.«

Listig und voller Ironie fragte der *Glasgow*-Komman-

* Noch zynischer konnte nicht zum Ausdruck gebracht werden, welchen Stellenwert das Respektieren neutraler Staaten in Wirklichkeit hatte. Die Devise »Right or wrong – my country« gehörte als Denkweise derart in die Tradition der Royal Navy, daß sie als selbstverständlich empfunden wurde. Jeder britische Seebefehlshaber konnte sich in den Tagen des British Empire fest darauf verlassen, daß Verfehlungen solcher Art in jedem Falle von seiner Regierung politisch gedeckt wurden. Das zeigte sich bereits, als der britische Kreuzer *Highflyer* am 26. August 1914 den deutschen Hilfskreuzer *Kaiser Wilhelm der Große* beim Bunkern in den spanischen Hoheitsgewässern von Rio de Oro überfiel und so schwer zusammenschoß, daß dem Kommandanten, Kapitän zur See Max Reymann, nur die Selbstversenkung übrigblieb.
In solchen Fällen wußte die Royal Navy auch ein breites Spektrum von Zeitungen auf ihrer Seite. Nach dem Rechtsbruch von Mas a Tierra meldete der »Daily Chronicle« am 19. März 1915 prompt, daß Lieutenant-Commander Fielding vom Hilfskreuzer *Orama* in Valparaiso geäußert habe, Kreuzer *Dresden* habe sich bei Beginn des Gefechts 12 Seemeilen vom Archipel Juan Fernandez entfernt befunden und habe nur versucht, sich in den neutralen Gewässern in Sicherheit zu bringen. Natürlich wurde die falsche Pressemeldung willig nachgedruckt...

dant, ob denn die *Dresden* nicht ohnehin die Flagge gestrichen habe. Man hatte möglicherweise mißdeutet, daß die Toppflagge des deutschen Kreuzers heruntergeschossen war. Aber Oberleutnant Canaris konnte den Commander Luce an die Reling führen und ihm zeigen, daß die Kriegsflagge der Kaiserlichen Marine unter der Signalrah des Vormastes neu gesetzt worden war, außerdem wehten nach wie vor die Gösch (am Bugflaggstock) und der Kommandantenwimpel.

Die gesetzte Toppflagge war bald nach Beginn der Beschießung getroffen und heruntergerissen worden. Bei dem Versuch, anderswo eine neue Kriegsflagge zu setzen, wurde der stellvertretend für Kapitänleutnant Nieden als I. Offizier eingesetzte Navigationsoffizier Wieblitz schwer verwundet. Auch die von ihm »angesteckte« Flagge flatterte ins Wasser. Obersteuermannsmaat Zentz, der mit einer weiteren Flagge achteraus lief, um sie dort zu setzen, wurde dabei ebenfalls schwer verwundet. Da alle anderen Möglichkeiten zum Wiedersetzen einer neuen Toppflagge wegen der Beschießungsschäden ausgefallen waren, reagierte das Signalpersonal geistesgegenwärtig und setzte abermals eine Kriegsflagge unter der Rah des Vormastes.

Der britische Offizier mußte das konstatieren. Die Flagge der *Dresden* war also keineswegs gestrichen worden.

Senior Commander Luce und Oberleutnant zur See Canaris hatten sich nun nichts mehr zu sagen. »Stumm legten Seiner Britischen Majestät Offiziere ihre Hände an die Mützenschirme, als der Oberleutnant des Kaisers von Bord ging« (Hein-Höhne-Aussage). Canaris beeilte sich, zur *Dresden* zurückzukehren, die unweigerlich weiterhin beschossen wurde, weil man sich nicht zur Übergabe des Schiffes bereit erklärt hatte. Inzwischen hatte das Sprengkommando auf Lüdeckes Geheiß alle Vorbereitungen getroffen, nachdem der Kommandant die gesamte restliche

Besatzung von Bord geschickt hatte. Nun wurden die Kondensatordeckel zum Einströmen des Wassers in die Maschinenräume abgenommen, alle Bodenventile geöffnet und sämtliche Sprengpatronen angeschlagen sowie alle Zündmittel schließlich aktiviert.

Das Sprengkommando hatte vor allem die vordere Munitionskammer fachgerecht zu einem verläßlichen Explosionsherd präpariert. Als es nun von Bord ging, wähnte es mit Ausnahme des Kommandanten niemanden mehr im Schiff.

Das Boot mit dem Sprengkommando war bereits einige hundert Meter entfernt, als plötzlich der Maschinist Friedrich Schmidt auf dem verwüsteten Deck der *Dresden* erschien. Er hatte sich im Schiff verspätet. Als er auch auf letzte kontrollierende Zurufe, ob alle Unterdecksbereiche geräumt seien, nicht reagierte, mußte man annehmen, daß er bereits von Bord »gegangen« sei. Jetzt jumpte er mit elegantem Hechtsprung ins Wasser. Das Boot mußte ungeachtet des wieder einsetzenden Beschusses, im Augenblick der schon laufenden Zeitzünder und glimmenden Zündschnüre, zum Schiff zurückfahren, um Schmidt noch rechtzeitig aus dem Wasser ziehen zu können. Das geschah in demselben Augenblick, während auf der anderen Seite der Kommandant als letzter die *Dresden* verließ und zu Canaris in das wartende Parlamentärboot sprang.

Sprengkommando und Kommandant kamen heil zwischen neuen Geschoßeinschlägen durch und begaben sich zu dem aufgelassenen alten Fort San Juan Batista, wo andere Offiziere bereits alle unverwundet gebliebenen Besatzungsmitglieder versammelt hatten – so, wie sie gerade aus dem Wasser oder aus den Booten gekommen waren.

Lesen wir bei Heinz Höhne: »Um 11.15 Uhr durchzuckten zwei gewaltige Schläge den stählernen Schiffskörper, eine blendende Explosionsflamme folgte, dann kamen gelblichschmutzige Rauchwolken. Wenige Minuten später tauchte der Bug ins Wasser, der Achtersteven mit den Schrauben hob sich steil in die Luft – begleitet von den traditionellen Hurra-Rufen der an Land angetretenen Besatzung.«

Der Kommandant hatte mit fast tonloser Stimme deses Hurra selbst ausgebracht, auf Kaiser und Vaterland. Und es wurde von recht belegten Kehlen erwidert. Was sich da vor den Augen der Männer vollzog, war viel zu unfaßbar, um überhaupt richtig begriffen zu werden. Der Augenzeuge Arnold Böker schilderte es so:

»Unser Schiff versank langsam, als wolle es sich weigern zu glauben, daß es besiegt war, daß seine Männer es hatten verlassen müssen und daß es nun in einem Meer versinken sollte, das so weit fern der Heimat lag. Ein salziger Strudel, einige aufschwimmende Planken, eine bedrückende Stille und einige Hinterlassenschaften der über dreihundertköpfigen Besatzung trieben auf. Und da standen nun die Männer mit feuchten Augen und starrten auf die letzten Spuren der Existenz jenes Schiffes, das sie in einer Odyssee ohnegleichen Zehntausende von Seemeilen durch zwei Weltmeere getragen und mit dem sie in rund 15 Monaten dramatischer Ruhelosigkeit – von den Schreckensszenen in Tampico bis zu diesem Augenblick – immer neue Gefährdungen durchgestanden hatten.

Jetzt standen, saßen oder lagen sie, allenfalls noch mit einer verschmutzten oder nassen Uniform auf dem Leibe, schiffbrüchig auf der Robinson-Insel des Pazifischen Ozeans.

Acht Mann waren bei diesem Gemetzel getötet, 15 schwer und 14 weitere leicht verwundet worden. An Bord gefallen und mit dem Schiff untergegangen waren die Obermatrosen Wilhelm Kleinhard, Paul Mönicke und Ferdinand Stahmer, der Heizer Fred Kallwitz sowie der Oberschreiber und Hilfskrankenträger Johannes Kremers. Sie konnten nicht mehr herausgeholt werden.

Tot an Land gebracht oder durch Granatsplitter im Rettungsboot bei der Fahrt an Land getötet wurden der Ingenieur-Aspirant Werner Lerche, der Obermatrose Georg Hunger und der Heizer Franz Reuter.

Die britischen Kriegsschiffe waren inzwischen näher gekommen und setzten Boote aus, weil immer noch einzelne *Dresden*-Männer in der Bucht umhertrieben. Aber niemand wollte sich von ihnen retten lassen, weil sie Gefangennahme befürchteten. Und als die ersten Briten an Land kamen, waren einige *Dresden*-Männer drauf und dran, aus demselben Grunde in die Berge zu flüchten. Aber nun erklärte der ausdrücklich gegen den Neutralitätsbruch protestierende chilenische Zivilgouverneur, daß das auf keinen Fall geschehen würde.

Tatsächlich hatten die an Land gekommenen Engländer, unter Führung einiger Offiziere, etwas ganz anderes im Sinn. Der dienstälteste von den Offizieren ersuchte die verstörten Einwohner von Mas a Tierra ihm mitzuteilen, welchen Schaden sie durch die an Land detonierten britischen Granaten erlitten hätten. Ihren Aussagen gemäß hat er ihnen sofort Geldentschädigungen ausgezahlt. Das galt auch für den Kapitän der Goleta *Argentina,* von der auch ein chilenisches Besatzungsmitglied verwundet worden war. Und es galt für den Eigner eines ebenfalls getroffenen Prahms. Jedenfalls hatten es die Briten erkennbar eilig, die Schadensersatzforderungen aus der Welt zu schaffen. Die Stimmung, die ihnen von der Dorfbevölkerung entgegenschlug, war feindselig oder im Mindestfalle von Verachtung geprägt. Daß das Zusammenschlagen der *Dresden* unter den gegebenen Umständen keine Heldentat war, empfanden sie alle. Und sie hatten den schweren Neutralitätsbruch alle mit eigenen Augen gesehen.

Dafür schlug den schiffbrüchigen Deutschen eine Welle von Hilfsbereitschaft entgegen. Die Verwundeten wurden notdürftig an Land untergebracht, wo im Garten eines chilenischen Bauern ein Verbandsplatz errichtet wurde. Schiffsarzt Dr. Koch und sein Sanitätspersonal hatten sofort mit der Erstversorgung begonnen, als sie ganz unerwartet tatkräftige Hilfe erhielten. Der britische Marinestabsarzt Dr. Welham, Schiffsarzt des Hilfskreuzers *Orama,* war aus freien Stücken an Land gekommen und ging ihm mit seinem Sanitätspersonal ebenfalls tatkräftig zur Hand. Dieser Brite hatte mehrere Semester in Deutschland studiert und erklärte unumwunden: »Ich wollte, ich wäre nicht dabeigewesen!«

Er machte das rüde Verhalten der beiden britischen Kreuzer auf seine Weise wett, sprach den stöhnenden Schwerverwundeten Trost zu und half mit seinen Leuten geradezu rührend.

Aber nun hatte es sich gezeigt, daß es voreilig und ganz bestimmt ein Fehler war, daß man den Hilfsarzt Dr. Glaser zur Fahrt nach Valparaiso und zur eventuellen Flucht nach Deutschland entlassen hatte. Der *Dresden*-Schiffsarzt Dr. Koch war nämlich an beiden Unterarmen so ernsthaft verwundet, daß sein britischer Kollege ihn nolens volens zunächst selbst versorgen mußte. Dr. Koch hielt sich noch recht wacker auf den Beinen, um nach Erhalt dicker Verbände dem Briten bei der Diagnose zur Hand zu gehen, bis ihn der hohe Blutverlust umwarf und sein Sanitätspersonal gezwungen war, ihn erst einmal auf eine Krankentrage zu betten. Im übrigen arbeiteten die britischen und deutschen Leute vom Sanitätspersonal vorzüglich zusammen. Es war auch Eile geboten, mehrere Fälle sahen böse aus. Dem Kapitänleutnant Ernst Wieblitz hatte es den rechten Fuß vollständig zerschmettert. Dem Obersteuermannsmaaten Max Zentz war das linke Bein gleich doppelt durch Splitterdurchschlag gebrochen worden, dem Oberbootsmannsmaaten Hermann Braas das rechte Bein ebenfalls zweimal. Dem Obermaschinisten Max Gaffrey hatte es den rechten

Oberschenkel schlimm zerfetzt, während eine einschlagende Granate dem Obermatrosen Guilermo Karle eine Hand und außerdem einen Arm gebrochen hatte. Den Matrosen Felix Cramens hatte es am Knie derart erwischt, daß es wohl auch zertrümmert sein mußte. Ganz besondere Besorgnis erregten zwei ganz schwere Verwundungen: Den Torpedomaschinisten Karl Junge war auf seiner Gefechtsstation im Torpedoraum durch den schräg am Panzerschutz vorbei eingeschlagenen Volltreffer nicht nur die rechte Hand zerfleischt und gebrochen, sondern auch zwei bedenkliche Kopfwunden zugefügt worden. Eine Schädelfraktur und Gehirnbeschädigung waren nicht auszuschließen. Er lag schon im Koma, wie wenig später auch der F. T.-Obergast Franz Molgedey, der einen Brustdurchschlag samt Rippenbruch erlitten und sich außerdem eine klaffende Granatsplitterwunde am Hals weggeholt hatte.

Mehrere von den Verwundeten hatten so qualvolle Schmerzen, daß der Stabsarzt Dr. Welham ihnen mit einer Morphiumspritze Linderung verschaffen mußte.

Inzwischen hatte sich Dr. Koch nach seinem »Blackout« wieder hochgerapelt, um weiter mitzuhelfen, obwohl er seine Hände kaum gebrauchen konnte. Beide Ärzte kamen zu dem Ergebnis, daß der Zustand der am schlimmsten zugerichteten Verwundeten als so bedenklich angesehen werden mußte, daß nur die sofortige Einlieferung ins Schiffshospital des Hilfskreuzers *Orama* übrig blieb. Der Stabsarzt Welham erklärte seinem deutschen Kollegen, daß sie dort nicht in Gefangenschaft genommen würden. Doch sogar Dr. Koch und andere anwesende *Dresden*-Offiziere trauten nach diesem wirklich brutalen Neutralitätsbruch in der Cumberland Bay der Royal Navy nur noch bedingt. Aber Dr. Welham reagierte sofort. Er fuhr an Bord und nahm zwei *Dresden*-Offiziere mit, die sich das Ehrenwort des Hilfskreuzerkommandanten Captain Sagrave selbst anhören konnten: Den Schwerverwundeten werde nichts passieren, die *Orama* werde sie auf schnellstem Wege ins Deutsche Hospital von Valparaiso bringen.

Und so geschah es tatsächlich.

Der Hilfskreuzer nahm 15 Schwerverwundete an Bord und lief nach Valparaiso aus. Unterwegs mußte der Schiffsarzt Dr. Welham dem Kapitänleutnant Wieblitz den rechten Unterschenkel amputieren, es gab keinen anderen Weg. Aber alle unvermindert fortgesetzten Rettungsversuche

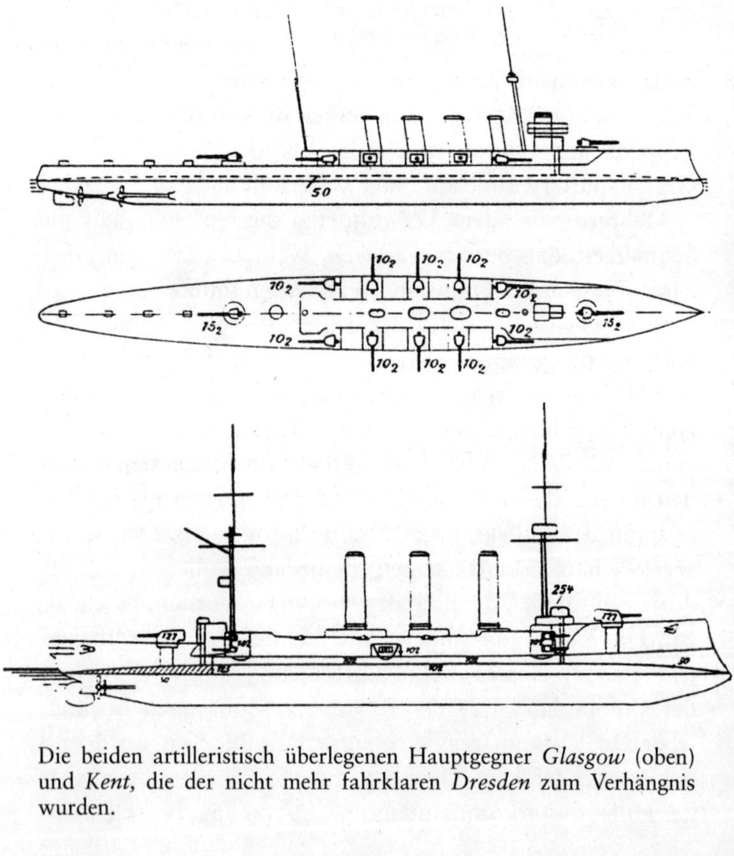

Die beiden artilleristisch überlegenen Hauptgegner *Glasgow* (oben) und *Kent*, die der nicht mehr fahrklaren *Dresden* zum Verhängnis wurden.

konnten gerade noch verhindern, daß der furchtbar zugerichtete Torpedomaschinist Junge dem britischen Schiffsarzt unter den Händen wegstarb.

Als der Hilfskreuzer *Orama* am 16. März in Valparaiso einlief, erwartete ihn eine große Menschenmenge. Beim Ausschiffen der Schwerverwundeten entblößten alle Umstehenden schweigend die Häupter. Das Deutsche Hospital in Valparaiso nahm unter der Leitung von Chefarzt Dr. Münnich und Oberarzt Dr. Hahn die angelandeten Patienten in seine Obhut.

Zusammenbruch unter Schock

Zieht man die Toten und die nach Valparaiso eingeschifften Schwerverwundeten ab, dann hatten 338 Mann *Dresden*-Besatzung unbeschadet oder leicht verwundet den so jäh über sie hereingebrochenen Untergang ihres Kreuzers überlebt.

Nach dem Ausbringen der drei Hurras auf das sinkende Schiff war ein Mann plötzlich verschwunden, der bis zu diesem Augenblick die jederzeit verläßliche Klammer des Ganzen gewesen war. Es fehlte die Persönlichkeit, die mit anscheinend unerschöpflicher Nervenkraft immer den richtigen Ausweg gewußt hatte, niemals nervös geworden war, die allen Belastungen zum Trotz zu allen liebenswürdig geblieben war. Und es dauerte eine Weile, bis es in dem nun herrschenden Durcheinander an der Cumberland Bay überhaupt bemerkt wurde: Der Kommandant war nicht mehr auffindbar!

Er glich einem Marathonläufer, der im Ziel zusammengebrochen war. Wie ein waidwundes Tier hatte er sich unbemerkt in eine dunkle Ecke verkrochen, weil ihm nun die seelischen Kräfte versagten: Zu groß war – siebeneinhalb Monate lang, Tag und Nacht – die Anspannung aller Sinne gewesen, die stets auf ihm lastende Bürde. Ein solches Ende seiner *Dresden,* als deren Seele er empfunden wurde, war zuviel für ihn. Sein ausgeprägtes Rechtsempfinden hatte eine solche Handlungsweise des Gegners nicht verkraftet. Und es wird nie mehr herauszufinden sein, welche Vielzahl von Gedanken ihm durch den Kopf schossen, als plötzlich dieses Schiff unter Wasser verschwunden war – die letzte verbliebene Heimat aller während eines siebeneinhalb Monate währenden Gejagtseins. Quälten Lüdecke bohrende Selbstvorwürfe oder das machtlose Ausgeliefertsein? Hatte er seinen Artillerieoffizier und seinen Hilfsarzt schon nach Valparaiso entlassen dürfen? War es ihm anzulasten, daß ein Dampfboot allein das Heck nicht hatte herumziehen können? Hatte er irgendwie schuldhaft gehandelt?

Der alarmierte Adjutant machte sich auf die Suche und fand schließlich seinen Kommandanten. So hatte er ihn noch nie gesehen: aschgrau im Gesicht, mit rotgeränderten Augen, völlig verstört, apathisch. Auch andere Männer von der Besatzung waren dem Adjutanten besorgt nachgelaufen. Canaris hielt sie zurück. Er gab zu verstehen, daß Kapitän Lüdecke unter Schock stand und momentan nicht angesprochen werden dürfe. Er müsse vernünftig hingebettet werden. Ein paar Kameraden sollten bitte unauffällig in der Nähe bleiben, ihn im Auge behalten, aber Menschen von ihm fernhalten. Und jeder von den herbeigekommenen *Dresden*-Männern verstand das allzu gut.

Der Kommandant ausgefallen, der I. Offizier nicht mehr anwesend, sein Stellvertreter schwer verwundet auf der *Orama* – jetzt mußte Canaris irgendwie handeln, von den verbliebenen Offizieren tatkräftig unterstützt. Vor allem durfte es jetzt keine sprachlichen Mißverständnisse geben. Es mußten sofort 338 Leute in irgendeiner Form untergebracht und wenigstens notdürftig verpflegt werden, sicherlich tagelang. Die Zahl der Schiffbrüchigen war größer als die Einwohnerzahl der gesamten Insel Mas a Tierra!

Da gab es eine recht schmutzige, leerstehende Halle unweit des Landungsstegs. Dort hatten die Señores Recart und Doniez einmal Langusten konserviert, bevor man dazu übergegangen war, diese Tiere lebend-frisch zum Festland zu transportieren. Dieser Schuppen war zwar kaum zumutbar, aber er bot ein Dach über dem Kopf, wenn der Nachttau einsetzte und alle zum Frieren brachte. Wenn man genug Tussockgras abmähte und sich sogar Heu zum Darüberschütten von den wenigen Inselbauern geben ließ, dann mochte das in diesem wenig einladenden Gemäuer selbst ohne eine ausreichende Anzahl Decken schon ein paar Nächte gehen.

Die Dorfbewohner konnten in ihren kleinen Häusern nur sehr wenig zusätzlichen Unterkunftsraum anbieten, der den Leichtverwundeten vorbehalten war – und denen, die allzu lange im Wasser geschwommen hatten. Den total erschöpften Kommandanten und vier Offiziere, die jederzeit auffindbar und handlungsfähig bleiben mußten, hatte der Gemeindevorsteher Vincente Mena, zugleich Stellvertreter des Gobernadors, in sein Haus eingeladen. Der zivile Gobernador selbst richtete in seinem eigenen die Sanitätsstelle ein, in die das Personal der *Dresden* seine Tätigkeit aus dem zunächst dafür benutzten Obstgarten verlegen konnte. Es waren doch noch immerfort Verbände zu erneuern und Konsultationen vorzunehmen. Einige der Männer wurden erst jetzt gewahr, daß ihre durch nahe einschlagende Granaten verursachte Taubheit noch immer anhielt oder daß sie sich Wunden oder Prellungen zugezogen hatten, die erst nachträglich zu schmerzen begannen.

Die *Dresden*-Besatzung kam aus dem Staunen über die geradezu unglaubliche Freundlichkeit der Dorfbevölkerung nicht mehr heraus. Hatten sich schon Fischerboote tatkräftig an der Rettung im Wasser schwimmender Seeleute beteiligt, sogar noch unter dem britischen Beschuß, überboten sich nun die wahrhaftig nicht begüterten Dorfbewohner an Hilfsbereitschaft. Sie schenkten den Schiffbrüchigen einen Ochsen und brachten alle einigermaßen große Kochtöpfe herbei, die überhaupt aufzutreiben waren. Der Ochse wurde geschlachtet und vom Kombüsenpersonal in eine herrlich stärkende Fleischsuppe verwandelt. Aber wie sollte man sie essen, wenn man keinen Löffel mehr besaß? Aus allen möglichen scharfen Gegenständen oder aus Holz formten sich die Schiffbrüchigen etwas Löffelartiges zurecht und begannen zu essen.

Die meisten von ihnen, die lange im Wasser hatten schwimmen müssen, froren scheußlich. Sie besaßen keinerlei Kleidung, mit Ausnahme der nassen Uniformteile, die sie beim Verlassen des Schiffes gerade auf dem Leibe getragen hatten.

Aber inzwischen hatten die Menschen in diesem Fischerdorf alles eingesammelt, was an überzähligen Kleidungsstücken, Wolldecken und Ponchos überhaupt aufzutreiben war. Das zogen sich die Durchgefrorenen schließlich über, während die Frauen und Mädchen des Dorfes darangingen, die durchnäßten und verschmutzten Kleidungsstücke der *Dresden*-Männer zu waschen und zu trocknen.

Eine frühere Mitbetreiberin der stillgelegten Konservenfabrik wußte noch irgendwelche alten Bretter und anderes Material aufzutreiben. Mit ausgeliehenen Hämmern bauten die Zimmerleute vom »Meistertrupp« der *Dresden* daraus Särge für die an Land gebrachten Gefallenen.

Es wurde ein bedrückend melancholischer Abend, als das letzte Tageslicht aus der Cumberland Bay verschwand und jeder versuchte, in der schmutzigen Lagerhalle Schlaf zu finden – oder auch draußen am Strand, notdürftig mit irgend etwas zugedeckt. Kein Zapfenstreich konnte geblasen werden, denn sämtliche Musikinstrumente der Bordkapelle waren ebenso mit der *Dresden* untergegangen wie die Schifferklaviere, die Trompeten und Hörner und sogar die Geige von Ernst Wieblitz. Und doch hatte dieser tragische, traurige Tag mit all seinem Leid auch Situationskomik hervorgebracht.

Das nach der Falkland-Schlacht von Deutsch-Chilenen in Punta Arenas gestiftete Bordschwein, das alle Wochen des Versteckspiels in Feuerland und Patagonien als immer noch gehegte, vielleicht letzte Frischfleischreserve der *Dresden* unbeschadet überstanden hatte, war nun zum einzigen »Kriegsgefangenen« geworden, dessen die Royal Navy hatte habhaft werden können. Es war wohl mit seinem hölzernen Koben vom Luftdruck einschlagender Granaten über Bord geblasen worden, vielleicht trieb es auch auf, während der Kreuzer mit wehender Flagge versank. Auf jeden Fall schwamm es quiekend zwischen den treibenden Gegenständen umher, die Kreuzer *Dresden* an der Meeresoberfläche hinterließ. Die Briten, die mit ihren ausgesetzten Beibooten die Bucht durchsuchten und alle möglichen Gegenstände wie umhertreibende Mützen, Kleidungsstücke und Holzteile – vielleicht auch als Trophäen – aus dem Wasser fischten, erbeuteten schließlich das Bordschwein, das bis zu seinem natürlichen Tod im Jahre 1919 Maskottchen des Kreuzers *Glasgow* war, es wurde bezeichnenderweise auf den Namen *Tirpitz* getauft.

Dem Bordhund Hexe hatte eine an Deck einschlagende Granate gehörig das Fell versengt, bevor ihn einer der über Bord springenden Seeleute unter den Arm nahm und ihm half, verängstigt an Land zu paddeln. Die gelben Flecken auf dem Hundefell gingen nie wieder heraus. Sie sollten in Chile noch berühmt werden – als die Brandmale »eines tapferen Kriegers«.

Spitzenpopularität aber erlangte bald der Papagei Lorchen. Dieser letzte noch lebende von jenen Papageien, die sich die *Dresden*-Seeleute kurz vor Kriegsausbruch auf Kosten des gestürzten Präsidenten Huerta in Puerto Mexico gekauft hatten, war mitsamt seinem Vogelbauer ins Wasser geraten. Einer der um ihr Leben schwimmenden Seeleute hatte den Käfig ergriffen und über Wasser gehalten, während er zwischen den britischen Granateinschlägen dem Land zustrebte.

Lorchen hatte alles überstanden – siebeneinhalb Monate Feindfahrt, die Seeschlachten von Coronel und Falkland, das dauernde Gejagtwerden der *Dresden* und nun auch ihren Untergang.

Inzwischen hatte man den exotischen Vogel tatsächlich zweisprachig ausgebildet. Und so blieb es ihm vorbehalten, unter lauter bedrückten Schiffbrüchigen das erste herzliche Gelächter auszulösen, als er Stunden nach seiner wundersamen Errettung einen seiner erlernten Standardsprüche in der muffigen, äußerst ungemütlichen Halle der einstigen Konservenfabrik zum besten gab: »Das ist ja alles ein ganz schöner Schiet!«

Am nächsten Tag war auch Kapitän zur See Lüdecke wieder ganz der Alte. Er war schließlich in einen bleiernen Schlaf gefallen und hatte nun aus den einander jagenden Gedanken, quälenden Zweifeln und Selbstvorwürfen herausgefunden. Er führte zusammen mit dem unverwundet gebliebenen Bordpfarrer jene Prozession an, die den drei Gefallenen Wilhelm Lerche, Georg Hunger und Franz Reuter das letzte Geleit gab. *Dresden*-Seeleute trugen die drei Särge auf ihren Schultern zu dem kleinen Dorffriedhof, wo man inzwischen eine Grabstelle gefunden und die Grube ausgehoben hatte.

Es war ein sonderbarer Aufzug, in dem die Trauergemeinde den Särgen hinterherschritt. Einige trugen eine mehr oder weniger vollständige Marineuniform, andere nur Teile davon oder Räuberzivil. Einige gingen barfuß, weil sie ihre Schuhe beim Schwimmen hatten abstreifen müssen, einige liefen mit Holzsandalen, andere hatten sich »Bastschuhe« aus geflochtenen Flaschenhülsen hergestellt. Niemand konnte eine Ehrensalve schießen, weil alle Handfeuerwaffen mit dem Kreuzer untergegangen waren, niemand blies einen letzten Zapfenstreich. Und so sang die bunt kostümierte Schar mit rauhen Kehlen wenigstens das Lied vom »Guten Kameraden«, bevor jeder drei kleine Schaufeln Erde auf die drei Särge warf.*

Und der eine oder andere von den *Dresden*-Männern dachte während der Gedenkrede des Kommandanten noch einmal daran, wie verschüchtert und bedrückt der blutjunge Ingenieur-Aspirant Lerche während der feucht-fröhlichen Abschiedsnacht des zweiten Weihnachtsfeiertages 1913 in der »Kieler Bierhalle« neben ihnen gesessen und wie man ihn deshalb gehänselt hatte.

Drei Tage und drei Nächte mußten die Schiffbrüchigen auf der Robinson-Insel verbleiben, notdürftig ernährt pro Tag von einer Sardinendose voll Fleischsuppe, Langusten oder Fisch ohne Brot – das war alles, was man in Juan Batista zusammenkratzen konnte. Und in der gesamten Zeit blieben die britischen Kreuzer *Kent* und *Glasgow* in der Cumberland Bay vor Anker oder sie umrundeten abwechselnd die Insel. Sie hofften immer noch, daß ein deutsches Schiff erscheinen werde, um die *Dresden*-Männer abzuholen. Dann konnten sie eine Prise kapern und zugleich 338 Gefangene machen. Aber es kam anders. Sofort nach Bekanntwerden dessen, was in der Cumberland Bay passiert war, hatte die chilenische Marine ihre Kreuzer *Esmeralda*

* Das Grab wurde im September 1922 von Chile-Deutschen in Valparaiso mit einem gestifteten Grabdenkmal versehen, würdig umfriedet, mit Anker und Kette eines *Dresden*-Beibootes verziert und mit einer schlichten Gedenktafel sowie einem Eisernen Kreuz versehen. Bis zum heutigen Tag wird das Grab von der Inselbevölkerung liebevoll gepflegt. Die dort Ruhenden sind die am weitesten von der Heimat entfernt Gefallenen des Ersten Weltkriegs gewesen.

und *Ministro Zenteno* für die Aufnahme der *Dresden*-Schiffbrüchigen mit zusätzlichen Ärzten, Sanitätsmaterial, Hängematten, Bekleidung versehen und zur Untergangsstelle der *Dresden* in Marsch gesetzt.

Als diese chilenischen Kriegsschiffe am 18. März vor Mas a Tierra erschienen, räumten die beiden britischen Kreuzer das Feld. Es war nun ja sicher, daß die »Germans« in die Internierung kämen und nicht etwa nach Deutschland zu flüchten versuchen würden. Bis zum Eintreffen der chilenischen Kriegsschiffe hätte es immer noch sein können, daß irgendein deutscher Dampfer die Abholung der *Dresden*-Besatzung versuchte (was Kapitän Lüdecke ja auch vorgeschwebt hatte. Die vier nach Valparaiso entlassenen Offiziere sollten sich ja um die *Sierra Cordoba* bemühen, die inzwischen jedoch als Hilfsschiff der Kaiserlichen Marine entlarvt und interniert worden war).

Jetzt waren die Deutschen am Ufer der Cumberland Bay höchst gespannt, wie das alles weitergehen werde. Sie hatten das Einlaufen der beiden chilenischen Kreuzer gesehen. Gegen 11.30 Uhr näherten sich zwei Dampfbeiboote. In dem einen kam der Kommandant der *Esmeralda,* in dem anderen der Kommandant der *Ministro Zenteno* an Land. Sie waren jeweils von einer Gruppe Offiziere begleitet und wurden von Kapitän Lüdecke und seinen Offizieren begrüßt. Die beiden chilenischen Kommandanten baten um Musterung der *Dresden*-Besatzung. Irgendein Unteroffizier hatte sogar noch seine Bootsmannspfeife retten können, so daß ein halbwegs geordnetes Antreten der Schiffbrüchigen gewährleistet war. Die chilenischen Kommandanten gingen aufmerksam durch die Reihen, um zu sehen, in welchem Zustand sich die unrasierten, teils zerlumpten Schiffbrüchigen befanden. Dann gaben sie bekannt, was Canaris jeweils ins Deutsche übersetzte: Um 14.00 Uhr solle die Einschiffung zur Überfahrt nach Valparaiso beginnen.

Die ganze Dorfgemeinschaft stand nachher am Landungssteg, als es soweit war. Bald waren die chilenischen Boote restlos mit *Dresden*-Seeleuten gefüllt. Mit viel Winken und Abschiedsrufen fuhren sie hinaus zum ankernden Kreuzer *Esmeralda.* Die Besatzung behandelte die Deutschen freundlich und kameradschaftlich. Sie tat alles, um ihnen die Unannehmlichkeiten der Reise und ihre immer noch schwierige Situation zu erleichtern. Die *Ministro Zenteno* blieb noch vor der Insel, um die Ereignisse zu erforschen, die Bewohner anzuhören, die Schäden aufzunehmen.

Zu Anfang waren die Chilenen noch ein bißchen schüchtern, weil es die Sprachbarriere gab. Aber Canaris konnte bald viele Verständigungsschwierigkeiten beheben, zumal auf der *Esmeralda* der Papagei Lorchen sehr bald den Bann brach.

Die chilenischen Matrosen schüttelten sich vor Lachen, denn einen zweisprachigen Papagei hatten sie wirklich noch nicht gesehen. Und sie konnten sich nachher von einem ihrer deutsch sprechenden Offiziere erklären lassen, was »dieser komische Vogel« eben gesagt hatte. Zu Lorchens Standardredensarten gehörte der von einem Unteroffizier aufgeschnappte Satz: »Ihr faule Bande, kommt endlich hoch zur Kohlenübernahme!«

Am 20. März lief der chilenische Kreuzer in Valparaiso ein. Umgehend besuchten die Vertreter der deutschen Gesandtschaft und des Generalkonsulats die Ankömmlinge, um zusammen mit deutschen Landsleuten in Chile die Versorgung der *Dresden*-Besatzung mit den notwendigsten Dingen einzuleiten. Sie besaßen ja weder Rasierzeug noch eine Zahnbürste, waren trotz Ausgabe blauer Pulloverjakken durch Chiles Marine noch unzulänglich bekleidet und hatten, wenn sie barfuß an Bord der beiden Kreuzer gekommen waren, allenfalls geliehenes Schuhzeug an den Füßen. Unfreiwillig war der Oberheizer Paul Gittel sogar zu einer besonderen Lachnummer geworden – »mit einem Paar viel zu kurzer Zivilhosen, die sich wie eine Aalhaut um seine langen Beine schmiegten, und einem weichen Hut, der auch viel zu klein war und sein dichtes, krauses Haar, das nach allen Seiten zu Berge stand, kaum verbergen konnte. An den Füßen hatte er ein Paar unwahrscheinliche Damenstiefel, die mindestens vier Nummern zu groß waren und die Eigentümlichkeit besaßen, daß ihre Spitzen fast senkrecht in die Luft standen«.

Der Repräsentant des Norddeutschen Lloyds in Valparaiso bot der chilenischen Regierung sofort an, den im Hafen liegenden Dampfer *Yorck* (den die *Dresden*-Männer ja schon vor der Osterinsel kennengelernt hatten) zur Unterbringung der *Dresden*-Besatzung zur Verfügung zu stellen. Das kombinierte Fracht- und Fahrgastschiff bot Platz für alle, wenn auch recht engen. Das war eine gute Lösung, zumal ja die Internierung der *Dresden*-Besatzung bis zum Ende des Krieges beschlossene Sache war. An der *Yorck*-Lösung nahm auch die chilenische Marineleitung keinerlei Anstoß.

Der britische Gesandte erhob jedoch Einspruch – er betonte: Auf der *Yorck* auf gar keinen Fall, denn diesen Germans war tatsächlich alles zuzutrauen. Ganz bestimmt kämen sie eines Tages ebenso quietschvergnügt in Kiel angeschippert, wie es kürzlich die *Karlsruhe*-Überlebenden mit der *Rio Negro* geschafft hatten. Nun war guter Rat teuer – wohin mit den Deutschen?

Epilog auf einen Kreuzer

Am 21. März 1915 schrieb das Zentral-Nachweis-Büro des Berliner Reichs-Marine-Amtes dem Gutsbesitzer Schmidt in Windeby/Kreis Eckernförde: »Beim Admiralstab der Marine ist folgende Meldung aus New York eingelaufen: Von *Dresden* in Valparaiso gelandet 8 Schwerverwundete, darunter Kapitänleutnant Wieblitz, 7 Leichtverwundete, darunter Leutnant zur See Max Schmidt und Leutnant Richarz . . .«

Am Donnerstag, dem 20. März 1915, hielt in der Sitzung der städtischen Kollegien Dresdens der Stadtverordnetenvorsteher Dr. Stöckel eine Ansprache, in der er mit ehrenden Worten des Kreuzers *Dresden* – des Patenschiffes der sächsischen Landeshauptstadt – und seiner tapferen Besatzung gedachte. Im Saal war das Bild des Kreuzers sowie eine auf dem Schiff nach dem Taufakt aufgenommene Fotografie der seinerzeit zur Taufe erschienenen Abordnung der städtischen Kollegien und des Offizierkorps der *Dresden* ausgestellt. Dr. Stöckel führte in seiner Ansprache aus: »Es ist – ich glaube da in Ihrer aller Namen zu sprechen – eine Ehrenpflicht und eine traurige Pflicht zugleich, auch von dieser Stelle aus des Schicksals zu gedenken, das dieses Schiff, das den Namen unserer Stadt trägt, getroffen hat. Wir haben vorgestern hören müssen, daß das schon seit Wochen Befürchtete – von dem wir aber im stillen noch die

Hoffnung hatten, daß es nicht eintreten würde – doch eingetreten ist: Kreuzer *Dresden* ist in den Grund gebohrt worden – ein Kleiner Kreuzer gegenüber einem ganzen Geschwader, das die Engländer in den Pazifik geschickt haben, um dieses Schiff zu fangen, gegenüber einer Übermacht von zwei großen Kreuzern, von denen der eine den Namen *Glasgow* trägt.

Meine Herren! Eine Ironie des Schicksals: Vor Ausbruch des Krieges war eine Abordnung unserer Stadt in Glasgow, um mit den dortigen Vertretern über eine Annäherung Deutschlands und Großbritanniens zu verhandeln. Jetzt versenkte ausgerechnet der Kreuzer *Glasgow* das Schiff *Dresden*!

In diesem Falle gewinnt die Sachlage noch eine besondere Bedeutung, weil der Kreuzer *Dresden* nicht nur dem Namen nach in engen Beziehungen zu unserer Stadt stand, sondern auch, weil wir wechselseitig Beziehungen zu der Besatzung hatten und weil sozusagen ein Freundschaftsband zwischen den Vertretern unserer Stadt und den Offizieren und Mannschaften bestand.«

Dr. Stöckel erinnert noch einmal daran, wie Oberbürgermeister Dr. Beutler das Schiff vor siebeneinhalb Jahren, am 5. Oktober 1907, im Beisein von abertausend Gästen und Zuschauern getauft hatte und wie die Abordnung der Stadt Dresden das dem Kreuzer *Dresden* gewidmete Ehrengeschenk – ein Tafelaufsatz für die Offiziersmesse – Seiner Majestät dem Kaiser persönlich übergab und wie dieser seine besten Glück- und Segenswünsche für das Schicksal des Kreuzers auch den Dresdner Stadtverordneten gegenüber aussprach.

Dr. Stöckel erinnerte ferner daran, wie später die Stadtverordneten bei einem weiteren Besuch des Schiffes viele gesellige Stunden mit dem Offizierkorps verbrachten, das sie sogar noch spät in der Nacht geschlossen zum Bahnhof geleitet hat, obwohl man eigentlich dafür überhaupt keine Zeit hatte. Denn noch in derselben Nacht mußte das Schiff mal wieder mit Kohlen versorgt werden und schon am nächsten Morgen um 4.00 Uhr nach New York auslaufen. »Damals haben wir schon den Eindruck gewonnen, daß die Mannschaft und die Offiziere des Schiffes waren, wie sie sein sollten.

Meine Herren! Das Schiff ist untergegangen, aber der Geist, der die Besatzung beseelt hat, nicht ...«

Die nun endlich gelungene Versenkung der immer wieder entwischten *Dresden* hatte die britischen Presseagenturen veranlaßt, das Ereignis sofort triumphierend international bekanntzugeben. Und so hatte die Nachricht vom Untergang des Schiffes in der sächsischen Hauptstadt tiefen Eindruck gemacht und allgemeine Trauer hervorgerufen. Der immer noch amtierende einstige Taufpate, Oberbürgermeister Dr. Beutler, sandte bei Bekanntwerden des Ereignisses am 17. März ein herzliches Beileidstelegramm an den Staatssekretär des Reichsmarineamtes, Großadmiral von Tirpitz.

Wenn man die Zeitungsmeldungen des In- und Auslands, datiert vom 16. und 17. März 1915, aufmerksam durchforstet, stößt man auf erstaunliche Informationen.

Am 18. März 1915 wußte das Wolff'sche Telegrafenbüro (WTB) aus London zu melden: »Der Untergang des deutschen Kreuzers *Dresden* hat einen beträchtlichen Rückgang der Versicherungsprämien für Getreideladungen von den Küsten des Stillen Ozeans herbeigeführt. Der Prämiensatz beträgt jetzt 50 Shilling auf 100 Pfund Sterling gegen 105 am Montag.«

In Rotterdam und Amsterdam hob die Presse hervor, daß die mutterseelenallein operierende *Dresden* durch ihr bloßes Vorhandensein, auch während der Zeit des Versteckspiels in der Provinz Magallanes, immer noch die Schiffahrt durch die Magellanstraße und längs der südamerikanischen Westküste stark gefährdet und behindert habe. Überraschend ist jedoch die Fairneß, mit der die britische »Daily Mail« am 16. März aus Valparaiso berichtet hat: »Die Bark *Lorton* ist gestern hier angekommen mit der Bemannung der Londoner Bark *Conway Castle,* die am 27. Februar vom Kreuzer *Dresden* nahe der Mocha-Inseln an der chilenischen Küste versenkt worden war. Die Offiziere der *Dresden* sagten ihren Gefangenen, sie würden sie wie Brüder behandeln. Auf die Frage des Kapitäns der *Conway Castle,* was mit ihnen geschehe, falls die *Dresden* in einen Kampf mit einem englischen Schlachtschiff verwickelt würde, antwortete der Kommandant der *Dresden,* dann würden sie, in Boote ausgeschifft, zusehen können, wie die *Dresden* siegen oder untergehen werde.«

Aber man konnte schon am 17. März noch eine andere Zeitungsmeldung lesen, die mehr oder weniger die Weltpresse durchlaufen hat, sie stammte von einem neutralen Korrespondenten aus London:

»Zwischen der Regierung von Chile und der britischen Regierung fand ein Notenaustausch wegen der Versenkung des deutschen Kreuzers *Dresden* in den chilenischen Territorialgewässern statt. Die chilenische Regierung erhob entschiedenen Einspruch gegen die Verletzung ihrer Hoheitsrechte. Sir Edward Grey (der britische Außenminister) bot im Namen der britischen Regierung *unbedingte weitestgehende Entschuldigung* für das Vorgehen des Kommandanten der *Glasgow* an.«

Wie hatte doch Senior Commander Luce zu dem Parlamentär Canaris mit zynischer Offenheit gesagt: »Andere Fragen kümmern uns nicht, sie müssen nachher durch die Diplomatie erledigt werden.« So einfach war das alles.

Der Internierungsort von reichlich drei Hundertschaften der Kaiserlichen Marine hat der chilenischen Regierung kein geringes Kopfzerbrechen bereitet, denn es mußte ja sofort etwas geschehen. Die Männer konnten nicht noch länger auf dem völlig überfüllten chilenischen Kreuzer im Hafen von Valparaiso herumhocken. So fand man einen Ausweg, gegen den auch die britische Diplomatie nichts mehr einwenden konnte: Man werde die *Dresden*-Seeleute auf jene Insel Quiriquina stecken, die unweit von Talcahuano vor der chilenischen Küste liegt.

Die Insel befand sich in Privathänden, bevor sie 1896 in den Besitz der chilenischen Marine überging. Um den sehr wichtigen Hafen Talcahuano und die dahinter liegende Provinzhauptstadt Concepcion zu schützen, wurden auf der Insel die drei Forts Rondizoni, Meruri und Miller angelegt.

1911 begann man auf Quiriquina mit der Errichtung von Baulichkeiten, um dort die »Escuela de Grumetes« unterzubringen, die Schule zur Ausbildung der Matrosen, die zunächst provisorisch an Bord eines in der Las-Casas-Bucht, südöstlich der Insel, verankerten Kriegsschiffes untergebracht wurde.

Die an Land errichteten Gebäude wurden nicht mehr von den Chilenen bezogen, weil nun ja die Zwangslage entstanden war, auf der Insel die internierte *Dresden*-Besatzung unterzubringen. Das war natürlich ungleich besser, als es auf die Dauer unter den beengten Bordverhältnissen auf der *Yorck* gewesen wäre. Die Baulichkeiten auf der Insel Quiriquina waren also beim Einzug der deutschen Seeleute noch brandneu und wie geschaffen für diesen Zweck. Die Insel ist landschaftlich ausgesprochen schön, sie hat herrliche Baumbestände und Strände.

(Die »Escuela de Grumetes« wurde erst nach der Heimkehr der *Dresden*-Besatzung wieder auf ihren eigentlichen Zweck vorbereitet und im Jahre 1921 ihrer tatsächlichen Bestimmung übergeben. Sie dient der Ausbildung von Mannschaftsdienstgraden der chilenischen Marine.)

Die Isla de la Quiriquin oder »die Quiriquina« liegt nördlich der Bucht von Coronel, vor deren Insel Santa Maria am 1. November 1914 Graf Spee seinen Seesieg erfocht. Die Karte läßt auch die Lage von Talcahuano und Concepcion erkennen.

Ein neuer Stamm »Pazifik-Insulaner«

Die Baulichkeiten der von den Chilenen noch gar nicht bezogenen Matrosenschule standen also noch leer. Sie boten sich für die Aufnahme der Internierten wirklich an.

Die Kasernen lagen direkt am Strand und der chilenischen Festlandküste gegenüber. Gleich daneben erstreckte sich ein flach gewelltes Dünengelände und dahinter ein größerer Wald.

Quiriquina erschien einigermaßen fluchtsicher. Allerdings mußten noch vor dem Eintreffen der deutschen Kreuzer-Besatzung die Voraussetzungen für ausreichende Bewachung geschaffen werden. Man verlegte ein militärisches Wachkommando auf die Insel.

Am 21. März 1915 brachten die chilenischen Kreuzer *Esmeralda* und *Blanco Encalada* die unverwundeten Besatzungsmitglieder der *Dresden* in die »Verbannung« nach Quiriquina. Dabei hatte die *Esmeralda* nach wie vor die bei der britischen Beschießung der Cumberland Bay unversehrt gebliebene Ruderbarkasse und die Dampfpinasse an Deck stehen, die man bei Abholung der Schiffbrüchigen mitgenommen hatte. Am 24. März sahen die eingeschifften Deutschen die für sie vorgesehene öde und menschenleere Insel, etwa sieben Kilometer lang und rund einen Kilometer breit. Die Insel besteht vorn aus Flachland und steigt auf der anderen Seite als Gebirgsrücken mit einer zerklüfteten Steilküste aus dem Meer auf. Auf dem höchsten Punkt befand sich ein Leuchtturm.

Auf der Ostseite geht dieser Höhenzug in ein Tal über, vor dem sich eine Landungsbrücke befand, von der ein Weg zu den verlassenen Bauten der einstigen Marineschule führte.

Die Kreuzer ankerten vor der Landungsbrücke. Die *Esmeralda* setzte die beiden *Dresden*-Beiboote aus, die dann im Pendelverkehr die Internierten an die Landungsbrücke brachten. Kapitän Lüdecke und die Offiziere der *Dresden* wurden in einem Wohnhaus untergebracht, das sich etwa zehn Minuten von den hallenartigen Kasernenanlagen entfernt befand. Man hatte in Santiago beschlossen, daß zwar das chilenische Militär die Deutschen auf der Insel bewachen und an der Flucht hindern sollte. Die Ordnung im Lager selbst wollte man ihnen selbst, unter Leitung von Kapitän Lüdecke, überlassen. Schon auf der Überfahrt hatten ihm die chilenischen Marineoffiziere angedeutet, daß das Klima auf dieser Insel im Sommer zwar recht angenehm sei, im Winter jedoch ganz und gar nicht. Also kam es darauf an, keine Zeit zu verlieren, denn ein neuer Südhalbkugelwinter stand bevor. Es galt, die Wohnquartiere bestmöglich winterfest zu machen. Es war genug gutes Handwerkerpotential unter den Männern der Seemännischen Divisionen sowie der Technischen und der Funktionärsdivision zu finden. In der letzteren waren die Funker, das Signalpersonal, die Artillerie- und Torpedomechaniker, die Zimmerleute, aber auch das Personal von Küche und Bäckerei, Schneiderei und Schusterei sowie die Sanitäter, Schreiber und Musiker gruppiert. Es gab eine gehörige Menge zu tun, um die verlassenen Hallen überhaupt bewohnbar werden zu lassen. Die chilenische Armee hatte Kojen (Betten) zur Verfügung gestellt, die sich dank ihrer Baukastenständer zu beliebig langen Reihen und in drei Etagen übereinander zusammenstecken ließen. Diese Unterbringung war nicht gerade fürstlich, aber doch weniger beengt als in den Wohndecks der *Dresden*. Jetzt hatte wenigstens jeder von den Männern ein festes Bett, für das sofort Matratzen und Kojenzeug zur Verfügung gestellt wurden. Gegessen wurde an wegklappbaren »Backen«, d. h. Tischen, wie man sie von Bord her gewohnt war und wie sie offensichtlich auch den Matrosenschülern in diesem Landquartier als Tische dienen sollten. Den Verpflegungsnachschub und alle anderen logistischen Dinge besorgte die chilenische Armee, die übrigens sofort Schritte unternahm, die Bordkapelle der *Dresden* schnellstmöglich mit neuen Musikinstrumenten auszustatten, da sie ihre vorherigen sämtlich beim Untergang des Schiffes eingebüßt hatte.

Vor der Anlandung auf der Insel Quiriquina hatte der Kreuzer *Esmeralda* in Talcahuano einen Zwischenstop eingelegt, so daß der deutsche Konsul von Concepcion – der Agent der Kosmos-Linie Georg Becker – und andere einflußreiche Landsleute aus der Umgegend die *Dresden*-Offiziere begrüßen konnten. Diese Verbindung sollte sich recht bald als äußerst nützlich erweisen. Mit Hilfe von Spenden der Chile-Deutschen wurden große Mengen blauen Marinetuchs beschafft, so daß eine wenig später auf Quiriquina eingerichtete Schneiderwerkstatt darangehen konnte, die ziemlich bunt durcheinander und zumeist unzulänglich bekleideten Schiffbrüchigen wieder in ordentlich uniformierte Angehörige der deutschen Marine zurückzuverwandeln. Endlich bekamen die Männer auch wieder blaue Überzieher, die von deutschen Marinern in Anlehnung an den Namen eines Kieler Uniformgeschäftes als »Collanis« bezeichnet wurden.

Seeleute mit landwirtschaftlicher Vorbildung machten sich daran, mit einem ebenfalls von deutschen Landsleuten gespendeten Grundstock, die systematische Aufzucht von

Gänsen, Hühnern, Enten und Kaninchen zu betreiben, damit eine gewisse Eigenversorgung mit Eiern und Frischfleisch sichergestellt wurde. Bald halfen die Chile-Deutschen auch mit Saatgut aus, so daß schon im Frühjahr (Ende Oktober 1915) systematisch Anbauflächen für Kartoffeln und Gemüse erschlossen werden konnten. Außerdem lieferten sie jede Menge Blumensamen auf die Insel.

Aber bevor alle derartigen Maßnahmen greifen konnten, stand die Sanierung der Unterkünfte absolut im Vordergrund. Schon kurz nach Ankunft der *Dresden*-Seeleute kannte man das bis dato in weltvergessene Stille abgesunkene Quirina nicht wieder. Überall herrschte eine kaum zu bremsende Geschäftigkeit.

Baumaterial wurde angelandet und zu den Arbeitsstellen transportiert. Es wurden Dächer ausgebessert oder sogar neu gedeckt. Wegebautrupps gingen ans Werk, um die Zufuhrmöglichkeiten zwischen Landungsbrücke und Wohnbereichen zu verbessern. Wasserleitungen und Stromkabel wurden neu verlegt. Das kleine Elektrizitätswerk der Insel hatte man sofort nach einer Reparatur des dortigen Dampfaggregats in Betrieb genommen. Fachleute vom Maschinenpersonal und Elektriker der Technischen Division machten sich dort nützlich.

Maurer und Maler waren unablässig mit Renovierungen beschäftigt. Recht bald war eine große Badehalle mit Brausebädern für 40 Mann von der Mannschaft erbaut und fertiggestellt worden.

Eines Tages schilderte im deutschsprachigen »D. C. B.-Kalender« des Deutsch-Chilenischen Bundes ein Chile-Deutscher in einer Reportage »Ein Tag auf der Quiriquina«, wie die Mannschaft der *Dresden* auf dieser Insel lebte:

»6.00 Uhr morgens. Hell und scharf klingen die Töne der von der *Esmeralda* der *Dresden*-Mannschaft zum Andenken geschenkten Trompete in den frischen Frühlingsmorgen hinaus: ›Habt ihr denn noch nicht lang genug geschlafen?‹

Kaum sind die letzten Töne des Weckrufs verklungen, so füllt sich auch schon der reinlich gehaltene Mannschaftswaschraum, in dem vorher die sauberen, weißen Waschbecken vom Pumpenmeistersgast der Wache mit Wasser gefüllt sind.

Es ist für manche ja recht schwer, sich so schnell aus Morpheus' Arme zu reißen. Aber allen klingt noch der schöne Seemannsvers in den Ohren, den sie früher an Bord so häufig von den Spielleuten am Morgen gehört hatten: ›Seesoldat, Seesoldat, steh auf, zurr deine Hängematt ...‹

Da sind die ersten mit der Morgenwäsche fertig und begeben sich zu ihren Hühnerställen oder zu ihren ›Fundos‹, wie sie gern ihre kleinen Anwesen nennen. Dort werden die Hühner und Enten herausgelassen und gefüttert, nachgesehen, ob die Glucke noch fest sitzt. Aber der erste Blick gilt doch den Nestern, denn gerade zum Frühstück sind frische Eier bekanntlich eine sehr beliebte Speise.

Wieder ein kurzes Trompetensignal. Es ist 6.40 Uhr, Zeit zur Frühmusterung. Divisonsweise steht die Mannschaft im Hofe angetreten. Nur die Köche und Posten dürfen fehlen.

›Alles zur Stelle!‹ meldet der Deckoffizier vom Dienst dem wachhabenden Offizier. Kaum ist der Befehl zum Wegtreten gegeben, so laufen schon die abgeteilten ›Backschafter‹ mit ihren großen Kaffeekannen über den Hof. In einer langen Reihe stellen sie sich, vom Unteroffizier vom Dienst geführt, vor der Mannschaftskombüse auf, aus der der Geruch frischen Kaffees strömt. Jeder bekommt seinen Teil, der für die ganze Back, an der meist zehn bis zwölf Mann sitzen, ausreichen soll.

Mittlerweile sind auch diejenigen, die in der Nacht Posten gestanden haben, ›hochgekommen‹, wie der Seemann sagt ... Um 7.45 Uhr ist Zeit zum Antreten zur Arbeitsverteilung. Die meisten haben ja eine ›feste Anstellung‹ als Reiniger und Aufklarer; viele sind auch ständig in den zahlreichen Blumen- und Gemüsegärten verteilt als Gärtner.

Ein Trupp begibt sich in die Elektrische Zentrale der Insel, um dort die Wache abzulösen und Instandsetzungsarbeiten auszuführen.

Diejenigen, die sich krank fühlen, melden sich um 8.00 Uhr im Lazarett, wo sie um 8.20 Uhr dem Stabsarzt vorgeführt werden.

Der Rest der Mannschaft, der häufig dem Bootsmann viel zu klein ist, wird zu größeren Arbeiten verteilt. Dort sehen wir eine Gruppe damit beschäftigt, Muschelkies am Strande zu sammeln, um damit den Schaden im Garten des Offiziershauses, den der letzte Regenguß verursacht hat, auszubessern.

Da treibt der ›Autowagenführer‹, begleitet von seinen beiden Hunden und bewaffnet mit einer langen Stange seine beiden Ochsen vor sich her. ›Marinero‹ und ›Charrol‹ hat er sie getauft. Bald hat er sein ›Automobil‹ betriebsklar. Und herunter geht es zur Brücke, wo er die leeren Bierfässer abgeben soll. Auf dem Rückwege soll der Wagen den zusammengeschaufelten Kies vom Strande mitbringen.

Ein beträchtlicher Teil der Leute, meist solche vom Maschinenpersonal, doch auch Tischler und Maler von der seemännischen Besatzung, gehen jeden Morgen an ihre Arbeit in den ›Kunstwerkstätten‹. Dort werden die schönsten Sachen gearbeitet, in Holz und Metall, sogar eine kleine Gelbgießerei ist jetzt eingerichtet.

Da gibt es eine Schlachterei, in der selbstgemästete Schweine geschlachtet und fachgerecht verwertet werden. Dort kommt der Schornsteinfeger mit seinen Gesellen, eine lange Leiter tragend.

Von 12.00 Uhr bis 14.00 Uhr ist Mittagspause, dann geht

der Dienst nach Plan weiter. Da tritt wieder eine ganze Division an, um nach der Brücke abzumarschieren. Es soll nämlich mit dem Nachmittagsdampfer viel Proviant und eine ganze Güterladung eintreffen. Der eigene Ochsenwagen des Interniertenkommandos wird ebenso zum Transport mit eingespannt wie der vom Leuchtturm. Diesmal ist auch wieder eine von den bekannten Liebesgabenkisten (von den Chile-Deutschen) aus Osorno dabei.

Um 17.15 ist Ausscheiden mit Dienst, Freizeit und um 18.00 Uhr Abendessen. Um 20.45 Uhr ist Abendmusterung, und um 21.15 Uhr bläst der Hornist den bekannten Zapfenstreich.«

Viereinhalb Jahre Quiriquina, ereignisloses Dasein auf einer Insel im Pazifik, abgeschnitten von zu Hause, immer schlechter mit Nachrichten von dort versorgt. Und nun also nichts als stumpfsinnige Beschäftigungstherapie? Weit gefehlt.

Kapitän zur See Lüdecke, praktisch Bürgermeister dieser kleinen Marinegemeinde mit eigenem E- und Wasserwerk, eigenen Versorgungs- und Produktionsbetrieben, war ein viel zu erfahrener Menschenführer. So wie er in siebeneinhalb Monaten Feindfahrt unter fast aussichtslosen Umständen jeglichen Bordkoller zu verhindern gewußt hatte, unterstützt von vorzüglichen Offizieren, Deckoffizieren und Unteroffizieren, so wußte er mit gesundem Menschenverstand und einer Mischung von weiterer »Geborgenheit in der Routine« und gewährten Freiräumen Gammelei, Melancholie und Inselkoller zu vermeiden.

Der nachher (im Oktober 1917) auf der estnischen Insel Ösel gefallene Dichter Walter Flex hat die »Innere Führung« in seinem damals in Deutschland viel gelesenen Buch »Der Wanderer zwischen beiden Welten« auf den Punkt gebracht: »Die großen Kerls sind wie die Kinder. Mit Schelten und Verbieten ist wenig getan. Sie müssen einen gern haben ... Das Herz seiner Leute muß man haben, dann hat man ganz von selbst Disziplin.«

Der Kommandant der *Dresden* hatte jenes Charisma. Seine ausgeprägte Liebenswürdigkeit gegenüber jedem Mann seiner Besatzung – gepaart mit Unnachsichtigkeit gegen jeder Form von Laxheit am falschen Ende – hatte längst dazu geführt, daß er das Herz seiner Leute besaß. Aber das allein hätte nicht genügt. Lüdecke kannte sehr wohl die Gefahren, die von Ungewißheit und Langeweile ausgehen konnten. Es mußte auch der »Homo Ludens« bei seinen Männern zum Zuge kommen können – der spielende Mensch, der Freizeitgestalter mit aller ihm innewohnenden Kreativität.

Lüdeckes erfolgreichste und am begeistertsten aufgenommene Maßnahme war, daß er jeden seiner Leute, der es wünschte, mit einem Stück Land bedachte, auf dem er nach Herzenslust gärtnern, ackern und »siedeln« konnte. Dem Holzeinschlag waren keine Grenzen gesetzt, weiteres Baumaterial konnte jederzeit angefordert werden. Und nun baute sich jeder, der das dazu notwendige handwerkliche Geschick besaß, eine Wohnlaube, einen Hühner-, einen Kaninchenstall oder sonst etwas. Es entstand eine ganze Schreberkolonie mit Bauten, die dank der Überfülle vorhandener Staketen und Stäbe an architektonischer Komik nichts zu wünschen übrig ließen. So konnte sich jeder dazu Entschlossene ein eigenes Zuhause schaffen. Der eine baute sich eine »Villa Vogelsang« mit gerüschten Gardinen, der andere eine »Almhütte«. Zwei Obermatrosen wurden Besitzer einer Laube mit Kunstschmiedeverzierungen vor den Fenstern, von Kletterpflanzen umrankt und mit einem Schild unter dem Dachfirst: »Gefällt Dir dies, so bau Dir eins, und laß mir meins.«

Die Geflügelzucht der Unteroffiziere hätte bei jedem Architektenwettbewerb die Heiterkeit der Jury provoziert.

Aber den Vogel schossen die »Anlagen der Deckoffiziere« ab, deren geradezu skurriles Taubenhaus eine Art Zwischending zwischen Kirche und Funkturm darstellte. Ein besonderes Idyll bot das dem maurischen Stil nachempfundene Blumenhaus sowie der von einer Uferpromenade mit Bänken eingesäumte, von zahlreichen palisadenartigen Zäunen eingefaßte und am Zufluß sogar von einer Brücke überquerte Ententeich.

Lüdecke hatte bisweilen einige Mühe, ein Loslachen zu vermeiden, wenn ihm seine Mannen voller Besitzerstolz ihre neuesten kunstvollen Bauten präsentierten. Aber wer fragte nach Ästhetik – wichtig war, daß sich jedermanns Phantasie austoben konnte.

Auf der Insel hatten die Internierten von vornherein volle Bewegungsfreiheit, sonst aber zunächst Verkehrsverbot zum Festland. Der deutsche Gesandte konnte jedoch bald Milderung dieser Bestimmungen durchsetzen, so daß schon im dritten Quartal des Jahres 1915 jeden Tag 20 Mann Landurlaub nach Talcahuano bekommen konnten.

Das war nicht viel, aber innerhalb von Wochen kam jeder wieder an die Reihe. Zur Überfahrt dienten die wohlvertrauten Beiboote der *Dresden.* Die Dampfpinasse schleppte auch weiterhin jedesmal die Ruderbarkasse.

Immer fester knüpften sich freundschaftliche Beziehungen zur Bevölkerung von Talcahuano, zu den Landsleuten aus dieser Stadt und aus Concepcion sowie mit der Besatzung eines in »Talca« festliegenden Hamburger Kosmos-Dampfers. Es war die *Memphis*!

Wie aber sah es mit Fluchtmöglichkeiten von der Insel Quiriquina aus? Man machte Lüdecke dafür verantwortlich, daß niemand das Weite suchte. Aber man wußte zugleich sehr wohl, daß dieser deutsche Kapitän zur See nicht im Traum daran dachte, sich etwa mit seinem Ehrenwort dafür zu verbürgen, daß so etwas nicht geschähe. Er fand bald eine subtile Form der Diplomatie heraus, die es ihm jederzeit ermöglichte, seine Hände in Unschuld zu waschen. Als ihm beispielsweise sein geschätzter Adjutant anvertraute, daß er sich nach Deutschland davonmachen wollte, sorgte Lüdecke dafür, daß er sich just am Tage von dessen »Auspicken« rein zufällig ein bißchen Erholung auf einer Hazienda von Chile-Deutschen gönnte.

Im Raum um Talcahuano hatten die Offiziere der *Dresden* längst herzliche Freundschaft mit den Besitzern solcher Farmen geschlossen, die in diesem fruchtbaren Bereich immense Erträge erwirtschafteten und so viel Wohlstand ermöglichten, daß ihre Besitzer sogar Reitpferde stiften konnten, die dann auf der Insel Quiriquina jederzeit den dort internierten *Dresden*-Offizieren beliebig zur Verfügung standen.

Lüdecke wußte also ganz genau, wann er mal »nicht da zu sein« hatte und unverdächtiges Weggucken besser war als langatmige Erklärungen.

Spektakuläre Durchbrüche in die Heimat

»Canaris ödete das Leben auf Quiriquina allmählich an. Er war nicht in die Marine eingetreten, um auf einer gottverlassenen Insel im Pazifik zu verdorren. Seit er angekommen war, beschäftigte ihn (wie so viele) nur ein Gedanke – »Flucht«, heißt es bei Heinz Höhne. Und dieser Autor fährt dann fort:

»Leise verließ er in der Nacht vom 3. zum 4. August 1915 das Haus der Offiziere. Den Fluchtweg kannte er wie fast jeder von der *Dresden*-Besatzung: Man mußte die chilenische Postenkette, die nur im Flachland stand, nach Nordosten unterlaufen, dort, wo das Gelände immer steiler und unwegsamer wurde. Ein Pfad führte zu einer Stelle des Strandes, an der sich eine hohe Klippe ins Meer vorschob; bei Ebbe wurde hier ein kleiner Vorstrand sichtbar, groß genug für das Anlandsetzen eines Fischerbootes. In ein paar Stunden mußte man das Festland erreichen können. Stets waren Fischer bereit, sich ein Handgeld zu verdienen. Eine Überfahrt: 20 Pesos.

Ein Fischer wartete, als Canaris auftauchte. Canaris sprang in das Boot. Leise glitt der Kahn ins Wasser und passierte die Bucht. Dann kam eine Stelle, die die Wachposten einsehen und mit ihren Waffen erreichen konnten. Doch nichts rührte sich. Meter um Meter entfernte sich Wilhelm Canaris von der Insel der Sterilität, neuen Abenteuern entgegen.«

Und Abenteuer ungewöhnlichster Art wurden es dann

tatsächlich, nachdem eingeweihte Chile-Deutsche bestens vorgesorgt hatten. Es lagen eingesammeltes Geld und ausgesprochen elegante Zivilkleidung bereit.

Das Wagnis, das Canaris freilich einging, war während der noch herrschenden Südhalbkugelwinterzeit besonders groß: Er mußte durchs noch tief verschneite Hochgebirge der Kordilleren oder Anden, das zwischen Chile und dem besonders deutschfreundlichen, weniger britischen Pressionen ausgesetzten Argentinien eine natürliche Grenze und Barriere bildete.

Da seine deutschen Fluchthelfer Canaris auch gleich die Fahrkarten sowie Empfehlungsschreiben an argentinische Freunde mitbesorgt hatten, konnte er schon bald nach Erreichen des Festlandes, bekleidet mit einem Reiseanzug nach Landesart, in einem Abteil des Zuges nach Osorno, in die Provinzhauptstadt der südchilenischen X. Region, Platz nehmen.

Er wußte natürlich, daß seine Flucht der chilenischen Polizei sehr bald bekannt werden mußte. Deshalb kaufte er sich lieber ein Pferd, anstatt ab Santiago die Reise im »Transandino« anzutreten und galoppierte ohne jede Rast in den unwegsamen Kordilleren davon. Er mied alle größeren Ortschaften und schlief nur in ganz abgelegenen Gasthöfen. Aber er schaffte es tatsächlich, allen Schneestürmen zum Trotz, nach 14 Tagen Argentinien zu erreichen und bei einem deutsch-argentinischen Siedler erstmals eine kurze Ruhepause einzulegen. Dann aber trieb es ihn mit einem frischen Pferd baldmöglichst weiter. Er erreichte die mittelargentinische Bischofsstadt Neuquén und fuhr von dort aus mit der Eisenbahn nach Buenos Aires weiter. Er meldete sich beim Marineattaché der Deutschen Gesandtschaft und erhielt dort einen vorzüglich gefälschten Paß, der ihn als den verwitweten chilenischen Staatsbürger Reed Rosas auswies, der angeblich einen chilenischen Vater und eine britische Mutter gehabt habe. Mit dem niederländischen Dampfer *Frisia,* der über Brasilien, Portugal und England (!) nach Amsterdam bestimmt war, wollte jener Señor Rosas, für den eine Kabine frei war, den Blockadering durchbrechen. Canaris mußte seine Rolle meisterhaft gespielt haben, denn der Kapitän des Schiffes glaubte ihm voll und ganz, daß er dringend in die neutralen Niederlande müsse, um Erbschaftsangelegenheiten einer Verwandten seiner britischen Mutter zu regeln. Was hatte dieser völlig unverdächtige Chilene für eine globale Verwandtschaft!

Natürlich wußte Canaris allzu genau, wie perfekt die Abwehroffiziere der Royal Navy in Plymouth die Besatzung und die Fahrgäste der *Frisia* »filzen« und durchleuchten würden. Aber er kam nachher anstandslos durch. Es hält sich bis heute die Legende, die britischen Kontrolloffiziere hätten ihn sogar gebeten, ihm bei der Überprüfung eines anderen chilenischen Fahrgastes zu helfen, dessen Akzent ihnen nicht ganz »hasenrein« erschien. Am 30. September 1915 kam Canaris in Amsterdam an, wo es zunächst einige Probleme zu meistern galt – denn wie sollte er den Übertritt nach Deutschland rechtfertigen, wenn er doch angeblich nur Erbschaftsangelegenheiten in Holland zu regeln hatte?

Hein Höhne: »Am 4. Oktober hatte er es endlich geschafft (also nach genau zwei Monaten Flucht): Zitternd, übermüdet und körperlich zerrüttet stand er plötzlich vor der Wohnungstür seiner Tante Dorothea Popp in Hamburg, die den verloren geglaubten Neffen gerührt in die Arme schloß. Aber auch hier hielt es den Ruhelosen nicht lange; kaum hatte er sich bei der Tante etwas gekräftigt, da meldete er sich beim Admiralstab und erstattete Bericht über die letzte Fahrt der *Dresden.*«

Nicht weniger Respekt verdient die Flucht der vier *Dresden*-Leutnante Karl Richarz, Max Schmidt, Friedrich Fleischer und Emil Abraham sowie des F. T.-Maaten Alois

Wolf, des Obermatrosen der Reserve Guido Baldeweg sowie der Einjährig-Freiwilligen Matrosen Christian Kohrt und Arthur Gehl. Unter der Führung von Richarz haben sie mit der schon 64 Jahre alten und damit schon recht morschen, 460 BRT großen Bark *Tinto* das Meisterstück fertiggekriegt, das Kap Hoorn zu umrunden und nach 124 Tagen Segelreise über eine Distanz von reichlich 12000 Seemeilen am 31. März wohlbehalten den norwegischen und damit neutralen Hafen Drontheim zu erreichen. Von dort aus war die Heimreise auf dem Landweg unproblematisch.

Neben den acht *Dresden*-Seeleuten bestand die 28köpfige *Tinto*-Besatzung aus dem I. Offizier Carl Reumer und dem III. Offizier Carl Gerlach sowie dem Zimmermann und dem Koch des Lloyddampfers *Göttingen* aus 16 »ausgebüxten« Kadetten des Lloyd-Segelschulschiffs *Herzogin Cecilie*. Richarz als Kapitän hatte segelschiffserfahrene Wachoffiziere in Gestalt von Reumer und Gerlach, denen die *Dresden*-Leutnante als Nautische Assistenten zur Seite standen, zur Verfügung.

Doch wie konnte es diesen Internierungsflüchtlingen gelingen, in den Besitz einer Bark zu gelangen?

Mit gesammelten Geldmitteln von Chile-Deutschen wurde das Schiff unter Schwierigkeiten beschafft, notdürftig instand gesetzt und mit Instrumenten internierter deutscher Schiffe sowie »zusammengekratztem« Proviant ausgerüstet.

Trotz versuchter Geheimhaltung des geplanten Fluchtunternehmens durchsuchten chilenische Marinesoldaten aufgrund einer britischen Denunziation das gesamte Schiff, das wochenlang mit Arrest belegt, dann jedoch mittels einens Pro-forma-Chartervertrages für angebliche Küstenfahrt losgeeist werden konnte. Die Auflage, dafür dann aber chilenische Besatzung anzumustern, wurde zunächst erfüllt, diese dann jedoch an jenen Schoner abgegeben, der die deutsche Besatzung zum geheimen Treff mit *Tinto* gesegelt hatte.

Ende November, in der Zeit der Südhalbkugelfrühjahrsstürme, als man mit schwacher Bewachung rechnen konnte, lief der Rahsegler zu seiner verwegenen Blockadebrecherfahrt aus. Wenig später geriet das Schiff in einen Weststurm und lag tagelang in gefährlichem Leegerwall, hatte also die südchilenische Felsenküste auf der dem Wind abgewandten Seite neben sich und war in Gefahr, darauf zu scheitern.

Noch vor Erreichen des Kap Hoorn folgte ein zweiter, sehr schwerer Sturm. Tagelang mußte unter Sturmsegeln beigedreht werden. Das betagte Schiff ging mörderisch zukehr, ehe endlich das Kap Hoorn ungesehen passiert werden konnte.

Das Durchqueren des (vorwiegend windstillen) Kalmengürtels dauerte besonders lange. Später kostete eine unvermutete schwere Bö auf Anhieb vier Segel. Durch den senkrechten Bruch des den Hauptverband zwischen dem Vorsteven und den Schiffsseiten herstellenden, stark dimensionierten Winkeleisens leckte das Schiff beim Stampfen derart, daß jedesmal tagelang gepumpt werden mußte.

Bei erneutem schweren Sturm Anfang März rissen die Decksnähte, das Steuerbordlogis »soff ab«. Beim vierten Sturm – in voller Orkanstärke – brachten drei Hoffdtaue des Besanwants. Nur schnelles Handeln verhinderte den Mastbruch.

Der damalige Lloyd-Zögling und spätere Kapitän Carsten Rosenhagen erzählte kurz vor seinem Tod als letzter Teilnehmer dieser Reise mit der Bark: »*Tinto* durchstieß, von vielen Schiffen gesichtet, dreist den Hauptdampfertrack des Nordatlantiks und die Island-Färöer-Enge sowie ahnungslos Seegebiete, in denen deutsche U-Boote unbeleuchtet fahrende Schiffe warnungslos zu torpedieren pflegten. Ein mit 30,5-cm-Geschützen armierter britischer Panzerkreuzer stellte schließlich die Bark am hellichten Tage, fiel aber auf deren gelungene Tarnung und die geschickt erlogenen Flaggensignale herein. Nach einem fünften und letzten Sturm mit abermals kritischer Lage infolge unzureichender Seekarten, schlechter Segel und der norwegischen Felsküste in Lee zwang ein armierter norwegischer Regierungsdampfer die ramponierte *Tinto* zum Stoppen und schleppte sie nach Drontheim ein.«

Das war wirklich eine Glanznummer jugendlicher Verwegenheit. Als später Kapitän Lüdecke auf Quiriquina davon erfuhr, schmunzelte er in sich hinein. So hatte er sich seine *Dresden*-Seeleute immer gewünscht und auch vorher schon schätzengelernt. Der Apfel schien wirklich nicht weit vom Stamm gefallen zu sein. Der Kleine Kreuzer *Dresden* war eine gute Schule für das Außergewöhnliche.

Aber es gab noch mehrere Ausbrüche aus der Internierung, mit unterschiedlichem Erfolg. Leutnant Otto Schenk musterte in Buenos Aires auf einer norwegischen Bark an, deren zumeist betrunkener Kapitän ihn schamlos ausnutzte, zu schmutzigsten Arbeiten heranzog und ständig schikanierte. Unterwegs brachte ein britischer Hilfskreuzer den Segler auf, der ein Prisenkommando an Bord bekam. Aber es gelang der Besatzung, die Briten zu übertölpeln und nach Norwegen anstatt auf die Äußeren Hebriden zu segeln.

Der Obermaschinistenmaat Karl Henningsen kam immerhin bis nach Panama. Dort allerdings nahm man ihn fest und expedierte ihn wieder nach Chile zurück. Dennoch setzten sich die Fluchtversuche fort. Mal verschwanden Unteroffiziere und Deckoffiziere, dann wieder Mannschaftsdienstgrade allein oder sogar in kleinen Gruppen von der Insel. Einige ließen sich irgendwo in Südamerika nieder, um dort ihr gelerntes Handwerk auszuüben. Einer reagierte sozusagen antizyklisch, er entwich in den tiefsten Süden und verdingte sich als Fallensteller in Feuerland.

Ein paar Reservisten, die sich in Valparaiso als Chile-Deutsche freiwillig auf die *Dresden* verpflichtet hatten, verschwanden eines Tages ungesehen. Ihre Familien wohnten nur einige Bahnstunden entfernt. Es lag also nahe, daß sie nun wieder nach Hause wollten. Aber die Chilenen paßten so gut auf, daß die Flüchtlinge nach einigen Tagen wieder eingefangen und auf die Insel zurückgebracht wurden – bis auf einen, der tatsächlich verschwunden blieb.

Die auf Quiriquina Zurückgebliebenen hatten ihre besonderen Probleme mit den Postverbindungen in die Heimat. So erlebte Christian Stöckler, daß nach monatelanger »Sendepause« auf einen Schlag 54 Briefe und Karten von der Mutter ankamen. Sie konnten erst nach der Schneeschmelze im Frühjahr der Südhalbkugel zugestellt werden, viele kamen beschädigt an. Sie waren mit den Stempeln aller möglichen Staaten und Poststationen überdeckt. Offensichtlich waren sie in verschiedenen Ländern Südamerikas angekommen, nachdem die Überquerung des Atlantischen Ozeans vielen Unwägbarkeiten ausgesetzt war. Nachher waren die Postsendungen durch Schnee in den Pässen der Anden aufgehalten worden. Teils lief die Post einzeln über Holland oder in Säcken über das Rote Kreuz in der Schweiz und in Spanien nach Übersee, teils auch über Stockholm oder Kopenhagen.

Stöckler erzählte: »Maschinist Schmidt litt an einem großen Schmerz. Er war jung verheiratet, als er Weihnachten 1913 mit der *Dresden* ausfuhr. Noch vor Kriegsausbruch hatte er die Mitteilung bekommen, daß seine Frau eine kleine Tochter namens Käthe bekommen habe. Erst im November 1915 (!) erhielt er die Nachricht, daß die junge Frau nachträglich an der Geburt des kleinen Mädchens gestorben war. Wir glaubten zuerst, der Maschinist würde wahnsinnig werden, aber er nahm sich zusammen und hörte nie auf, in seinem Park zu arbeiten. Er nannte ihn seiner Frau zu Ehren ›Ilsetal‹ und gab der schönsten Stelle den Namen ›Käthes Pavillon‹. Immerfort pflanzte er liebevoll Blumen.« – Er lebte wie in Trance, in einer vergeistigten Trauer.

Vergessen in Übersee

Sonst aber hatten die Dinge auf der Insel ihren ruhigen Gang. Mit viel Gleichmaß in der Tagesroutine gingen die Jahre ins Land. In begrenztem Rahmen durften auch Besuche vom Festland auf der Quiriquina empfangen werden. Von Zeit zu Zeit gastierten Künstler im Rahmen einer Tournee auf der Insel. Einmal durften 20 Erwachsene und 50 Kinder der Deutschen Schule von Concepcion auf das Eiland übersetzen und dort eine Theateraufführung für die *Dresden*-Besatzung geben. Die ganze Insel war erfüllt von den »Silberstimmchen« der Kinder, die mit Begeisterung in der Laubenkolonie der Seeleute umhertollten und die natürlich »Lorchen« zu ihrem besonderen Liebling erkoren hatten. Der Papagei hatte die jungen Gäste mit seinem neuesten Schnack begrüßt: »Guten Tag, wir sind des Kaisers südlichste Schrebergärtner!«

Der Tag der Kinder war ein wirklicher Festtag für die »Pazifik-Insulaner«, deren Bordkapelle natürlich zur Begrüßung aufgespielt hatte. Und so mancher von den Verheirateten dachte voller Heimweh an die eigenen Kinder im fernen Deutschland, die sich das nunmehrige Dasein ihres Vaters wohl kaum vorstellen konnten.

Die Beziehungen zwischen den Chile-Deutschen und »ihren« *Dresden*-Männern wurden immer enger und vielfältiger. Die Bordkapelle des Kreuzers gab mehrfach Platzkonzerte in Talcahuano und Concepcion. Die Chile-Deutschen revanchierten sich mit Konzerten und Einladungen in ihre Häuser. Sie veranstalteten von Zeit zu Zeit Wohltätigkeitsbasare, auf denen kunsthandwerkliche Erzeugnisse aus der Quiriquina-Werkstatt zugunsten des Roten Kreuzes oder von Waisenhäusern verkauft wurden. Besonders stark gefragt waren natürlich die auf der Insel gebauten Schiffsmodelle, am meisten natürlich die vom Kreuzer *Dresden*.

Die Auslandsdeutschen halfen immer, wenn irgendwo der Schuh drückte. Fehlte es an Büchern, Sportgeräten, Theatertextbüchern, Noten oder sonst etwas – binnen kurzem war es zur Gründung einer eigenen Laienspielgruppe der *Dresden* gekommen, die natürlich auch Komstümstoffe benötigte.

Nachdem es schon im Oktober 1915 erstmals ein Sportfest der Besatzung auf Quiriquina gegeben hatte, bei dem auch die Nichtmitglieder der Turnabteilung in Einzelwettkämpfen, Rasenspielen, Stafettenlauf und beim Tauziehen ihre Kräfte messen konnten, genoß die wettkampffähige Turnabteilung in Stärke von 15 Mann einen ausgezeichneten Ruf auf dem Festland. Sie unterhielt herzliche Beziehungen zu allen deutschen Turnvereinen des Landes, besonders zum Deutschen Turnverein Concepcion. Sie hatte sogar eine *Dresden*-Plakette als Wanderpreis gestiftet.

Der ideenreiche Beweger hinter den Kulissen waren die »Oberinsulaner« Lüdecke und Wieblitz, deren Erfolgsrezept im Kampf gegen Langeweile und Inselkoller wirklich erinnernswert ist. Sie hatten eine gewisse Sportbegeisterung entfacht, die intensives Spielen von Fußball, Schlagball und Schleuderball zur Folge hatte, und sogar ein Preisrennen. Dieser Wettlauf, an dem jeder »Insulaner« teilnehmen konnte, fand entweder im Tal der Ruhe oder auf dem Gewitterberg am Leuchtturm statt.

Wer ein Hobby zu nennen wußte, konnte dessen tatkräftiger Förderung durch Lüdecke und Wieblitz sicher sein. So gab es auf Quiriquina bald einen Arbeitskreis Archäologie. Mit Begeisterung gingen Amateur-Ausgräber ans Werk, um Gräber eines steinzeitlichen Indiostammes freizulegen und eine Vielzahl von deren Werkzeugen auszugraben und auszustellen.

Mit Hilfe einer vom Festland beschafften Handdruckerpresse und einer von einem deutschen Handelsschiff gestifteten Setzerei konnte eine eigene Inseldruckerei aufgebaut werden, in der ein Mitteilungsblatt mit dem Namen »Quiriquina-Zeitung« erschien. Dieses echte Druckerzeugnis war in der Titelseite verziert mit dem Wappen der sächsischen Landeshauptstadt Dresden.

Der »Funkentelegrafiegast« Otto Bitter, leidenschaftlicher Amateurfotograf, avancierte zum »Insel-Fotografen« und pries im Anzeigenteil der Inselzeitung sein »reichhaltiges Lager an Quiriquina-Aufnahmen« an und fügte hinzu, daß man bei ihm jederzeit sein Fundo, Blockhaus oder seine Laube fotografieren lassen konnte.

Eine seltsame Idylle also für mehr als 300 deutsche Blaujacken, mitten in einem Krieg, der in Europa zu immer schrecklicheren Dingen eskalierte. Das Leid im Trommelfeuer der Westfrontgrabenkämpfe, das Massensterben vor Verdun, war für die Quiriquina-Internierten kaum vorstellbar – wie es schon vorher die Dimensionen der Skagerrakschlacht gewesen waren.

Seltsame Talente entpuppten sich während des jahrelangen erzwungenen Aufenthaltes auf der Pazifikinsel vor der Küste von Chile. Einer erwies sich sogar als Finanzgenie:

»Ende 1915 hatten viele *Dresden*-Männer begonnen, Hühnerhöfe anzulegen und sich Bruthennen und Eier anzuschaffen. Aber das ging im Anfang alles sehr langsam, weil wenig Geld da war – drei (Gold-)Mark die Woche für einen ›Gemeinen‹ – und alle hatten Ausgaben, die zuerst bestritten werden mußten, da wir alle Habseligkeiten bei der Vernichtung des Schiffes verloren hatten. Zu Beginn des Jahres 1916 bekamen wir jedoch eine kleine Vergütung für unser privates Eigentum, das wir bei dem Gefecht verloren hatten, ausbezahlt. Diese ermöglichte den meisten von uns, eine Geflügelfarm anzulegen, und damit begannen für die Insel Quiriquina und ihre Bevölkerung ganz andere Zeiten.

Die ganze Insel hatte es eilig mit dem Bauen, da die Tage kürzer wurden und die Sonne immer weiter nach Norden wanderte. Die vielen Blockhäuser und Lauben, die im Laufe des Sommers wie Pilze aus dem Boden schossen, mußten für den Winter verstärkt oder umgebaut sowie mit Fenstern und Türen versehen werden ... es gehörte Geld dazu, um Fensterglas, Bretter für Türen und Materialien für das Dach zu kaufen. Auf diese Weise entstand die erste und größte Bank der Insel. Der Inhaber hieß Bruno und war ein armer Pole, der selbst von seiner gewöhnlichen Heizerlöhnung an Bord der *Dresden* gespart hatte. Vom ersten Tage an auf der Insel hatte Bruno Geld verdient. Er selbst versagte sich alles, was das Leben für uns andere annehmbar machte. Er übernahm alle Arbeit, die einen Extraschilling abwarf und landete schließlich bei einer Wäscherei als dem einträglichsten Geschäft. Bruno wurde Wäscher für die Unteroffiziere und Deckoffiziere, und das Geld strömte in seine kleine Waldhütte. Er hatte sich aus einer alten Tonne eine Waschmaschine gebaut.

Aber in der Hütte im Walde betrieb er ein noch einträglicheres Geschäft, indem er Geld gegen Zinsen und Sicherheit in Wertgegenständen auslieh. Wenn es sich um Leute handelte, die ein Haus hatten, das sie verbessern wollten, wurde Brunos Anleihe als eine feste Hypothek eingetragen, die in kurzer Zeit getilgt werden mußte. Auf diese Weise hielt das Kapital seinen Einzug auf unserer unschuldigen Insel, und Brunos Kupfermünzen, die er durch seine schmutzige und mühselige Arbeit zusammengescharrt hatte, schafften auf der Insel ein hübsches Blockhaus nach dem anderen. Zirka 30 bis 40 Blockhäuser waren allmählich aus diesen Anleihen gebaut worden.«

Quiriquina entwickelte sich erstaunlich. Es entstanden Schuhmachereien, Friseurgeschäfte, eine weiterhin gefragte Bäckerei, eine Fleischerei und alle möglichen Dinge. Vor allem aber nahm die Insel als »Landwirtschaftsstaat« einen erstaunlichen Aufschwung. Sie »exportierte« ihre Produkte sogar aufs Festland und beschickte die Märkte von Talcahuano und Concepcion. Gegen Ende des Jahres 1917 ergab eine Zählung: 4445 zahme Tiere, davon 3407 Hühner, 352 Enten, 242 Tauben, 224 Kaninchen, 65 Gänse, 42 Schweine, 15 Schafe und manches mehr.

So war der aus Mecklenburg stammende Ochsengespann-Führer, der vierschrötige, baumstarke Matrose Geisten, schließlich Landwirt auf Quiriquina geworden. Pflug und Egge waren in Eigenbau entstanden.

Stöckler beobachtete ihn bei der Arbeit: »Es war an einem warmen, sonnigen Nachmittag, als Geisten, den Beutel mit Saatgut umgebunden, über sein Feld ging wie daheim auf seinem mecklenburgischen Hof. Mit langen rhythmischen Schritten des Seemannes durchmaß er das Feld, bei jedem Schritt warf er eine Handvoll Mais in schön geschwungenem Bogen vor sich her. Das fremde Saatgut glänzte reich und golden in der Sonne. Geistens lange Mützenbänder flatterten in dem leichten Wind. Es war ein unwahrscheinlicher Anblick – ein schiffbrüchiger deutscher Matrose in voller Uniform, der auf einer öden Insel im Stillen Ozean Mais sät.

So blühte Quiriquina in Wohlstand und gesunden Verhältnissen auf. Und wenn es nur auf das gute Auskommen angekommen wäre, hätten wir glücklich und zufrieden sein können. Aber die Sorge findet immer Wege.

Jedesmal wenn wir Post erhielten – in Abständen von etwa einem knappen halben Jahr (!) – kam sie mit den Briefen. Daheim litten sie Not, oder der Tod hatte seinen Einzug gehalten. Oft erhob sich ein Mann und ging mit einem Brief in der Hand aus der Baracke heraus, quer über das Tal zum Hochland hinauf, wo er in den Wäldern der Nordinsel allein sein konnte. Wenn er am Abend beim Appell aufgerufen wurde, antwortete er nicht. Ein Kamerad trat an seiner Stelle vor und sagte einige leise Worte zum Offizier der Wache, der dann verständnisvoll nickte. Manchmal fehlten viele Leute. Sie versteckten sich wie Kinder mit ihren Sorgen in der Wildnis.«

Die Ereignisse überstürzten sich, aber die Nachrichtenverbindungen zwischen Südamerika und Europa wurden immer schlechter, zumal nach dem Kriegseintritt der Vereinigten Staaten von Amerika.

Dann geschahen Dinge, die sich erst recht dem Vorstellungsvermögen der Quiriquina-Insulaner entzogen: Matrosenrevolte in Kiel. Der Kaiser abgedankt. Die Republik ausgerufen in Berlin. Der Kaiser ging ins Exil.

Deutschland hatte also den Krieg verloren, aber im Lande schien Turbulenz vorzuherrschen, sogar eine Art Bürgerkrieg, was die Sorge um die Familienangehörigen der *Dresden*-Seeleute nicht gerade veringerte. Weihnachten 1918 brachen Unruhen in Berlin aus, erstmals wurden Teile des alten Heeres bei Kämpfen eingesetzt. Generalstreik und abermals Aufruhr. Die neue Nationalversammlung mußte aus dem brodelnden Berlin nach Weimar ausweichen.

Kein Wunder also, daß man die Insulaner von Quiriquina in dem ganzen Durcheinander glattwegs vergessen hatte. Als die Arbeiter- und Soldatenräte ihren Vollzugsrat gebildet hatten, wußte keiner von den neuen Machthabern etwas von einer in Chile zurückgebliebenen Schiffsbesatzung.

Diese wiederum hörte zwar durch Zeitungsmeldungen etwas davon, daß am 28. Juni 1919 der Friedensvertrag in Versailles unterzeichnet wurde, aber noch lange nichts von der Selbstversenkung der deutschen Flotte in Scapa Flow. Sie wurde am 21. Juni vorgenommen. Dabei versank auch der neue Kleine Kreuzer *Dresden* (II), den man am 25. April 1917 bei der Kieler Howaldt-Werft als Ersatzbau für den vor Mas a Tierra verlorengegangenen Kreuzer vom Stapel gelassen und am 28. März 1918 als letztes größeres Schiff der Kaiserlichen Marine in Dienst gestellt hatte.

Es endete ebenso wie die erste *Dresden* durch Selbstversenkung, obwohl ein britisches Bewacherfahrzeug vergeblich versucht hatte, den Kreuzer in flaches Wasser zu ziehen. Er wurde Jahre später von einer britischen Firma gehoben und abgewrackt, während die erste *Dresden* bis zum heutigen Tage in 74 Meter Tiefe auf dem Meeresgrund der Cumberland Bay ruht.

Ein volles Jahr über das Kriegsende hinaus mußten sich die Quiriquina-Internierten noch gedulden, ehe sich endlich in Deutschland jemand Gehör verschaffen konnte, daß da ja noch eine Kreuzerbesatzung in Übersee festsäße und nun endlich einmal nach Hause gebracht werden müsse.

Auf Quiriquina gab es inzwischen größere Freiheiten und die Erlaubnis, länger an Land zu bleiben, ja sogar dort Arbeit anzunehmen. Und wer nicht im Dienst war, durfte Zivilkleidung tragen, wodurch wiederum die Schneider auf Quiriquina gute Geschäfte machten.

Das alles war vor allem einem der Abgeordneten des chilenischen Parlaments für die Provinz Concepcion zu verdanken, der sehr oft die Insel besuchte und alles tat, was er konnte, um den Internierten das Leben zu erleichtern.

Immer mehr Festlandsbesucher strömten nun an den Wochenenden auf die Insel, kauften dort Schuhe oder andere Handwerkserzeugnisse, aßen den guten Kuchen der Bäckerei »Progreso«. Bisweilen herrschte eine Art Jahrmarktbetrieb auf Quiriquina.

Aber was half es – man wollte nach Hause. Man war Weihnachten 1913 in See gegangen, »nur mal eben für ein halbes Jahr«. Jetzt war schon der Herbst des Jahres 1919 herangerückt.

Aber nun kam doch endlich etwas in Gang. Bei einem Morgenappell, Mitte September 1919, teilte Kapitänleutnant Wieblitz mit, daß man jetzt eine »Schiffsgelegenheit« von Buenos Aires nach Europa beschafft habe. Er bat die *Dresden*-Männer, ihre Tiere zu verkaufen und alles zu Geld zu machen, was sie nicht mitnehmen konnten.

»Das waren ein paar merkwürdige Tage. Ich war froh und traurig zugleich. Ich ging auf der Insel umher und sah noch einmal alle die bekannten Stellen, und es fiel mir schwer, mich von ihnen loszureißen«, schrieb Stöckler.

Am Morgen des 19. Oktober 1919 war es soweit, der Dampfer holte die Männer der *Dresden* aufs Festland.

»Ich stand auf dem Achterdeck und sah zur Insel zurück, die nun vor mir in der Morgensonne lag. Alles war so klar und deutlich, der Landungssteg, die Baracken, die Offiziershäuser und unsere kleinen Häuser oben am Hang. Ich hatte vor dem unsrigen eine Flagge gehißt und konnte sie noch lange sehen. Ich sah wie auf etwas, das man nie wieder erblicken würde. Der Dampfer fuhr schnell, langsam verwischten sich die Konturen der Insel, der wir viereinhalb Jahre all unser Interesse und unsere Arbeit geopfert hatten. Dann legte sich ein Regenschauer zwischen uns, und ich sah sie nie wieder.«

Am 19. Oktober 1919 fand in der Deutschen Turnhalle von Concepcion eine »Feier zu Ehren der Besatzung des Kleinen Kreuzers *Dresden*« statt. Sie begann mit dem Dankgebet: »Wir treten zum Beten vor Gott den Gerechten«. Pfarrer Schneider und Kapitänleutnant Wieblitz bedankten sich zum Abschied mit ihren Ansprachen für alle Betreuung, die den Männern der *Dresden* zuteil geworden war. Am Nachmittag um 17.00 Uhr wurde im Garten des Deutschen Krankenhauses von Concepcion gemeinsam das *Dresden*-Denkmal eingeweiht.

Über 60 Besatzungsmitglieder des deutschen Kreuzers hatten inzwischen eine chilenische oder deutsch-chilenische Braut gefunden. Sie heirateten in Chile und blieben für immer im Lande.

Die anderen *Dresden*-Männer wurden auf zwei Eisenbahnzüge verteilt und reisten schließlich von Santiago mit dem »Transandino« nach Buenos Aires. Dort wurden sie auf dem kombinierten holländischen Fracht- und Fahrgastschiff *Frisia* eingeschifft, auf dem seinerzeit auch Canaris nach Europa gelangt war. Es war ein Tag vor Silvester des Jahres 1919, als der Dampfer bei aufkommendem Sturm die schützende Maas-Mündung erreichte und Stunden später, nach Einbruch der Dunkelheit, an einem Kai des Hafens von Rotterdam festmachte.

Die Möwen schossen förmlich über die Wasserfläche. Von normalem Flug konnte nicht mehr die Rede sein. Das Orgeln und Jaulen in der Takelage des Schiffes nahm zu . . .

Irgendwann hatten die *Dresden*-Fahrer eine solche Hafenstimmung schon mal erlebt – sozusagen in einem früheren Leben. Richtig, ja – das war damals in Kiel, Weihnachten 1913, als man mal eben »für ein halbes Jahr« in See gegangen war.

Und noch am gleichen Tag stiegen die 253 Heimkehrer in Friedrichsfeld bei Wesel aus dem Zug. Man hatte im Heimkehr-Durchgangslager eine Ehrenpforte gebaut und sogar ein paar Girlanden aufgehängt und begrüßte im Namen des Soldatenrates die vom Pazifik Herbeigereisten. Es war nicht zu verkennen, daß das Land arm geworden war. Die Heimkehrer sahen es an allen Ecken und Enden. Und so hatte das alles etwas Unwirkliches an sich, daß die sogar von einer Ehrengarde begrüßten Männer »vom anderen Ende der Welt« schließlich auf dem Exerzierplatz der einstigen Kaserne antreten mußten, um ihre Eisernen Kreuze ausgeteilt zu bekommen. Die hatten schon seit der Schlacht von Coronel, seit November 1914, darauf gewartet, ihren Inhabern zugestellt zu werden. Und Christian Stöckler hatte wohl recht mit seiner Formulierung: »Der Sieger der Schlacht war tot; Graf von Spee lag bei Falkland auf dem Grunde des Meeres, zusammen mit seinen Söhnen, und nun bekamen wir das Eiserne Kreuz für eine Schlacht, die die Welt längst über größeren und ernsteren Begebenheiten vergessen hatte.«

Überhaupt erschien alles seltsam unwirklich. Die Männer der *Dresden* quittierten, daß sie noch bis zum 24. Februar 1920 Löhnung und Verpflegungsgeld, außerdem 50 Mark Entlassungsgeld erhalten hatten. Dann waren sie von der Kriegsgefangenenheimkehrstelle Friedrichsfeld »abgefunden«.

Wie in Trance nahmen die Seeleute wahr, daß sie tatsächlich wieder in Deutschland angekommen waren.

Dankadresse

Dieses Buch steht in seiner spanischen Originalausgabe unter dem Titel »Tras la Estella del *Dresden*« beim Verlag Ediciones Tusitala hier in Santiago bereits vor der dritten Auflage. Der Verlag und die Autorin danken allen Personen und Organisationen herzlich, die für diese historische Aufarbeitung Informationen und Dokumente zur Verfügung gestellt oder sich mit Rat und Tat am Zustandekommen dieser ungewöhnlichen Chronik beteiligt haben:

Die vorherige Botschaft der Bundesrepublik in Chile, Herr Botschafter Dr. Horst Kullak-Ublick und Herr Oberstleutnant Dr. Winfried Knop als Verteidigungs-Attaché, waren ganz besonders daran interessiert, bisher unveröffentlichte Ansichten und Aussagen zur Zeitgeschichte ihres Landes kennenzulernen.

Rührende Hilfsbereitschaft bewiesen Herr Martin Skalweit sowie die Schiffahrts-Gesellschaft »Ultramar Agencia Maritima Ltda.«, Santiago, ebenso wie Frau Irmgard Schmidt-Puffe in Ahrensburg. Dasselbe gilt für Herrn Wolfgang Kiwitt in Dresden und seine Forschungen zum Thema.

Zu danken ist drei Herren, die beim nunmehrigen Erscheinen einer deutschen Lizenzausgabe nicht mehr unter den Lebenden weilen: Korvettenkapitän a. D. Arnold Böker und der ehemalige Obermatrose Martin Dumbries, beide vom Jahrgang 1893, hatten sich als die beiden letzten auffindbaren Besatzungsmitglieder des Kleinen Kreuzers *Dresden* für Interviews zur Verfügung gestellt sowie persönliche Aufzeichnungen überlassen. Herr Richard Pfütze, Bad Kreuznach, ebenfalls inzwischen verstorben, hatte als früherer Leiter der Deutschen Schule in Punta Arenas Albert Pagels in vielen persönlichen Gesprächen kennengelernt und seine Ausarbeitungen darüber verfügbar gemacht.

Aus der Erinnerung an ihre Väter und Großväter haben wertvolles, in diesem Buch wiedergegebenes Material zur Verfügung gestellt: Der (inzwischen nicht mehr unter den Lebenden weilende) chilenische Korvettenkapitän a. D. Georg Toro Oelckers sowie der Kapitän zur See Rodrigo Aguayo Aninant und Fregattenkapitän a. D. Mario Bassi Zambelli. Dasselbe gilt für die Damen Erika Spohr, geb. Wieblitz, Margarete Nieden sowie die Herren Gerhard Pagels und Franz Rökel.

Das Quellenverzeichnis wurde so komplett wie möglich erstellt und gibt Hinweise auf die Herkunft weiterer Einzelaussagen, die dankenswerterweise zur Vollendung dieses Sachbuch-Mosaiks beigetragen haben.

Dem Lizenzgeber der deutschen Ausgabe, Koehler Verlagsgesellschaft mbH in Herford, der Übersetzerin meines Buches, Corinna Ponitz, sowie den Lektoren und Bearbeitern der deutschen Version, Fregattenkapitän d. R. Hans Georg Prager, Hamburg, und Dr. Frank Bauer, Berlin, gebühren Anerkennung für die einfühlsame, gründliche Aufbereitung und Ergänzung meines Buches für die Leserschaft im deutschsprachigen Raum. Unsere Absicht war es, mit diesem Buch etwas zum kulturellen Gut und zur Vertiefung des chilenisch-deutschen Verständnisses beizutragen und über die Ereignisse so zu berichten, wie sie tatsächlich geschehen sind.

Maria Teresa Parker de Bassi

Santiago de Chile, im Herbst 1993

Das Wrack des Kreuzers Dresden *heute*

In der chilenischen Marine hat Kapitän zur See (Capitán de Navio) Fernando Landetta jahrelang den Dienstposten des »Jefe de los buzos« (Leiter des Taucherei- und Bergungswesen) bekleidet. Er ist über alle mit dem Wrack des Kreuzers *Dresden* zusammenhängenden Fragen genau informiert.

Das Wrack des deutschen Kreuzers ist wegen der noch darin befindlichen Toten zum Kriegsgrab erklärt worden und deshalb für den Besuch von Sporttauchern oder gar Souvenirjägern gesperrt. Nur Taucher der Marine dürfen in amtlichem Auftrag oder mit Sondererlaubnis Tauchgänge vornehmen. Die Einhaltung dieser Bestimmungen wird von Hafenkapitän und Gemeindeverwaltung Mas a Tierra strikt überwacht.

Kapitän Landetta wurde 1981 während eines Urlaubs, zusammen mit drei weiteren Marinetauchern, eine nichtoffizielle Expedition zur gründlichen Erforschung des *Dresden*-Wracks genehmigt. Das Heraustauchen von bestimmten historischen Erinnerungsstücken für museale Zwecke wurde ausdrücklich gestattet. Dabei an die Oberfläche gebrachte Fundstücke wie ein Bootskompaß, eine Oboe der Bordkapelle, eine 10,5-cm-Granate sowie Revolverkanonenmunition wurden der Marineschule Mürwik zur bleibenden Erinnerung an die *Dresden* vom Verteidigungsattaché der Republik Chile übergeben. Sie zieren jetzt eine *Dresden*-Gedenkecke, die auch eine Kunstschmiede- und eine Hanfknüpfarbeit sowei ein Fotoalbum von der Internierungszeit der Besatzung auf Quiriquina enthält. Im Wehrhistorischen Ausbildungszentrum der Marineschule sind diese Dinge zu besichtigen.

Nachfolgend auszugsweise der Tauchbericht von Kapitän Lanetta: »Das Wrack der *Dresden* liegt auf einer Tiefe von ca. 74 Metern völlig waagerecht auf Sandboden, gerade aufgerichtet, ohne irgendwelche Neigung nach Backbord oder Steuerbord. Der Rumpf ist nicht eingesandet, das Heck zeigt in Richtung See.

Am Achterschiff, Backbordseite, befindet sich ein großes Einschußloch von etwa zwei Quadratmetern Durchmesser. Die Masten sind auf Deckshöhe abgeknickt, aber noch mit dem Schiff verbunden.

Das Oberdeck ist völlig verrostet. Man kann von seinen Resten aus in den Maschinenraum und die Kesselräume hineinschauen. Maschinen und Kessel sind ganz klar auszumachen.

An Backbord ist die Ankerkette ausgefahren. Sie liegt ausgestreckt auf dem Meeresgrund. Einer der Tauchgänge entlang der Kette führte bis zu 85 m Tiefe.

Der Rumpf des Schiffes ist völlig intakt. Ganz klar konnten Schrauben sowie Steuerruder und auch eines der 10,5-cm-Geschütze einschließlich der umgebenden Verschanzungen ausgemacht werden. Gut erhalten und ausgesprochen schön fand man eines der großen Skylights vor, wie sie über Maschinenraum und Kombüse installiert waren.

Das Wasser ist völlig klar, aber wegen der großen Tiefe recht dunkel. Diese war auch die Ursache, daß die Verweilzeit am oder im Wrack nur jeweils zehn Minuten betrug. Unter den herausgetauchten Gegenständen befindet sich ein

Teller mit dem nicht ganz eindeutig zu entziffernden Aufdruck ›Villerdy & Bock, Dresden‹. Andere Teller und Tassen sind mit der Kaiserkrone geschmückt, mit Bändern links und rechts. Die Rückseite enthält wiederum die Krone und den Aufdruck ›Franz Antmehlen, Bonn‹.«

Quellenverzeichnis

Abshagen, Karl Heinz: »Canaris – Patriot und Weltbürger«, Stuttgart 1949

Abshagen, Karl Heinz: Übersetzung: »El almirante Canaris«, Buenos Aires, 1962

Agostini, Pater Alberto: »Mis viajes por la tierra del fuego«, Mailand (ohne Datum)

Bitzkat, F.: »Zwischen Weltmeer und Anden« – Lesebuch für die Deutschen Schulen in Chile, Santiago 1932

Brissaud, André: »Canaris – Fürst des deutschen Geheimdienstes«, Frankfurt 1977

Bruce, George: »Sea battles of the 20th century«, New York 1970

Bruce, George: »Naval Battles of the First World War«, New York 1979

Christensen, Chr. P.: »Kajserens lidste Kaperkrydser – Fire aar paa Quiriquina«, Kopenhagen 1931, deutsch: »Letzte Kaperfahrt nach Quiriquina«, Berlin 1936

Dick, C.: »Das Kreuzergeschwader«, Berlin 1917, Südamerika-Kriegsausgabe, Buenos Aires 1918

Dinklage, Ludwig: »Die deutsche Handelsflotte 1939–1945«, Band 1 (Erfahrungsauswertung der Vorgänge vom August 1914) Göttingen 1971

Dohm, Arno: »Geschwader Spee«, Gütersloh 1939

Hildebrand, Hans H./Röhr, Albert/Steinmetz, Hans-Otto:

»Die Deutschen Kriegsschiffe – Biographien« Band 2 »Kleiner Kreuzer *Dresden*«, Band 4 »Kleiner Kreuzer *Karlsruhe*«
Höhne, Heinz: »Canaris – Patriot im Zwielicht«, Gütersloh 1976
Larrain, Homero Hurtado: »Grandes almirantes«, Santiago 1935
Lüdecke, Else: »S. M. S. *Dresden* 1914/1915 – Auf Grund von Briefen der Besatzung und amtlichen Berichten zusammengestellt«, Berlin 1915
Mantey, Eberhard v.: »Das Kreuzergeschwader 1914«, Kiel 1924, Sonderdruck des Archivs der Christian-Albrecht-Universität
Mielke, Otto: »Das letzte Schiff des Kreuzergeschwaders«, Heft Nr. 30 der S-O-S-Reihe »Schicksale deutscher Schiffe«, München 1954
Pagels, Albert: »Mein Leben«, Berlin 1940
Pochhammer, Hans: »Graf Spees letzte Fahrt – Erinnerungen an das Kreuzergeschwader«, Leipzig 1924
Prager, Hans Georg: »Blohm + Voss – Schiffe und Maschinen für die Welt«, Herford 1977
Prager, Hans Georg: »F. Laeisz«, Hamburg 1974
Raeder, Dr. h. c. Erich: »Der Krieg zur See 1914 – 1918«, Band 5 »Kreuzerkrieg«, Berlin 1924
Richarz, Karl: »Die Wikingerfahrt der *Tinto*«, Berlin 1918
Schenk, Otto: »Mit falschem Kurs unter englischem Kommando – Fluchtabenteuer«, Berlin 1917
Schenk, Otto: »S. M. S. *Dresden* im Geschwader Spee, Berlin, o. J.
Schneider, Heinrich: »Die letzte Fahrt des Kleinen Kreuzers *Dresden*«, Berlin und Leipzig 1926
Waldeyer-Hartz, Hugo: »Das Kreuzergeschwader – *Emden, Königsberg, Karlsruhe,* die Hilfskreuzer«, Oldenburg 1931

Warner, Oliver: »Great Sea Battles«, London – New York – Sydney – Toronto 1968/1971
Wendt, Herbert: »Kurs Südamerika – Brücke zwischen zwei Kontinenten«, Bielefeld 1958

Einzelveröffentlichungen

Achilles, Otto: »Die Seeschlacht an der chilenischen Küste«, Kieler Zeitung 7. 3. 1915
Alvarez, Pedro: »Capitulo diez – la batalla naval de Mas a Tierra«, Revista Marina, Valparaiso, März 1983
Alvarez, Pedro: »Invasores del *Dresden*«, El Mercurio, Santiago, Revist del Domingo, 12. 8. 1984
Angarstein, D.: »Ehrung der S. M. S. *Dresden*«, Condor, Santiago, 27. 10. 1990
Artaza, Mario Ignacio: »Armada rindió un homenaje a los caidos del *Dresden*«, El Mercurio, Santiago 28. 4. 1991
Außenministerium der Republik Chile: »Anuarios 1914 – 1919«
Avalos, Eugenio Espinosa: »La odisea del *Dresden*«, Unbekannte chilenische Zeitung, Mai 1982
Ayarza, Francisco: »Buscando en el *Dresden*«, El Mercurio, Revista del Domingo, 21. 7. 1974
Behnke, Silvia F.: »Buscando en la historia«, El Mercurio, Revista del Domingo, 21. 7. 1974
Deiring, Hugo: »Graf Spees Kreuzergeschwader wird versenkt«, Süddeutsche Zeitung, 8. 12. 1964
Deutsche Zeitung in Chile: »Der *Dresden* Leben und Ende«, nachgedruckt in der Zeitschrift »Der Flottenbund«, Juni 1915
Eterovic, Francisco: »Monumento funerario a marinos alemanes«, El Mercurio, Santiago, 10. 5. 1982
Farrers, Claude/Chack, Paul: »La escuadra de von Spee«, veröffentlicht in der Revista de la Marina, Valparaiso

1938 (Erstveröffentlichung U. S. Naval Institute, Annapolis, 1938)
Fontecilla, Alfonso Zuniga: »52 anos alcanzó a vivir en región sur de Chile«, El Mercurio, Valparaiso, 1. 3. 1977
Gelle, Guillermo: »El sacrificio del *Dresden*«, Unbekannte chilenische Zeitschrift, 19. 2. 1960
Gottberg, Otto von: »Skizzen vom Kreuzerkrieg«, Kieler Nachrichten, 8. 3. 1915
Hoecker, L./Ompteda, Frhr. von: »Auf Quiriquina«, Liller Kriegszeitung (vorm. »Echo au Nord«), 17. 4. 1915
Jörn, Karl: »Ein Besuch bei der Mannschaft der *Dresden*«, Unbekannte Zeitung, 14. 9. 1915
K., F.: »Ein Berliner lebt als Robinson«, Unbekannte Zeitung, Frankfurt/Main, Februar 1938
Kirchhoff, Vizeadmiral z. D.: »Zum Gedenken der Falkland-Schlacht«, Berliner Zeitung, 8. 12. 1915
Lüdecke, Fritz Emil: »Lo que sucedió con el *Dresden*«, persönlicher Kurzbericht, Raisdorf 1922
Meyer, R.: »Ein Tag auf der Quiriquina – Wie unsere *Dresden*-Mannschaft dort lebt«, Kalender des Deutsch-Chilenischen Bundes D. C. B.-Kalender 1919
Nationalbibliothek von Chile: »Diaros de la epoca y actuales«, Santiago 1917, 1921, 1927 und 1931
Neumann, Wilhelm: »Hölle und Himmel um Kap Hoorn«, Dresdner Tageszeitung, 22. 8. 1937
Neumann, Wilhelm: »Ein Dresdner erlebt die Seeschlacht von Coronel«, Dresdner Nachrichten, 16. 10. 1937
Oberkommando der Nationalarmee von Chile, Archivo Historico, »archivos 1914 – 1919«
Parker de Bassi, Maria Teresa: »Tras la Estella del *Dresden*«, El Mercurio, Santiago, 22. 9. 1987
Parker de Bassi, Maria Teresa: »Batalla naval de Coronel«, El Mercurio, Santiago, 1991

Pfütze, Rich.: »Zwischen Feuerland und Fernandez – Die SMS *Dresden*-Story«, Köhlers Flottenkalender 1979

Pfütze, Richard: »S. M. Kleiner Kreuzer *Dresden* und sein Lotse Albert Pagels«, Condor, Santiago, 21. 3. 1981

Pfütze, Richard: »Das Ende von S. M. S. *Dresden*«, Köhlers Flottenkalender 1985

Philippi, Helmut: »Betriebsstoff aus dem Urwald von Chile«, Berliner Morgenpost, 8. 3. 1937

Schenk, Otto: »Das Ende der *Dresden*«, Köhlers Flottenkalender 1939

Schindig, Karl: »Husarenstück bei Feuerland«, Völkischer Beobachter, 31. 8. 1937

Schmidt R., Kurt: »Deutsches Turnen in Chile«, Manuskript-Sonderdruck-Kombination über die Geschichte des Deutsch-Chilenischen Bundes (DCB)

Simonds, Frank H.: »History of World War«, New York 1917, Chilenische Wiedergabe: »historia de la guerra del mundo«, Santiago 1920

Spee, Maximilian Graf von: »Bericht über die Seeschlacht bei Coronel«, Wolff'sches Telegraphen Bureau (W. T. B.) 13. 11. 1914, mehrfach nachgedruckt

Weber, Hugo: »Bei den Gefallenen der *Dresden*«, Berliner Montagspost, 8. 3. 1937

Wieblitz, Ernst: »S. M. S. *Dresden* in Mexico – Ein halbes Jahr des Bürgerkrieges Huerta-Carranza«, D. C. .B.-Kalender 1919

Zeitschrift »Revistas de Marina de Chile«, Einzelabhandlungen über das Geschwader Spee und den Kreuzer *Dresden*, Santiago 1922 – 1937

Zig-Zag, Empresa Editora S. A. »Chila«, Publikation Santiago 1915

Kieler Nachrichten, 17. 3. 1915 und 18. 3. 1915 und 24. 3. 1915

Dresdner Zeitung 21. 3. 1915

Quiriquina-Zeitung 15. 4. 1919
Unterhaltungsblatt des Reichsboten 13. 1. 1915
Frankfurter Zeitung, Beilage Urkunden, Depeschen, Berichte Nr. 18/1915
Ruhr-Zeitung 16. 3. 1915 und 17. 3. 1915 und 18. 3. 1915 und 21. 3. 1915
Kölnische Volkszeitung 14. 3. 1915 (nach Deutsche Presse, Santiago, 14. 3. 1915)
Behörde – Publikationsorgan der Kaiserlichen Marine 12. 4. 1915
Berliner Zeitung 21. 3. 1915 und 8. 12. 1915
Kieler Zeitung 11. 4. 1915 und 17. 4. 1915
BZ am Mittag, Berlin 21. 4. 1915
Hamburger Nachrichten 30. 4. 1915
Dresdner Neueste Nachrichten 26. 10. 1937

Unveröffentlichte Berichte

Böker, Arnold: »Meine Erlebnisse auf dem Kleinen Kreuzer S. M. S. *Dresden* vor und während des Ersten Weltkrieges«, unveröffentlichte Niederschrift aus Tagebuch-Aufzeichnungen
Hansen, Alfred Hoffmann: »Recuerdos de mi vida« – privat aufgezeichnete Lebenserinnerungen
Hunsen, Ulrich: »Recordando meses duros« – private Aufzeichnungen eines Besatzungsmitglieds
Kiwitt, Wolfgang: (*Dresden*-Forscher) Briefe an Frau Irmgard Schmidt
Klapp, Lientur, Instituto Hidrografico, Valparaiso, Kartografische Richtigstellung von *Dresden*-Versteckten
Nieden, Kurt: »Erlebnisse im 1. Weltkrieg«, unveröffentlichtes Manuskript des damaligen I. Offiziers
Oelkers, Georg Toro: »Niederschriften aus dem Gedächtnis«
Schmidt, Max: Briefe an die Eltern, 1914

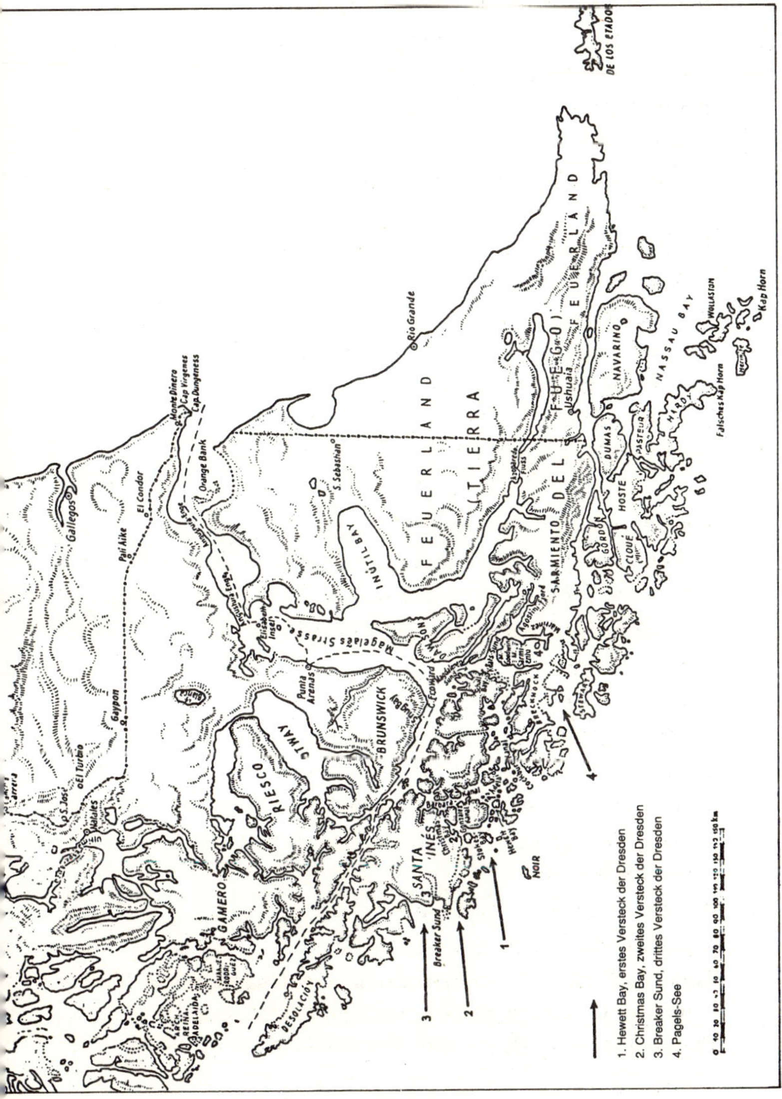
1. Hewett Bay, erstes Versteck der Dresden
2. Christmas Bay, zweites Versteck der Dresden
3. Breaker Sund, drittes Versteck der Dresden
4. Pagels-See
FEUERLAND
TIERRA DEL FUEGO
Magellanes Strasse
Punta Arenas
Rio Grande
Ushuaia
Gallegos
INUTIL BAY
BRUNSWICK
RIESCO
SANTA INES
DESOLACIÓN
GAMERO
DAWSON
HOSTE
NAVARINO
DUMAS
PASTEUR
GORDON
CLOUE
HARDY
NASSAU BAY
WOLLASTON
Kap Horn
Falsches Kap Horn
Hermite
STEWART
BRECKNOCK
NOIR
Breaker Sund
S. Sebastian
Orange Bank
Monte Dinero
Cap Virgenes
Cap Dungeness
El Condor
Pali Aike
Gaypon
El Turbio
S. José
Natales
Elisabeth Insel
Sarmiento
DE LOS ESTADOS

Abbildungsnachweis

S. 10/11: Alle von S.M.S. *Dresden* seit Überquerung des Äquators bis zum Untergang zurückgelegten Distanzen, aus »Kreuzerkrieg«, Bd. 1: »Der Krieg zur See 1914–1918«, 2. Auflage 1927, Verlag E. S. Mittler & Sohn.

Fotos: Sammlung Martin Skalweit, Santiago/Chile (23); Werkfotos Blohm & Voss AG, Hamburg (13); Privatarchiv Irmgard Schmidt-Puffe, Ahrensburg/Hohlstein (11); Verlagsarchiv Ediciones Tusitala und Privatarchiv Dr. Maria Parker de Bassi, Santiago/Chile (11); Hans Georg Prager und Verlagsarchiv Prager, Hamburg (6), Sammlung Wolfgang Kiwitt, Dresden (3); Archiv der Marineschule Mürwik (1); Horst Liebelt, Bad Vilbel (3); Archiv Manfred Malien, Marinekameradschaft Raisdorf von 1981 e. V. (1).

Textzeichnungen: Schattenrisse und Schiffsskizzen (6) »Weyers Taschenbuch der Kriegsflotten 1914«; S. 172 Erich Gröner »Die deutschen Kriegsschiffe 1815–1945«, Band 1; S. 74, S. 132; Armin Wulle »Der Stettiner VULCAN«, Herford; Faksimile S. 55 Sammlung Wolfgang Kiwitt, Dresden.

Karten aus: »Kreuzerkrieg«, Bd. 1: »Der Krieg zur See 1914 bis 1918«, 2. Auflage 1927. Verlag E. S. Mittler (4); Getrud Tischner, Hamburg (2); Lieselotte Prager, Hamburg (2); Ediciones Tusitala, Santiago/Chile (1); Patagonisches Institut, Punta Arenas/Chile (2); Verlag C. Boysen, Hamburg – mit freundlicher Genehmigung aus Gerhard Schott »Die Geographie des Atlantischen Ozeans« (1); Drei Masken Verlag, Berlin (1).

Jäger und Gejagte des U-Boot-Krieges

1944: Durch Zufall gerät Fähnrich zur See Blaschke als Ersatz des erkrankten Obersteuermanns an Bord des U-Bootes 913 mitten in einen sechswöchigen Fronteinsatz – und überlebt sein erstes Duell mit dem Tod. Doch dann wird er auf einen U-Boot-Jäger kommandiert, um die Geleite für die Flüchtenden aus Ost- und Westpreußen zu sichern: Ein tödlicher Wettlauf beginnt ...